Psychologie für Erziehungswissenschaften und Soziale Arbeit

Annette Boeger · Mike Lüdmann

Psychologie für Erziehungswissenschaften und Soziale Arbeit

Annette Boeger
Universität Duisburg-Essen
Institut für Psychologie
Essen, Deutschland

Mike Lüdmann
Universität Duisburg-Essen
Institut für Psychologie
Essen, Deutschland

Zusätzliches Material zu diesem Buch finden Sie auf http://www.lehrbuch-psychologie.springer.com.

ISBN 978-3-662-62016-8   ISBN 978-3-662-62017-5 (eBook)
https://doi.org/10.1007/978-3-662-62017-5

Die Deutsche Nationalbibliothek verzeichnet diese Publikation in der Deutschen Nationalbibliografie; detaillierte bibliografische Daten sind im Internet über http://dnb.d-nb.de abrufbar.

Springer
© Springer-Verlag GmbH Deutschland, ein Teil von Springer Nature 2023
Das Werk einschließlich aller seiner Teile ist urheberrechtlich geschützt. Jede Verwertung, die nicht ausdrücklich vom Urheberrechtsgesetz zugelassen ist, bedarf der vorherigen Zustimmung des Verlags. Das gilt insbesondere für Vervielfältigungen, Bearbeitungen, Übersetzungen, Mikroverfilmungen und die Einspeicherung und Verarbeitung in elektronischen Systemen.
Die Wiedergabe von allgemein beschreibenden Bezeichnungen, Marken, Unternehmensnamen etc. in diesem Werk bedeutet nicht, dass diese frei durch jedermann benutzt werden dürfen. Die Berechtigung zur Benutzung unterliegt, auch ohne gesonderten Hinweis hierzu, den Regeln des Markenrechts. Die Rechte des jeweiligen Zeicheninhabers sind zu beachten.
Der Verlag, die Autoren und die Herausgeber gehen davon aus, dass die Angaben und Informationen in diesem Werk zum Zeitpunkt der Veröffentlichung vollständig und korrekt sind. Weder der Verlag noch die Autoren oder die Herausgeber übernehmen, ausdrücklich oder implizit, Gewähr für den Inhalt des Werkes, etwaige Fehler oder Äußerungen. Der Verlag bleibt im Hinblick auf geografische Zuordnungen und Gebietsbezeichnungen in veröffentlichten Karten und Institutionsadressen neutral.

Planung/Lektorat: Joachim Coch, Angelika Schulz
Springer ist ein Imprint der eingetragenen Gesellschaft Springer-Verlag GmbH, DE und ist ein Teil von Springer Nature.
Die Anschrift der Gesellschaft ist: Heidelberger Platz 3, 14197 Berlin, Germany

Vorwort

Die Erkenntnisse der Psychologie sind eine wichtige Grundlage für die Arbeit im psychosozialen Feld. Sie geben Ihnen, liebe Leser*in, für Ihr professionelles Handeln Hilfestellung; die Psychologie hat nämlich umfassende Einsichten in das Verhalten und Erleben des Menschen gewonnen, welche sie beschreibt, erklärt und voraussagt. Sie fördert dadurch nicht nur das Verständnis für menschliches Verhalten, sondern gibt auch praktische Hilfen für den Umgang mit Menschen an die Hand und stellt damit für Ihre psychosoziale Arbeit wertvolles Werkzeug bereit.

Die Erforschung des Menschen geschieht aus unterschiedlichen Perspektiven: Die Psychologie betrachtet Prozesse innerhalb des Menschen wie auch den Menschen in seinen Beziehungen zu seiner Umwelt. So bezeichnet die *Entwicklungspsychologie* den Menschen als Produkt und Produzenten seiner Entwicklung, d. h. als eine Mischung aus Anlage- und Umwelteinflüssen und dem dynamischen Zusammenspiel von beidem. Darüber hinaus entwickeln sich Menschen ihr Leben lang, sie verändern sich durch die Bewältigung von Lebensereignissen und Herausforderungen. Bei der Bewältigung solcher Krisen gibt es günstige und ungünstige Strategien. Im günstigen Fall werden Krisen bewältigt, und Menschen entwickeln Ressourcen. Sie als psychosoziale Fachkraft werden aber auch mit Menschen zu tun haben, die Schwierigkeiten haben, Krisen konstruktiv zu bewältigen. Die Psychologie liefert Rüstzeug für die Krisenbewältigung. Die Psychologie beschäftigt sich auch mit dem Zusammenhang zwischen Körper und seelischem Erleben und erforscht z. B. die Frage, wie psychischer Stress die Gesundheit beeinflusst. Häufig sind Menschen wegen ihrer psychischen Krankheit in ihre gegenwärtige Situation, z. B. die Arbeitslosigkeit oder die Scheidung, geraten. Die *Klinische Psychologie* hat Verfahren entworfen, psychische Krankheiten zu diagnostizieren, und Therapien entwickelt, diese zu heilen. Sie stellt Theorien aus biologischer, psychosomatischer, neurophysiologischer, psychoanalytischer, behavioristischer, humanistischer und kognitiver Sicht über den Menschen bereit. Aus der Klinischen Psychologie stammen zahlreiche Präventions- und Interventionsprogramme, die das Ziel haben, Erziehungs- und Lebenskompetenzen zu stärken. Zu Erziehungskompetenzen gehören z. B. die Fähigkeiten, Konflikte konstruktiv und gewaltfrei zu lösen, empathisch mit sich selbst und anderen zu sein und eine wertschätzende Haltung anderen gegenüber einzunehmen. Diese sozial-emotionalen Kompetenzen sind wichtige Berufskompetenzen für Ihre spätere Arbeit. Sie werden im Kapitel über *Psychische Gesundheit* ausgeführt.

Die *Sozialpsychologie* erklärt, wie Menschen sich in sozialen Kontexten verhalten und warum sie das tun. Wichtige Fragen der Sozialpsychologie sind beispielsweise, wie Vorurteile und Diskriminierung entstehen, unter welchen Bedingungen sich Menschen hilfsbereit verhalten, welche Kontextmerkmale dazu beitragen, dass sie autoritätshörig sind, unter welchen Bedingungen sie gewalttätiges Verhalten nachahmen, wie konformes Verhalten entsteht und vieles mehr. Allem menschlichen Verhalten liegen umfangreiche Lernprozesse zugrunde. Sie erklären, wie Verhalten gelernt wurde, welche Gefühle und Gedanken damit einhergehen und wie man Verhalten auch wieder verlernen kann. Was treibt menschliches Handeln an, welche Motivationslagen lassen sich unterscheiden, und wie wird das alles vom Gehirn gesteuert? Dieses psychologische Grundlagenwissen finden Sie im Kapitel zur *Kognitiven Psychologie* und *Psychosomatik*.

Aus diesen für Sie relevanten Fachdisziplinen haben wir relevante Theorien und Befunde für Ihren Beruf zusammengestellt. Das Auswahlkriterium der Relevanz sowie die Devise des „Weniger ist mehr" widersprechen dem Ziel der Vollständigkeit. Wir finden es sinnvoller, Denk- und Handlungsweisen der Psychologie exemplarisch anhand einiger weniger zentraler Theorien ausführlicher darzustellen, anstatt eine Vielzahl von Theorien in Kürze zu streifen. Den Bezug der jeweiligen Theorie zur beruflichen Arbeit erläutern wir unter dem Stichwort „Berufsrelevanz". Auch zahlreiche Beispiele aus dem Berufsleben sollen die Anwendung psychologischer Erkenntnisse auf den Berufsalltag verdeutlichen. Natürlich grübelt man bei der Auseinandersetzung mit psychologischen Themen darüber nach, was diese mit einem selbst zu tun haben. Unter dem Stichwort „Übung" haben wir dazu kleine Vorschläge zur Selbstreflexion eingefügt. Nicht zuletzt ist die Psychologie eine empirische Wissenschaft, d. h. sie hat viele Erkenntnisse aus Experimenten gewonnen und auf dieser Basis Theorien entworfen. Einige ausgewählte Experimente lernen Sie in den „Exkursen" kennen. Die Exkurse dienen auch dazu, den Horizont zu erweitern: In ihnen werden z. B. Präventionsprogramme vorgestellt oder kulturelle Werthaltungen verglichen. Alle wichtigen Begriffe werden unter dem Begriff „Definition" erklärt. „Merksätze" ergänzen die Definitionen mit prägnanten Schlagworten und weisen kritisch oder ergänzend auf Anwendungsmöglichkeiten der geschilderten Theorien hin. „Zusammenfassungen" und „Aufgaben" am Ende der einzelnen Kapitel dienen der eigenen Lernkontrolle. Weitere Materialien inklusive der Antworten finden Sie unter www.lehrbuch-psychologie.springer.com.

Wundern Sie sich nicht, wenn Ihnen dieselben grundlegenden psychologischen Konzepte mehrfach in diesem Buch begegnen. Konzepte und Theorien wie etwa das Empathiekonzept, das Konzept der gelernten Hilflosigkeit, der Selbstwirksamkeit oder der Attribution können unter unterschiedlichen Perspektiven betrachtet werden: als theoretisches Modell im Grundlagenkapitel Kognitive Psychologie und Psychosomatik und in ihrer Relevanz für die Anwendung im Berufsleben in den übrigen Kapiteln.

Unsere Leserschaft besteht aus Frauen, Männern und nichtbinären Menschen. Dem tragen wir durch die entsprechende Schreibweise Rechnung.

Abschließend möchten wir uns herzlich bedanken für die wertvolle Unterstützung: Bei Frau Sabrina Hilz, die alle Tabellen und Abbildungen verfasste und ihre Kreativität bei der

Entwicklung von Cartoons zeigte. Bei Frau Gitta Winhuysen, die uns beim Korrekturlesen und beim Layout unterstützte. Bei Herrn Coch, Frau Danziger und Frau Dr. Schulz vom Springer Verlag, die uns mit Rat und Tat und Geduld zur Seite standen. Herzlichen Dank!

Bonn, Deutschland Annette Boeger
Essen, Deutschland Mike Lüdmann

Inhaltsverzeichnis

1 Entwicklungspsychologie 1
  1.1 Grundlagen und Konzepte 2
      1.1.1 Entwicklung als Stufenfolge 3
      1.1.2 Entwicklung als Reifung und Reifestand 6
      1.1.3 Entwicklung durch die Nutzung sensibler Phasen
            bzw. Zeitfenster 7
      1.1.4 Entwicklung durch Erziehung und Sozialisation 9
      1.1.5 Entwicklung als lebenslanger Prozess 10
  1.2 Anlage und Umwelt 13
      1.2.1 Anlagen 13
      1.2.2 Umwelt 15
      1.2.3 Das Zusammenspiel von Anlage und Umwelt 15
  1.3 Das Konzept der Entwicklungsaufgaben 19
      1.3.1 Was ist eine Entwicklungsaufgabe? 19
      1.3.2 Entwicklungsaufgaben-Modelle 21
  1.4 Bindungsaufbau: eine Entwicklungsaufgabe der frühen Kindheit 26
      1.4.1 Frühe Kindheit aus sozial-emotionaler Perspektive:
            Die differenzierte Interaktion zwischen Kind und Eltern 27
      1.4.2 Das erste Lebensjahr: Abhängigkeit und Bindungswunsch 29
      1.4.3 Der Aufbau von Bindung 32
      1.4.4 Der Beitrag der Bezugsperson: Feinfühligkeit 35
      1.4.5 Auswirkungen frühkindlicher Bindungsstile im Lebenslauf .. 37
      1.4.6 Die Rolle des Vaters als „andere" Bindungsperson 40
      1.4.7 Bindungsstörungen als Ausdruck und Folge familiärer
            Misshandlung und Vernachlässigung 41
  1.5 Die Auseinandersetzung mit dem Körper: eine Entwicklungsaufgabe
     des Jugendalters 43
      1.5.1 Die Bedeutung der körperlichen Entwicklung 43
      1.5.2 Der Körper, ein wichtiger Teil der Identität 44

	1.5.3	Die pubertäre Reifeentwicklung bei Jungen und Mädchen	45
	1.5.4	...und die (Un)zufriedenheit damit	46
	1.5.5	Körpererleben und Selbstwert	48
	1.5.6	Körpererleben und Depression	48
	1.5.7	Körpererleben und soziokulturelle Einflüsse: Medien, Eltern, Peers	48
	1.5.8	Zentrale Faktoren der Verursachung von Essstörungen	49
	1.5.9	Körpererleben und Sport: Sport als Ausweg?	51
1.6	Das Erwachsenenalter		52
	1.6.1	Auf dem Weg zum Alter: das frühe und mittlere Erwachsenenalter	52
1.7	Die Kompensation von Defiziten als Entwicklungsaufgabe des Alters		56
	1.7.1	Theorien zum Alter	60
	1.7.2	Der Umgang mit Gewinnen und Verlusten	61
	1.7.3	Erfolgreiches Altern	62
	1.7.4	Strategien erfolgreichen Alterns: Optimierung durch Selektion mit Kompensation	64
	1.7.5	Daseinsthemen und Lebenslagen im Alter	64

2 Allgemeine Psychologie (Kognition, Emotion, Motivation) 69

2.1	Ansätze der Allgemeinen Psychologie		69
	2.1.1	Der Mensch als Verhaltenssystem	69
	2.1.2	Der Mensch als Computersystem	75
	2.1.3	Der Mensch als biologisches System	78
2.2	Wahrnehmung und Heuristiken		86
	2.2.1	Die Relativität der Wahrnehmung	86
	2.2.2	Gestaltpsychologie	89
	2.2.3	Klassifikation – die Welt in Schubladen	92
	2.2.4	„Fallen" der Wahrnehmung (anderer Personen)	94
	2.2.5	Heuristiken	97
2.3	Aufmerksamkeit		102
	2.3.1	Aufmerksamkeit: eine begrenzte Ressource	103
	2.3.2	Aufmerksamkeitslenkung	107
	2.3.3	Ablenkungen und Aufmerksamkeitsdefizite	108
2.4	Emotionen und sozial-emotionale Kompetenz		110
	2.4.1	Emotionen und sozial-emotionale Kompetenzen	111
	2.4.2	Angst	117
	2.4.3	Ärger und Wut	119
	2.4.4	Schuld und Scham	121
	2.4.5	Emotionen und kultureller Kontext	123

	2.5	Motivation und Motivierung	125
	2.5.1	Intrinsische und extrinsische Motivation	126
	2.5.2	Lern- und Leistungsmotivation	128
	2.5.3	Maslows Hierarchie der Bedürfnisse	130
	2.5.4	Die Theorie der Selbstbestimmung	131

3 Klinische Psychologie ... 135

- 3.1 Klassifikation und Diagnostik psychischer Störungen ... 136
  - 3.1.1 Klassifikation psychischer Störungen ... 137
  - 3.1.2 Klinisch-psychologische Diagnostik ... 141
  - 3.1.3 Epidemiologie: Auftretenshäufigkeit psychischer Störungen ... 146
- 3.2 Häufige psychische Störungen ... 151
  - 3.2.1 Affektive Störungen ... 151
  - 3.2.2 Schizophrenie ... 155
  - 3.2.3 Angststörungen ... 158
  - 3.2.4 Persönlichkeitsstörungen ... 160
- 3.3 Erklärungskonzepte psychischer Störungen ... 162
  - 3.3.1 Das Diathese-Stress-Modell ... 163
  - 3.3.2 Das psychoanalytische Erklärungsmodell und seine Anwendung ... 165
  - 3.3.3 Das humanistische Erklärungsmodell und seine Anwendung ... 171
  - 3.3.4 Das systemische Erklärungsmodell und seine Anwendung ... 176
  - 3.3.5 Das verhaltenstheoretische Erklärungsmodell und seine Anwendung ... 182
  - 3.3.6 Das kognitive Erklärungsmodell und seine Anwendung ... 186
- 3.4 Was ist Beratung ... 189
  - 3.4.1 Kennzeichen professioneller Beratung ... 190
  - 3.4.2 Wirkfaktoren von Beratung ... 191

4 Sozialpsychologie ... 195

- 4.1 Personenwahrnehmung ... 196
  - 4.1.1 Wahrnehmung von Sympathie ... 196
  - 4.1.2 Zum Stellenwert nonverbaler Schemata ... 198
  - 4.1.3 Implizite Persönlichkeitstheorien ... 200
  - 4.1.4 Reihenfolgeneffekte ... 202
  - 4.1.5 Kontrasteffekte ... 204
  - 4.1.6 Selbsterfüllende Prophezeiungen ... 205
- 4.2 Soziale Kognition und stereotypes Denken ... 208
  - 4.2.1 Soziale Kategorisierung ... 208
  - 4.2.2 Grundbegriffe der sozialen Kognition ... 210
  - 4.2.3 Einfluss von stereotypen Denkmustern ... 215
  - 4.2.4 Überwindung stereotypen Denkens ... 220

	4.3	Attributionstheorie, Selbstwert und Kultur	226
		4.3.1 Die Kovariationstheorie	227
		4.3.2 Attribution von Erfolg und Misserfolg	230
		4.3.3 Attributionsverzerrungen	234
	4.4	Prosoziales Verhalten	242
		4.4.1 Prosoziales Verhalten und Altruismus	242
		4.4.2 Hintergründe, Bedingungen und Differenzen im Hilfeverhalten	243
		4.4.3 Wenn Hilfe unterbleibt oder scheitert: Ein psychologisches Modell zum Urteilsprozess und den Einflussfaktoren von Hilfeverhalten	251
5	**Psychische Gesundheit**		**259**
	5.1	Stress und Stressbewältigung	259
		5.1.1 Stress als Bewältigung von Lebensveränderungen	260
		5.1.2 Stress als Folge subjektiver Interpretationen von Ereignissen	261
		5.1.3 Wann sind Bewältigungsstrategien hilfreich, wann nicht?	264
	5.2	Das Resilienzkonzept: Risiko- und Schutzfaktoren	266
		5.2.1 Risikofaktoren	266
		5.2.2 Schutzfaktoren	268
		5.2.3 Und wie verläuft Resilienz im Lebenslauf?	272
		5.2.4 Selbstwirksamkeit und wahrgenommene Kontrolle	273
	5.3	Soziale Unterstützung und soziale Kompetenz	276
	5.4	Grundlagen konstruktiver Gesprächsführung: Kommunikation und Konfliktlösung	279
		5.4.1 Kommunikation und Interaktion	279
		5.4.2 Konstruktive Konfliktlösung nach Gordon	289
		5.4.3 Das Kommunikationsmodell von Schulz von Thun	291
	5.5	Die Umweltressource Erziehungsstil: Was Kinder brauchen	296
		5.5.1 Wenn Erziehung scheitert: Gewalt gegen Kinder	305

Literatur 311

Stichwortverzeichnis 337

Entwicklungspsychologie 1

Als Einstieg in die Entwicklungspsychologie lassen Sie bitte zunächst die folgende kurze Schilderung der Entwicklung von Ray auf sich wirken:

Ray wurde 1930 als Raymond Charles Robinson in Albany, Georgia geboren. Er wuchs bei seiner alleinerziehenden Mutter auf, die als Baumwollpflückerin arbeitete. Seinen Vater lernte er nie kennen. Die Familie war sehr arm. Im Alter von sieben Jahren erblindete er aufgrund eines Glaukoms. Die Erblindung hätte man vermutlich durch medizinische Behandlung verhindern können, aber eine solche konnte sich die Mutter nicht leisten. Kurz vor seiner Erblindung hatte Ray hilflos mit ansehen müssen, wie sein jüngerer Bruder in einem kochend heißen Waschzuber ertrank. Die Erinnerung daran quälte ihn sein Leben lang und er litt Zeit seines Lebens unter Alpträumen. Schon in seiner Kindheit suchte er regelmäßig benachbarte Kneipen auf, um dort den Bluesmelodien zu lauschen. Seine Mutter ermunterte ihn, trotz seiner Blindheit möglichst selbstständig zu leben und schärfte ihm ein, „sich niemals zum Krüppel machen zu lassen." Dank seines feinen Gehörs konnte er sich schon bald trotz Blindheit gut in seiner Welt bewegen. Seine Mutter schickte ihn auf eine Blindenschule, auf der er auch Musikunterricht hatte: Er lernte Klavier, Saxophon und Klarinette und war Mitglied eines Gospelchors; zunehmend wurde die Musik zu seinem wichtigsten Lebensinhalt. Als er 14 Jahre alt war, starb seine Mutter, die wichtigste Bezugsperson in seinem Leben. Ray brach daraufhin die Schule ab und zog nach Florida. Als schwarzer, blinder Jugendlicher ohne Schulabschluss und ohne Fürsprecher*innen hatte er in einer Welt der Rassentrennung und der Rassendiskriminierung einen schweren Stand. Sein Leben war geprägt von großer Armut, ständigen Rassenkonflikten und musikalischen Rückschlägen. Schließlich zog er nach Seattle, wo es Bars gab, die die ganze Nacht aufhatten, und wo er sich als Klavierspieler über Wasser halten konnte. Gleichzeitig arbeitete er fortwährend an der Verbesserung seiner musikalischen Fähigkeiten; schließlich gelang es ihm, eine Band zu gründen, mit der er durch die Bars tourte. Er legte sich den Künstlernamen Ray Charles zu, der aus seinen beiden Vornamen bestand.

Seine Songs waren sehr gefühlvoll und kamen beim Publikum gut an, gleichzeitig war er aber auch ein Perfektionist, der sehr hart zu seinen Mitmusikern sein konnte, wenn sie seinen Ansprüchen nicht genügten. Die ersten Schallplatten verkauften sich so gut, dass große Schallplattenfirmen auf ihn aufmerksam wurden. Das war der Beginn einer großen Karriere. Ray startete Welttourneen, entwickelte einen eigenen Musikstil, bei dem er Gospel, Blues und Country mischte und stürmte die Hitparaden landesweit. Er revolutionierte mit seinem Musikstil die gesamte Musikwelt und gewann auch die weiße Zuhörerschaft. Bei seinen Konzerten duldete er keine Sitztrennung nach Hautfarbe. Es war ein Triumph für ihn, als er in Georgia, wo er ein jahrzehntelanges Auftrittsverbot hatte, eine Medaille für „Georgia on my mind" bekam, das zur Landeshymne wurde. Im Laufe seiner Musikerkarriere entwickelte er neben einer Alkohol- eine schwere Heroinsucht, wegen der er sich mehrfach Entziehungskuren unterzog. Es gelang ihm schließlich abstinent zu bleiben. Er fand zum Glauben und wurde sehr fromm. Er heiratete zweimal und ließ sich beide Male scheiden. Mit seiner zweiten Ehefrau bekam er drei Kinder und darüber hinaus hatte er mindestens neun Kinder aus Nebenbeziehungen. Seine Hits „What I said" und „Georgia on my mind" wurden Millionenseller, als Soul-Legende wurde er auf der ganzen Welt gefeiert. Er war der erfolgreichste Jazzmusiker seiner Zeit (Charles & Ritz, 2005).

Rays Geschichte wirft zahlreiche Fragen auf:

- Wodurch wird die Entwicklung von Merkmalen, Fähigkeiten, Interessen und Verhalten ausgelöst?
- Welchen Anteil haben angeborene Eigenschaften, welchen Anteil hat die Umwelt an dem gezeigten Verhalten?
- Was brachte Ray dazu, die zielstrebige Verfolgung seiner Musikerlaufbahn lebenslang beizubehalten, sich aber in anderen Verhaltensweisen grundlegend zu verändern?
- Wie wirken sich zeitgeschichtliche und kulturelle Bedingungen – im Falle von Ray die Hautfarbe und die damit verbundene Armut, schlechte Bildung und Diskriminierung – auf das Wohlergehen eines Menschen im Laufe seines Lebens aus?

Diese exemplarisch aufgelisteten Fragen sind zentrale Fragestellungen der Entwicklungspsychologie.

1.1 Grundlagen und Konzepte

Menschliche Entwicklung ist kein vorhersehbarer, festgelegter Prozess. Zahlreiche Einflussfaktoren wirken auf ihn ein und beeinflussen den Menschen. Das können Ereignisse sein wie der Schuleintritt, ein Umzug, der Auszug aus dem Elternhaus. Es können aber auch besondere Vorkommnisse sein wie das Auftreten einer schweren Krankheit oder das Aufwachsen in einem Kriegsgebiet. Wie Menschen darauf reagieren, ist höchst unterschiedlich und hängt von ihrer Persönlichkeit, ihren Bewältigungsstrategien und vielem mehr ab. Dabei können Menschen weder ausschließlich über ihre gesammelten Erfahrungen beschrieben werden noch nur über ihre genetische Veranlagung. Vielmehr versucht die Entwicklungspsychologie herauszufinden, wie sich Menschen unter bestimmten Bedingungen entwickeln und wie sich dabei Persönlichkeitsaspekte und Umweltaspekte gegenseitig beeinflussen. Dabei berücksichtigt sie verschiedene Dimensionen der Entwicklung: die emotionale, kognitive, körperliche und soziale Entwicklung. Das Ziel ist, allgemeine Gesetzmäßigkeiten der Entwicklung aufzustellen und davon abweichende Entwicklungen zu beschreiben (Entwicklungspsychopathologie). Wer mit Menschen unterschiedlicher Altersstufen effektiv arbeiten will, sollte entwicklungspsychologische Kenntnisse haben.

So ist es z. B. wichtig für Sie, über den Bindungsaufbau in der frühen Kindheit informiert zu sein, damit Sie Eltern-Kind-Beziehungen angemessen einschätzen und Eltern sinnvoll beraten können. Sie kennen Resilienzfaktoren und können diese in der Arbeit mit allen Altersstufen stärken.

Im folgenden Kapitel wird Ihnen zunächst ein Überblick über die grundlegenden Konzepte und Themenbereiche der Entwicklungspsychologie gegeben. Anschließend wird das Zusammenspiel von Anlage und Umwelt erläutert, denn aus diesen beiden Komponenten bestehen alle Entwicklungsprozesse. Entwicklung ist ein lebenslanger Prozess: Die Entwicklungspsychologie unterteilt den Lebenslauf in Phasen mit entsprechenden phasentypischen Entwicklungsaufgaben. Diese Entwicklungsaufgaben müssen von der einzelnen Person bewältigt werden. Anlage- und umweltbedingte Schutzfaktoren fördern die erfolgreiche Bewältigung. Auf diese Resilienzfaktoren geht Kap. 5 ein. Die erfolgreiche Bewältigung der gegenwärtigen phasentypischen Entwicklungsaufgaben ist Voraussetzung für die Inangriffnahme und Bewältigung der zukünftigen phasentypischen Aufgaben.

Ein idealtypischer Lebenslauf besteht also aus der erfolgreichen Bewältigung von phasentypischen Entwicklungsaufgaben. Diese Entwicklungsaufgaben werden im weiteren Verlauf dieses Kapitels vorgestellt.

Prototypisch werden im Folgenden drei bedeutsame Entwicklungsaufgaben und ihre erfolgreiche Bewältigung aus unterschiedlichen Lebensphasen dargestellt:

- der Bindungsaufbau in der frühen Kindheit
- die Akzeptanz des Körpers im Jugendalter
- die Kompensation von Defiziten im hohen Alter.

Die Entwicklungspsychologie will erklären, auf welche Weise und warum es zu Veränderungen bei einem Menschen kommt, aber auch wie Unterschiede zwischen Menschen entstehen. Dazu gibt es unterschiedliche Konzepte (Montada et al., 2018, S. 27 ff.), die sich ergänzen. Ein verbreitetes Konzept ist das der Stufenfolge.

1.1.1 Entwicklung als Stufenfolge

Stufenmodelle beschreiben Entwicklungsprozesse als eine Abfolge von aufeinanderfolgenden Stufen, die bei allen Menschen in der gleichen Reihenfolge eintreten. Wie etwa eine Blume nach einem inneren Bauplan heranwächst, erblüht und anschließend verwelkt, so erfolgt nach dem Stufenkonzept menschliche Entwicklung als Prozess zunehmender Differenzierung. Das Stufenkonzept beinhaltet die Vorstellung, dass es im Rahmen eines Veränderungsprozesses immer einen Endzustand, einen Reifezustand gibt. Die Stufenschritte sind unumkehrbar (irreversibel) und stellen sowohl einen quantitativen als auch einen qualitativen Zuwachs dar. Die Bewältigung früherer Stufen wird als Voraussetzung für die Bewältigung späterer Stufen angesehen und die Entwicklungsleistungen in den jeweiligen Stufen sind an ein festgelegtes Alter gebunden. Stufenmodelle sehen die Entwicklung als einen universellen Prozess an, der in allen Kulturen ähnlich verläuft.

> **Übung**
>
> Finden Sie Beispiele menschlicher Entwicklung, auf die die Blumenmetapher der Entfaltung aus Abb. 1.1 zutrifft.

Ein Beispiel für ein Stufenmodell ist das Modell der kognitiven Entwicklung nach Piaget: Das Denken entwickelt sich nach Piaget beim Kind vom konkreten Denken zum abstrakten Denken. Ein weiteres Beispiel ist das psychosoziale Stufenmodell nach Erikson, nach dem altersmäßig thematisch festgelegte Krisen Stufe für Stufe gelöst werden (vgl. in Abschn. 1.3.2).

Stufenmodelle erklären wichtige Dimensionen menschlichen Verhaltens. Sie gehen davon aus, dass ein genetisch festgelegtes Programm abläuft, das häufig einen Prozess der zunehmenden Differenzierung darstellt (vgl. Abb. 1.2). Es gibt jedoch einige bedeutsame Kritikpunkte an Stufenmodellen. So ist die Annahme einer Entwicklung zu einem ausschließlich höheren Stadium zu eng. Man spricht in der Entwicklungspsychologie nämlich auch bei einem Abbau, z. B. beim Nachlassen kognitiver Fähigkeiten im Alter oder bei einer Abnahme von Leistungsmotivation bei schulischen Leistungen von Entwicklung. Auch die Annahme, dass Entwicklungsprozesse universell sind, ist problematisch. Menschen unterscheiden sich durch unterschiedliche Anlagen, kulturspezifische Anforderungen, vielfältige Einflüsse der Umwelt und selbst mitgestaltete Erfahrungen. Aus diesen Gründen muss Entwicklung als sehr individueller Prozess gesehen werden.

Abb. 1.1 Blumenmetapher. (Angefertigt von Sabrina Hilz)

1.1 Grundlagen und Konzepte

Abb. 1.2 Entwicklung der Motorik. (Angelehnt an Schwarzer, 2015, S. 122)

1.1.2 Entwicklung als Reifung und Reifestand

Reifung meint die altersbezogenen Wachstumsprozesse von Funktionen der Organe, des Zentralnervensystems, der hormonellen Systeme und der Körperformen. Reifung ist genetisch ausgelöst und stellt einen wichtigen Aspekt von Entwicklung dar (Montada et al., 2018, S. 45). Er findet häufig in den eben beschriebenen Stufen statt.

▶ **Definition: Reifung** Reifung ist die gengesteuerte Entfaltung biologischer Strukturen und Funktionen. Die spezifischen organischen Veränderungen machen neue, spezifische Fähigkeiten möglich. Sie werden dann auf Reifung zurückgeführt, wenn sie universell in einer Altersperiode auftreten und weitgehend ohne Lernen stattfinden. Zum biologischen Erbe zählen z. B. das körperliche Wachstum, die motorische Entwicklung, die Sprachentwicklung, Denken und Gedächtnis.

Reifung wird meist definiert als Erwerb, der nicht auf Lernen, Erfahrung, Übung, Erziehung oder Sozialisation zurückgeführt werden kann. Jedoch werden Reifungsvorgänge in der Folge sofort von Lernvorgängen abgelöst.

Abb. 1.2 zeigt die stufenweise Differenzierung der Motorikentwicklung, die typisch ist für viele Entwicklungsprozesse: Sie gehen mit zunehmender Differenzierung einher, d. h. sie verlaufen vom Einfachen zum Komplexen. Die Entwicklung der Motorik galt lange Zeit als Reifungsprozess und damit als nicht beeinflussbar. Heute wissen wir, dass es zur Ausübung von Motorik Anreize aus der Umwelt braucht. Auch lassen sich motorische Meilensteine wie Sitzen oder Gehen durch regelmäßige motorische Übungen deutlich vorverlegen. Die motorische Entwicklung ist also durch Umwelteinflüsse und die Eigenaktivität des Menschen beeinflussbar (Pinquart et al., 2019, S. 79).

▶ **Merke!** Entwicklungstabellen (vgl. Abb. 1.2) suggerieren, dass Entwicklungsschritte auf bestimmte Altersstufen einheitlich und zeitlich eng festgelegt sind. Damit wäre Entwicklung universell und nicht individuell. Entwicklungsprozesse zeigen aber eine große Variationsbreite. So krabbeln manche Kleinkinder bereits mit fünf Monaten, andere erst mit 14 Monaten, wieder andere überspringen die Krabbelphase ganz und gehen vom Stehen direkt zum Laufen über. Entwicklungstabellen stellen also nur eine grobe Orientierung dar.

Beispiel: Reifungsprozesse

Ein Kind, das stehen oder laufen kann, möchte nun nur noch stehen oder laufen und übt dieses ständig. Die Fähigkeit zu gehen ist herangereift, das Einüben der neuen Fähigkeit wird jedoch durch Lernprozesse übernommen. Reifungsprozesse und Lernprozesse gehen also Hand in Hand. ◀

Zur Reifung gehört auch der Reifestand. Hiermit ist gemeint, dass ein bestimmter Entwicklungsstand gegeben sein muss, damit neue Fähigkeiten erworben werden können.

1.1 Grundlagen und Konzepte

▶ **Definition: Reifestand** Der Reifestand ist die emotionale, kognitive und biologische Voraussetzung für den Erwerb bestimmter Fähigkeiten.

Beispiel: Reifestand

Sauberkeitserziehung
Das Kind aufs Töpfchen zu setzen macht erst Sinn, wenn es in der Lage ist, seine Schließmuskeln zu kontrollieren. Der Reifestand für diese Fähigkeit ist frühestens ab dem Alter von 18 Monaten gegeben.

Spracherwerb
Es hat keinen Sinn, einem Säugling Wörter beibringen zu wollen. Das Erlernen der Sprache erfordert ein komplexes Zusammenspiel verschiedener Kompetenzen und ist erst möglich ab dem Alter von 18 Monaten. Ab diesem Alter ist der Reifestand für das Erlernen der Sprache gegeben. ◀

1.1.3 Entwicklung durch die Nutzung sensibler Phasen bzw. Zeitfenster

Wenn der Reifestand eingetreten ist, also die Voraussetzungen für das Erlernen einer Fähigkeit gegeben sind, beginnt eine zeitlich festgelegte Phase, in der eine erhöhte Plastizität, d. h. Durchlässigkeit für spezifische Erfahrungen und Einflüsse besteht. Diese Zeitfenster werden als sensible Phasen bezeichnet. Bestimmte sensible Phasen wie die des Spracherwerbs und des Bindungsaufbaus sind nachgewiesen; über andere weiß man wenig; sensible Phasen sind wahrscheinlich durch Stadien der Hirnreifung bedingt, aber über die Funktionsweise des Gehirns wissen wir noch nicht alles.

▶ **Definition: Sensible Phase** Die sensible Phase, auch als Zeitfenster bezeichnet, ist eine Phase, in der bestimmte Erfahrungen besonders große Auswirkungen auf den Menschen haben, weil genau in dieser Zeitspanne die Empfänglichkeit für diese bestimmte Erfahrung sehr hoch ist (Trautner, 2007, S. 117).

Beispiel: Sensible Phase

Spracherwerb
Die sensible Phase des aktiven Spracherwerbs liegt zwischen 18 Monaten und 4 Jahren. In dieser Zeit können Kinder sogar parallel mehrere Sprachen fehlerfrei lernen. Wird diese Phase verpasst und nicht zum Spracherwerb genutzt, weil das sprachliche Vorbild fehlt, ist es später sehr schwer, das nachzuholen.

Bindungsaufbau
Das erste Lebensjahr ist die sensible Phase für den Bindungsaufbau. Steht dem Kleinkind in dieser Zeit keine Bezugsperson kontinuierlich zur Verfügung (z. B. weil die Bezugsperson nicht zuverlässig ist, das Kind im Heim ist oder in der Verwandt-

schaft fortwährend weitergereicht wird), kann das Kleinkind kein „Urvertrauen" (Erikson, 1988) aufbauen. Es wird möglicherweise im weiteren Lebenslauf Probleme damit haben, vertrauensvolle Bindungen einzugehen, weil es aufgrund dieser Erfahrungen einen „unsicheren" Bindungsstil entwickelt hat. ◄

Anhand der Beobachtung so genannter „wilder Kinder" oder „Kaspar-Hauser-Kinder" lässt sich zeigen, wie Entwicklung verläuft, wenn die sensiblen Phasen ungenutzt bleiben, es also zur richtigen Zeit an angemessener Hilfe und Anregung fehlt.

Beispiel: „Kaspar-Hauser-Kinder"

Singh (1961) beschreibt anhand einer spannenden Fallstudie zweier Mädchen, die jahrelang betreut und gefördert wurden, nachdem sie im Urwald gefunden und offensichtlich von einer Wölfin aufgezogen worden waren, welche Fähigkeiten noch nachträglich aufgebaut werden konnten und welche nicht. Eine andere Studie von Curtiss (1977) beschreibt die Entwicklung des „Wolfskinds" Genie nach seiner Befreiung von seinen Eltern, die es in absoluter Isolation gehalten hatten. ◄

Die Ergebnisse der jahrelangen nachträglichen Sozialisierungsversuche sind in all diesen Fällen sehr ernüchternd. Offensichtlich können die verpassten Chancen gar nicht oder nur in sehr begrenztem Maße nachgeholt werden. So erwarb Genie niemals eine normale Sprache und die beiden Wolfsmädchen lernten nie auf zwei Beinen zu laufen. Bei ehemaligen „Wolfskindern" ist offensichtlich das nachträgliche Erlernen von Sprache, die Fortbewegung auf zwei Beinen und ein Bindungsaufbau zu anderen Menschen gar nicht oder nur sehr reduziert möglich.

Die Umstände, unter denen diese Kinder aufgewachsen sind, nennt man Deprivation.

▶ **Definition: Deprivation** Im Zusammenhang mit kindlicher Entwicklung meint Deprivation das Fehlen von notwendigen Umweltbedingungen für eine gute Entwicklung. Dazu zählen kognitive und soziale Anregungen, emotionale Zuwendung, Behütet- und Beschütztwerden und die Befriedigung der körperlichen Grundbedürfnisse Essen, Trinken, Wärme und Schlaf. Deprivation ist in der Regel die Folge schwerster Vernachlässigung, die zusätzlich häufig mit Misshandlung einhergeht.

Sowohl die Stufenmodelle als auch die Reifungskonzepte vernachlässigen einen bedeutenden Einflussfaktor auf die menschliche Entwicklung: die Umwelt. Entwicklung bleibt bei diesen Modellen ein von innen gesteuerter Prozess, der individuelle Unterschiede unberücksichtigt lässt und Umweltbedingungen wie der Erziehung oder dem soziokulturellen Herkunftsmilieu nur eine geringe Bedeutung beimisst. Wichtige Chancen und Optionen auf Veränderungen im Lebenslauf werden damit nicht gesehen und genutzt. Das Konzept der sensiblen Phasen nimmt eine Zwischenstellung zwischen Reifungs- und Umweltkonzepten ein, weil es der Umwelt einen gewissen Einfluss in einer umschriebenen zeitlichen Phase zubilligt.

1.1.4 Entwicklung durch Erziehung und Sozialisation

Der Bedeutung von Umwelteinflüssen auf den Menschen trägt das Konzept der Sozialisation und Erziehung Rechnung. Durch Erziehung und Sozialisation lernt ein Mensch all das, was er benötigt, um in der Kultur zu leben, in die er hineingeboren wurde: Sitten, Gebräuche, Sprache, Symbole, Regeln des sozialen Umgangs, Funktion von Werkzeugen, Funktion von Institutionen, einen Beruf erlernen, eine Religion verinnerlichen und vieles mehr.

Der Prozess der Sozialisation erfolgt durch Anleitung, Anforderung, Information, Belehrung, Beobachtung, Nachahmung sowie durch Strafe und Belohnung. An diesem Prozess sind die Familie, die Schule, befreundete Personen, Beruf und Medien beteiligt.

Sozialisation bedeutet lebenslanges Lernen, da die Gesellschaft sich verändert und damit die Wertesysteme. Auch übernimmt das Individuum lebenslang neue Rollen, die wiederum neue Anpassungsprozesse verlangen.

Auch wenn Erziehung und Sozialisation vergleichbar scheinen, ist es wichtig, zwischen den beiden Begriffen zu unterscheiden. Während Erziehung alle bewussten und beabsichtigten Einflussnahmen Erwachsener auf das Verhalten von Kindern meint, bezeichnet im Unterschied dazu Sozialisation die unbeabsichtigten, vielleicht sogar unerwünschten Einflussnahmen des gesellschaftlichen Milieus auf das Verhalten und die Entwicklung von Kindern.

▶ **Definition: Sozialisation** Sozialisation ist Prozess und Ergebnis der Entwicklung von Individuen in wechselseitiger Abhängigkeit von der gesellschaftlich vermittelten sozialen und materiellen Umwelt. Sozialisation vollzieht sich im Wechselspiel von Anlage und Umwelt (vgl. Hurrelmann & Bauer, 2019, S. 21).

▶ **Definition: Erziehung** Erziehung ist die soziale Interaktion zwischen Menschen, bei der ein Erwachsener planvoll und zielgerichtet versucht, bei einem Kind unter Berücksichtigung der Bedürfnisse und der persönlichen Eigenart des Kindes erwünschtes Verhalten zu entfalten oder zu stärken. Erziehung ist ein Bestandteil des umfassenden Sozialisationsprozesses; der Bestandteil nämlich, bei dem von Erwachsenen versucht wird, bewusst in den Prozess der Persönlichkeitsentwicklung von Kindern einzugreifen mit dem Ziel, sie zu selbstständigen, leistungsfähigen und verantwortungsvollen Menschen heranzuziehen (vgl. Hurrelmann, 1994).

Sozialisation und Erziehung sind Umweltfaktoren, die auf das Individuum einwirken. Das Individuum lernt durch sie die Spielregeln der Gesellschaft.

Zusätzlich zu den Umwelteinflüssen und den biologischen Faktoren hat Entwicklung auch einen Spielraum, den Menschen je nach Entwicklungsstand selbst nutzen können. Sie sind also auch Mitgestaltende ihrer eigenen Entwicklung (vgl. auch das Konzept der Entwicklungsaufgaben in Abschn. 1.3). Während diese Entwicklungsmöglichkeiten in der Kindheit noch relativ gering sind und die Steuerung im Wesentlichen durch die Eltern erfolgt, setzen sich Menschen mit zunehmendem Alter immer mehr mit eigenen Lebensplänen auseinander.

Zur aktiven Gestaltung des eigenen Lebens ist nicht nur Wissen nötig, wie man diese Ziele erreicht, es müssen auch Überzeugungen vorhanden sein, diese Ziele überhaupt erreichen zu können. Solche Kontrollüberzeugungen und Selbstwirksamkeitserwartungen (vgl. Kap. 5) sowie selbstregulatorische Fähigkeiten setzen Handeln in Gang. Überzeugungen und selbstregulatorische Fähigkeiten werden im Laufe der Kindheit durch familiäre Sozialisation erworben. So können Eltern selbstregulatorische Fähigkeiten wie die Impulskontrolle fördern.

Umweltfaktoren (z. B. das Aufwachsen in einem Wohnwagen statt in einer Villa oder die geringe Verfügbarkeit von Lehrstellen) und individuelle Voraussetzungen (z. B. das Scheitern bei einer Bewerbung für eine Kunsthochschule) können der eigenen Mitgestaltung enge Grenzen setzen.

1.1.5 Entwicklung als lebenslanger Prozess

Die Entwicklungspsychologie sieht Entwicklung als lebenslangen Prozess an (Baltes et al., 2006). Alle menschlichen Verhaltensweisen werden von der Zeugung bis zum Tod betrachtet. Durch die lebenslange Bewältigung von Entwicklungsaufgaben entwickelt und verändert sich das Individuum. Der Mensch wird als aktives Wesen gesehen, das ein Potenzial für Veränderungen besitzt. Diese Veränderungen gehen sowohl vom Individuum selbst aus, seinen eigenen Wünschen und Zielen als auch von äußeren Einflüssen wie z. B. Aufgaben, die die Gesellschaft stellt. Auch prognostische Fragen, wie etwa die nach den Auswirkungen bestimmter Ereignisse im Kindesalter für das Erwachsenenalter, können bei einer solchen Betrachtung des Lebenslaufs beantwortet werden. Das Ziel ist, herauszufinden, wodurch Veränderungen, aber auch Stabilitäten im Lebenslauf bewirkt werden, und diese Faktoren genauer zu beschreiben (Lerner, 2006).

> **Übung**
>
> Betrachten Sie Ihr bisheriges Leben. Vergleichen Sie sich mit dem Menschen, der Sie mit 15 Jahren waren. In welchen Bereichen haben Sie sich seitdem verändert? Wodurch wurden diese Veränderungen ausgelöst?

Im Folgenden wird aufgezeigt, dass Entwicklung sehr unterschiedlich verläuft. Das betrifft das einzelne Individuum, das sich im Laufe seines Lebens verändert; das betrifft aber auch Unterschiede zwischen Menschen.

Die Entwicklungspsychologie interessiert sich nicht nur für die Gesetzmäßigkeiten, die alle Menschen in gleichem Maße betreffen, sondern auch für die differenziellen Verläufe von Entwicklung, die die Fülle und Unterschiedlichkeit von Entwicklungsprozessen zwischen Personen widerspiegeln.

Die differenzielle Entwicklung kann intraindividuell sein, d. h. Veränderungen finden im Laufe des Lebens bei ein und derselben Person statt. Die differenzielle Entwicklung

1.1 Grundlagen und Konzepte

kann auch interindividuell sein. Damit sind Unterschiede zwischen Personen gemeint: Unterschiede zwischen den Geschlechtern, zwischen jungen und alten Menschen, zwischen Hochschulabsolvent*innen und Hauptschulabsolvent*innen usw.

> **Fallbeispiele: Interindividuelle und intraindividuelle Unterschiede**
>
> *Interindividuell*
> Der Drittklässler Sam kann nur langsam und stockend lesen. Dass er ein ganzes Buch selbstständig liest, ist undenkbar. Sein Klassenfreund Leon dagegen verschlingt jeden Abend vor dem Einschlafen ein ganzes Buch. Die Lehrerin ist der Ansicht, dass jedes Kind im dritten Schuljahr zügig lesen können muss. Andernfalls müssen Lösungen gesucht werden (Wechsel auf die Förderschule, Klasse wiederholen). Der normative Ansatz der Lehrerin ist nicht zielführend. Richtig ist vielmehr, die Unterschiedlichkeit jedes Kindes zu berücksichtigen. Jedes Kind entwickelt sich unterschiedlich (schnell). Das hängt in der Grundschule mit dem individuell unterschiedlich schnellen Wachstum des Gehirns zusammen, das erst in der Pubertät ausgewachsen ist. Vermutlich wächst Sams Gehirn langsamer als Leons. Er wird wahrscheinlich erst im 4. Schuljahr zügig lesen können. Das Gehirnwachstum ist ein Anlagefaktor. Genauso bedeutsam ist es, die unterschiedlichen Umwelten beider Jungen zu betrachten. Möglicherweise kommt Leon aus einer Familie, in der das Lesen von Büchern einen hohen Stellenwert hat. Leon wurde deshalb von klein auf vorgelesen. Dagegen kommt Sam vielleicht aus einer Familie, in der Bücher wenig Bedeutung haben; Vorlesestunden sind ihm unbekannt. Der Faktor „familiäre Umwelt" kann durch den Faktor „Fördermaßnahmen" kompensiert werden.
>
> *Intraindividuell*
> Mira ist als Kleinkind sehr schüchtern: Bei Fragen des Metzgers („Willst Du eine Wurst?") oder des Kinderarztes („Wie heißt du denn"?) versteckt sie sich hinter ihrer Mutter und schweigt. Im Kindergarten spielt sie alleine, schaut aber sehnsüchtig zu den anderen Kindern in der Bastelecke. Die 20-jährige Mira ist eine attraktive junge Frau mit einem großen Freundeskreis. Der Einstieg in das Studium in einer vom Elternhaus weit entfernten Stadt gelingt ihr leicht. Sie schließt Kontakte, indem sie einfach ihr sympathische Gleichaltrige im Hörsaal, in der Mensa und auf dem Campus anspricht; daraus ergeben sich häufig Kontakte. Weiterhin belegt sie zahlreiche Freizeitkurse. In kurzer Zeit hat sie einen neuen Freundeskreis gewonnen, der dafür sorgt, dass Heimwehgefühle nicht aufkommen. ◄

> **Übung**
> Spekulieren Sie, welche Gründe es für Miras Entwicklung geben könnte und schreiben Sie einen kleinen Absatz dazu. Lassen Sie Ihre Fantasie spielen!

Die Beispiele stammen aus unterschiedlichen Entwicklungsbereichen. Das erste Beispiel bezieht sich auf den kognitiven Bereich, das zweite auf den sozialen Bereich. Wie Sie bereits wissen, findet Entwicklung darüber hinaus auch im emotionalen und im körperlichen Bereich statt. In der entwicklungspsychologischen Forschung werden diese Dimensionen der Entwicklung getrennt voneinander betrachtet und untersucht. In der Praxis hängen sie jedoch eng zusammen und beeinflussen sich gegenseitig.

▶ **Merke!** Entwicklung ist somit immer multidimensional. Sie findet auf den vier Dimensionen Denken (kognitiv), Fühlen (emotional), mit anderen Menschen interagieren (sozial) und Biologie (körperlich) statt.

Fallbeispiel: Multidimensionale Entwicklung

Die 11-jährige Nora befindet sich in der Pubertät, einer Phase des gewaltigen körperlichen Umbruchs. Der Einschuss der Hormone, speziell des Hormons Östrogen, hat zu einer Gewichtszunahme geführt, sie hat bereits die Menstruation und weibliche Körperformen (körperliche Entwicklung). Mit all diesen Veränderungen ist sie sehr unzufrieden (emotionale Entwicklung). Ihre Freundinnen sind körperlich noch nicht so weit entwickelt und schließen Nora aus. Aber auch Nora fühlt sich als Jugendliche in dem Kreis der kindlicheren Altersgenossinnen unwohl und schließt sich älteren Mädchen an, die bereits rauchen und sich mit Jungen treffen (soziale Entwicklung). Das führt zu Konflikten mit ihren Eltern, von denen sich Nora deshalb zunehmend auch distanziert. Sie fühlt sich jetzt oft einsam, vermisst vertraute Freundinnen. Oft ist sie unglücklich. Ein weiterer Faktor für ihre schlechte Stimmung sind ihre nachlassenden Schulleistungen: Es fällt ihr schwerer, sich zu konzentrieren, und das Interesse an den Schulfächern hat ebenfalls nachgelassen (emotionale, kognitive Entwicklung).

Kommentar: Der Auslöser für Noras Krise ist die körperliche Entwicklung (Veränderung). Sie zieht weitere Entwicklungen (Veränderungen) im sozialen, emotionalen und kognitiven Bereich nach sich. ◀

Auf Grundlage der bisherigen Erklärungskonzepte lässt sich folgende Definition für Entwicklung festhalten.

▶ **Definition: Entwicklung** Entwicklung heißt Veränderung und ist ein lebenslanger Prozess. Die Veränderungen resultieren aus dem Zusammenspiel von Umwelt, Anlage und dem aktiv handelnden Individuum. Entwicklungspsychologie beschreibt und erklärt diese Entwicklungsprozesse. Menschen entwickeln sich in verschiedenen Bereichen: kognitiv, emotional, sozial, körperlich und in unterschiedliche Richtungen. Entwicklung unter der Lebenslaufperspektive zu betrachten bedeutet auch, bei jedem Entwicklungsaspekt immer Gewinne (Wachstum) und Verluste (Abbau) zu betrachten.

> **Zusammenfassung**
> Entwicklung ist ein Prozess der lebenslangen Veränderung, in dem sich Wachstumsprozesse (Gewinne) und Abbauprozesse (Verluste) abwechseln. Menschen entwickeln sich aufgrund eines Zusammenspiels von Person und Umwelt. Individuen verändern sich im Laufe ihres Lebens in ihrem Erleben und Verhalten (intraindividuelle Unterschiede). Menschen unterscheiden sich auch untereinander in ihrem Erleben und Verhalten (interindividuelle Unterschiede). Seit geraumer Zeit wird Entwicklung als Zusammenspiel von biopsychosozialen Einflussfaktoren verstanden. Das hat zur Folge, dass Entwicklung nicht mehr als Schicksal, sondern als ein beeinflussbarer Prozess bewertet wird. Diese Sichtweise macht z. B. Förderprogramme sinnvoll.

> **Aufgaben**
> - Was ist eine sensible Phase?
> - Entwicklung findet u. a. durch Reifung und Sozialisation statt. Was ist der zentrale Unterschied zwischen beiden Prozessen?
> - Definieren Sie „intraindividuelle Entwicklung" und „interindividuelle Entwicklung".

1.2 Anlage und Umwelt

Die Vielfalt von Entwicklungsverläufen ergibt sich aus dem Zusammenspiel von individuellen, z. T. anlagebedingten und z. T. umweltbedingten Faktoren. Wie diese Faktoren zusammenwirken, ist eine der grundlegenden Fragen der Entwicklungspsychologie. Die Anlage-Umwelt-Frage ist deshalb so zentral, weil die Erfolge in unserer Kultur von individuellen Fähigkeiten, Leistungen und Eigenschaften abhängen. In dem Ausmaß, in dem sie durch Förderung von außen und durch Lernen beeinflusst werden können, können Ungleichheit und Ungerechtigkeit gemindert werden. Sollte aber alles genetisch festgelegt sein, können Fördermaßnahmen unterbleiben, ebenso wie Appelle an die Anstrengungsbereitschaft.

1.2.1 Anlagen

Anlagen beruhen auf Genen. Sie sind mit der Konzeption jedem Individuum gegeben und nicht direkt veränderbar; sie können sich jedoch über Generationen durch Mutation und Selektion verändern. Vererbt ist, was in der Genstruktur festgelegt ist. Die meisten Merkmale (Gewicht, Größe, Haarfarbe, Intelligenz, Persönlichkeitsfaktoren) werden nicht durch einzelne, sondern durch mehrere Gene determiniert. Über 3000 verschiedene Krankheiten mit nachgewiesenermaßen anlagebedingtem, erhöhtem Erkrankungsrisiko sind bis heute bekannt (Asendorpf & Kandler, 2018). Anlagebedingt ist dabei aber lediglich ein erhöhtes Risiko, das je nach Entwicklungsumständen, Umwelt und Lebensführung eintritt. Anlagen sind also kein Schicksal, sondern können durch die genannten Faktoren am Ausbruch gehindert werden. Man unterscheidet diese Faktoren in strukturell-genetische und individuell-genetische Merkmale.

Zu den vererbten Anlagen gehören weiterhin die beim Menschen nicht sehr zahlreichen Instinkte. Dazu zählen verschiedene angeborene Reflexe des Neugeborenen, die durch Schlüsselreize aus der Umwelt ausgelöst werden. So löst das Berühren von Wange und Lippen beim Neugeborenen den Saugreflex aus. Das Weinen des Kindes ist ein weiterer Schlüsselreiz für den Pflegeinstinkt der Mutter. Es gibt eine Reihe von Gesten und Gebärden zur Gruß- und Demutsbezeugung, die Menschen auf der ganzen Welt gemeinsam sind, sogar Blinden, und die den Gruß- und Demutsgebärden der Tiere ähneln. Die Vorliebe von Kindern für Höhlen und Spielplätze unter Tischen oder die Vorliebe für Sitzplätze mit dem Rücken zur Wand, erinnern an unsere Zeit als Höhlenbewohner. Auch die Tendenz von Menschen in einer Gruppe, die längere Zeit zusammenbleibt, eine hierarchische soziale Ordnung zu bilden, ist eine Erbkonstellation, die wir mit höheren Tieren gemeinsam haben.

Ein weiteres Beispiel für einen evolutionär wichtigen Instinkt ist die Reaktion auf das Kindchenschema (vgl. Abb. 1.3).

Das Kindchenschema ist eine Kombination von Merkmalen, die beim Menschen als Auslöser für den Brutpflegetrieb wirken. Dabei rufen vor allem die Körperproportionen bestimmte instinktive Verhaltensweisen hervor. Zu dem kindlichen Äußeren gehören:

- große Augen,
- ein im Verhältnis zum übrigen Körper großer Kopf,
- eine kleine Körpergestalt und kurze dicke Extremitäten,
- eine hohe vorgewölbte Stirn,
- Pausbacken und Patschhändchen (Julius et al., 2014).

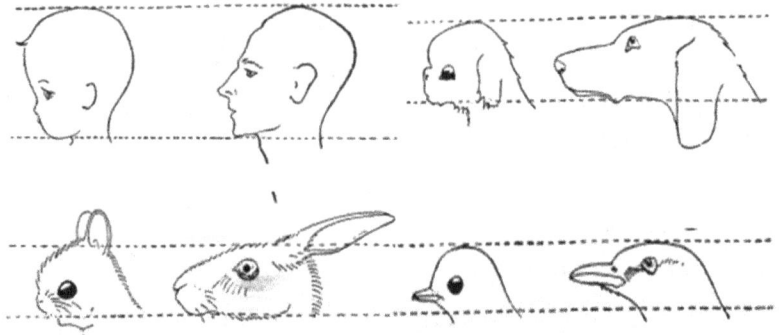

Abb. 1.3 Kindchenschema. (Vgl. Lorenz, 1943)

Diese Merkmale des Neugeborenen lösen bereits bei Menschen ab dem Alter von neun Jahren Zuwendung und Fürsorgeverhalten aus, also den wichtigen Beschützerinstinkt einem Baby gegenüber. Das Kindchenschema ist evolutionär gesehen ein sehr altes Signal und für ein Baby überlebensnotwendig, ist es doch aufgrund seiner Hilfsbedürftigkeit in den ersten Lebensmonaten auf die Fürsorge von Erwachsenen angewiesen.

Das Kindchenschema wird in der Werbung und der Modebranche benutzt, um das Interesse und den Kaufwunsch der Kund*innen zu wecken. Zahlreiche Puppen- und Stofftiere sind nach dem Kindchenschema angefertigt und es gibt kaum eine Figur in Walt-Disney-Filmen, die nicht diesem Schema entspricht (Bambi, Cinderella usw.).

1.2.2 Umwelt

Umweltfaktoren wirken nicht einseitig aktiv auf ein Individuum ein. Vielmehr nimmt auch das Individuum selbst eine aktive Position ein: Es nimmt seine Umwelt wahr, bewertet und deutet sie. In der Art der Interpretation unterscheiden sich Menschen. Objektiv identische Umwelten können daher unterschiedliche Bedeutung für Personen haben, je nach Veranlagung der einzelnen Person.

Beispiel: Umweltwahrnehmung

Dieselbe Umgebung, ein Technikmuseum, kann eine an Technik interessierte Person reizen und anregen, eine andere aber zu Tode langweilen.

Die Art der Interaktion kann sich aber auch bei ein und demselben Individuum verändern: Gestern war das Technikmuseum noch langweilig, als der Lehrer langweilige Vorträge dazu hielt, morgen ist der gemeinsame Besuch mit einem Freund spannend. ◄

Das bereits vorgestellte Konzept der sensiblen Phasen geht sowohl von Vererbungs- als auch Lernprozessen aus. Angeborene Kompetenzen kommen demzufolge nur zur Wirkung, wenn die Umweltanregungen zur rechten Zeit erfolgen.

1.2.3 Das Zusammenspiel von Anlage und Umwelt

Es lassen sich drei Arten der lebenslangen Anlage-Umwelt-Interaktionen unterscheiden (Montada et al., 2018, S. 43):

- *Passive Kovariation:* Der Genotyp, d. h. die genetische Ausstattung der Eltern führt zu einer bestimmten Gestaltung des Familienlebens. Diese Umwelt beeinflusst das Leben des Kindes. Auch wenn das Angebot dem Genotyp des Kindes nicht entspricht, kann es sich dem nicht entziehen und wird sich teilweise anpassen.

- *Reaktive Kovariation:* Es liegt eine reaktive Passung zur Umwelt vor, wenn Eltern den Genotyp des Kindes erkennen und auf seine Interessen und Talente eingehen: Das Kind erhält entsprechende Angebote.
- *Aktive Kovariation:* Eine aktive Passung zur Umwelt liegt vor, wenn das Kind selbst aus den Umweltangeboten das auswählt, was seinem Genotyp entspricht.

Beispiel: Zusammenspiel Anlage und Umwelt

Passive Kovariation
Die musikalischen Eltern singen und spielen Musikinstrumente den ganzen Tag lang; dem kann sich das Kind nicht entziehen: Das Kind macht mit.
Reaktive Kovariation
Das sportliche Kind wird im Sportverein angemeldet, das freundliche Kind erhält besonders viel Zuwendung, das wissbegierige Kind erhält zahlreiche Erklärungen.
Aktive Kovariation
Der eingangs vorgestellte Ray sucht sich ein Klavier in einer benachbarten Kneipe und macht darauf erste Improvisationen. ◀

Über das Lebensalter hinweg ändert sich die Bedeutung dieser drei Arten von Interaktion zwischen Anlage und Umwelt. Reaktiver und aktiver Einfluss des Kindes gewinnen mit zunehmendem Alter an Bedeutung, weil Autonomie und Mobilität zunehmen. Es kann sich leichter aus einem (problematischen) familiären Milieu lösen.

▶ **Merke!** Die kontroverse Diskussion, ob eher Anlage- oder eher Umweltfaktoren maßgeblich für die menschliche Entwicklung sind, wird heute in der Entwicklungspsychologie nicht mehr geführt. Vielmehr wird das Zusammenspiel beider Faktoren untersucht, denn Forschungsergebnisse belegen, dass es keine „Einbahnstraße" vom Genom zur Entwicklung des Menschen gibt: Eine Veranlagung muss nicht ausbrechen, sie kann das ganze Leben lang latent bleiben. Oft sind Umwelteinflüsse für den Ausbruch verantwortlich.

Wechselwirkung von Umwelt, Verhalten und Gehirnaktivität
Durch Verhalten können Umwelten aktiv ausgesucht werden; umgekehrt können aber auch Umweltbedingungen das Verhalten direkt beeinflussen, wodurch sich neuronale Aktivität und vermutlich auch die genetische Aktivität selbst verändern. Deshalb ist die Vorstellung falsch, dass das Genom Entwicklung bewirkt oder ein Programm enthält, das die Entwicklung eines Kindes steuert. Asendorpf und Kandler (2018) vergleichen das Genom mit einem Text. Der Text begrenzt das, was insgesamt gelesen werden kann, legt aber nicht fest, welcher Teil des Textes gelesen wird und zu welchem Zeitpunkt.

Die Genaktivität variiert im Laufe der Entwicklung. Gene können unter bestimmten Bedingungen „eingeschaltet" und „abgeschaltet" werden. Das wird als Epigenetik bezeichnet. Gene sind demnach dynamische Bausteine, die nicht nach einem unveränderlichen Muster funktionieren. Es ist nachgewiesen, dass die Genaktivierung und -expression von Proteinen auch von Umwelterfahrungen abhängt. Nicht nur Gene, auch Umweltereignisse, Gedanken, Gefühle und Verhaltensweisen erhöhen die neuronale Aktivität und führen dadurch zu vermehrter Ausschüttung von Botenstoffen. Solche Umwelterfahrungen können z. B. Eltern-Kind-Beziehungen sein.

> **Exkurs: Experimente zur Epigenetik**
>
> Die Auswirkung von Umwelterfahrungen auf das Gehirn konnten durch folgende Experimente belegt werden:
>
> *Experiment 1:* Auf experimentellem Weg wurden trächtige Mäuse unter Stress gesetzt. Die Kinder dieser ehemals gestressten Mütter zeigten Veränderungen in den zerebralen Konzentrationen von Dopamin und Glutamat. Wurden nun diese Kinder von anderen, nicht gestressten Mäusemüttern „adoptiert" und aufgezogen, verschwanden diese zerebralen Veränderungen wieder. Die Ergebnisse beweisen die hohe Empfänglichkeit des reifenden Gehirns für Umwelt- und Interaktionserfahrungen. Diese Fähigkeit des Gehirns, sich zu verändern, wird als Plastizität bezeichnet.
>
> *Experiment 2:* Aus einem Wurf genetisch identischer Mäuse wurde eine Teilgruppe entnommen und unter Stress gesetzt, indem man sie 15 min täglich von der Mutter trennte und allein in einen Käfig setzte (Stress durch Deprivation). Obwohl sie danach von ihren Müttern intensiv geleckt wurden (Beruhigung durch Pflege), hatten sie im Vergleich zu ihren genetisch identischen Geschwistern einen lebenslang erhöhten Kortisolspiegel (Kortisol = Stresshormon). Bekamen nun diese früh deprivierten Mäuse Kinder, wiesen diese ebenfalls einen erhöhten Kortisolspiegel auf, obwohl sie niemals eine Deprivationserfahrung gemacht hatten. Es wurde also ein „Stressgen", das durch die Deprivationserfahrung in der Muttergeneration entstanden war, „vererbt" (Brisch, 2005). ◀

▶ **Merke!** Kein Entwicklungsaspekt lässt sich nur auf den Genotyp oder nur auf die Umwelt zurückführen. Umwelt oder Anlage können nie die alleinige Ursache für die Entwicklung des Menschen sein. Vielmehr gibt es ein kompliziertes Zusammenspiel beider Faktoren, bei dem mal der eine, mal der andere Faktor dominiert. Dieses komplizierte Wechselspiel zwischen Anlage und Umwelt wird als dynamisch-interaktionistisches Wechselspiel bezeichnet.

Anlage und Umwelt am Beispiel Intelligenz
Auf die Vererbbarkeit von Intelligenz weist die Familienforschung hin, die Ähnlichkeiten zwischen Verwandten festgestellt hat. Je näher der Verwandtschaftsgrad, desto höher die Korrelation eines Merkmals (z. B. Ähnlichkeit der Intelligenzausprägung). Das Problem besteht allerdings darin, Einflüsse von Vererbung und Umwelt zu trennen. Der gleiche Phänotyp (Erscheinungsbild), also z. B. ein bestimmter Intelligenzquotient, kann auf un-

terschiedliche Weise zustande kommen. Ein durchschnittlicher IQ kann z. B. durch die Kombination einer ausgeprägten Begabung mit einer ungünstigen Umwelt zustande kommen. Er kann aber auch Resultat einer schwachen Begabung kombiniert mit einer optimalen Umgebung sein. Einen Ausweg aus diesem Dilemma bietet die Forschung an eineiigen Zwillingen, die identische Erbanlagen haben. Der Grad an Übereinstimmung bei Intelligenzleistungen ist bei eineiigen Zwillingen sehr hoch und zwar auch dann noch, wenn sie getrennt voneinander aufwachsen. Der Anteil der Vererbung wird auf maximal 70 bis 80 % geschätzt. Eine Obergrenze der Intelligenz ist also genetisch festgelegt. Diese Obergrenze zu erreichen, also die 20 bis 30 %, die die Umwelt beiträgt, kann durch intensive Förderung geschehen (Montada et al., 2018, S. 44). Eine solche Förderung, die zu einer maximalen Entfaltung des angeborenen Potenzials führen kann, könnte durch eine möglichst frühe Stimulierung bei gleichzeitig intensiver emotionaler Zuwendung erreicht werden. Erziehung kann dann eine Lücke füllen zwischen einem erreichten und einem auf Grund der Vererbung erreichbaren Intelligenzniveaus. Und gerade das kann von entscheidender Bedeutung für die Bildungschancen eines Menschen sein.

▶ **Merke!** Menschliche Umwelten sollten so gestaltet werden, dass sich möglichst alle Menschen ihren Möglichkeiten gemäß entwickeln können; damit wird den beschriebenen Wechselwirkungen zwischen Umwelt und Anlage Rechnung getragen.

Welche Entwicklungsmodelle zum Zusammenspiel von Anlage und Umwelt werden diskutiert? Zusammenfassend lassen sich nach Faltermaier et al. (2014, S. 110) folgende Modelle unterscheiden:

- das Reifungsmodell (Anlage wichtig, Umwelt unwichtig)
- die Lerntheorien (Anlage unwichtig, Umwelt wichtig)
- das dynamisch-interaktionistisches Modell (Anlage wichtig, Umwelt wichtig)

Sowohl die Lerntheorien (der Mensch wird durch externe Reize bestimmt und bleibt selbst passiv) als auch die Reifungstheorien (der Mensch reift von innen heraus und die Umwelt bleibt passiv) bilden Entwicklung nur teilweise ab.

Das gegenwärtig in der Entwicklungspsychologie vertretene Modell von Entwicklung ist das dynamisch-interaktionistische Modell. Es meint den fortwährenden Prozess gegenseitiger Beeinflussung von Person und Umwelt. Unsere Veranlagung (genetisch) und unsere Persönlichkeit (genetisch und erworben) bestimmen unser Verhalten, das auf die Umwelt wirkt. Die Umwelt verändert sich dadurch und reagiert auf das Verhalten und darauf reagiert wieder die Person in veränderter Weise. Sowohl die Person als auch die Umwelt befinden sich durch diesen Prozess in ständiger Veränderung. Das Modell beinhaltet die Vorstellung, dass der Mensch seine Entwicklung aktiv mitgestaltet: Er setzt sich Ziele, trifft Entscheidungen und wählt seine Umwelten aus; er steuert also sein Leben zum Teil auch selbst.

> **Zusammenfassung**
> Ein zentrales Thema der Entwicklungspsychologie ist die Erforschung des Zusammenspiels von Anlage und Umwelt. Es wird davon ausgegangen, dass kein einziges menschliches Merkmal allein auf Umwelt- oder allein auf Anlageeinflüsse zurückzuführen, sondern ein Resultat aus beidem ist. Wie groß jeweils der Anlage- und der Umweltanteil ist, ist von Merkmal zu Merkmal und von Person zu Person verschieden.
> Das dynamisch-interaktionistische Modell versteht das Individuum sowohl als Produkt von Umwelteinflüssen als auch als handelndes Subjekt, das sich aktiv Umwelten aussucht, die zu seinen Anlagen passen. Auf diese Weise steuert es seine Entwicklung. Ein aktives Individuum und eine aktive Umwelt gehen eine Interaktion ein; die gegenseitige Beeinflussung schafft ständige Veränderung.

Aufgaben

- Der amerikanische Entwicklungspsychologe Lerner (2006) postuliert: „Der Mensch ist Produkt und Produzent seiner Entwicklung." Führen Sie dieses Postulat anhand des bisher Gelernten weiter aus. Überlegen Sie sich ein Beispiel dazu.

1.3 Das Konzept der Entwicklungsaufgaben

Eine Entwicklungspsychologie der Lebensspanne, welche die Entwicklung des Menschen von der Zeugung bis zum Tod betrachtet, muss den Lebenslauf strukturieren und in untersuchungsfähige „Häppchen" unterteilen. Als sinnvolle Vorgehensweise ist das Konzept der Entwicklungsaufgaben anzusehen, das den gesamten Lebenslauf in einzelne Phasen einteilt, in denen alterstypische Aufgaben zu bewältigen sind.

1.3.1 Was ist eine Entwicklungsaufgabe?

Entwicklungsaufgaben sind typische Herausforderungen in einer bestimmten Lebensphase; sie sind alterstypisch und entsprechen der Norm. Sie sind auch kulturspezifisch; so besteht z. B. nicht in jeder Kultur Schulpflicht oder ein gesetzlich festgelegtes Rentenalter.
Entwicklungsaufgaben sind häufig Übergänge in neue Lebensphasen wie etwa der Schuleintritt, der Einstieg in den Beruf, der Renteneintritt oder die Geburt des ersten Kindes.
Übergangsphasen und ihre Bewältigung stellen „kritische" Ereignisse dar, weil sie Stress erzeugen. Es sind vulnerable Phasen, die das Individuum schwächen und die Ge-

fahr, eine psychische Störung zu entwickeln, erhöhen. Es bedarf also konstruktiver Bewältigungsstrategien des Individuums und Hilfestellungen aus der Umwelt, um diesen schwierigen Wechsel zu meistern. Strategien, die bei der Bewältigung solcher Stress erzeugender Lebensphasen helfen, werden in Kap. 5 ausgeführt.

Entwicklungsaufgaben sind normativ, weil sie in einer großen Population fast jede Person betreffen und an eine Altersstufe gebunden sind. Nicht-normative Entwicklungsaufgaben sind seltener und nicht an den Lebenslauf gebunden. Ein folgenschwerer Unfall, der Verlust der Eltern im Kindesalter, Scheidung oder Arbeitslosigkeit gehören dazu. Die Unterscheidung ist nicht trennscharf, denn Ereignisse wie Scheidung oder Arbeitslosigkeit sind zeitgeschichtlichen und gesellschaftlichen Veränderungen unterworfen und können deshalb von einem seltenen, nicht-normativen Ereignis zu einem häufigen und damit normativen Ereignis werden.

Die Bewältigung der Entwicklungsaufgaben setzt individuelle Entwicklung in Gang. Die einzelnen Entwicklungsaufgaben sind keine isolierten Anforderungen, sondern hängen in mehrfacher Weise miteinander zusammen. Sie bauen aufeinander auf, denn die Bewältigung einer Aufgabe ist die Voraussetzung für die Bewältigung weiterer Aufgaben. Wer z. B. im Jugendalter die Aufgabe der Loslösung von den Eltern nicht erfolgreich bewältigt, wird im frühen Erwachsenenalter die Aufgabe der Partnersuche und Partnerbindung nicht in Angriff nehmen: Er bleibt an seine Eltern gebunden.

▶ **Definition: Entwicklungsaufgabe** Unter einer Entwicklungsaufgabe werden prototypische Anforderungen oder Lernaufgaben verstanden, die in einer bestimmten Lebensphase zu bewältigen sind. Ihre Bewältigung setzt individuelle Entwicklung in Gang und treibt sie voran. Neue Orientierungen und der Aufbau von Strukturen werden möglich, so dass das Individuum eine weitere Entwicklungsstufe erreicht.

Die Entwicklungsaufgaben haben ihren Ursprung

- in biologischen Veränderungen (z. B. Pubertät, Klimakterium)
- in gesellschaftlichen und kulturellen Erwartungen (z. B. Eintritt in die Schule, Berufsausbildung, Heirat)
- im Individuum selbst und seinen Lebenszielen (z. B. den Wunsch Ärztin zu werden, um jeden Preis umzusetzen).

Die Bereiche spiegeln die biologische und soziale Dimension sowie die kognitive und emotionale Dimension, auf denen Entwicklung stattfindet, wider.

Das Konzept der Entwicklungsaufgaben ist ein zentrales Konzept, das Individuum und Umwelt verbindet, indem es kulturelle (d. h. normative) Anforderungen mit individuellen Entwicklungsvoraussetzungen in Beziehung setzt. Es räumt zugleich dem Individuum eine aktive Rolle bei der Gestaltung der eigenen Entwicklung ein.

1.3 Das Konzept der Entwicklungsaufgaben

Übung

Wählen Sie sich aus Ihrer eigenen Kindheit oder dem Jugendalter eine Entwicklungsaufgabe aus, die für Sie besonders bedeutsam war, und beschreiben Sie, wie Sie diese gelöst haben.

Beispiel: Entwicklungsaufgaben biologischen Ursprungs

Die zentralen Entwicklungsaufgaben biologischen Ursprungs sind Pubertät, Schwangerschaft, Geburt, Wochenbett, Klimakterium und durch hohes Alter bedingte körperliche Einschränkungen. Es sind stark hormonell gesteuerte Übergangsphasen, von denen einige überwiegend das weibliche Geschlecht betreffen. So sinken etwa nach der Geburt die zuvor stark angestiegenen Hormone Östrogen und Progesteron wieder auf ein normales Niveau ab. Damit einher geht in der Regel eine leichte depressive Verstimmung, die im Volksmund „Heultage" oder „Baby Blues" genannt werden. Es ist ein Zustand, der auf wenige Stunden begrenzt ist. Davon zu unterscheiden ist die Wochenbettdepression oder -psychose, die eine schwerwiegende psychiatrische Erkrankung darstellt. Auch die Pubertät und das Klimakterium gehen bekanntermaßen mit mehr oder weniger starken Stimmungsschwankungen einher. Man kann davon ausgehen, dass hormonelle Umbrüche sich sowohl direkt auf die psychische Verfassung auswirken als auch von psychosozialen Faktoren (Überforderungsgefühle, Ausmaß der Beziehungszufriedenheit, Unterstützung durch Partner*in und die Familie) abgefedert oder verstärkt werden können (Kühner, 2007). ◄

1.3.2 Entwicklungsaufgaben-Modelle

Die zwei bekanntesten Modelle stammen von Havighurst und Erikson.

Der Amerikaner Robert Havighurst (1976) interviewte Amerikaner*innen aller Altersstufen zu wichtigen Einschnitten in ihrem Leben und erstellte auf dieser Basis zentrale, allgemeingültige Themen, die er als alterstypische Aufgaben, als „Entwicklungsaufgaben" formulierte. Deutsche Forscher*innen konnten die Relevanz der Aufgaben ebenfalls für deutsche Stichproben nachweisen (Dreher & Dreher, 1985). Die Entwicklungsaufgaben wurden im Laufe der Zeit überarbeitet und ergänzt (Hurrelmann & Quenzel, 2013; Fend, 2005; Waters & Sroufe, 1983). Die Ergänzungen sind in der nachfolgenden Auflistung berücksichtigt.

Erik Erikson, ein ebenfalls berühmter Entwicklungspsychologe, entwickelte ein weiteres auf den Lebenslauf bezogenes Entwicklungsaufgabenmodell, das Parallelen zu Havighursts Konzept aufweist. Die zu bewältigenden Entwicklungsaufgaben sind jedoch globaler formuliert. Für jede Lebensphase gibt Erikson nur eine einzige Aufgabe vor, die er als Entwicklungskrise bezeichnet (Erikson, 1988). Auf beide Modelle wird im weiteren Verlauf Bezug genommen. Die folgenden Entwicklungsaufgaben betreffen den gesamten Lebenslauf.

Frühe Kindheit (0–6 Jahre)
- Fähigkeit zu laufen
- Fähigkeit, feste Nahrung aufzunehmen
- Fähigkeit zu sprechen
- Fähigkeit, die Ausscheidungsvorgänge zu kontrollieren
- Kenntnis von Geschlechtsunterschieden und Fähigkeit zum Empfinden sexueller Scham
- Bildung von Konzepten und Lernen sprachlicher Begriffe zur Beschreibung der physischen und sozialen Realität
- Entwicklung der Bereitschaft, lesen zu lernen
- Fähigkeit, zwischen Recht und Unrecht zu unterscheiden und Entwicklung eines Gewissens

Mittlere Kindheit (6–12 Jahre)
- Erlernen von Fähigkeiten, die für normales Spielen nötig sind
- Aufbau einer gesunden Einstellung zur eigenen Person als einem wachsenden Organismus
- Fähigkeit, mit Altersgleichen zurechtzukommen
- Erlernen einer passenden männlichen und weiblichen Rolle
- Entwicklung grundlegender Fertigkeiten im Lesen, Schreiben und Rechnen
- Entwicklung von Konzepten, die für das Verstehen des alltäglichen Lebens notwendig sind
- Entwicklung von Gewissen, Moral und Wertmaßstäben

Jugendalter (12–18 Jahre)
- Erreichen persönlicher Unabhängigkeit
- Entwicklung einer Einstellung gegenüber sozialen Gruppen und Institutionen
- Aufbau neuer und reifer Beziehungen zu Gleichaltrigen
- Aufbau intimer Beziehungen zu Gleichaltrigen
- Klärung der Geschlechtsrolle
- Akzeptanz der körperlichen Veränderungen und effektive Nutzung des Körpers
- Emotionale Unabhängigkeit von den Eltern und anderen Erwachsenen
- Erwerb intellektueller Kompetenzen
- Erwerb sozialer Kompetenzen
- Entwicklung eines individuellen Lebensplans
- Umgang mit Konsum und Freizeit

Frühes Erwachsenenalter (18–30 Jahre)
- Wahl einer Person für eine Liebesbeziehung
- Lernen, in einer Liebesbeziehung zu leben
- Gründung einer Familie
- Erziehen von Kindern
- Führen eines Haushalts
- Beginn des Berufslebens
- Bürgerliche Verantwortung übernehmen

1.3 Das Konzept der Entwicklungsaufgaben

Mittleres Erwachsenenalter (30–60 Jahre)
- Eigene Kinder darin unterstützen, verantwortliche und glückliche Erwachsene zu werden
- Erreichen sozialer und öffentlicher Verantwortlichkeit als erwachsene Person
- Erreichen und Aufrechterhalten befriedigender Leistungen im Beruf
- Entwicklung angemessener Freizeitaktivitäten
- Pflege der Liebesbeziehung
- Die physiologischen Veränderungen des mittleren Lebensalters akzeptieren und sich anpassen
- Anpassung an alte Eltern

Späteres Erwachsenenalter (ab 60 Jahre)
- Anpassung an das Nachlassen der Kräfte und der Gesundheit
- Anpassung an den Ruhestand und ein vermindertes Einkommen
- Anpassung beim Tod der Partner*in
- Aufbau einer expliziten Angliederung an die eigene Altersgruppe
- In flexibler Weise die sozialen Rollen annehmen und sich daran anpassen
- Aufbau befriedigender Lebensumstände

(Havighurst, 1976, S. 80 ff.).

Eriksons Acht-Stufen-Modell der Entwicklung stellt die lebenslange Entwicklung der Identität in den Mittelpunkt. Das lebenslange Suchen und Finden von Identität ist für Erikson das zentrale Thema des Menschen. Identität zu erwerben bedeutet, eine Vorstellung von sich selbst als Person zu bekommen: Wer war ich früher, wer bin ich jetzt und wer möchte ich sein? Er formuliert für jede Lebensphase ein zentrales Thema, das einen Aspekt der Identität darstellt und einen Gegensatz beinhaltet. Die einzelne Person muss eine Balance zwischen diesen gegensätzlichen Polen finden. Folgende Konflikte stellen nach Erikson (2011, S. 55 ff.) die Triebfeder für die Entwicklung dar.

Säuglingsalter (1. Lebensjahr)	Urvertrauen gegen Urmisstrauen: „Ich bin, was man mir gibt".
Frühe Kindheit (1.–3. Lebensjahr)	Autonomie gegen Scham und Zweifel „Ich bin was ich will".
Kindheit (3.–5. Lebensjahr)	Initiative gegen Schuldgefühl „Ich bin, was ich mir vorstellen kann zu werden".
Schulalter (6.–12. Lebensjahr)	Werksinn gegen Minderwertigkeit „Ich bin, was ich lerne".
Jugendalter (12.–18. Lebensjahr)	Ich-Identität gegen Ich-Identitätsdiffusion „Ich bin, was ich bin".
Frühes Erwachsenenalter (18.–30. Lebensjahr)	Intimität gegen Isolation „Wir sind, was wir lieben".
Mittleres Erwachsenenalter (30.–60. Lebensjahr)	Generativität gegen Stagnation „Ich bin, was ich bereit bin zu geben".
Hohes Erwachsenenalter (ab 60. Lebensjahr)	Ich-Integrität gegen Verzweiflung „Ich bin, was ich mir angeeignet habe".

Abb. 1.4 Trotzphase, fortgeschrittenes Stadium! (Angefertigt von Sabrina Hilz)

Die Aufgabe der ersten Phase ist die Entwicklung von Urvertrauen: Die Welt ist ein sicherer Ort, Menschen sind verlässlich und liebevoll. Diese Lebenseinstellung entsteht aufgrund eines liebevollen und zuverlässigen Elternverhaltens. Hier hat auch der Optimismus seinen Ursprung: Alles wird letztlich gut, auch wenn es gerade nicht so aussieht. In der darauffolgenden Autonomiephase beginnt das Kleinkind das Wort „Ich" zu benutzen; es versucht, seinen eigenen Willen gegen den der Eltern durchzusetzen (s. Abb. 1.4). Erste Erprobungen des eigenen Willens äußern sich in dem zu beobachtenden sogenannten *„Trotzverhalten"* und stellen einen wichtigen Schritt in der Persönlichkeitsentwicklung dar; es zeigt sich ein bedeutsamer Fortschritt in der Selbststeuerung.

Durch Konfrontation mit anderen erreicht das Kind Abgrenzung und beginnt, eine eigene Identität zu entwickeln. Das Kind exploriert mit großer Aktivität die Umwelt. Hier liegen die Wurzeln eines guten Selbstwertgefühls, wenn die Eltern das Kind bei seinem Drang, die Welt zu erobern, bestärken und nicht bei unweigerlichen Misserfolgen bloßstellen und beschämen. In der nächsten Stufe entwickelt das Kind in der Regel eine männliche oder weibliche Geschlechtsidentität. Das gleichgeschlechtliche Elternteil wird zum Vorbild, das in Phantasiespielen imitiert wird. Eltern sollten sich als Vorbild bereitstellen und das Kind nicht als Konkurrenz betrachten. In der dann folgenden Grundschulzeit erwirbt das Kind die Kulturtechniken Lesen, Schreiben und Rechnen. Das Ich wird gestärkt durch eigene Leistungen (Werksinn). Falls es entmutigt wird durch Misserfolge, die ihren Ursprung z. B. in einer Lese-Rechtschreib-Schwäche haben können, entsteht ein Minder-

1.3 Das Konzept der Entwicklungsaufgaben

wertigkeitsgefühl. Im Jugendalter wird das Identitätsthema besonders aktuell, geht es in dieser Phase doch darum, die bisherigen Erfahrungen zu einer Ich-Identität zusammenzufügen und z. B. Fragen der Geschlechtsidentität, Zukunftsplanung, Berufswahl erfolgreich zu beantworten. Nur auf der Basis einer gefestigten Identität gelingt im frühen Erwachsenenalter eine intime, vertrauensvolle Beziehung, in der ein sich Öffnen und sich im anderen Verlieren und Wiederfinden möglich wird. Das weitere Erwachsenenalter ist von einer Fülle neuer Rollen (Elternrolle, Großelternrolle, Partner*in sein, Berufskolleg*in sein) geprägt und schafft somit neue Identitäten wie z. B. die Mutter- oder Vateridentität. Mit Generativität stellt Erikson die Elternidentität in den Mittelpunkt dieser Phase, wobei dieses Merkmal ganz allgemein als Weitergabe von Wissen und Erfahrung an nachfolgende Generationen von ihm gesehen wird. Im hohen Alter ist das Ziel ein Aussöhnen mit dem bisherigen Leben und eine daraus folgende Lebenszufriedenheit. Andernfalls entsteht Verbitterung.

Es ist sicher richtig, dass viele Menschen des westlichen Kulturkreises ähnlich wie soeben beschrieben ihren Lebensweg durchlaufen. Sie gewinnen Selbstvertrauen, das sie benötigen, um sich abzulösen und ihren eigenen Weg zu gehen. Sie erwerben vielfältige Kompetenzen, gehen eine Liebesbeziehung ein und bekommen Kinder. Später werden sie Großeltern und genießen nach einem langen Berufsleben ihr Rentner*innendasein. Kritisch ist aber anzumerken, dass Entwicklungsaufgabenmodelle normativ sind, weil sie davon ausgehen, dass alle Menschen die beschriebenen Stufen durchlaufen. Abgesehen von gravierenden kulturellen Unterschieden unterscheiden sich aber auch Menschen derselben Kultur hinsichtlich ihrer Persönlichkeit, ihrer sozialen und zeitgeschichtlichen Rahmenbedingungen, die Entwicklungsoptionen einschränken können. Insbesondere zu Havighursts Zeiten waren alternative Lebensmodelle (z. B. homosexuelle Ehen, homosexuelle Elternschaft, multiple Elternschaft, drittes Geschlecht) weder denkbar noch erlaubt. Deshalb bedarf dieses Modell in einigen Aspekten der Erweiterung.

Exkurs: Kulturelle Werthaltungen beeinflussen die individuelle Identität!

Eine bedeutende Dimension, auf der sich Kulturen unterscheiden, ist die des Individualismus und Kollektivismus.

Die kollektivistische Kultur bewertet die Gruppe höher als das Individuum. Die Aufgabe an das Individuum lautet: „Füge Dich ein und verhalte Dich gemäß unseren Regeln. Unterstütze Deine Gruppe und denk an Dich selbst zuletzt. Bleib bei Deinem sozialen Umfeld und setze Dich für es ein. Zuerst kommt die Gruppe (die Familie), dann erst Du."

In der individualistischen Kultur zählen das Individuum und seine Selbstverwirklichung am höchsten. Sie gibt die Aufgabe an das Individuum: „Hebe Dich ab von anderen, sei einzigartig, trenne Dich vom sozialen Umfeld, realisiere Deine Fähigkeiten, verfolge Deine Ziele, verwirkliche Dich selbst."

(Tesch-Römer & Albert, 2018). ◄

Übung

Reflektieren Sie, welche Werthaltung in Ihrer Herkunftsfamilie vorherrschend war. Galten eher kollektivistische oder individualistische Werte? Sammeln Sie Pro- und Kontra-Argumente für beide Werthaltungen.

Zusammenfassung

Das Konzept der Entwicklungsaufgaben strukturiert den menschlichen Lebenslauf. Entwicklungsaufgaben sind relevante Aufgaben, die jeweils bestimmten Altersphasen zugeordnet sind; ihre erfolgreiche Bewältigung treibt die individuelle Entwicklung voran und ermöglicht das Eintreten in die nächstfolgende Lebensphase.

Aufgaben

- Definieren Sie, was eine „Entwicklungsaufgabe" ist. Nennen Sie zwei Entwicklungsaufgaben Ihrer eigenen derzeitigen Lebensphase des frühen Erwachsenenalters und führen Sie diese näher aus.
- Wählen Sie eine Entwicklungsaufgabe aus Ihrer eigenen Jugend oder aus ihrer jetzigen Lebensphase des frühen Erwachsenenalters, die eine besondere Herausforderung für Sie dargestellt hat bzw. darstellt. Beschreiben Sie diese und reflektieren Sie, warum diese für Sie besonders schwierig ist bzw. war.

Liebe Leser*innen!
Nach der Devise „Weniger ist mehr" werden im Folgenden exemplarisch drei Entwicklungsaufgaben aus drei Lebensphasen vorgestellt. Sie umfassen alle Aspekte der Entwicklung (emotional, körperlich, sozial und kognitiv):

- *die Entwicklungsaufgabe des Bindungsaufbaus in der frühen Kindheit (in Abschn. 1.4)*
- *die Entwicklungsaufgabe der Akzeptanz des eigenen Körpers im Jugendalter (in Abschn. 1.5)*
- *die Entwicklungsaufgabe der Bewältigung altersbedingter Defizite im hohen Alter (in Abschn. 1.7).*

1.4 Bindungsaufbau: eine Entwicklungsaufgabe der frühen Kindheit

Ferkel schlich sich von hinten an Pu heran. „Pu!", flüsterte es. „Ja, Ferkel?" „Ach, nichts", sagte Ferkel und nahm Pus Tatze. „Ich wollte nur sicher sein, dass Du da bist." (A. A. Milne: Pu, der Bär)

1.4 Bindungsaufbau: eine Entwicklungsaufgabe der frühen Kindheit

Tab. 1.1 Themen (Aufgabenbereiche) in der frühen Entwicklung. (Waters & Sroufe, 1983, S. 85)

Alter (in Monaten)	Thema (Aufgabenbereich)	Aufgabe der Bezugsperson
0–3	physiologische Regulation	behutsame Pflegeroutinen
3–6	Handhabung von Spannungen	sensitive, kooperative Interaktion
6–12	Aufbau einer effektiven Bindung (attachment)	Erreichbarkeit, Bereitschaft zu antworten
12–18	erfolgreiche Exploration	sicherer Bezugspunkt
18–30	Individuation (Autonomie)	nachhaltige Unterstützung
30–54	Handhaben von impulsiven Regungen, Geschlechts-Rollenidentifikation, Beziehung zu Gleichaltrigen	klare Rollen und Werte, flexible Selbstkontrolle

Die frühe Kindheit enthält – wie alle anderen Lebensphasen - Aufgaben, die eine Bewältigung erfordern. Die amerikanischen Entwicklungspsychologen Waters und Sroufe (1983) haben eine Auswahl relevanter Entwicklungsaufgaben der frühen Kindheit getroffen, die differenzierter sind, als die von Havighurst aufgeführten Aufgaben dieser Phase; sie nehmen besonderen Bezug auf die emotionale Entwicklung und führen darüber hinaus die entsprechenden entwicklungsadäquaten Reaktionen der erwachsenen Bezugspersonen auf. Somit werden sie einer interaktionistischen, d. h. einer Sichtweise der wechselseitigen Beeinflussung, gerecht (vgl. Tab. 1.1).

1.4.1 Frühe Kindheit aus sozial-emotionaler Perspektive: Die differenzierte Interaktion zwischen Kind und Eltern

Im ersten Lebensjahr vollziehen sich bedeutende Schritte in der körperlichen, aber auch in der sprachlichen, sozialen, kognitiven und emotionalen Entwicklung. Nie mehr im Leben entwickelt und verändert sich der Mensch so stark wie in dieser Zeit. Die Entwicklung der Bindung gehört in den sozial-emotionalen Bereich.

Der Mensch kommt als beziehungsfähiges Wesen auf die Welt und ist auf den Austausch mit einer oder mehreren Bezugspersonen angewiesen. Die wesentlichen Schritte in der Persönlichkeitsentwicklung in der Kleinkindphase sind der Aufbau von Bindung und die sich daran anschließende Entwicklung von Autonomie.

Der Säugling ist bereits mit zahlreichen sozial-emotionalen Kompetenzen ausgestattet. So sendet er seinen Bezugspersonen eine Vielzahl an Signalen zur Beziehungsaufnahme. Auf diese Schlüsselreize wie Lächeln, Weinen oder Saugen reagieren die Eltern mit „intuitiver, elterlicher Didaktik". Sie gehen mimisch, gestisch und stimmlich auf die Befindlichkeit und Interaktionsbereitschaft des Säuglings ein und beantworten sie mit zahlreichen unterstützenden Verhaltensweisen. Damit regulieren sie die kindlichen Emotionen. In unbekannten Situationen orientieren sich schon wenige Monate alte Säuglinge durch Blickzuwendungen zur Bezugsperson an dieser und ahmen sie nach. Dieses Verhalten, das man soziale Rückversicherung nennt, nimmt in der frühen Entwicklung eine zentrale Rolle bei der Integration neuer Erfahrungen ein.

Umgekehrt steuert und reguliert aber auch der Säugling das elterliche Verhalten, indem er positive Rückkopplungssignale aussendet wie zum Beispiel Lächeln, Anschmiegen oder ruhige Lautäußerung als Antwort auf elterliche Interventionen. Er wird damit zur Quelle positiver emotionaler Erlebnisse bei den Eltern. Bei dem sozialen Lächeln, das ab der 6. Lebenswoche zu beobachten ist, nimmt das Kind einen intensiven Blickkontakt zu seiner Bezugsperson auf; die Mimik der Bezugsperson wird zu einer wichtigen Informationsquelle über ihre emotionale Gestimmtheit. Im Rahmen der Bindungstheorie wird das soziale Lächeln des Säuglings als aktives Beziehungsherstellen und -vertiefen interpretiert. Der Säugling ist physiologisch gesehen eine Frühgeburt. Er ist zu einem Zeitpunkt sozialen Einflüssen ausgesetzt, wo er eigentlich von seiner biologischen Ausstattung her noch den intrauterinen Schutz brauchen würde. Das Beziehungsherstellen hilft ihm deshalb – evolutionsbiologisch gesehen –, sein Überleben zu sichern.

Indem die Eltern alles tun, um beim Säugling positive Emotionen wie zum Beispiel das Lächeln hervorzulocken, richten sie sich intuitiv an den Bedürfnissen des Kindes aus und fördern hiermit auch sein Lernverhalten, denn erfolgreiches Lernen geht mit positiven Emotionen einher (Abb. 1.5).

Eine weitere Kompetenz des Säuglings ist, dass er bereits emotionsauslösende Situationen ohne Mithilfe der Bezugspersonen bewältigen kann. Dies geschieht durch Selbstberuhigungsstrategien wie Nuckeln am Daumen, Haare drehen oder Blickabwendungsbewegungen bei Müdigkeit, Frustration oder Angst. Waters und Sroufe (1983) bezeichnen diese Strategien als Handhabung von Spannungen (vgl. Tab. 1.1). Bereits Säuglinge unterscheiden sich voneinander hinsichtlich ihrer Fähigkeit, Selbstberuhigungsstrategien anzuwenden.

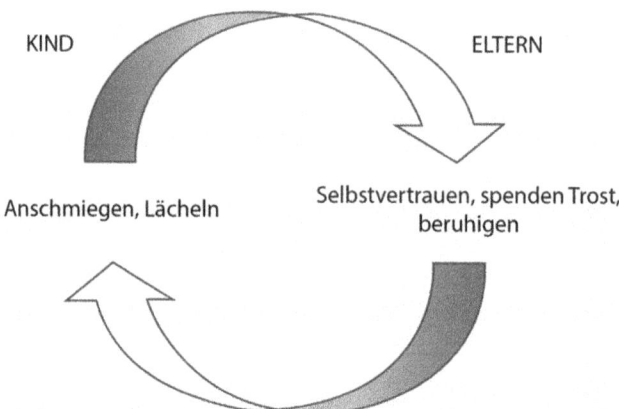

Abb. 1.5 Engelskreis: Eltern und Kind verstärken sich gegenseitig: es entsteht eine enge, positive Beziehung. (Angefertigt von Sabrina Hilz)

1.4.2 Das erste Lebensjahr: Abhängigkeit und Bindungswunsch

Warum wird die Entwicklungsaufgabe des „Aufbaus einer effektiven Bindung" zur näheren Betrachtung ausgewählt?

Die Bindungstheorie ist zu Recht eine der einflussreichsten Theorien der Entwicklungspsychologie. Sie kann nachweisen, dass gerade frühe Bindungserfahrungen die weitere Entwicklung einer Person über die gesamte Lebensspanne maßgeblich beeinflussen. Viele Studien konnten darüber hinaus zeigen, dass eine sichere Bindung positiv mit anderen Entwicklungskomponenten wie z. B. Sozialverhalten oder Selbstkonzept zusammenhängt (Thompson et al., 1995). Ein gelingender Bindungsaufbau in der frühen Kindheit geht u. a. mit späteren guten Gleichaltrigen-Beziehungen sowie schulischem Erfolg, Selbstvertrauen, Empathie, guten Konfliktlösungsstrategien und weiteren Merkmalen einher, die Schutzfaktoren bei der Bewältigung belastender Lebensumstände sind. Ein solches Bindungsmuster aktiviert aber nicht nur Schutzfaktoren, sondern stellt auch selbst einen der mächtigsten Schutzfaktoren dar (Luthar, 2015).

> **Berufsbezug**
>
> In psychosozialen (erzieherischen und sozialpädagogischen) Berufsfeldern ist die Kenntnis der Bindungstheorie von großer Bedeutung, weil man auf Familien trifft, in denen Bindungsprozesse gescheitert sind. Kinder wurden nicht beschützt, sondern vernachlässigt, misshandelt oder sexuell missbraucht. Sie haben deshalb Angst, sich neu zu binden. Sie als Pädagog*in oder Sozialarbeiter*in müssen das Bindungsverhalten des Kindes beobachten und einordnen können: Sucht das Kind in einer Angstsituation Schutz bei seiner Bindungsperson oder meidet es diese?
>
> Aber auch der Beratungskontext selbst stellt eine Bindungssituation dar. Nur eine professionelle Arbeit, die Bindungswünsche und -ängste des Gegenübers berücksichtigt und der es gelingt, gute und vertrauensvolle Beziehungen zu den Klient*innen herzustellen, wird erfolgreich sein. Auf beide Aufgaben: die Diagnostik von Bindungsstörungen bei Kindern und die Herstellung einer zuverlässigen Bindung im Beratungskontext wird im Folgenden eingegangen. ◄

Wann und auf welche Weise entwickelt sich eine solche *Bindung* und welchen Beitrag leistet die Bindungsperson? Im Folgenden wird die Entwicklung von Bindungsverhalten in Interaktion mit der Bezugsperson dargestellt.

Der Säugling ist nicht nur biologisch abhängig von anderen, sondern hat darüber hinaus auch ein Bedürfnis nach Bindung. Wird dieser grundlegende Wunsch nach Bindung zurückgewiesen, kann kein Urvertrauen entstehen (Erikson, 1988). Vielmehr entstehen schwere Störungen im späteren Leben, die von Verlust- und Verlassenheitsängsten begleitet werden (Eckhardt-Henn et al., 2018, S. 23). Die Befriedigung der psychischen Abhängigkeitsbedürfnisse und das Entstehen von Urvertrauen entwickeln sich durch die kontinuierliche Anwesenheit einer oder mehrerer emotional zugewandter Bezugspersonen, die interessiert und fürsorglich am Erleben des Kindes teilnehmen. Nach Waters und Sroufe (1983) ist das sogar die zentrale Aufgabe der Bezugsperson, nämlich die „sensitive, kooperative Interaktion und Bereitschaft, auf den Säugling zu antworten" (vgl. Tab. 1.1).

Die Befunde der Bindungsforschung haben nicht nur die Entwicklungspsychologie und die Klinische Psychologie bereichert. Sie führten auch zu Veränderungen im Gesundheitsbereich. So ist das Rooming-in, also die Praxis von Krankenhäusern, die Eltern im selben Zimmer mit ihrem erkrankten Kleinkind unterzubringen und ihnen dadurch zu ermöglichen, kontinuierlich anwesend zu sein, eine direkte Konsequenz aus den Erkenntnissen der Bindungsforschung: Es wird damit negativen psychischen Folgen von Trennung vorgebeugt, die sich im schlimmsten Fall in Hospitalismus und Deprivationserscheinungen niederschlagen.

Vorläufer der Bindungsforschung sind die Untersuchungen des Verhaltensforschers Harlow (1958) und des Psychologen Spitz (1980), die sich beide experimentell mit den Auswirkungen von Mutterdeprivation beschäftigt haben. Sie gaben den Anstoß für weitere Forschung zur Bedeutung von Bindung.

Exkurs: Experimente zum Bindungsverhalten

Experiment 1: Was ist wichtiger: Körperkontakt oder Nahrung?

Harlow (1958) untersuchte das Verhalten mutterlos aufgewachsener Rhesusaffen. Dazu konstruierte er einen Testraum, in dem die Affen spielen und die Umgebung erkunden konnten. Wurden die Affen dann von der Mutter getrennt und in einen Maschendrahtkäfig gesetzt, starben diese – trotz guter Ernährung – innerhalb von fünf Tagen. Besser war das Wohlbefinden der Affen, wenn sich als Mutterattrappe ein Maschendrahtkegel, an dem eine Milchflasche befestigt war, im Raum befand. War in einer weiteren Variation die Mutterattrappe mit Stoff überzogen, entwickelten sich die Affen zunächst normal. Harlow interessierte nun, ob die Affenbabys Nahrung oder Körperkontakt bevorzugten. Er war sich sicher, dass sie die Nahrung favorisieren würden, da diese für die Lebenserhaltung unverzichtbar ist. In seinem neuen Versuchsaufbau befand sich in dem Käfig eine „Plüschmutter" ohne Flasche und eine „Drahtmaschenmutter" mit Flasche. Er zählte nun, wie oft die Affenbabys schutz- und kontaktsuchend diese Mutterattrappen aufsuchten. Auf diese Weise stellte er die Kontakthäufigkeit fest, welche er als Maß für Bindung definierte. Im Ergebnis hielten sich die Affen fast immer bei der „Plüschmutter" auf, nur zum Hungerstillen wechselten sie zur „Drahtmaschenmutter". Der Forscher bezeichnete dieses Verhalten der Affen als Kontaktbehaglichkeit (anklammern, schaukeln, Blickkontakt herstellen). In angstauslösenden Situationen (ein lärmender Roboterbär wurde in den Käfig gestellt), flohen die Affen ebenfalls zu der Stoffattrappe und kuschelten sich an. Harlow glaubte, in der Stoffattrappe den idealen Mutterersatz erfunden zu haben, musste diese Ansicht aber revidieren, weil sich herausstellte, dass die mutterlos aufgewachsenen Affen in ihrem späteren Leben als Erwachsene sozial inkompetent waren: In ihrem Affenrudel konnten sie sich nicht eingliedern und nahmen auch keine sexuelle Beziehung zu einem Partner

1.4 Bindungsaufbau: eine Entwicklungsaufgabe der frühen Kindheit

Abb. 1.6 Affen bevorzugen Körperkontakt (weiches Fell) gegenüber Nahrung. (Angefertigt von Sabrina Hilz)

auf. Befruchtete man sie künstlich, entpuppten sie sich als rabiate „Rabenmütter". Diese erschreckenden Phänomene konnten durch das Aufwachsen mit Gleichaltrigen unter den Versuchsbedingungen nur geringfügig abgemildert werden (Abb. 1.6).

Experiment 2: Welche Auswirkungen hat die Trennung von Bezugspersonen in der frühen Kindheit?

Zu der Frage, wie die Folgen dauerhafter Trennung von wichtigen Bezugspersonen bei Menschen aussehen, geben die Untersuchungen von Rene Spitz (1965) Auskunft.

Spitz untersuchte die Auswirkungen des Aufwachsens im Heim auf Säuglinge und Kleinkinder. Die Studien von Spitz erlauben Einblick in die Folgen der frühen Hospitalisierung. Spitz verglich Säuglinge in einem „Findelhaus" (die damalige Bezeichnung für ein Kinderheim), die von ihren Müttern weggegeben worden waren und auf ihre Adoption warteten, mit Säuglingen, die in einem Frauengefängnis aufwuchsen und dort von ihren Müttern stundenweise versorgt wurden. Die typischen Findelhäuser zeichneten sich zwar durch einwandfreie Hygiene und ausreichende Ernährung aus, die Säuglinge waren aber in großen Schlafsälen in isolierten Glasboxen untergebracht. Sie wurden durch eine Vielzahl von Schwestern betreut, die nur wenig Zeit auf jeden einzelnen Säugling verwenden konnten und rasch und mechanisch die Pflegehandlungen durchführten. Spitz beobachtete und notierte ein Jahr lang alle zwei Monate den Entwicklungsstand der Findelhaus-Säuglinge und der Gefängnis-Säuglinge. Die Ergebnisse zeigten bei den Findelhauskindern, die ihr erstes Lebensjahr ohne Bindung an eine Person verbracht hatten, am Ende des 1. Lebensjahres einen Entwicklungsquotienten von 70, was einer Debilität entspricht. Debilität ist eine niedrige Ausprägung von Intelligenz, die bereits als geistige Behinderung gilt. Die Gefängniskinder hatten dagegen einen Entwicklungsquotienten von 100, was einem durchschnittlichen Wert entspricht. Spitz stellte durch seine Längsschnittstudie fest, dass die kritische Periode, in der die Entwicklungsfortschritte der beiden Stichproben auseinanderdrifteten, zwischen dem 6. und 10. Monat lag. Dies ist die Zeit, in der sich die Beziehung zur Mutter bzw. zur Hauptbezugsperson entwickelt und festigt und der Säugling beim Anblick unvertrauter Personen „fremdelt". Werden die Kinder während oder nach dieser Periode von ihren Bezugspersonen länger als drei Wochen getrennt, erleiden sie psychische Schäden. ◄

Lässt sich beobachten, ob Bindung entstanden ist?
In der Mitte des ersten Lebensjahres lässt sich als auffälligstes emotionales Verhalten das Fremdeln oder die Acht-Monats-Angst beobachten: Das Kind zeigt heftige Angstreaktionen beim Anblick von Fremden, es meidet den Blickkontakt oder fängt sogar an zu weinen. Das Fremdeln spiegelt die emotionale Beurteilung der Situation durch das Kind wider: Das Kind hat Angst vor dem Fremden, weil es zu der vertrauten Bezugsperson Bindung aufgebaut und Vertrauen entwickelt hat. Somit hat es einen wichtigen Entwicklungsschritt, den Aufbau von Bindung, erfolgreich bewältigt.

▶ **Definition: Fremdeln** Fremdeln bezeichnet eine verstärkte Zurückhaltung gepaart mit Angst und Misstrauen fremden Menschen gegenüber. Der Anblick der fremden Person löst das Suchen von Nähe zu vertrauten Personen aus (Elsner & Pauen, 2012, S. 177). Es tritt normalerweise um den 8. Lebensmonat auf. Das Fremdeln ist ein wichtiger Schritt in der Persönlichkeitsentwicklung, weil es zeigt, dass eine Bindung zu vertrauten Personen entstanden ist.

1.4.3 Der Aufbau von Bindung

Bindung ist eine zwischenmenschliche Qualität, sie wird von den Interaktionspartner*innen hergestellt. Bindung erfüllt das Bedürfnis des Kindes nach Nähe, sie bietet eine sichere Basis für das Neugierverhalten und für explorative Versuche; bei Gefahr bietet die Bindungsperson als „sicherer Hafen" Schutz, Trost und Unterstützung. Bindung ist das grundlegende Vertrauen in eine Person.

▶ **Definition: Bindung** Bindung ist das gefühlsmäßige Band, das zwei Personen zueinander geknüpft haben und welches sie über Zeit und Raum miteinander verbindet (John Bowlby, 1984). Sie ist eine enge und überdauernde emotionale Beziehung, die nicht ohne weiteres auswechselbar ist.

Kernaussagen der Bindungstheorie
Die Bindungstheorie verbindet sowohl biologische und soziale als auch kognitive und emotionale Elemente miteinander. Sie geht von einem grundlegenden Bedürfnis des Kindes nach Geborgenheit, Kontakt und Liebe aus sowie der angeborenen Neigung auf Seiten des Säuglings, die Nähe einer vertrauten Person aufzusuchen. Der Vater der Bindungstheorie, der Kinderarzt John Bowlby (1984), hat Bindung als ein Primärbedürfnis definiert

1.4 Bindungsaufbau: eine Entwicklungsaufgabe der frühen Kindheit

und phylogenetisch durch seine biologische Funktion erklärt, die darin besteht, dass dem Säugling durch die Nähe zu der Bezugsperson Schutz vor Gefahren gewährt wird und Möglichkeiten zum Lernen geboten werden. Fühlt er sich also müde, krank, unsicher oder allein, werden Bindungsverhaltensweisen wie Lächeln, Schreien, Anklammern, Nachfolgen aktiviert mit dem Ziel, die Nähe zur vertrauten Person wiederherzustellen. Dieses Verhalten wird im Verlauf des ersten halben Lebensjahres immer spezifischer auf ein oder mehrere Bezugspersonen gerichtet. Diesem Bindungsverhaltenssystem (attachment) auf Seiten des Kindes entspricht auf der Seite des Erwachsenen komplementär das Fürsorgeverhalten (bonding).

Das Kleinkind aktiviert sein konkretes Bindungsverhalten (Anklammern, Schreien, Lächeln, zur Bezugsperson krabbeln) nur in Alarmsituationen, z. B., wenn die Bezugsperson fortgeht, sich zu weit entfernt, die Bittsignale um Schutz abweist, die Situation unvertraut ist oder das Kind sich unwohl fühlt. Räumliche Nähe zur Bezugsperson oder körperlicher Kontakt beenden das Bindungsverhalten. Dem Bindungsverhalten ist komplementär das Erkundungssystem zugeordnet. Wenn das Kind sich bindungssicher fühlt, also kein Bindungsverhalten zeigt, dann wagt es sich weiter fort in den Raum, erkundet Gegenstände und Personen, oft mit Rückversicherungsblicken zur sicheren elterlichen Basis. Bindungssicherheit ist also Voraussetzung für Explorationsverhalten, was ein wichtiges Element der Autonomieentwicklung ist. Außerdem ermöglicht das Explorationsverhalten vielfältige Lernerfahrungen und fördert deshalb die kognitive Entwicklung.

Die Bindung an bestimmte Personen entwickelt sich im ersten Lebensjahr in mehreren Etappen. Zunächst lächelt das Baby jede Person ohne Unterschied, ob bekannt oder unbekannt, an. Anschließend sendet das Baby bevorzugt seine Signale an bekannte Personen. Die eigentliche Bindung (7./8. Monat) ist zu beobachten, wenn das Kind sich durch Krabbeln in die Nähe der Person bringen kann, die es vermisst. Vertraute Personen, die abwesend sind, vermisst es, weil es eine innere Vorstellung von der Person entwickelt hat. Bei fremden Personen fremdelt es.

Mit zunehmendem Alter bildet das Kind aufgrund seiner Erfahrungen mit seinen Bezugspersonen ein spezielles Bindungsmuster aus. Mary Ainsworth (2004), eine Schülerin von Bowlby, hat aufgrund des Fremde-Situations-Experiments drei verschiedene Bindungsmuster gefunden. Später wurden sie von Main und Solomon (1990) um ein viertes, das desorganisierte Bindungsmuster, ergänzt. Einzelne Verhaltensweisen der anderen drei Bindungsmuster können auch bei diesem Muster auftreten.

Exkurs: Der Fremde-Situations-Test

Das im Folgenden geschilderte Experiment ist ein häufig angewandtes diagnostisches Verfahren zur Feststellung der Eltern-Kind-Beziehungsqualität. Es wird u. a. in der Kinderpsychiatrie und im Rahmen von Sorgerechtsgutachten angewandt.

Ainsworth (2004) entwickelte ein Standardexperiment, das ein festgelegtes „Mini-Drama" zwischen Bezugsperson und Kind provoziert und aus Trennung und Wiederkehr besteht. Die Beobachtung dieser systematisierten Situation erlaubt die Diagnose von Bindungsstrategien bei 1- bis 1½-jährigen Kindern.

Die Standardprozedur besteht aus acht Episoden, von denen jede etwa drei Minuten dauert: Die Bezugsperson und das Kind betreten das Spielzimmer und akklimatisieren sich; das Kind hat Gelegenheit zur Erkundung. Es beginnt zu spielen. Die Bezugsperson verlässt den Raum, das Kind bleibt im Raum zurück. Nach kurzer Zeit kommt die Bezugsperson zurück. In einer Variante hält sich noch eine fremde Person im Raum auf.

Zwei Beobachtungen sind für die Einschätzung der Bindungsqualität von zentralem Interesse:

a. Wie verhält sich das Kind, wenn die Bezugsperson den Raum verlässt?
b. Wie verhält sich das Kind, wenn die Bezugsperson den Raum wieder betritt?

Anhand der Beobachtungen ließen sich vier verschiedene Bindungsqualitäten feststellen:

Sichere Bindung (B-Kinder): Kinder dieser Gruppe suchen Nähe und Kontakt zur Bezugsperson. Das Kind zeigt intensives Bindungsverhalten, indem es Kummer, Protest und Suchverhalten bei Trennung von der Bezugsperson zeigt. Zur fremden Person verhält sich das Kind teils freundlich, teils distanziert, zur Bezugsperson aber in jedem Fall herzlicher. Bei Wiederkehr der Bezugsperson begrüßt das Kind diese freudig und möchte zu ihr wieder Nähe und Kontakt herstellen. Dieses Verhalten wird als angemessene Reaktion auf die Trennung von der geliebten Person bewertet und spiegelt eine positive und sichere Bindung zur Bezugsperson wider.

Unsicher-vermeidende Bindung (A-Kinder): Ein weiterer Modus ist die unsicher-vermeidende Bindung. Hier zeigt das Kind kaum Tendenzen, Nähe, Kontakt, Interaktion zur Bezugsperson herzustellen und aufrecht zu halten, vielmehr vermeidet es den Kontakt, es spielt weitgehend alleine, ohne die Bezugsperson zu beachten. In der Trennungssituation wirkt es nicht bekümmert und lässt sich von der fremden Person trösten. Es hat die Tendenz, die Fremde fast wie die Bezugsperson zu behandeln. Bei Wiederkehr der Bezugsperson ignoriert das Kind diese wieder, meidet Körperkontakt oder wendet sich ab.

Unsicher-ambivalente Bindung (C-Kinder): Bei der unsicher-ambivalenten Bindung sind starke emotionale Reaktionen bei Abwesenheit der Bezugsperson zu erkennen, das Kind ist wütend oder auffällig passiv. Kommt die Bezugsperson jedoch zurück, zeigen diese Kinder eine Mischung aus Kontaktsuche und Kontaktwiderstand. Sie sind ärgerlich und zwischen Nähe und Widerstand hin- und hergerissen.

Desorganisierte Bindung.(D-Kinder): Im-Fremde-Situations-Test fanden sich Kinder, die kein klar erkennbares Bindungsmuster aufwiesen. Sie waren nicht nur unsicher-vermeidend oder ambivalent gebunden, sondern zeigten darüber hinaus ein „desorganisiertes" Verhalten. Sie zeigten widersprüchliche Verhaltensmuster, ungerichtete, unterbrochene Bewegungsabläufe, stereotype Bewegungen, ein Einfrieren des Gesichtsausdrucks. Es kam zu einem Zusammenbruch von Verhaltensstrategien. ◄

1.4.4 Der Beitrag der Bezugsperson: Feinfühligkeit

Für die Entstehung eines bestimmten Bindungsmusters sind die Beziehungserfahrungen verantwortlich, die das Kleinkind mit seinen Bezugspersonen gemacht hat. Die wichtigste Beziehungserfahrung für die Bindungsqualität ist die Feinfühligkeit der Bezugsperson hinsichtlich der Signale des Säuglings im ersten Lebensjahr (Ainsworth, 2004).

Was bedeutet „Feinfühligkeit"?
Aufgrund umfangreicher, sorgfältig protokollierter und analysierter Beobachtungen der Eltern-Kind-Interaktion in häuslicher Umgebung (Ainsworth, 2004; Spangler & Zimmermann, 2015) konnte nachgewiesen werden, dass das Ausmaß an *Feinfühligkeit* der Bezugsperson in der Interaktion mit ihrem Kind für die Entwicklung einer sicheren Bindung ausschlaggebend ist. Feinfühligkeit beinhaltet die Fähigkeit zum Verstehen der kindlichen Signale, die realistische Wahrnehmung und Interpretation der kindlichen Äußerungen und die Bereitschaft zu prompter und angemessener Reaktion. Wichtig für die angemessene Reaktion ist nicht nur die realistische Interpretation der Signale des Kindes, sondern auch das Einfühlen in die Gefühle und Wünsche des Kindes. So kann die Bezugsperson beispielsweise den emotionalen Zustand des Kindes zwar angemessen erfassen, aber auf diesen unangemessen reagieren, weil sie sich nicht in das Kind einfühlen kann, seine Perspektive nicht übernehmen kann. Sie erfasst etwa, dass es dem Kind nicht gut geht, aber statt es auf den Arm zu nehmen und zu trösten, lacht sie es aus oder ignoriert es. Eine wenig feinfühlige Bezugsperson wird von Ainsworth (2004, S. 114) als jemand beschrieben, der sich ausschließlich nach den eigenen Wünschen, Stimmungen und Aktivitäten richtet. Interaktionen zum Kind sind hauptsächlich durch eigene Impulse motiviert, auf Signale des Kindes reagiert sie verzögert oder gar nicht. Eine sehr feinfühlige Bezugsperson dagegen ist gut eingestimmt auf die Signale des Kindes und beantwortet diese prompt und angemessen. Sie kann die Dinge aus der Sicht des Babys sehen. Die Wahrnehmung der Signale ist nicht durch die eigenen Bedürfnisse oder Abwehrhaltungen verzerrt. Sie erfüllt dem Baby seine Bedürfnisse; wenn sie es allerdings für besser hält, die Forderungen nicht zu erfüllen, bietet sie eine akzeptable Alternative an.

Feinfühligkeit ist keine Überbehütung, weil eigene Entwicklungsschritte nicht abgenommen werden. Die Bezugsperson macht Angebote, gibt aber nicht etwas, nach dem nicht verlangt wurde. Dadurch wird die kindliche Autonomie geachtet. Eine feinfühlige Bezugsperson kann sich auf die Individualität, das Temperament und auf eventuelle Beeinträchtigungen des Babys einstellen. Feinfühligkeit beinhaltet also die Annahme des Kindes in seiner speziellen Eigenart und die Kooperation mit ihm. Untersuchungen zeigen, dass sich Säuglinge mit einem anfänglich schwierigen Temperament (z. B. so genannte „Schreikinder") durch feinfühlige Interaktion umgänglicher entwickeln können, anfangs umgängliche Säuglinge dagegen durch wenig feinfühlige Versorgung schwierig werden können (Papousek & Papousek, 2013; Abb. 1.7).

Wie Ihnen sicher schon aufgefallen ist, ist Feinfühligkeit nur ein anderer Begriff für Empathie. Kap. 5 geht auf den Begriff der Empathie ein.

Abb. 1.7 Unstillbares Schreien erfordert hohe elterliche Kompetenzen. (Angefertigt von Sabrina Hilz)

▶ **Definition: Elterliche Feinfühligkeit** Elterliche Feinfühligkeit ist das zentrale Bestimmungsstück für die Entwicklung einer sicheren Bindung des Kindes zur Bezugsperson. Sie wird durch vier Merkmale charakterisiert:

- Das Befinden des Säuglings wird wahrgenommen. Die Bezugsperson hat das Kind „im Blick".
- Die Äußerungen des Säuglings werden „richtig" interpretiert und nicht durch eigene Bedürfnisse gefärbt wahrgenommen.
- Die Reaktion auf das Bedürfnis des Säuglings ist „prompt". Dadurch kann der Säugling einen Zusammenhang zwischen seinem Verhalten und elterlicher Handlung herstellen. Es wird ihm dadurch ein intensives Gefühl der eigenen Effektivität, der Selbstwirksamkeit vermittelt im Gegensatz zu Hilflosigkeitsgefühlen.

Die Reaktion auf den Säugling ist „angemessen", d. h. er bekommt, was er braucht. Die Angemessenheit der elterlichen Reaktion verändert sich mit der Entwicklung des Kindes.

Wie wirkt sich das Ausmaß der elterlichen Feinfühligkeit auf das kindliche Bindungsverhalten aus?

Die Eltern *sicher gebundener Kinder* reagieren konsistent und eindeutig auf die Bedürfnisse ihrer Kinder. So können diese Kinder Erwartungen von Zuverlässigkeit und Zugänglichkeit ihrer Bezugspersonen entwickeln und verinnerlichen.

Bezugspersonen, deren Kinder im Test ein *unsicher-ambivalentes Verhalten* zeigen, sind wenig einfühlsam und zeigen ein „inkonsistentes" Interaktionsverhalten: Wenn ihre Kinder bekümmert sind und Trost brauchen, können sie sich manchmal auf ihre Bedürfnisse einstellen, manchmal nicht. Häufig übertreiben sie den Trost, andere Male trösten sie gar nicht. Ihr Verhalten ist nicht vorhersehbar und stürzt die Kinder in Ungewissheit. Diese Kinder entwickeln aufgrund der Inkonsistenz der Eltern ein ambivalentes Verhältnis zu ihnen. Bei ihnen bleiben die Bindungsbedürfnisse bestehen, weil sie nicht zuverlässig befriedigt werden; der Ärger über die unzureichende Befriedigung wird ausgedrückt.

Die Eltern *unsicher-vermeidender* Kinder sind im Umgang mit dem Kind zurückweisend; sie trösten also ihr Kind nicht, wenn es Trost braucht; sie nehmen es nicht auf den

1.4 Bindungsaufbau: eine Entwicklungsaufgabe der frühen Kindheit

Arm, sondern ignorieren es. Da die Kinder keinen Trost erwarten, ziehen sie sich zurück und zeigen keine emotionalen Bedürfnisse.

Die Eltern *desorganisierter Kinder* misshandeln ihre Kinder (in 80 % der Fälle) oder haben selbst Traumata erlebt. Desorganisiert gebundene Kinder fürchten ihre primären Bezugspersonen, sie führen ein Leben in ständiger Angst: Die Quelle, die Trost spenden soll, ist die Quelle der Angst.

Zusammenfassend lässt sich die Bindungskonstellation des Kindes als Folge des elterlichen Verhaltens folgendermaßen darstellen:

- Reagiert die Bezugsperson prompt und angemessen auf die Bindungsbedürfnisse des Kindes, wird das Kind sicher gebunden sein.
- Reagiert die Bezugsperson zurückweisend auf die Bindungsbedürfnisse, entwickelt das Kind einen unsicher-vermeidenden Bindungsstil.
- Reagiert die Bezugsperson inkonsistent und wenig vorhersehbar, entwickelt das Kind eine unsicher-ambivalente Bindung.
- Wird das Kind durch die Bezugsperson misshandelt, entwickelt es eine desorganisierte Bindung.

Fallbeispiel: Interaktionsverhalten bei unsicher-vermeidender Bindung

Die Mutter und die anderthalbjährige Tochter Laura sitzen im Warteraum. Laura spielt auf dem Boden mit einer Kette, auf die große Holzkugeln aufgefädelt werden. Als sie halbfertig ist, krabbelt sie auf ihre Mutter zu und möchte auf den Schoss (im sicheren Hafen pausieren und auftanken). Die Mutter wehrt die Versuche der Tochter, sich auf ihren Schoss hochzuziehen, ab und fordert Laura auf, die Kette fertig zu machen. Sie nennt die Farben der Kugeln und zählt auf, welche Farben auf der Kette noch fehlen. Laura kehrt zu der Kette zurück. Nach dem Auffädeln zweier weiterer Kugeln kehrt sie erneut zu ihrer Mutter zurück, die ihre Tochter wieder abwehrt und auffordert, „die angefangene Arbeit zu beenden". Die Tochter kehrt zu der Kette zurück. Das wiederholt sich noch einige Male. Schließlich bleibt Laura auf dem Boden bei ihrem Spielzeug sitzen, der Mutter den Rücken zugekehrt. Sie nimmt im weiteren Verlauf keine Notiz mehr von ihrer Mutter.

Kommentar: Die Tochter möchte nach ihrer Explorationsphase zurück in den sicheren Hafen und auftanken. Die Mutter frustriert dieses Bindungsbedürfnis der Tochter so lange, bis diese aufgibt und den Kontakt zur Mutter vermeidet. ◄

1.4.5 Auswirkungen frühkindlicher Bindungsstile im Lebenslauf

Nach Erikson ist eine sichere Bindung („Urvertrauen") die Voraussetzung für die Inangriffnahme der nächsten Entwicklungsaufgabe, der *Autonomieentwicklung*. Ein Aspekt dieser Entwicklungsphase ist die Exploration der Umwelt. Inwieweit das Kind zur Exploration in der Lage ist, hängt wesentlich davon ab, ob es genügend emotionale Absicherung und Vertrauen in der vorausgegangenen Entwicklungsphase gewonnen hat. So zeigen sicher gebundene Kinder ein ausgeprägteres Explorationsverhalten als unsicher gebundene Kinder. Durch Explorationsverhalten lernen Kinder die Welt kennen. Vielfältige Lernsituationen ermöglichen kognitive Erfahrungen und kognitive Entwicklung.

Weiterhin werden beim Kind durch günstige Bindungserfahrungen wichtige Grundlagen für die Entwicklung seiner *Emotionsregulierung* geschaffen (Ahnert, 2015). Diese wiederum ist wichtig für eine angemessene Bewältigung von emotional fordernden Situationen, wie etwa dem Übergang in neue Lebenssituationen (Krippe, Kindergarten, Schule) oder die Aufnahme neuer sozialer Beziehungen. Emotional sicher gebundene Kinder haben weniger Anpassungsprobleme beim Eintritt in die Kinderkrippe als unsicher gebundene (Ahnert, 2015). Auch im Kindergarten und der Schule gelingt es diesen Kindern besser, ihre individuellen und sozialen Ressourcen zu nutzen und so Problemsituationen kompetenter zu lösen (Dornes, 2006). Sichere Bindungserfahrungen sind also ein bedeutender Resilienzfaktor, der maßgeblich dabei hilft, Belastungen erfolgreich zu bewältigen.

Was unter Resilienz zu verstehen ist und welche wichtige Bedeutung sie für die Lebensbewältigung hat, erfahren Sie in Kap. 5.

▶ **Definition: Emotionsregulation** Emotionsregulation oder Emotionskontrolle ist eine wichtige Kompetenz und bezeichnet das Bemühen eines Individuums, seine negativen Emotionen zu beherrschen. Man unterscheidet intrapsychische und interpsychische Regulation. Mit *intrapsychischer Regulation* ist die eigenständige Emotionsregulation gemeint; die *interpsychische Regulation* umfasst Bemühungen, an denen andere Personen unterstützend mitwirken. Ziel der Emotionsregulation ist es, eine handlungsförderliche Emotionslage herzustellen und beeinträchtigende Gefühle abzustellen. Zu den Techniken der Emotionskontrolle gehören etwa Antizipationen, in denen angenehme Gefühle bei Zielerreichung bzw. unangenehme Gefühle bei Handlungsvermeidung gedanklich vorweggenommen werden, sowie die Fähigkeit, Nervosität und Angst abzubauen (Eisenberg et al., 1996). Beim Säugling geschieht das z. B. durch Nuckeln am Daumen oder an einem anderen Gegenstand. Auf diese Weise kann er Unlustgefühle wie Hunger oder Einsamkeit eine Zeitlang ertragen.

Zahlreiche Studien weisen darauf hin (Seiffge-Krenke, 2009, S. 73 f.), dass Bindungsstile über viele Jahre recht stabil sind und die sozial-emotionale Entwicklung gut voraussagen. Grossmann und Grossmann (2012) zeigen auf, welche weitreichenden Folgen die unterschiedlichen Bindungsmuster im weiteren Entwicklungsverlauf haben. *Kinder mit sicherer Bindung* sind im Kleinkindalter ausdauernder und frustrationstoleranter. Im Kindergartenalter zeigen sie gute Beziehungen zu Gleichaltrigen; sie verhalten sich autonom und zielgerichtet. Im Schulalter sind sie selbstsicher und selbstkritisch und bevorzugen feste und loyale Freundschaften. In Kindheit und Jugendalter sind sie beliebt und anerkannt. Sie sind kreativer, flexibler und ausdauernder bei der Lösung von Problemen als Gleichaltrige mit unsicherer Bindung und haben eine höhere Empathiefähigkeit. Insgesamt ist ein sicheres Bindungsmuster ein Schutzfaktor für die weitere kindliche Entwicklung, besonders bei Belastungen (Werner, 2000; Werner & Smith, 1992). Sicher gebundene Kinder reagieren mit einer größeren psychischen Widerstandskraft auf emotionale Belastungen wie etwa die Scheidung der Eltern, sie haben mehr Bewältigungsmöglichkeiten und holen sich eher Hilfe.

Ein *unsicheres Bindungsmuster* ist dagegen ein Risikofaktor. Bei Belastungen droht häufiger eine psychische Dekompensation oder Konflikte werden weniger sozial kompetent gelöst. So zeigen etwa Kinder mit unsicheren Bindungsmustern schon im Kindergartenalter aufgrund geringerer Empathiefähigkeit in Konfliktsituationen weniger prosoziale Verhaltensweisen und eher aggressive Interpretationen des Verhaltens ihrer Spielkamerad*innen (Schmidt-Denter & Spangler, 2005). Sie ziehen sich bei Belastungen eher zurück und versuchen, Probleme alleine zu lösen. Im Jugendalter sind sie eher isoliert.

Welche Bedeutung hat die Qualität der Bindung für Liebesbeziehungen im Erwachsenenalter?
Das Kind speichert seine ersten Bindungserfahrungen, es entsteht ein inneres Bild von Bindung. Es beinhaltet Erwartungen über Beziehungen, Vorstellungen über sich selbst und den eigenen Selbstwert. Diese Erwartungen, die auch als „inneres Arbeitsmodell" bezeichnet werden, regulieren das Verhalten des Kindes zur Bezugsperson und strukturieren später das Verhalten und Erleben in emotional relevanten Beziehungen. Sie können dann auch in Abwesenheit der Bindungspersonen wirken und bestimmen, inwieweit jemand in Beziehungen Nähe und Sicherheit erwartet und inwieweit die Person sich selbst der Zuwendung, der Liebe und Aufmerksamkeit wert fühlt, also Nähe zulassen kann (Daudert, 2001, S. 6). Im Erwachsenenalter hat das erworbene Bindungsmuster auch Bedeutung für die Paarbeziehung. Die Paarbeziehung selbst ist eine Bindungsbeziehung, in der sich sowohl frühkindliches Bindungsverhalten widerspiegelt als auch das frühkindlich erworbene Bindungsmuster auf die Liebesbeziehung auswirkt.

Nicht nur Kinder, auch Erwachsene suchen bei emotionaler Belastung und Stress Trost und Sicherheit bei ihrer emotional bedeutsamsten Bezugsperson. Ist diese emotional nicht ansprechbar, zeigt sich auch bei Erwachsenen ein typisches Muster von Anklammern, Nähe einfordern, Wut, Verzweiflung und schließlich Distanzierung. Liebespartner suchen ebenso einen „sicheren Hafen" als emotionale Basis, von dem aus sie sich wieder den Anforderungen der Welt stellen können. Diese Sicherheit geben sich mit größter Wahrscheinlichkeit sicher gebundene Menschen. So konnte eine amerikanische Längsschnittstudie, die Teilnehmende seit Beginn der 1970er-Jahre von der Geburt bis ins Erwachsenenalter untersucht (Simpson et al., 2007), zeigen, dass sicher gebundene Kinder später die stabilsten und harmonischsten Paarbeziehungen haben. Meist finden sich Menschen mit einem ähnlichen Grad an Bindungssicherheit zusammen (von Sydow, 2012).

Ein Bindungsstil ist aber kein Schicksal. So können konfliktreiche Paare, die eine Paartherapie wegen ihrer Beziehungsprobleme aufsuchen, die dahinterliegenden grundlegenden Emotionen wie die Angst vor Bindungsverlust oder die Angst vor Wertlosigkeit, bearbeiten und dadurch verändern. Gute Methoden hierzu bietet z. B. die bindungsfokussierte Paartherapie (Roesler, 2016).

Was geschieht mit der Bindungsentwicklung bei Hortkindern?
Lange Zeit bestand die Meinung, dass eine Krippenbetreuung eine unsichere Mutter-Kind-Bindung bewirkt. Repräsentative Studien bestätigen das nicht (Ahnert, 2015). Vielmehr entsteht eine unsichere Bindung am ehesten aus geringer Feinfühligkeit der Mutter bzw. der Bezugsperson in Verbindung mit einer pädagogisch schlechten Krippe. Der Krippenbesuch beeinflusst also nicht die Bindung zwischen Mutter und Kind, wohl aber ist der umgekehrte Zusammenhang festgestellt worden. Einjährige Kinder mit sicherer Bindung zeigen die geringsten Belastungswerte in der Eingewöhnungsphase in die Krippe (Ahnert & Rickert, 2000). Kinder in einer Tagesbetreuung entwickeln sich also in Bezug auf ihr Bindungsverhalten generell nicht anders als Kinder ohne diese Erfahrung. Allerdings betont die Bindungsforschung, dass Säuglinge und Kleinkinder für eine gesunde Entwicklung eine Betreuungssituation benötigen, in der die Betreuungspersonen soziale Nähe herstellen und Interaktion gestalten (Ahnert, 2015, S. 33 ff.). Die Gruppenatmosphäre sollte durch ein empathisches Erzieher*innenverhalten bestimmt sein, das die wichtigsten sozialen Bedürfnisse des Kindes zum richtigen Zeitpunkt erfüllt. In der Frühphase des Kleinkindalters (bis 18. Monat) ist dies am besten durch eine 1:1-Beziehung möglich. Als sinnvoll für unter Dreijährige ist wissenschaftlich ein Betreuungsschlüssel von 1:3 bis 1:4 nachgewiesen, damit sich die Erzieher*innen auf wenige Kinder konzentrieren können und ihre Bedürfnisse erfüllen können.

1.4.6 Die Rolle des Vaters als „andere" Bindungsperson

Die meisten Kleinkinder haben mehr als eine Bindungsperson. Es gibt häufig zwei Elternteile, Großeltern, andere Verwandte, ältere Geschwister oder eine Kinderbetreuung. Jedes Kleinkind bevorzugt aber eine bestimmte Bindungsperson, insbesondere, wenn es müde, krank oder ängstlich ist. Andere Bindungspersonen werden dann nur widerstrebend akzeptiert. Man spricht hier von einer „Hierarchie der Bindungspersonen". Daraus folgt, dass Kleinkinder auch zu unterschiedlichen Bezugspersonen unterschiedliche Bindungsmuster entwickeln können; unsichere Bindungsmuster können dann z. B. durch sichere Bindungen kompensiert werden (Lohaus & Vierhaus, 2015, S. 113). Untersuchungen zeigten, dass elterliche Feinfühligkeit als wichtige Voraussetzung für den Bindungsstil des Kindes sich bei Müttern und Vätern in unterschiedlicher Weise äußerte: Während das feinfühlige Verhalten der Mutter in Pflege- und Fürsorgesituationen im ersten Lebensjahr die Bindungsqualität des Kindes voraussagte, zeigte sich die Feinfühligkeit des Vaters eher in Spielsituationen im zweiten Lebensjahr (Grossmann & Grossmann, 2012; Ahnert & Spangler, 2014). Die Vater-Kind-Bindung entsteht demnach eher in Anregungs- und Spielsituationen. Diese Spielsituationen sind häufig mit Neugier und Ermutigung zur Exploration verbunden.

▶ **Definition: Spielfeinfühligkeit** Spielfeinfühligkeit bedeutet, das Kind zum Selber-Machen zu ermutigen, es unauffällig zu unterstützen, mit dem Kind zu kooperieren, die Werke und Taten des Kindes aufzuwerten, es zu loben, wenn es etwas neu kann, etwas vorzumachen, was das Kind begreifen kann, erreichbare Ziele zu setzen, angemessene Verhaltensregeln zu erwarten und einzufordern.

Diese in der Bindungsforschung lange verbreitete Annahme (Grossmann & Grossmann, 2012, S. 241) eines mütterlichen Umgangsstils, der eher tröstend, empathisch und fürsorglich sei und eines väterlichen Umgangsstils, der eher spielerisch und körperbetont sei, beruht auf Untersuchungen aus den 70er-Jahren und spiegelt die damalige traditionelle Rollenverteilung wider (Grossmann & Grossmann, 2017). So ergaben etwa die Forschungen des „Vaters der Vaterforschung" Lamb, dass der spielerische Umgang mit dem Kind das Verhaltensmuster desjenigen Elternteils ist, der nicht die Hauptverantwortung trägt, sondern die Nebenrolle spielt. Übernehmen Väter die Hauptverantwortung für den Nachwuchs, zeigen sie den so genannten „mütterlichen" Stil (Lamb, 2010, S 2 ff.). Auch bei gleichgeschlechtlichen Eltern zeigt sich nach Lamb häufig die Rollenaufteilung in einen sorgenden, behütenden und einen aktiven, verspielten Elternteil (Lamb, 2010, S. 319 ff.). Damit ist die spezifische Ausprägung der Vater- und Mutterrolle eher ein soziales Konstrukt; es entspricht weitgehend gesellschaftlich geprägten Erwartungen an die Mutter- bzw. Vaterrolle und ist nicht biologisch vorherbestimmt (z. B. Flaake, 2014).

1.4.7 Bindungsstörungen als Ausdruck und Folge familiärer Misshandlung und Vernachlässigung

Ein unsicheres Bindungsmuster ist zwar ein Risikofaktor für die Entwicklung, es muss sich aber nicht nachteilig im weiteren Lebenslauf auswirken, wenn andere Schutzfaktoren gegeben sind und das Kind z. B. in einer kompetenzfördernden Umwelt aufwächst. Wachsen Kinder allerdings in einer misshandelnden und vernachlässigenden Umwelt auf, sind sie immer auch bindungsgestört und ihre Bindungsstörung ist Folge und Ausdruck ihrer familiären Notlage.

Auf Kindesmisshandlung und Risikofaktoren wird in Kap. 5 eingegangen.

Berufsbezug

Die Stärkung von Schutzfaktoren ist für Sie ein wichtiges Betätigungsfeld. Der Schutzfaktor „sichere Bindung" kann z. B. durch Maßnahmen gegen soziale Isolation gefördert werden. Dazu zählen z. B. Müttercafes und Mütter-Kind-Spielkreise. Bei diesen Treffen können auch Maßnahmen gegen finanzielle Probleme oder gegen Alkohol- und Drogenkonsum der Eltern angesprochen werden. Auch Angebote der „Frühen Hilfen" nehmen eine zentrale Rolle für die Entwicklung einer sicheren Bindungsbeziehung ein. Adressaten sind junge Eltern, die frühzeitig unterstützt werden, damit der Start mit dem Baby gelingt: Entlastungsangebote im Alltag wie therapeutische Angebote, Einübung alternativer Erziehungsmethoden, Familienhebammen, die bereits vor der Geburt Kontakt zur Familie aufnehmen, sind solche Frühen Hilfen. Für eine erfolgreiche Prävention ist es notwendig, niedrigschwellig, aufsuchend und einzelfallorientiert zu arbeiten (Borg-Laufs, 2006). Besonders bei der Durchführung von Elternkursen, Erziehungsprogrammen und Familienberatungen sollte die Bedeutung von Bindung und Beziehung im Mittelpunkt stehen. ◄

▶ **Merke!** Die Kenntnis über die Entstehung und Bedeutung von Bindung ist in Ihrem späteren Tätigkeitsfeld mit Familien und Kindern von großer Relevanz. Eine wichtige Schlussfolgerung aus der Bindungsforschung ist, dass längerfristige Trennungen in den ersten drei Lebensjahren traumatische Auswirkungen haben können und deshalb ein Wechsel der kindlichen Umgebung (Heimunterbringung, Pflegefamilie, Kurzfristige Pflege usw.) gut überlegt sein muss und behutsam erfolgen muss.

Zusammenfassung
Die Bindungstheorie geht davon aus, dass das Bedürfnis nach Bindung und die daraus folgenden Bindungsverhaltensweisen angeboren und evolutionär begründet sind. Das *Bindungsverhalten* bei Kleinkindern kann experimentell mithilfe des Fremde-Situations-Tests festgestellt werden. Es werden sichere und unsichere Bindungsmuster unterschieden. Ein *sicheres Bindungsmuster* hängt eng mit einem feinfühligen Verhalten der Bezugsperson zusammen und stellt einen Schutzfaktor für die weitere Entwicklung dar. *Unsichere Bindungsmuster* stellen dagegen einen Risikofaktor für die Entwicklung dar. Bindungsmuster werden verinnerlicht und sind relativ stabil über den Lebenslauf. Sie wirken sich insbesondere auf die sozial-emotionale Entwicklung im weiteren Leben aus.

Aufgaben

- Was sind frühkindliche Kompetenzen? Zählen Sie einige wesentliche Kompetenzen des Babys auf, mit denen es Beziehungen herstellt.
- Was ist mit „intuitivem" Elternverhalten gemeint?
- Welche zentralen Annahmen macht die Bindungstheorie?
- Nennen Sie die vier verschiedenen Bindungstypen.
- Welche Merkmale kennzeichnen feinfühliges Verhalten der Bezugsperson?
- Welche Auswirkungen hat der Bindungstyp auf die weitere Entwicklung?

1.5 Die Auseinandersetzung mit dem Körper: eine Entwicklungsaufgabe des Jugendalters

1.5.1 Die Bedeutung der körperlichen Entwicklung

Das Jugendalter stellt eine relativ kurze Zeitspanne zwischen Kindheit und Erwachsenenalter dar, in der in kurzer Zeit eine Vielzahl von Entwicklungsaufgaben bewältigt werden müssen. Die Jugendarbeit ist ein wichtiges pädagogisches Arbeitsfeld. Entwicklungspsychologische Kenntnisse über das Jugendalter sind für die Jugendarbeit wertvoll.

Warum wird die Entwicklungsaufgabe „Akzeptieren der eigenen körperlichen Erscheinung und effektive Nutzung des Körpers" zur näheren Betrachtung ausgewählt? Die zentrale Aufgabe des Jugendalters ist die Identitätsgewinnung. Bei dieser Aufgabe spielt der Körper eine entscheidende Rolle.

Die auffälligste Veränderung, die im Jugendalter bewältigt werden muss, ist der durch den *Pubertätswachstumsschub* sowie die *Geschlechtsreifung* bewirkte körperliche Wandel. Abgesehen vom ersten Lebensjahr verändert sich der Körper nie mehr im Leben so gravierend wie in dieser Zeit. Der kindliche Körper transformiert sich in kurzer Zeit zu einem erwachsenen, fortpflanzungsfähigen Körper. Eine positive Einstellung zu diesen körperlichen Veränderungen ist Voraussetzung für die Bewältigung weiterer relevanter Entwicklungsaufgaben wie das Erreichen einer eigenen Geschlechtsrolle und das Eingehen von vertrauensvollen Beziehungen zu Gleichaltrigen. Fend (2005, S. 105) bezeichnet das „Hineinwachsen in einen neuen Körper" und diesen „bewohnen" zu lernen sogar als die zentrale Entwicklungsaufgabe dieser Lebensphase. Anhand dieser Entwicklungsaufgabe soll aber auch exemplarisch gezeigt werden, wie das Scheitern an ihr zu psychischen Störungen und Entwicklungsproblemen führen kann.

Parallel zur körperlichen Entwicklung schreitet auch die kognitive Entwicklung voran und erreicht eine höhere Stufe der intellektuellen Fähigkeit, die Reflexionen, innere Abgrenzungen und eine selbstständigere Entwicklung ermöglicht. Jugendliche können nun sich selbst und ihren Körper von einer Metaebene aus betrachten und ihren Körper z. B. in eine von anderen bewunderte Form bringen. Die Rückmeldungen der Umwelt an den Jugendlichen wirken sich auf seine Akzeptanz dieser Veränderungen aus. Mit der Berücksichtigung des sozialen Kontexts bei der Bewältigung der Entwicklungsaufgaben wird im Folgenden wieder eine interaktionistische Sichtweise eingenommen, die darüber hinaus alle weiteren Dimensionen der Entwicklung (kognitiv, körperlich, emotional) einbezieht.

Die Einstellung zum Körper hängt mit einem Bündel von Faktoren zusammen (u. a. Körpergewicht, pubertärer Status, Selbstwert, familiäre Beziehungen, elterliches Vorbild, Medien, Peers, kulturelle Zugehörigkeit). Exemplarisch für einen typischen Entwicklungsprozess, auf den zahlreiche Faktoren Einfluss nehmen, werden im Folgenden einige dieser Faktoren erläutert. Dies geschieht aus der Perspektive der Geschlechtsunterschiede, denn bei dieser Entwicklungsaufgabe sind beide Geschlechter auf unterschiedliche Weise gefordert.

1.5.2 Der Körper, ein wichtiger Teil der Identität

Die frühsten Selbstwahrnehmungen, die Voraussetzung für die Entwicklung von Identität und Selbstkonzept bilden, sind Körperwahrnehmungen. Das Baby wird gestreichelt und gewickelt, es hat ein körperliches Wohlgefühl oder ein körperliches Unwohlsein und daraus entwickelt sich ein psychisches Gefühl. Körperliche und psychische Entwicklung sind also eng miteinander verknüpft und die Vorstellung von unserem Körper ist ein erstes und wichtiges Element der Identität (Bielefeld & Baumann, 1991; Mrazek, 1987).

Wie aus den Entwicklungsaufgaben deutlich wird, ist das Jugendalter eine Zeit der Suche nach Orientierung; Fragen der Berufsausbildung und Berufswahl, der Zukunftsplanung und allgemein der Lebensplanung stehen im Vordergrund. Hat man am Ende des Jugendalters selbsterarbeitete Antworten auf diese Fragen gefunden, ist ein Stück Identität gewonnen.

In dieser Phase der Orientierungssuche übernimmt der Körper eine identitätsstiftende Funktion. Die für das Jugendalter typische Stilisierung des Körpers, das Experimentieren mit ihm (Piercing, Punk, Tätowierung usw.) sind Ausdruck davon. Sie dienen dem Aufbau und der Konsolidierung der eigenen Identität, weil sie bei der Bestätigung durch die Gleichaltrigen, der Zugehörigkeit zu einer sozialen Gruppe und der Abgrenzung und Loslösung von den Eltern helfen (Abb. 1.8).

Erikson (2003) drückt diese Phase des Zwischen-allen-Stühlen-Sitzens so aus:

„Ich bin nicht, was ich sein sollte, ich bin nicht, was ich sein werde, aber ich bin nicht mehr, was ich war!"

Abb. 1.8 Andersein sein ist cool. (Angefertigt von Sabrina Hilz)

Eine gefestigte Identität bedeutet, dass man weiß, wer man ist und wie man in diese Gesellschaft passt. Aufgabe von Jugendlichen ist es, all ihr Wissen über sich und die Welt zusammenzufügen und ein Selbstbild zu formen, das für sie und die Gemeinschaft gut ist. Es gilt, die soziale Rolle zu finden (Erikson, 2003).

Es ist offensichtlich, dass diese gewaltige Aufgabe nicht allein im Jugendalter gelöst werden kann, sondern eine lebenslange Aufgabe bleibt.

▶ **Merke!** Körper und Identität sind untrennbar miteinander verbunden. Die Identitätsentwicklung beginnt in der frühen Kindheit und baut sich über das frühkindliche Körpergefühl auf. Im Jugendalter ist die Identitätsentwicklung mit Hilfe des Körpers erneut ein zentrales Thema. Der erwachsene Körper treibt die Entwicklung voran, weil er Abgrenzung, Beziehung, Sexualität, Fortpflanzung ermöglicht. Der Körper hilft beim Prozess der Identitätsbildung.

1.5.3 Die pubertäre Reifeentwicklung bei Jungen und Mädchen…

Die auf biologischer Ebene einsetzenden Reifungsvorgänge führen zu den stärksten Körperveränderungen im gesamten Lebenslauf und müssen in die Vorstellung vom eigenen Körper integriert werden. Zunächst findet eine zunehmende Androgensekretion in den Nebennieren statt und eine Zunahme der Sexualsteroide in den Gonaden, was über die Hypophyse zu einschneidenden Veränderungen des Körperschemas wie z. B. Längenschuss, Ausbildung sekundärer Geschlechtsmerkmale und vermehrter Fett- bzw. Muskelzunahme führt (Abb. 1.9).

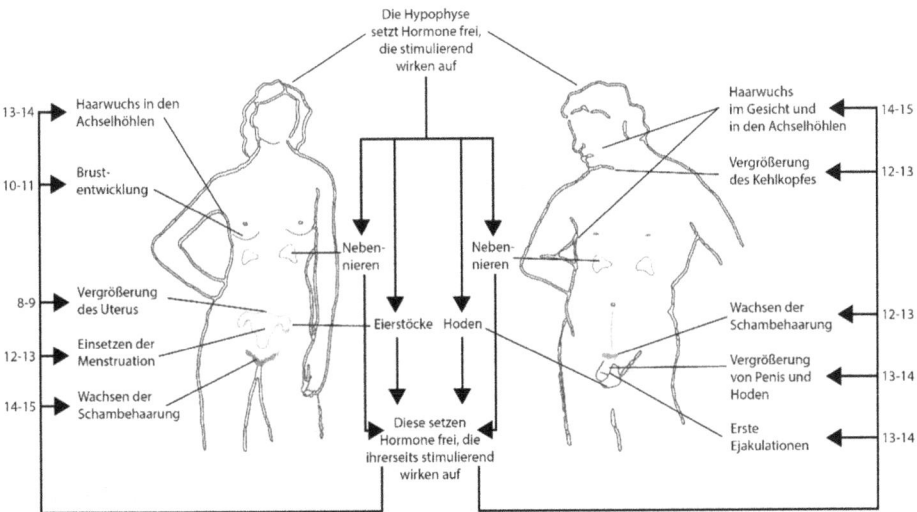

Abb. 1.9 Die körperliche Reifeentwicklung im Jugendalter. (Angefertigt von Sabrina Hilz in Anlehnung an Myers, 2014, S. 206)

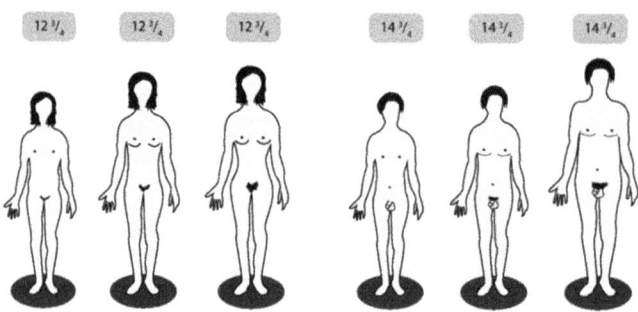

Abb. 1.10 Unterschiedlicher körperlicher Status bei 14-Jährigen. (In Anlehnung an die Darstellung in Lerner & Spanier, 1980, S. 205)

Die pubertätsbedingten körperlichen Veränderungen werden mit Hilfe der *Tannerschen Kriterien* ermittelt (Tanner, 1972). Das *körperliche Reifekriterium* bei weiblichen Jugendlichen ist die Menarche, der Zeitpunkt der ersten Regelblutung. Bei männlichen Jugendlichen werden häufig das Längenwachstum und der Stimmbruch herangezogen. Die *Pollarche* bzw. Spermarche als Korrelat zur Menarche stellt ein erhebliches Tabu in der Literatur und in der Gesellschaft dar und ist in ihrer Bedeutung bisher kaum untersucht worden. Auffallend sind im Jugendalter die großen intra- und interindividuellen Unterschiede im pubertären Status, die viel häufiger sind als Uniformität. So kann bei weiblichen Jugendlichen die Zeit von den ersten Anzeichen pubertärer Reife bis zur vollständigen Entwicklung zwischen 1,6 und sechs Jahren schwanken. Weiterhin können 14-jährige weibliche oder männliche Jugendliche einen erwachsenen Körper aufweisen, ebenso aber auch einen noch unentwickelten, kindlichen Körper (Abb. 1.10).

1.5.4 …und die (Un)zufriedenheit damit

Ein Grund für Jugendliche, mit ihrem Körper unzufrieden zu sein, ist der Zeitpunkt der Reifeentwicklung (vgl. Abb. 1.10). Dieser Zusammenhang stellt sich bei den Geschlechtern gegenläufig dar. *Frühreife* Jungen weisen ein besonders positives Körperselbstbild auf und halten sich für besonders attraktiv im Vergleich zu spätreifen Jungen; bei Mädchen verhält es sich umgekehrt (Ohring et al., 2002; Striegel-Moore et al., 2001). Dafür sind Rückmeldungen aus der Umwelt verantwortlich, die für die Geschlechter unterschiedlich ausfallen. Körperlich erwachsen wirkende männliche Jugendliche genießen die Vorteile des Erwachsenseins. Sie werden mit vermehrter Verantwortung ausgestattet und von den Erwachsenen als Gleichberechtigte behandelt. Bei frühreifen Mädchen (Menarche vor dem 12. Lebensjahr) dagegen reagiert die Umwelt mit Verboten und Einschränkungen, wobei ursächlich dafür die Angst vor verfrühter Schwangerschaft stehen dürfte. Weiterhin sind männliche Attribute wie Körpergröße, tiefe Stimme und Bartwuchs für Jungen erstrebenswerte Ziele, die den Status unter Gleichaltrigen erhöhen, während beim weiblichen Geschlecht das Schlankheitsideal vorherrscht, welches durch die einsetzenden

Reifeprozesse bedroht ist. Frühreife ist sogar ein Risikofaktor für die Entwicklung bei Mädchen, weil sie einen Außenseiterstatus unter Gleichaltrigen einnehmen und sich deshalb mehr an Älteren (die ihrem eigenen körperlichen Entwicklungsstand entsprechen) orientieren. Demzufolge beginnen sie eher mit Problemverhaltensweisen wie etwa Rauchen und Alkoholkonsum. Auch schlechte Schulleistungen und insgesamt eine höhere psychosoziale Auffälligkeit sind damit assoziiert.

Neben gesellschaftlichen Stereotypen sind auch biologische Faktoren für die generell größere Körperunzufriedenheit bei Mädchen und speziell bei frühreifen Mädchen verantwortlich. So ist die mit der Reifeentwicklung zusammenhängende Gewichtszunahme zu nennen, die sich bei Jungen in hormonbedingtem, erwünschtem Muskelzuwachs zeigt, während sie bei Mädchen mit einer Zunahme des Fettgewebes einhergeht und abgelehnt wird. Der präpubertäre Fettgewebsanteil bei Mädchen liegt bei 8 % und steigt östrogenbedingt bis zum Abschluss der Pubertät auf 22 % an (Killen et al., 1992). Die körperlichen Veränderungen der Jungen wie z. B. breitere Schultern sowie Muskelzuwachs entsprechen dem kulturellen Ideal eines männlich-muskulösen Körpers. Die körperlichen Veränderungen der Mädchen hingegen (Fettzunahme, breitere Hüften) entfernen diese vom Ideal eines schmalen, mädchenhaften Körpers. Spätreife Mädchen (Menarche nach dem 14. Lebensjahr) bleiben länger diesem Ideal treu und sind auch in der Tat zufriedener mit ihrem Körper (Ohring et al., 2002). Auch die Menstruation wird von frühreifen Mädchen (< 12 Jahren) negativer erlebt als von Mädchen mit zeitgerechter Menarche (12–13 Jahren) und von spätreifen Mädchen (> 14 Jahren). Am zufriedensten sind weibliche Jugendliche mit ihrem Körper, wenn sie ihre *Pubertätsentwicklung* im sozialen Vergleich als zeitgerecht wahrnehmen. Sowie frühreife Jungen und spätreife Mädchen sich in ihrer positiven Sicht auf ihren Körper entsprechen, so ähneln sich frühreife Mädchen und spätreife Jungen in ihrer eher negativen Sicht. Das lässt sich mit der Abweichung beider Gruppen vom gesellschaftlichen Körperideal begründen.

Insgesamt ist der markanteste Unterschied zwischen den Geschlechtern die größere Unzufriedenheit weiblicher Jugendlicher mit ihrem Körper, ein Befund, der für die westliche Welt gilt. Mädchen legen strengere Maßstäbe an ihr Äußeres und wollen z. B. doppelt so oft ihr Aussehen verändern (Levine & Smolak, 2004). In einer großen Studie der Bundeszentrale für gesundheitliche Aufklärung (2006, S. 66 f.) an 2500 14–17-jährigen Jugendlichen stimmten 46 % der Mädchen der Aussage „Ich fühle mich wohl in meinem Körper" zu; bei den Jungen waren es 62 %. Obwohl männliche Jugendliche tendenziell dicker sind als weibliche Jugendliche, finden Mädchen sich viel häufiger zu dick, Jungen finden sich eher zu dünn (BZgA, 2006, S. 66 f.). Der Wunsch abzunehmen steht bei den Mädchen nicht in Beziehung zu einem realen Übergewicht. So zeigen große Studien an Jugendlichen immer wieder, dass sich ungefähr die Hälfte der weiblichen Stichprobe zu dick fühlt, obwohl sie normalgewichtig ist (Haffner, 2007). Diese subjektive Körpereinschätzung führt zu Diätverhalten, nicht das objektive Gewicht. Repräsentative Studien (z. B. HBSC-Studienverbund Deutschland, 2015) ergeben bei 12–15-jährigen weiblichen Jugendlichen eine Diätrate von 22 % und bei den gleichaltrigen männlichen Jugendlichen von 12 %. Jungen scheinen mehr um ihren Muskelzuwachs besorgt zu sein und möchten eher an Gewicht zulegen (a. a. O.). Ein Grund für dieses unterschiedliche Verhalten sind geschlechtsbezogen unterschiedliche Sichtweisen. Jungen haben eine eher funktionale, ich-zentrierte Sicht auf ihren Körper. Der Körper wird als leistungsstarkes, die Umwelt beeinflussendes Instrument wahrgenommen (Koff et al., 1990), während aus weiblicher Sicht der Körper eher ein Mittel ist, andere zu beeindrucken und anzuziehen (Davies & Furnham, 1986a, b).

1.5.5 Körpererleben und Selbstwert

Bei beiden Geschlechtern sind Körpererleben und Selbstwert eng miteinander verbunden. Bei weiblichen Jugendlichen kommt noch der Frühreifestatus als weiterer Einflussfaktor hinzu. Halten sich Jugendliche beiderlei Geschlechts für attraktiv, verfügen sie über einen höheren Selbstwert, als wenn sie sich für unattraktiv halten. Bei männlichen Jugendlichen ist ein höherer Selbstwert mit Frühreife assoziiert, bei Mädchen dagegen wirkt sich der Frühreifestatus negativ auf das Selbstwertgefühl aus (Tiggemann, 2005). Mädchen haben insgesamt ein geringeres Selbstwertgefühl als Jungen. Das hat vielfältige Gründe. Im Kontext des Körpererlebens mag es mit ihrem Bedürfnis nach einem unerreichbaren Erscheinungsbild, das sehr über die Außenwelt definiert wird, zusammenhängen; bei den eher instrumentell ausgerichteten männlichen Jugendlichen speist sich dagegen das Selbstwertgefühl aus körperlichen Leistungen.

1.5.6 Körpererleben und Depression

Weibliche Jugendliche haben nicht nur einen geringeren Selbstwert im Vergleich zu männlichen Jugendlichen, sondern auch einen grundsätzlich erhöhten Depressionswert. Enge Beziehungen zwischen Depression und negativem Körperbild sind bereits in der frühen Pubertät etabliert und erweisen sich über die Zeit des Jugendalters als stabil (Rierdan et al., 1987; Crockett & Petersen, 1987). Derartige Zusammenhänge zwischen Körperbild auf der einen und Depression und Selbstwert auf der anderen Seite sind bei Jungen nicht nachzuweisen.

▶ **Merke!** Ein negatives Körperbild blockiert die Entwicklung eines positiven Selbstwertgefühls. Bei Mädchen hängt eine negative Einstellung zum eigenen Körper eng mit depressiven Verstimmungen, einem niedrigen Selbstwert und Essstörungen zusammen. Bei Jungen gibt es diesen Zusammenhang nicht.

1.5.7 Körpererleben und soziokulturelle Einflüsse: Medien, Eltern, Peers

Soziokulturelle Modelle sehen die Ursache einer negativen Einstellung zum eigenen Körper in der Anpassung an die in Industrienationen herrschende Schönheits- und Schlankheitsnorm, wobei die wichtigsten Vermittler dieser Normen die Medien sind. Das weibliche Körperideal ist zeitgeschichtlichen Veränderungen unterworfen. In den vergangenen sechzig Jahren sanken die Gewichtswerte in der Fotomodell-Branche kontinuierlich ab, gleichzeitig nahm das Gewicht weltweit zu. Parallel dazu nahmen auch Diäten, Fitnesssport und Essstörungen zu (Wiseman et al., 1992).

Der Einfluss der Medien auf das Körperbild beginnt bereits präpubertär, schon 7–11-jährige Mädchen äußern Unzufriedenheit mit ihrer Figur und wünschen sich eine schlankere Idealfigur (Collins, 1991; Kreikebaum, 1999). Solche Befunde bekräftigen die Rolle soziokultureller Faktoren für die Körperzufriedenheit und relativieren die pubertätsbedingte Gewichtszunahme als alleinigen Grund für Diätversuche.

Mädchen lassen sich von den Medien mehr beeinflussen als Jungen (McCabe & Ricciardelli, 2001a). Vielleicht schützen die Jungen ihr höherer Selbstwert und ihre positivere Stimmungslage im Sinne eines Puffers gegen Beeinflussungen von außen.

> **Exkurs: Und wie verändert sich die Einstellung zum Körper im Lebenslauf?**
>
> Ab dem späten Jugendalter bis ins mittlere Erwachsenenalter nehmen beim weiblichen Geschlecht sowohl die Unzufriedenheit mit dem körperlichen Aussehen als auch ein gestörtes Essverhalten ab. Heirat und Mutterschaft sind starke Vorhersagefaktoren für eine Abnahme der negativen Körpersicht. Allerdings ist diese Abnahme relativ: Frauen bleiben immer noch sehr viel unzufriedener im Vergleich zu Männern und haben auch weiterhin ein gestörteres Essverhalten als diese. ◄

Im Vergleich zu Medien und Gleichaltrigen haben die Eltern den größten Einfluss auf das Körperbild ihrer Töchter und Söhne (McCabe & Ricciardelli, 2003; Stanford & McCabe, 2005). *Eltern* sind wichtige Rollenvorbilder, sie geben ihre eigene Körpereinstellung und den Umgang mit ihm an ihre Kinder weiter. Mütter vermitteln dabei eher Botschaften über Diäten und Körpergewicht, Väter dienen eher als Vorbild für den Erwerb von Muskeln und für körperliche Betätigung. Denn auch wenn Jugendliche sich von ihren Eltern zu distanzieren beginnen, so haben sie doch von frühester Kindheit an die Werte und Normen ihrer Eltern internalisiert und sehen sie schließlich als ihre eigenen an. Aber auch Gleichaltrige üben Druck aus und vergleichen sich hinsichtlich des Aussehens. Das scheint besonders in Mädchencliquen der Fall zu sein, während ein vergleichbarer Druck in Bezug auf Gewichts- und Muskelzunahme in Jungengruppen weniger stattfindet (McCabe & Ricciardelli, 2001b; Shroff & Thompson, 2006).

Ein verbreitetes Verhalten von Eltern und Peers ist das Hänseln ihrer Kinder bzw. ihrer Freunde und Freundinnen wegen ihrer äußeren Erscheinung. *Figurkritik* und Hänseln sind ein weiterer erheblicher Risikofaktor für die Entwicklung einer negativen Körpereinstellung und zwar bei beiden Geschlechtern. Dagegen ist die wahrgenommene Akzeptanz der Eltern ein bedeutender Schutzfaktor gegen ein gestörtes Körperbild, allerdings nur für Mädchen (Barker & Galambos, 2003).

1.5.8 Zentrale Faktoren der Verursachung von Essstörungen

Vom Hänseln wegen des Körpergewichts und der Brustentwicklung sind besonders frühreife Mädchen betroffen, für die dies ein weiterer Faktor für ihre Körperunzufriedenheit

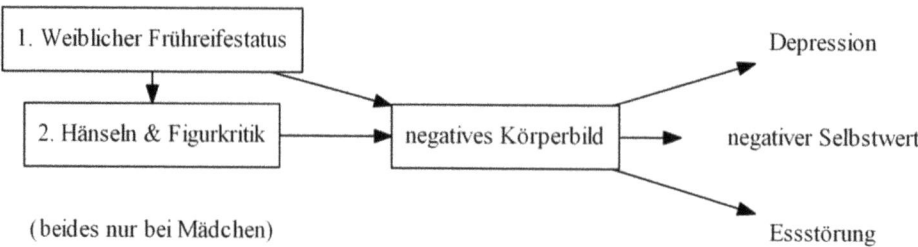

Abb. 1.11 Die negative Körpereinstellung als Folge biologischer und sozialer Prozesse und als Ursache für eine gestörte Entwicklung. (Eigene Darstellung)

darstellt (Williams & Currie, 2000). Die erlebte Figurkritik ist neben dem Ausmaß an Übergewicht sogar der bedeutendste Faktor für ein negatives Körpererleben. Häufiger ist aber nicht das tatsächliche Gewicht, sondern die Vorstellung, übergewichtig zu sein, für die Entstehung einer negativen Körpereinstellung verantwortlich; dieses leitet wiederum Essprobleme und Essstörungen ein (Thompson et al., 1995; Cattarin & Thompson, 1994; van den Berg et al., 2002). Abb. 1.11 fasst alle bisher bekannten Faktoren zu einem Bedingungsmodell zusammen, bei dem die negative Körpereinstellung eine zentrale Stellung einnimmt. Sie ist sowohl Folge sozialer Einflüsse und biologischer Prozesse als auch Ursache für psychopathologische Entwicklungen.

Exkurs: Was sind Essstörungen?

Wenn Jugendliche Diät halten, weil sie mit ihrem Körpergewicht unzufrieden sind, ist das noch keine Essstörung. Es kann aber die Vorstufe sein. Welche Essstörungen gibt es?

Das DSM-5 (vgl. Kap. 3) unterscheidet die Anorexia nervosa (Magersucht), die Bulimia nervosa (Ess-Brech-Sucht) und die Binge-Eating-Störung (Essanfälle).

Beispielhaft sollen hier die Symptome der Anorexia nervosa aufgelistet werden. Sie müssen vorhanden sein, um die Diagnose einer Anorexia nervosa zu stellen.

DSM-5-Kriterien:
- Es findet eine eingeschränkte Energieaufnahme statt, die zu einem signifikant niedrigem Körpergewicht führt.
- Es herrscht eine ausgeprägte Angst vor einer Gewichtszunahme.
- Es ist eine gestörte Wahrnehmung der eigenen Figur zu beobachten. Es fehlt die Einsicht in Bezug auf den Krankheitsgrad des geringen Körpergewichts.

Zusätzliche Spezifizierung nach Untertypen:
- Restriktiver Typ: Es gab während der letzten drei Monate keine Essanfälle oder „Purging"-Verhalten (Selbstherbeigeführtes Erbrechen oder Missbrauch von Abführmitteln). Gewichtsverlust wird erreicht durch Diäten, Fasten, übermäßigen Sport.

- Binge-Eating/Purging-Typ: Es gab während der letzten drei Monate wiederkehrende Essanfälle, selbstherbeigeführtes Erbrechen oder Missbrauch von Abführmitteln.
- Untypische Anorexie: Alle Kriterien sind erfüllt, aber das Körpergewicht liegt im Normbereich.

Eine leichte Magersucht liegt vor bei einem BMI < 17, eine mittlere bei einem BMI von 16–16,99, eine schwere bei einem BMI von 15–15,99 und eine extreme bei einem BMI < 15.

Die aufgelisteten Symptome helfen dabei, Essstörungen zu erkennen. Das DSM-5 liefert aber kein Erklärungsmodell für die Verursachung der Erkrankung noch macht es Therapievorschläge. ◄

1.5.9 Körpererleben und Sport: Sport als Ausweg?

Sportliche Betätigung hat vielfältige positive Auswirkungen auf die Körperwahrnehmung. Körperliche Aktivität verringert die beschriebenen Geschlechtsunterschiede bezüglich Körper- und Gewichtszufriedenheit (Covey & Feltz, 1991; Brown & Lawton, 1986) oder bringt sie sogar ganz zum Verschwinden (Richards et al., 1990). Sportliches Aktivsein macht weniger anfällig für Stereotypisierungen eines weiblichen „Idealkörpers", wie es die Medien vorgeben (Obrock, 2008). Er wirkt sich positiv auf den Selbstwert aus, weil er Orientierung in einer Phase der Identitätssuche gibt und von äußeren Einflüssen unabhängiger macht. Es lässt sich nicht entscheiden, ob Sport primär das Körpergefühl positiv prägt oder ob ein positives Körpergefühl zu verstärkter sportlicher Aktivität führt. Möglich sind beide Richtungen. Jedenfalls stärkt sportliche Aktivität den Teamgeist, fördert das Selbstvertrauen in die eigene Kraft und Ausdauer, vermindert Stress und depressive Stimmungen (Heinzel, 2020) und hat nicht zuletzt einen gewichtsreduzierenden Effekt. Diese positiven Effekte gelten im Übrigen für alle Lebensphasen, nicht nur für das Jugendalter.

Zusammenfassung
Die Bewältigung der Entwicklungsaufgabe der *Akzeptanz des eigenen Körpers* ist komplex, weil soziokulturelle, biologische, interpersonelle (zwischenmenschliche) und personelle Faktoren eng miteinander und mit dem Körperbild verflochten sind. Insbesondere die Verflechtung biologischer und soziokultureller Faktoren führt zu größerer Unzufriedenheit mit dem Körper beim weiblichen Geschlecht. Die negativere Einstellung zum eigenen Körper geht mit depressiven Verstimmungen, Selbstwertbeeinträchtigungen und Essstörungen einher. Diese Schlüsselstellung für adoleszente Entwicklungsstörungen hat das Körperbild bei männlichen Jugendlichen nicht. Neben Personfaktoren (biologische Veränderungen, Körpergewicht, Einstellung zum Körper, Leidensdruck) sind auch Umweltfaktoren, nämlich elterliches

Verhalten und gesellschaftliche Idealvorstellungen über einen schlanken Körper, von Bedeutung; sie werden in stärkerem Maße auf den weiblichen Körper gerichtet. Die Zunahme des Körpergewichts bei der Bevölkerung der Industrienationen in den vergangenen Jahren bei gleichzeitig immer dünneren weiblichen Schönheitsvorbildern durch die Medien macht das Erreichen solcher vorherrschenden Ideale immer schwerer und führt zwangsläufig zu größeren Körperakzeptanzproblemen bei Mädchen und Frauen. Das männliche Geschlecht ist aufgrund seines höheren Selbstwerts, der auch den Körper umfasst, zufriedener mit seinem Äußeren und auch weniger anfällig für mediale Verführungen. Die Entwicklung von sehr frühzeitig einzusetzenden Präventionsprogrammen, z. B. bereits im Kindergarten, könnte hilfreich sein.

Aufgaben

- Wie lässt sich die negativere Körpereinstellung von Mädchen erklären? Nennen Sie zwei zentrale Gründe.
- Welche Störungen können auf ein negatives Körperbild bei Mädchen folgen?
- Welche Rolle kann sportliche Betätigung bei der Einstellung zum eigenen Körper bei Mädchen spielen?

1.6   Das Erwachsenenalter

Bevor wir die wesentlichen entwicklungspsychologischen Aspekte des Alters vorstellen, dessen Beginn an dem äußeren Kriterium der Berentung festgemacht werden kann, werfen wir einen kurzen Blick auf die Lebenszeit davor, dem frühen und mittleren Erwachsenenalter.

1.6.1   Auf dem Weg zum Alter: das frühe und mittlere Erwachsenenalter

Das Erwachsenenalter ist eine lange Lebensphase, in der zentrale Entscheidungen getroffen werden: Welchen Beruf, welche*n Lebenspartner*in, welche Lebensform wähle ich? Wo will ich leben, will ich Kinder bekommen, wie will ich meine Freizeit verbringen? Dieser Lebensabschnitt bietet eine größere Freiheit, die eigene Entwicklung selbst zu gestalten als das Kindheits- und Jugendalter. Soziale Erwartungen stellen dabei einen normativen Rahmen dar und beeinflussen den individuellen Zeitplan. Erwartet meine Umgebung, dass ich demnächst heirate, Kinder bekomme, in den Beruf eintrete, Steuern bezahle? Menschen unterscheiden sich darin, wie stark sie sich normativen Erwartungen fügen oder sich selbstbestimmt ihr Leben einrichten. Und Gesellschaften

1.6 Das Erwachsenenalter

unterscheiden sich ebenfalls darin, wie stark sie dem Individuum verbindliche Normen vorgeben und die Nichteinhaltung sanktionieren.

Besonders im *frühen Erwachsenenalter* werden zentrale Weichen gestellt, die das gesamte weitere Leben bestimmen: Die Berufswahl, die Partner*innenwahl und die Geburt von Kindern, ebenso wie eine Scheidung oder die Entscheidung gegen Kinder haben lebenslange Auswirkungen. Erikson sieht das Gelingen einer vertrauensvollen und intimen Liebesbeziehung als zentral für diese Lebensphase an. Hilfreich dabei ist ein in früher Kindheit erworbenes Urvertrauen bzw. eine verinnerlichte sichere Bindung. Das Finden eine*r Lebenspartner*in ist ein wichtiger Meilenstein der Entwicklung mit weitreichenden positiven Folgen für das Selbstkonzept und das psychische Wohlbefinden. Insgesamt ist der Entscheidungszeitraum relativ kurz. So hat sich die Verwirklichung des Kinderwunsches u. a. wegen langer Ausbildungszeiten auf das Alter zwischen 27–35 Jahre verkürzt. Bei der Geburt des ersten Kindes sind Frauen gegenwärtig im Durchschnitt 31 Jahre, Männer 35 Jahre alt. Wegen dieses engen Zeitfensters wird das frühe Erwachsenenalter auch als „Rushhour" des Lebens bezeichnet. Für Frauen mit Kinderwunsch stellt sich die Rushhour noch drängender dar (Abb. 1.12).

Das mittlere Erwachsenenalter gibt weniger enge Entwicklungs- und Entscheidungsfristen vor. Es ist eher geprägt von einer Stabilisierung des Erreichten. Beruflich findet eine Etablierung statt und auch privat richtet man sich in einer bestimmten Lebensform ein. Die Vielfalt an Lebensformen hat in den letzten Jahrzehnten immer weiter zugenommen. Paare leben unverheiratet zusammen, homosexuelle Paare heiraten und bekommen auf verschiedensten Wegen Kinder und die Zahl der (zumeist weiblichen) Alleinerziehenden und Alleinstehenden (eher Männer) nimmt stetig zu. Auch die Zahl kinderloser Ehe-

Abb. 1.12 Rushhour bei jungen Frauen. (Angefertigt von Sabrina Hilz)

paare nimmt zu. Trotzdem ist das Lebensmodell „Ehepaar mit Kindern" das am weitesten verbreitete Modell im mittleren Erwachsenenalter: 40 % aller Menschen zwischen 35 und 59 Jahren leben dieses Modell. Die von Havighurst ermittelten Aufgaben wie etwa das Erreichen einer befriedigenden beruflichen Position, sich als ein verantwortliches Mitglied der Gesellschaft engagieren und das Kümmern um die alten Eltern betrifft die Mehrzahl der Menschen dieser Lebensphase, unabhängig davon, welches Lebensmodell sie gewählt haben. Aber auch hohe Scheidungsraten und Phasen hoher Arbeitslosigkeit sind krisenhafte Entwicklungsaufgaben, die bewältigt werden müssen. Erikson sieht die Weitergabe von Wissen und Lebenserfahrung an die nachfolgenden Generationen als wesentliche Aufgabe an. Das mittlere Erwachsenenalter ist geprägt von einer Vielzahl von Rollen (Eltern, Partner*in, Kolleg*in, Chef*in, Tochter oder Sohn alter Eltern). Aus diesen Rollen ergeben sich zahlreiche Verpflichtungen. So steht der Mensch in seinen mittleren Lebensjahren in der Mitte dreier Generationen. Er muss seine eigenen Bedürfnisse ausbalancieren zwischen den Ansprüchen der eigenen Kinder und denen seiner alten Eltern an ihn. Die erwachsenen Kinder brauchen weiterhin Unterstützung emotionaler und finanzieller Art, die eigenen Eltern werden pflegebedürftig und nehmen ebenfalls erhebliche Ressourcen in Anspruch. Dass es zumeist die Frauen in der Familie sind, deren Ressourcen eingefordert werden, hat in der Fachliteratur zu dem geflügelten Wort „Pflege ist weiblich" geführt. Wegen dieser Verantwortung für zwei Generationen wird die mittlere Generation auch als „Sandwich-Generation" bezeichnet (Abb. 1.13).

Menschen im mittleren Erwachsenenalter erleben aber trotz dieser Verantwortlichkeiten ihr Leben als positiv. Und alte Menschen, befragt in welche Lebensphase sie sich zurückwünschen, wünschen sich mit großer Mehrheit in das mittlere Alter zurück.

Abb. 1.13 In der Sandwich-Falle. (Angefertigt von Sabrina Hilz)

1.6 Das Erwachsenenalter

Gibt es „typische" Krisen in dieser Zeit?
„Empty-nest-Krise": In der mittleren Lebensphase verlassen die Kinder das Haus. Die so genannte „Empty-nest-Krise", die hauptsächlich bei Müttern untersucht wurde und die geprägt sein kann von Trauer, ist aufgrund veränderter gesellschaftlicher Phänomene gegenwärtig kaum noch zu beobachten. Mütter sind heutzutage überwiegend berufstätig, ihre Identität speist sich nicht mehr nur aus dem Mutter- und Hausfrauendasein, sondern auch aus ihren beruflichen Leistungen, ihren Hobbys und Ehrenämtern. Viele Eltern erleben sich jetzt wieder mehr als Paar und lassen Gemeinsamkeiten neu aufleben. Deshalb wird der Auszug der Kinder weit überwiegend als Gewinn an Freiheit definiert. Diese Befunde betreffen jedenfalls westliche Gesellschaften (z. B. Mitchell & Lovegreen, 2009).

„Midlife-Krise": Die so genannte Midlife-Krise beinhaltet die krisenhafte Bilanzierung des bisher im Leben Erreichten. Sie löst den Wunsch aus, die Uhr zurückzudrehen, um die Weichen noch einmal anders zu stellen. Diese Krise konnte ebenfalls durch große amerikanische Studien empirisch nicht nachgewiesen werden (Ryff & Davidson, 2009; Wethington, 2000). Bilanzierende Rückblicke sind nicht an bestimmte Lebenszeiten gebunden, sondern finden in allen Lebensphasen statt. Die Entwicklungspsychologie sieht den gesamten Lebenslauf als eine kontinuierliche Kette krisenhafter Herausforderungen, die bewältigt werden müssen. Wann diese Krisen auftreten, ist individuell verschieden. Eine Dreißigjährige, die ihr Studium abbricht oder eine Vierzigjährige mit unerfülltem Kinderwunsch kann ebenfalls in eine Bilanzierungskrise geraten. Mit zunehmendem Alter sind es besonders körperliche Altersanzeichen, die Verlustgefühle hervorgerufen. Es hängt vom Individuum ab, ob sie krisenhaft erlebt werden. Eine Frau mit unerfülltem Kinderwunsch wird ihre Menopause eventuell krisenhafter verarbeiten als eine gleichaltrige Frau, die Mutter und Großmutter ist.

Exkurs: Individualität kontra „Midlife-Crisis"

Ein generell stattfindendes Lebensresümee in der Mitte des Lebens würde bedeuten, dass alle Menschen in diesem Alter (ca. 40–48 Jahre) an demselben Entwicklungspunkt stehen, weil sie alle denselben normierten Lebenslauf hatten: Die Kinder sind flügge, die Ehe ist in die Jahre gekommen, beruflich ist alles, was möglich war, erreicht. Das gesellschaftliche Stereotyp besagt, dass beim Mann auf dieser Basis der Wunsch nach einer jüngeren Geliebten und einem flotten Motorrad entsteht. Lebensläufe sind aber individuell verschieden und nicht universell. Ein frisch verheirateter „später" Vater, der mit 50 Jahren einen Säugling spazieren fährt, bilanziert anders als sein gleichaltriger langjährig verheirateter Freund, der bereits Großvater geworden ist oder als sein Bruder, der kinderloser Junggeselle ist. Ebenso unterscheidet sich der Lebenslauf einer 50-jährigen Frau, die soeben ihre Silberhochzeit gefeiert hat, von dem ihrer zwei Jahre älteren, frisch geschiedenen Schwester, die sich gerade über ein Internet Portal neu verliebt hat. Drastische Umwälzungen aufgrund von Bilanzierungen treten im mittleren Alter also individuell durchaus auf, sind aber statistisch für diese Lebensphase nicht bedeutsam nachweisbar. Eine große amerikanische Studie (Berk, 2011, S. 725) zeigte, dass Männer eher das mittlere Erwachsenenalter als veränderungsintensiv bewerten und zwar bezogen auf die Themen Beruf und Karriere, Frauen dagegen eher das frühe Erwachsenenalter. Bei ihnen stehen dann Heirat, Kinder und Kindererziehung als Themen im Vordergrund. ◄

1.7 Die Kompensation von Defiziten als Entwicklungsaufgabe des Alters

Beginnen Sie mit einer kleinen Prüfung Ihres Alltagswissens über das Alter und alte Menschen und beantworten Sie die Fragen im folgenden Kasten:

Test zu Altersstereotypen (Auswahl aus Palmore: The facts of aging quiz 1988)

	Ja	Nein
Psychotherapien haben wenig Erfolg bei alten Menschen.	☐	☐
Die Mehrheit alter Menschen hat kein Interesse an Sexualität.	☐	☐
Die Mehrheit älterer Menschen ist sozial isoliert und einsam.	☐	☐
Die Mehrheit der alten Menschen kann sich an Veränderungen nicht anpassen.	☐	☐
Alte Menschen können nichts Neues mehr lernen.	☐	☐
Wenn ältere Menschen ihre Aktivitäten vermindern, geht es ihnen besser, als wenn sie das nicht tun.	☐	☐
Es gibt ungefähr gleich viele Witwen wie Witwer unter den alten Menschen.	☐	☐

Übung

Beantworten Sie die Fragen. Legen Sie anschließend die Fragen mehreren Personen aus Ihrem Bekanntenkreis vor. Reflektieren Sie gemeinsam die Antworten. Basieren die Antworten mehrheitlich auf Erfahrungen oder auf Vermutungen?

Alle Fragen müssen aufgrund wissenschaftlicher Kenntnisse mit „Nein" beantwortet werden! Bei sämtlichen Feststellungen handelt es sich um Vorurteile. Das folgende Kapitel korrigiert diese Vorurteile mit Hilfe wissenschaftlicher Forschungsergebnisse.

Die Altersbilder in unseren Köpfen haben nicht nur auf unser eigenes Verhalten, sondern auch auf das Leben des alten Menschen einen großen Einfluss. Negative Altersbilder aus der Umwelt werden übernommen und treten im Sinne von sich selbsterfüllender Prophezeiungen ein. Positive Altersbilder dagegen können beim Betreffenden sogar zu einer höheren Lebenserwartung führen (Levy et al., 2002).

Da Menschen sich ihr Leben lang durch Veränderung entwickeln, ist es folgerichtig, dass auch das Erwachsenenalter und das höhere und hohe Alter wichtige Themen der Entwicklungspsychologie sind. Bedeutende Entwicklungspsychologen wie Ursula Lehr und Hans Thomae, Paul Baltes, Erik Erikson und Robert Havighurst entwickelten das Lebensspannenkonzept und erforschten speziell das hohe Lebensalter. Sie sind die wissenschaftlichen „Väter" und „Mütter" der Gerontologie.

1.7 Die Kompensation von Defiziten als Entwicklungsaufgabe des Alters

▶ **Definition: Gerontologie** Die Lehre vom Älterwerden des alten Menschen wird als Gerontologie bezeichnet. Als ein Teilgebiet der Entwicklungspsychologie beschäftigt sie sich mit der Beschreibung, Erklärung und Veränderung von körperlichen, psychischen, sozialen, historischen und kulturellen Aspekten des Alterns und Alters, einschließlich der Analyse von altersrelevanten Umwelten und sozialen Institutionen (Baltes & Baltes, 1992).

In der Definition finden sich die Begriffe des „Alters" und des „Alterns". *Alternsprozesse* beginnen schon früh. Im dritten Lebensjahrzehnt vermindert sich bereits die Sehfähigkeit, ebenso die Hörfähigkeit; nach dem dritten Lebensjahrzehnt verringert sich die Muskelkraft und um die Lebensmitte beginnt die Herzmuskelmasse abzunehmen (Faltermaier et al., 2014, S. 163 ff.). Das Altern ist also ein Prozess des kontinuierlichen Wandels, der über den gesamten Lebenslauf anhält. Es gibt kein Alter, ab dem festgestellt werden kann: Nun beginnt das Alter. *Altern* beginnt ab der Geburt (Baltes, 1990; Kruse, 2006, 2011). Es ist nicht nur ein Abbauprozess, sondern ein Entwicklungsvorgang, der Veränderungen einer Person im Erleben und Verhalten mit sich bringt. Demgegenüber ist das *Alter* eine Zeitspanne. Die Gerontologie interessiert sich besonders für die Untersuchung von Alternsprozessen im höheren Lebensalter. Diesen Altersabschnitt werden wir im Folgenden als das Alter bezeichnen.

▶ **Definition: Altern und Alter** *Altern* ist ein lebenslanger Entwicklungsvorgang. Er ist ein Veränderungsprozess zentraler Bereiche, aus dem relativ überdauernde Veränderungen im Erleben und Verhalten resultieren. Er verläuft multidirektional, multidimensional und multifaktoriell. Bei der Erforschung des Alterns des älteren Menschen wird weniger nach universellen Gesetzmäßigkeiten als vielmehr nach der Erklärung unterschiedlicher Altersverläufe und Altersformen gesucht (Kruse, 2011; Thomae, 1983). Der ältere Mensch ist nicht Spielball der Umstände, sondern kann seinen Altersprozess aktiv mitbestimmen, er hat die Chance zum konstruktiven Altern (Faltermaier et al., 2014, S. 168).

Das *Alter* ist eine Zeitspanne im individuellen Lebenslauf (a a. O., S. 230) und beginnt mit ca. 60 Jahren.

Repräsentative Studien, die auch den Verlauf des Alters betrachten, entstanden ab den 1960er-Jahren. Lehr und Thomae (1987) führten eine der ersten Längsschnittstudien an alten Menschen durch (*BOLSA Studie*) und konnten anhand ihrer Ergebnisse mit zahlreichen Vorurteilen, die bis dahin mit dem Alter verbunden waren, aufräumen. Ab 1965 begannen sie, 222 Männer und Frauen zu untersuchen, die alle um 1900 geboren waren. In insgesamt acht aufeinanderfolgenden Untersuchungen wurden mittels Interviews, Persönlichkeitsfragebögen, psychomotorischen Funktionstests, Verhaltensbeobachtung und medizinischen Untersuchungen insgesamt eintausend Merkmale pro Person und pro Untersuchung erhoben und ausgewertet. Im Jahr 1980 nahmen noch 53 Personen teil, im Jahr 2000 lebten noch vier Teilnehmerinnen.

Eine weitere bedeutende Studie ist die *Berliner Altersstudie* (BASE Studie, Lindenberger et al., 2010), eine ebenfalls thematisch breit angelegte, multidisziplinäre Längsschnittuntersuchung des Alters. Die BASE Studie untersuchte Menschen im Alter von 70 bis über 100 Jahren. Sie begann 1993 und umfasst insgesamt 14 Untersuchungstermine.

Eine dritte große Studie ist die *Generali Hochaltrigenstudie* (Kruse & Sittler, 2015), die sehr alte Menschen (85–100-Jährige) in den Mittelpunkt ihrer Untersuchung stellte. Die Studien hatten zum Ziel, Altersprozesse zu erfassen und Fragen zu beantworten wie:

- Ist der Lebensverlauf eher kontinuierlich oder eher diskontinuierlich, d. h. ist das Erleben und Verhalten eines alten Menschen dasselbe wie im mittleren Alter?
- Haben ältere Menschen Kapazitäts- und Handlungsreserven?
- Entwickeln sie Kompensationsmechanismen für altersbedingte Defizite?
- Halten sich Gewinne und Verluste im Alter die Waage oder ist das Alter eine Phase des Abbaus auf allen Ebenen?
- Lässt sich das Alter in Phasen unterteilen?
- Sind individuelle Unterschiede im Alter aus lebensgeschichtlichen Daten vorhersagbar?
- Wie stellen sich Zusammenhänge zwischen medizinischen, psychologischen und sozioökonomischen Merkmalen dar?

Zur Beantwortung dieser Fragen wurden in allen drei Studien umfangreiche Daten u. a. zur geistigen und körperlichen Gesundheit, zur intellektuellen Leistungsfähigkeit, zur psychischen Befindlichkeit sowie zur sozialen und ökonomischen Situation erhoben. Im weiteren Verlauf dieses Kapitels werden ausgewählte Ergebnisse der Studien dargestellt.

Abgesehen vom *Perspektivenwandel der Entwicklungspsychologie*, der insbesondere von Baltes in Gang gesetzt wurde und Entwicklung als lebenslangen Prozess entwarf (Baltes, 1990; Wahl & Schilling, 2012, S. 312), ist ein weiterer Grund für die wissenschaftliche Hinwendung zum hohen Alter in der Tatsache zu sehen, dass die Lebenserwartung stetig ansteigt und immer mehr Menschen in Deutschland zur Gruppe der hochaltrigen Menschen (älter als 80 Jahre) gehören. Die 85-Jährigen sind die am stärksten wachsende Bevölkerungsgruppe in den nächsten Jahren und gegenwärtig ist es möglich, bei Eintritt in die Rente noch ein Viertel seines Lebens vor sich zu haben. Die durchschnittliche Lebenserwartung der Deutschen beträgt gegenwärtig für Männer 79,1 Jahre, für Frauen 84,1 Jahre (Statistisches Bundesamt, 2020). Es ist deshalb auch aus volkswirtschaftlicher Perspektive relevant, diese Altersgruppe zu erforschen. Gesundheits- und Pflegeausgaben sowie Armut im Alter verursachen zunehmend Kosten. In diesem Kontext sind wichtige Fragen: Wie kann man alte Menschen fördern, ihre Selbstständigkeit möglichst lange erhalten und ihnen z. B. Wohnformen anbieten, die weniger kosten und gleichzeitig ihren Bedürfnissen entgegenkommen? Daran schließen sich gesellschaftspolitische Fragen an, z. B. wie man Städte altersgerecht einrichtet, etwa durch mehr Barrierefreiheit und neue, altersgerechte Wohnformen (Altenwohngemeinschaften, Mehrgenerationenhäuser).

In der Literatur finden sich verschiedene Einteilungen des Alters. Eine verbreitete Einteilung der alten Menschen ist die in „junge Alte" (ab 60 Jahre) und „alte Alte" (ab 80 Jahren). Die über 80-Jährigen werden auch als Hochbetagte, Hochaltrige oder Langlebige bezeichnet (Lehr, 2007). Baltes (1990) spricht von vier Lebensaltern. Das erste umfasst das Kindheits- und Jugendalter, das zweite das Erwachsenenalter, das dritte Lebensalter bezeichnet die Altersspanne zwischen 60 und 80 Jahren und das vierte Lebensalter die Zeit ab 80 Jahren.

1.7 Die Kompensation von Defiziten als Entwicklungsaufgabe des Alters

Für die Lebensqualität im Alter ist weniger das *kalendarische Alter* als das *funktionale Alter* aussagekräftig (Lehr, 2007, S. 23). Das funktionale Alter spiegelt die Funktionsfähigkeiten wider; sie sind nicht nur an das chronologische Alter gebunden, sondern hängen von biologischen und sozialen Faktoren ab, die während des ganzen Lebens einwirken, wie z. B. ein aktiver Lebensstil, körperliches Training, vielseitige geistige Anregung und das Zusammensein mit anderen Menschen. (Lehr & Thomae, 1987).

▶ **Merke!** Zeitlebens vorhandene biologische und soziale Faktoren, die die Lebensqualität im Alter positiv beeinflussen:

- aktiver Lebensstil
- körperliches Training
- geistige Anregung
- soziale Kontakte

Jemand, der sein Leben lang körperlich und geistig aktiv war und viele Kontakte gepflegt hat, ist gut auf das Alter vorbereitet, weil er Interessen und Beziehungen hat. Beides puffert geistigen Abbau und Einsamkeit ab. Ein weiteres wichtiges Unterscheidungskriterium innerhalb der Gruppe der alten Menschen ist der Gesundheitszustand. So gibt es große Differenzen zwischen Menschen desselben Alters. Sie können entweder sehr rüstig sein oder bereits schwer erkrankt, dement und pflegebedürftig. Aber auch alte Menschen unterschiedlichen Alters unterscheiden sich manchmal in unerwarteter Weise. So kann ein 60-Jähriger bereits senil sein, ein 90-Jähriger aber noch sehr rüstig. Auch die Familien- und Wohnsituation ist relevant. Ist ein alter Mensch alleinlebend, alleinstehend und ohne Kinder? Lebt er mit eine*r pflegebedürftigen Partner*in zusammen oder ist selbst pflegebedürftig? Es sind vielfältige Faktoren, die den Alternsprozess positiv oder negativ beeinflussen.

Insgesamt sind ältere Menschen also eine Bevölkerungsgruppe, deren Mitglieder sich untereinander sehr stark unterscheiden. Hat man mit alten Menschen beruflich zu tun, sind differenzierte Kenntnisse über die Wohn- und Familiensituation wichtig, weil sie Voraussetzung sind für die Einleitung von Kontakt-, Hilfs- und Unterstützungsmaßnahmen. Kenntnisse über den Gesundheitszustand und die geistige Verfassung sind ebenfalls unerlässlich. Da sich alte Menschen in zahlreichen Merkmalen ihrer Persönlichkeit und ihrer Lebenssituation gravierend unterscheiden, sind globale Aussagen über „die Alten" nicht nur nicht aussagekräftig, sondern gar nicht möglich. Deshalb lässt sich auch keine verbindliche Altersangabe machen, ab wann ein universeller Verfall oder ein Verlust von Funktionen festgestellt werden kann. Wie in allen anderen Lebensphasen auch gibt es im Alter ebenso bedeutende intraindividuelle wie auch interindividuelle Unterschiede hinsichtlich des Beginns und der Geschwindigkeit von Veränderungen. Auch unterscheiden sich Menschen in ihren Kompensationsmöglichkeiten von altersbedingt auftretenden Verlusten.

Entwicklung als Veränderungsprozess bedeutet aber auch, nicht nur die Verluste (von Funktionen, von Gesundheit, von Rollen), sondern auch die Gewinne zu betrachten. So verliert man z. B. die soziale Rolle des Berufstätigen, gewinnt aber u. U. die Rolle als Großelternteil.

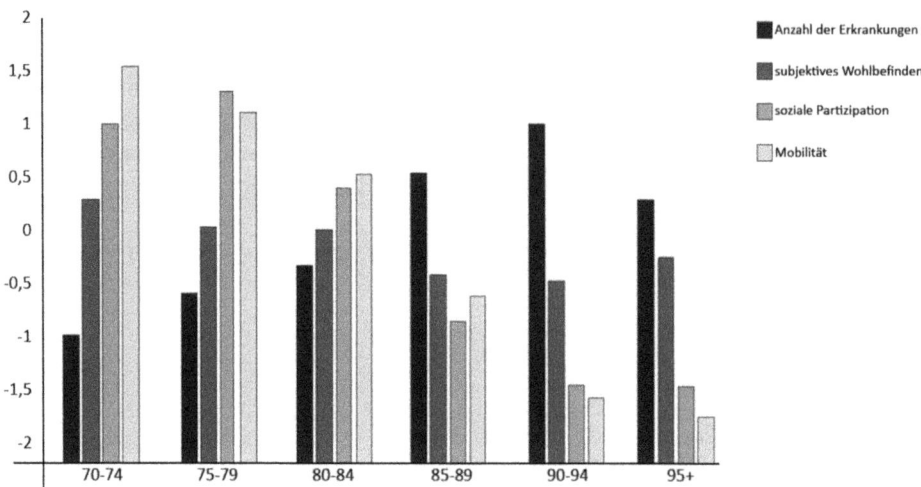

Abb. 1.14 Verlauf von subjektivem Wohlbefinden, Anzahl der Erkrankungen, Sozialer Teilhabe und Mobilität im dritten und vierten Lebensalter. (Abgeändert nach Smith et al., 2010, S. 541)

Trotz dieser großen Variabilität des Alterns im Alter gibt es Hinweise (Kruse & Sittler, 2015; Lindenberger et al., 2010), dass die Mitte des 9. Lebensjahrzehnts einen Wendepunkt im Alter darstellt: Zu diesem Zeitpunkt findet vermehrt ein Einbruch im subjektiven Wohlbefinden statt, der mit einem erhöhten Auftreten von Erkrankungen, einer verminderten Mobilität und einem sozialen Rückzug einhergeht (vgl. Abb. 1.14).

1.7.1 Theorien zum Alter

Eine der ersten Theorien über das Alter war die *Disengagement-Theorie* (Cumming & Henry, 1961). Sie besagt, dass sowohl die gesellschaftliche Umwelt als auch das Individuum selbst sich mit zunehmendem Alter einen sukzessiven Rückzug aus sozialen Rollen und Aufgaben wünscht. Da Krankheit und Tod des Individuums mit zunehmendem Alter immer wahrscheinlicher werden, reduziere sich die Bereitschaft zum Engagement der einzelnen Person. Altern sei deshalb geprägt von Disengagement (Rückzug) aus gesellschaftlichen Rollen, eingeleitet durch den beruflichen Ruhestand. Das sei für das gesellschaftliche Funktionieren auch notwendig, weil der alte Mensch dadurch der nachfolgenden Generation Platz mache. Als Gegenposition zu dieser Theorie entstand die *Aktivitätstheorie* (Tartler, 1961), die besagt, dass nur der Mensch zufrieden sei, der von anderen gebraucht werde und noch wichtige Funktionen zu erfüllen habe. Die sozialen und psychischen Bedürfnisse würden sich mit dem Alter nämlich nicht verändern. Subjektives Wohlbefinden und Zufriedenheit stellten sich dann ein, wenn eine Person aktiv sei, etwas leiste und von anderen gebraucht werde. Optimal sei deshalb ein Altern, bei dem die Aktivitäten des mittleren Erwachsenenalters so lange wie möglich beibehalten würden, weil dies nicht nur das Gefühl des Gebrauchtseins stärke, sondern auch der Einschränkung der sozialen Kontakte entgegenwirken würde (Havighurst, 1976).

Beide Theorien sind in ihrer Allgemeingültigkeit widerlegt, weil sie nicht die Individualität und damit die Unterschiedlichkeit der Menschen berücksichtigen. Alle Altersstudien (z. B. Lindenberger et al., 2010; Kolland, 1996; Lehr & Thomae, 1987; Kruse & Sittler, 2015) weisen vielmehr darauf hin, dass beide Theorien je nach der spezifischen Sozialisation, der spezifischen Persönlichkeitsstruktur und der jeweiligen Lebenssituation zutreffend sein können oder auch nicht.

Die Möglichkeiten und Grenzen der individuellen Reaktion auf das Alter hängen also von einem „vielfältigen Geflecht sozialer, biographischer und gesundheitlicher Bedingungen" (Thomae, 1983, S. 147) ab und jeder Mensch wird auf unterschiedliche Art glücklich. Deshalb lässt sich nicht von einem einzigen Konzept des befriedigenden Lebens im Alter ausgehen.

Trotzdem sind nach Backes und Clemens (2013, S. 139) einige wenige globale Aussagen über alte Menschen nachgewiesen. Das sind folgende:

- Zurückgezogene alte Menschen sind seltener zufrieden als aktivere alte Menschen.
- Der bislang gewohnte Lebensstil prägt auch die Gestaltung des Alters.
- Traditionelle Geschlechtsrollen werden im Alter weiterhin gelebt: Die sozioemotionale Rolle erfüllt die Frau, die instrumentelle Rolle erfüllt der Mann.

▶ **Merke!** Auf die Gruppe der alten Menschen trifft das Postulat der Entwicklungspsychologie ebenso zu wie auf alle anderen Altersstufen: Entwicklung ist ein individueller Prozess (vgl. Definition zu Beginn), der unterschiedliche Richtungen nehmen kann. Weiterhin ist er ein differenzieller Prozess, d. h., Menschen unterscheiden sich untereinander in ihrer Entwicklung. Deshalb kann niemals eine einzige Theorie über das Alter (z. B. die Disengagement-Theorie oder die Aktivitätstheorie) für alle alten Menschen Allgemeingültigkeit haben; sie treffen nur im Einzelfall zu.

Übung

Reflektieren Sie zunächst Ihre Einstellung zu alten Menschen im Allgemeinen. Haben Sie eher Respekt vor der Lebenserfahrung und Weisheit alter Menschen oder belächeln Sie eher ihre Vergesslichkeit und andere Defizite? Wie lässt sich Ihre Beziehung zu Ihren Großeltern beschreiben? Welchen „Gewinn", welchen „Verlust" stellen sie für Sie als Enkelkind dar?

1.7.2 Der Umgang mit Gewinnen und Verlusten

Ein herausragendes Charakteristikum des höheren Alters stellt die zunehmende Einschränkung der verfügbaren Ressourcen (Baltes, 1997; Lehr, 2007) und der Umgang mit diesen Verlusten dar. Eine der *Hauptaufgaben im Alter* besteht deshalb darin, diese Verluste zu kompensieren. Je älter ein Mensch wird, umso mehr muss er sich mit

- körperlichen (sensorischen, motorischen) Einschränkungen
- chronischen körperlichen Erkrankungen
- hirnorganischen Beeinträchtigungen und Erkrankungen
- Hilfsbedürftigkeit
- Pflegebedürftigkeit
- Multimorbidität (das gleichzeitige Bestehen mehrerer Krankheiten)
- dem Verlust wichtiger Bezugspersonen
- einem ausgedünnten sozialen Netz, reduzierten Kontakten und
- geringer bzw. keiner Kontrolle über diese Prozesse

auseinandersetzen (Hautzinger, 2012).

Außerdem lässt die *kognitive Kontrolle* im Alter nach. Kognitive Kontrolle ist ein Oberbegriff für geistige Funktionen, mit denen Menschen ihr eigenes Verhalten je nach Umweltbedingung steuern. Sie dienen dazu, das eigene Handeln möglichst optimal einer Situation anzupassen, um das selbst gesteckte Ziel zu erreichen. Kognitive Kontrolle ist überall im Alltag von zentraler Bedeutung und unverzichtbar für eine eigenständige Lebensführung. Kontrollprozesse werden besonders dann eingesetzt, wenn automatisiertes Handeln zur Problemlösung nicht mehr ausreicht (siehe Beispiel bei Definition).

▶ **Definition: Kognitive Kontrolle** Mit kognitiver Kontrolle sind übergeordnete kognitive Prozesse gemeint, die sensorische, motorische, emotionale und kognitive Prozesse in Gang setzen und beeinflussen. Das Ziel ist eine optimale Anpassung an die Umwelt.

Beispiel: Der Gang über eine vielbefahrene Straße verlangt ein hohes Ausmaß kognitiver Kontrolle: Aufmerksamkeit, Hörvermögen, Konzentration, Sehkraft, Gleichgewichtssinn und motorische Fähigkeiten sind erforderlich. Einzelne Komponenten der kognitiven Kontrolle können sich gegenseitig ersetzen. So können nachlassende sensorische Funktionen durch erhöhte Konzentration ausgeglichen werden.

Die kognitive Kontrolle lässt mit dem Alter nach. Bezüglich der kognitiven Kontrolle unterscheiden sich kleine Kinder und alte Menschen kaum (Abb. 1.15).

Wie kann ein erfolgreicher Bewältigungsprozess angesichts dieser vielfältigen Verluste gelingen? Und welche Strategien sind sinnvoll, weil sie Defizite kompensieren? Antworten gibt der folgende Abschnitt.

1.7.3 Erfolgreiches Altern

Die lange Zeit vorherrschende Sichtweise über das Alter als eine ausschließlich von Defiziten geprägte Lebensphase änderte sich durch die Forschungsergebnisse, dass objektiv beeinträchtigte alte Menschen trotzdem ihr Leben als sehr zufrieden und sogar glücklich

1.7 Die Kompensation von Defiziten als Entwicklungsaufgabe des Alters

Abb. 1.15 Kleine Kinder und alte Menschen nähern sich an. (Sabrina Hilz, in Anlehnung an Gaymann, 2015)

beschrieben (Lehr & Thomae, 1987). So spiegelten sich widrige Lebensumstände (z. B. gesundheitliche und finanzielle Beeinträchtigungen) kaum in der Bewertung des subjektiven Wohlbefindens der betroffenen Person wider. Die Zufriedenheitswerte änderten sich auch über die Jahre des Älterwerdens, in denen immer weitere Beeinträchtigungen und Einschränkungen auftraten, nicht. Dieses Phänomen wird auch als „*Zufriedenheitsparadox*" beschrieben (Staudinger, 2000; Staudinger & Freund, 1998). Zufriedene alte Menschen wenden – unabhängig von ihrem objektiven Zustand – Mechanismen zur Lebensbewältigung an, die unglückliche und unzufriedene alte Menschen nicht benutzen.

Diese Mechanismen beschreibt das Ehepaar Baltes (1990) in ihrem Modell des „erfolgreichen" Alterns. Für die henden Forschenden ist Altwerden und Erfolg kein Widerspruch; in einer sehr positiven und ressourcenorientierten Sichtweise betonen sie die Möglichkeit des Individuums, aktiv gestaltend in den Prozess des Alterns einzugreifen. Erfolg ist dabei die gelungene Anpassung der einzelnen Person an die biologischen, sozialen und psychologischen Gegebenheiten ihrer Situation (Baltes & Baltes, 1989). Die Forscher*innen konnten zeigen, dass ein solches „gutes Altern" nicht durch ein generelles Verhalten, wie z. B. durch Disengagement oder durch Aktivität, erzielt wird, sondern je nach Lebensstil auf unterschiedlichen Wegen zu erreichen ist (Thomae, 1980).

▶ **Merke!** Ein Großteil der alten Menschen fühlt sich trotz zunehmender Einschränkungen in zahlreichen Lebensbereichen wohl. Dieses hohe subjektive Wohlgefühl ist ein Kriterium für „erfolgreiches Altern". Es entsteht aus einer gelungenen Anpassung an das Alter durch Selbstakzeptanz, positive Beziehungen zu anderen, Autonomie, Umweltkontrolle, Lebenssinn und persönlichem Wachstum (Jopp, 2003, S. 27). Objektive Kriterien erfolgreichen Alterns sind Gesundheit und Langlebigkeit.

1.7.4 Strategien erfolgreichen Alterns: Optimierung durch Selektion mit Kompensation

Havighurst (1976) beschreibt die Entwicklungsaufgaben des Alters sehr allgemein als notwendige Anpassungsprozesse an die *altersbedingten Defizite*. Solche erfolgreichen Anpassungsstrategien werden im Folgenden dargestellt.

Die Theorie des erfolgreichen Alterns basiert auf der Beobachtung, dass Ältere, genau wie Jüngere, „stille Reserven" haben, die sich durch Üben, Lernen und gezieltes Training aktivieren lassen (Baltes & Baltes, 1990). Die altersbedingten Defizite, die z. B. durch eine nachlassende Leistungsfähigkeit der kognitiven Kontrolle bedingt sind, müssen also nicht als Schicksal akzeptiert werden, sondern können teilweise durch Aktivierung dieser stillen Reserven ausgeglichen werden. Zwar werden diese Kapazitätsreserven mit zunehmendem Alter immer enger gesteckt. Trotzdem kann es aber älteren Menschen dadurch gelingen, ein positives Selbstbild und eine große subjektive Zufriedenheit beizubehalten und eine Einflussnahme und Kontrolle über ihr Leben wahrzunehmen.

Paul und Margret Baltes (1990) entwickelten dazu ein Modell, in dem sie als zentrale Strategien erfolgreichen Alterns Selektion, Optimierung und Kompensation beschreiben. Ihre Anwendung trägt wesentlich zum subjektiven Wohlbefinden bei. Erfolg wird in diesem Modell als Maximierung von Gewinnen bei gleichzeitiger Minimierung von Verlusten definiert (Baltes & Baltes, 1990). Die Strategien werden bereits in vorhergehenden Lebensphasen angewandt und stellen lebenslang eine wichtige Vorgehensweise dar, eigene Mängel auszugleichen. Im Alter kommt ihnen aber aufgrund der altersbedingten Verluste eine besondere Bedeutung zu.

▶ **Definition: Optimierung durch Selektion mit Kompensation** *Optimierung* bedeutet, die noch zur Verfügung stehenden Ressourcen optimal einzusetzen und zu trainieren.
Beispiel: Man zieht mit Absicht jeden Morgen die Schuhe an, obwohl Hausschlappen auch reichen würden. Das Anziehen der Schuhe dient dem Training der Gelenkigkeit (Bücken) und der Feinmotorik (Schnüren).
Selektion bedeutet eine wohlüberlegte Auswahl und Spezifizierung von Vorhaben aus den vorhandenen Lebensmöglichkeiten, die mit den vorhandenen eigenen Möglichkeiten noch zu verwirklichen sind.
Beispiel: Man wählt aus der Vielzahl an Spazierwegen nur noch solche aus, die asphaltiert sind und/oder solche, die in regelmäßigen Abständen mit Bänken ausgestattet sind.
Kompensation bedeutet, dass nicht mehr vorhandene Fähigkeiten durch andere Fähigkeiten oder Hilfsmittel kompensiert werden.
Beispiel: Es werden Hilfsmittel wie etwa Einkaufszettel, Sehhilfen, ein Rollator oder ein Gehstock benutzt.

1.7.5 Daseinsthemen und Lebenslagen im Alter

Nach Erikson (1988) ist es die *Aufgabe des Alters*, den nahenden Tod zu akzeptieren und sich mit dem vergangenen Leben auszusöhnen. Eine solche positive Bilanzierung der

1.7 Die Kompensation von Defiziten als Entwicklungsaufgabe des Alters

Entscheidungen der Vergangenheit, die auch die Fehler akzeptiert, hilft, die begrenzte Gegenwart ohne Verbitterung zu genießen und dem nahenden Tod gelassener entgegenzusehen.

Über weitere selbstgestellte Aufgaben und Daseinsthemen gewann die Generali Hochaltrigenstudie (Kruse & Sittler, 2015) Aufschluss. Sie befragte 400 Frauen und Männer im Alter von 85–98 Jahren in ausführlichen Interviews über ihre *Erwartungen* an ihr Leben. Die fünf am häufigsten genannten Anliegen waren:

1. Freude und Erfüllung in einer emotional tieferen Begegnung mit anderen Menschen
2. intensive Beschäftigung mit der Lebenssituation und Entwicklung nahestehender Menschen, vor allem in der eigenen Familie und in den nachfolgenden Generationen
3. Erfüllung im Engagement für andere Menschen
4. Bedürfnis, auch weiterhin gebraucht zu werden und geachtet zu sein vor allem von nachfolgenden Generationen und
5. Sorge vor dem Verlust der Autonomie.

Viele alte Menschen wünschen sich demnach Kontakte vielfältiger Art, nicht nur familiäre, sondern auch in der Gesellschaft. Dass ältere Menschen über kognitive, lebenspraktische und sozialkommunikative Kompetenzen verfügen, die sie befähigen, innerhalb unserer Gesellschaft ein mitverantwortliches Leben zu führen – zum Beispiel im Sinne eines ehrenamtlichen Engagements in Kommune, Verein oder in der Nachbarschaft, wurde ebenfalls in der Studie nachgewiesen (a. a. O.); verbesserte materielle, soziale und gesundheitliche Ressourcen erlauben vielen diese Gestaltungsmöglichkeiten. Unsere Gesellschaft sollte deshalb ältere Menschen in stärkerem Maße als handelnde Mitbürger*innen ansprechen (Kruse, 2015). Die Entwicklung medizinischer Kompensationsmöglichkeiten ist in den letzten Jahrzehnten stark vorangetrieben worden: Maßnahmen der psychologischen Prävention und Intervention im Alter – und die Teilhabe der alten Menschen an der Gesellschaft zählt dazu – sollten ebenso stark gefördert werden.

Lebensbedingungen im Alter sind von soziodemographischen Merkmalen, Gesundheitsmerkmalen, Merkmalen des sozialen Netzwerks, materiellen und Wohnbedingungen geprägt. Die BASE Studie (Lindenberger et al., 2010) konnte zeigen, dass sich alte Menschen bezüglich ihrer finanziellen Situation stark unterscheiden. Die finanzielle Situation im Alter hängt eng mit dem Familienstand und dem Geschlecht zusammen. So lässt sich von einer *Feminisierung des Alters* und einer *Feminisierung der Altersarmut* sprechen. Zwei Drittel der über 60-Jährigen und drei Viertel der über 75-Jährigen sind weiblich (a. a. O., S. 360). Mit dem Überleben von Frauen gehen vermehrt Alleinleben und *Altersarmut* wegen geringer oder fehlender vorhergehender Berufstätigkeit einher. Während Männer bis zum Tod in der Regel mit ihrer Partnerin zusammenleben und von ihr gepflegt werden, sind Frauen im pflegebedürftigen Alter allein. Alleinlebende alte Frauen haben den höchsten Pflegebedarf und gelten aufgrund der beschriebenen Merkmale als klassische Klientel der Sozialhilfe. Es ist davon auszugehen, dass aufgrund veränderter Familienkonstellationen (Scheidungen) und vermehrter Erwerbstätigkeit der Töchtergeneration die gegenwärtig noch vorhandene Pflegebereitschaft der Töchter abnehmen wird (Backes & Clemens, 2013, S. 362).

Zusammenfassung
Wie in allen anderen Lebensphasen verläuft auch im Alter die Entwicklung multidirektional, multidimensional und multifaktoriell. Deshalb geht man heute nicht mehr davon aus, dass es für das Alter spezifische und allgemeingültige Theorien der Entwicklung gibt wie z. B. die Disengagement-Theorie (Cumming & Henry, 1961). Ergebnisse aus repräsentativen Längsschnittstudien wie der Generali Hochaltrigenstudie (Kruse & Sittler, 2015), der Berliner Altersstudie BASE (Lindenberger et al., 2010) und der; Bonner Längsschnittstudie BOLSA (Lehr & Thomae, 1987) zeigen, dass Altern ein höchst individueller Prozess ist. Aus den Befunden dieser Studien wurde die Theorie des erfolgreichen Alterns (Baltes, 1990) weiter entwickelt, die den alten Menschen als Gestalter seiner Entwicklung betrachtet. Erfolgreiches Altern geht mit der Anwendung der Strategien der Selektion, Optimierung und Kompensation einher, welche die negativen Folgen eines geringen Ressourcenstatus abfedern und somit das subjektive Wohlbefinden erhalten. Das Klischee vom Alter als negativer Lebensphase kann als widerlegt gelten. Das Alter stellt durch die zunehmende Lebenserwartung eine lange Lebensphase dar, die sehr unterschiedlich verläuft. So ist das dritte Lebensalter (60–80 Jahre) weitgehend eine Fortsetzung des mittleren Lebensalters, die Verluste sind noch gering und gut zu kompensieren. Das vierte Lebensalter (ab 80 Jahren) ist dagegen schwieriger zu bewältigen und von zahlreichen Verlusten geprägt. In diesem Alter werden die Grenzen der Beeinflussbarkeit durch das Individuum deutlich sichtbar. Das vierte Alter fordert den Einsatz der Gesellschaft, um den steigenden Bedarf an externen Ressourcen wie medizinischen, technischen und kulturellen Hilfen zu decken. Die noch weitgehend vorhandenen Ressourcen des dritten Alters sollten von der Gesellschaft aufgegriffen und genutzt werden. Die Primärgewinne eines gesunden, aktiven und vitalen dritten Lebensalters können Sekundärgewinne nach sich ziehen (Weitergabe von Erfahrungen im Erwerbsleben und anderen Bereichen, ehrenamtliche Tätigkeiten, reduzierte medizinische Behandlungskosten). Davon profitieren sowohl Individuum als auch Gesellschaft.

Aufgaben

- Definieren Sie den Begriff „Gerontologie".
- Definieren Sie den Begriff „Alter" und den Begriff „Altern". Arbeiten Sie die Unterschiede heraus.

1.7 Die Kompensation von Defiziten als Entwicklungsaufgabe des Alters

- Fassen Sie kurz die Disengagement-Theorie und die Aktivitätstheorie zusammen. Warum sind Theorien über „das Alter" nicht zutreffend?
- Was ist mit „erfolgreichem Altern" gemeint?
- Beschreiben Sie das Modell der Optimierung durch Selektion und Kompensation.
- Welche Wünsche äußerten die Hochaltrigen in der Generali Hochaltrigenstudie und welche Konsequenzen sollte die Gesellschaft daraus ziehen?

Für einen guten Überblick:
Berk, L (2020). *Entwicklungspsychologie*. München: Pearson.

Allgemeine Psychologie (Kognition, Emotion, Motivation)

2

Die Psychologie beschäftigt sich unter anderem mit der Frage, wie das menschliche Denken, Begreifen und Erkennen funktionieren, wie intelligentes Verhalten hervorgebracht und auf welche Art und Weise dies von unserem Gehirn bewerkstelligt wird. Dies ist ein sehr spannendes Forschungsfeld, denn es ist die Frage nach der Möglichkeit des menschlichen Geistes, sich selbst mit seinen geistigen Operationen verstehen zu können.

2.1 Ansätze der Allgemeinen Psychologie

Das menschliche Denken und Erkennen sind durch eine besondere Intelligenz und Anpassungsfähigkeit gekennzeichnet, auch wenn wir uns vieler Fähigkeiten in unserem Alltagsleben gar nicht bewusst sind, weil sie uns selbstverständlich erscheinen. Wir hören aus einer Menge von Geräuschen in unserer Umgebung die Stimme unseres Gegenübers sehr genau heraus, wir finden uns in einem manchmal sehr komplizierten U-Bahnsystem einer Großstadt zurecht oder wir können Gegenstände, Pflanzen, Tiere oder bestimmte Personen voneinander unterscheiden.

2.1.1 Der Mensch als Verhaltenssystem

Nachdem in der Psychologie die Methode der Selbstbeobachtung des geistigen Geschehens (Introspektion) in Verruf geraten war, da sie zu unwissenschaftlich war und in vielen Fällen zu systematischen Verzerrungen bei der Beobachtung führte, fokussierte man sich im 20. Jahrhundert lange Zeit auf die Beobachtung von Verhalten. Das hiermit verbundene Denk- und Methodensystem nennt man *Behaviorismus*. Der Begriff Behaviorismus leitet sich von *behavior* (engl. = Verhalten) ab. Ähnlich wie in der Physik soll sich die Erklärung

Abb. 2.1 Blackbox-Modell des Behaviorismus. (Eigene Darstellung)

menschlichen Handels und Entscheidens nur noch auf die Inputs, die in das Verhaltenssystem eingehen, und das offen gezeigte Verhalten (Output) eingehen. Die dazwischenliegenden mentalen Prozesse (wie Denken, Fühlen, Motivation etc.) sollen ausgeblendet werden, weil sie nicht direkt erfasst werden könnten und von subjektiver (vermeintlich unwissenschaftlicher) Natur sind.

▶ **Definition: Behaviorismus** Behaviorismus bezeichnet ein Forschungsparadigma in der Psychologie, das das Verhalten von Tieren und Menschen über Beobachtung von äußerem Verhalten erklären will. Auf introspektive Methoden und den Einbezug innerlicher Vorgänge (wie Gedanken, Emotionen, Motivationen) wird in den Erklärungen verzichtet.

Man spricht daher auch vom *Black-Box-Modell* des Behaviorismus (Abb. 2.1).

Des Weiteren beruht der Behaviorismus auf der zentralen Annahme, dass alles menschliche Verhalten gelernt ist. Erst durch die prägenden Erfahrungen mit der Umwelt wird der Mensch zu einer Persönlichkeit. Der Mensch wird also allein durch Lernprozesse gesteuert und nicht durch seine Persönlichkeitsstruktur. Damit findet die Beeinflussung von außen statt, nicht von innen. Die Väter dieser Richtung sind Iwan Pawlow, John Watson sowie Burrhus Skinner.

2.1.1.1 Klassische Konditionierung (Assoziationslernen)

Beim klassischen Konditionieren findet ein Assoziationslernen statt. Eine klassische, im ersten Moment trivial wirkende, aber sehr bedeutsame Feststellung ist von Iwan Pawlow, einem russischen Physiologen und Arzt, gemacht worden.

Beispiel: Der Pawlow'sche Hund

Pawlow erforschte die Gesetzmäßigkeiten, die beim Lernen und der Verhaltenssteuerung wirken, und arbeitete vor allem mit Hunden. In einer klassischen Versuchsanordnung betätigte er immer, wenn er dem Hund Futter gab, eine Glocke. Dabei machte er folgende wegweisende Entdeckung: Die natürliche Reaktion des Hundes auf das Futter (Speichelfluss) trat nach einiger Zeit auch auf, wenn er ausschließlich die Glocke betätigte, d. h., obwohl gar kein Futter vorhanden war. Der Hund hatte also mit dem Läuten der Glocke eine Assoziation gelernt und zeigte eine hiermit verbundene konditionierte Verhaltensantwort. Aus einem neutralen Reiz ist ein *konditionierter* Reiz geworden. ◀

Daraus ergibt sich das allgemeine Prinzip des Assoziationslernens im Sinne der klassischen Konditionierung.

2.1 Ansätze der Allgemeinen Psychologie

▶ **Definition: Klassische Konditionierung** Bei der klassischen Konditionierung wird ein neutraler Reiz gleichzeitig mit einem affektiv (emotional) bedeutsamen Reiz dargeboten, der eine „natürliche" (unkonditionierte) Reaktion auslöst. Dadurch wird dieser neutrale Reiz künftig mit dem unkonditionierten Reiz assoziiert und löst in vielen Fällen ebenfalls diese Reaktion aus.

Pawlow konnte auf die gleiche Art und Weise bei den Hunden auch künstliche „Neurosen" (also übermäßige Ängste vor harmlosen Gegenständen) erzeugen und durch eine Gegenkonditionierung diese auch wieder „heilen". Diese Vorgehensweise ist für die Verhaltenstherapie von großer Bedeutung (siehe Kap. 3).

Beispiel: Der kleine Albert

Der Behaviorist John B. Watson präsentierte einem 11 Monate alten Kind, genannt der kleine Albert, verschiedene Tiere wie eine weiße Ratte oder ein Kaninchen. Das Kind zeigte dabei zunächst nie Angst, sondern griff sogar danach. Daraufhin wurde jedoch immer, wenn ein Tier (wie die Ratte) präsentiert wurde, mit dem Hammer auf eine Eisenstange geschlagen, was ein lautes, für Kinder furchteinflößendes Geräusch erzeugte. Nachdem die Kopplung von Tier und Geräusch zweimal wiederholt wurde, weigerte sich Albert, die Ratte anzufassen. Nach 7 Wiederholungen zeigte er bereits starke Angst beim bloßen Anblick der Ratte. Doch nicht nur das. Auch beim Anblick von ähnlichen Reizen wie Fell von Hasen, Hunden oder auch Pelzmänteln oder auch weißen Bärten zeigte er klare Angstreaktionen.

Kommentar: Auch wenn dieser Versuch das Prinzip und die Bedeutung der klassischen Konditionierung eindrucksvoll verdeutlicht, ist er heute aus ethischer Sicht umstritten. ◀

Wenn so Ängste „erlernt" werden können, können sie auf gleichem Wege auch „verlernt" werden. Hier spricht man von *Gegenkonditionierung*. Wenn dem kleinen Albert immer eine kleine Belohnung (z. B. ein Spielzeug) zukommen würde, wenn er den angstbesetzen Gegenstand (die Ratte) sieht, könnte sich seine Angst vor Ratten auch schrittweise verflüchtigen.

2.1.1.2 Operante Konditionierung (Lernen am Erfolg/instrumentelles Lernen)

Gelernt wird aber nicht nur durch Assoziationen von Reizen, sondern vielmehr auch durch Verstärkungsschemata. Das sogenannte operante oder instrumentelle Konditionieren kann man auch als *Lernen am Erfolg* definieren. Hier wird das Verhalten durch die Konsequenzen, die dem Verhalten folgen, beeinflusst. Die Konsequenz kann eine Belohnung oder eine Bestrafung sein. Konsequenzen sind definiert durch ihre Folgen. Unterschieden werden positive und negative *Verstärkung*.

Hieraus ergibt sich wiederum das allgemeine Prinzip der operanten Konditionierung.

▶ **Definition: Operante Konditionierung** Bei der operanten Konditionierung werden Reiz-Reaktions-Muster auf der Basis von spontan gezeigtem Verhalten gelernt, wodurch die Auftretenswahrscheinlichkeit von Verhaltensweisen erhöht oder reduziert wird.

2.1.1.2.1 Verstärkung

Wie der Name schon suggeriert, geht es bei Verstärkung darum, dass die Häufigkeit von gezeigten Verhaltensweisen durch bestimmte Mechanismen (Hinzufügen von Lob oder Aufheben von Strafen) gesteigert, sprich: *verstärkt*, wird.

Ein *Beispiel*: Ein Kind wird dafür gelobt, dass es eine Süßigkeit mit seinem kleinen Bruder geteilt hat. Wenn das Kind dieses Verhalten nun in Zukunft noch häufiger zeigt, handelt es sich bei dem Lob der Eltern um einen positiven Verstärker und – da etwas hinzugefügt wurde: das Lob – um eine positive Verstärkung. *Positiv* meint hier einfach, dass auf ein Verhalten angenehme Konsequenzen folgen (es kommt etwas hinzu).

Wenn die Eltern sehen, dass ihr Kind die Süßigkeit mit seinem Bruder teilt und dafür den Stubenarrest aufheben, den das Kind eigentlich bekommen sollte, weil es seinen Bruder sehr stark geärgert hatte, dann handelt es sich um eine negative Verstärkung (insofern gilt auch hier, dass dieses prosoziale Verhalten nun in Zukunft häufiger gezeigt wird). Das Aufheben des Stubenarrests ist der negative Verstärker. Auch wenn dies etwas irreführend erscheinen mag: Bei *negativer* Verstärkung handelt es sich also nicht um Bestrafung. *Negativ* meint hier einfach, dass etwas entfernt oder abgezogen wird, was man selbst als unangenehm empfindet (wie in diesem Fall den Stubenarrest).

▶ **Merke!** Tritt ein Verhalten nach der beigebrachten Konsequenz häufiger auf, handelt es sich um einen positiven oder negativen Verstärker. Bei der *positiven Verstärkung* wird etwas „Angenehmes" gegeben, bei der *negativen Verstärkung* etwas „Unangenehmes" entfernt.

Hiermit in Verbindung stehend wird zwischen primären und sekundären *Verstärkern* unterschieden:

▶ **Merke!** *Primäre Verstärker* befriedigen biologische Bedürfnisse wie Hunger und Durst, aber auch Lächeln und Körperkontakt gehören dazu.

Sekundäre Verstärker sind erlernte Belohnungen wie Schulnoten oder materielle Verstärker, beispielsweise Geld, Kleider und Statussymbole.

2.1.1.2.2 Bestrafung

Ganz ähnlich wie im Falle der Verstärkung verhält es sich bei der Bestrafung, nur, dass hier eine Abnahme der Auftretenshäufigkeit des bestraften Verhaltens fokussiert wird. Von „positiver" Bestrafung (auch: *direkte* Bestrafung) spricht man, wenn eine Verhaltensweise mit negativen Konsequenzen verbunden ist, die dann zur Abnahme ebendieses Verhaltens führen.

In Bezug auf unser Beispiel wäre es also der bereits erwähnte Fall, dass das Kind seinen kleinen Bruder wiederholt geärgert hat und als Konsequenz einen Tag Stubenarrest erhält.

2.1 Ansätze der Allgemeinen Psychologie

Hat es mehrfach die Erfahrung gemacht, dass das Ärgern unangenehme Konsequenzen mit sich bringt, wird die Häufigkeit dieses Verhaltens wahrscheinlich abnehmen.

Auch hier kann eine Bestrafung aber auch *indirekt* erfolgen, wenn es nämlich zum Entzug einer angenehmen Konsequenz kommt. So könnte es sein, dass der kleine Bruder, der geärgert wurde, seinen großen Bruder nicht mehr mit seinen (auch für den älteren Bruder attraktiven) Spielsachen spielen lässt. Etwas Begehrtes fällt hier also für den großen Bruder weg. Es handelt sich in diesem Sinne um eine „negative" Bestrafung.

▶ **Merke!** Tritt ein Verhalten nach der beigebrachten Konsequenz seltener auf, handelt es sich um eine positive oder negative Bestrafung. Bei der *positiven Bestrafung* wird etwas „Unangenehmes" hinzugefügt, bei der *negativen Bestrafung* etwas „Angenehmes" entzogen.

Auch hier kann zwischen primären und sekundären *Strafreizen* unterschieden werden:

▶ **Merke!**
- *Primäre Strafreize* wirken direkt auf den Organismus und können physischen oder psychischen Schaden verursachen (z. B. Schläge, Anschreien).
- *Sekundäre Strafreize* sind erlernte Bestrafungen, d. h., dass sie als Bestrafungen fungieren, ergibt sich erst aus der individuellen Lerngeschichte (z. B. Ermahnungen).

Bestrafungen sind in vielen Fällen kein geeignetes Mittel zu einer adäquaten Beeinflussung von Verhaltensweisen (z. B. in der Erziehung), denn sie fördern selbst keine Einsicht in die Unrechtmäßigkeit der Handlung und müssten oftmals sehr stark ausfallen, um die ggf. positiven Konsequenzen, die sich aus dem zu bestrafenden Fehlverhalten ergeben, „auszugleichen". Strafe kann außerdem bewirken, dass jegliches Verhalten reduziert wird und nicht nur das, was bestraft wurde.

Die operante Verstärkung ist ein weit verbreitetes zwischenmenschliches Verhalten. Im Alltag ist sie z. B. ein intuitiv angewendetes Erziehungsmittel: Soziale Verstärker wie Lob, Zuwendung und Körperkontakt sind ständige Begleiter bei der Kindererziehung. Ebenso gehört die Nichtbeachtung oder der Entzug von Belohnungen zu unserem Verhaltensrepertoire. Wir steuern also ständig das Verhalten unseres Gegenübers durch die Art unserer Reaktion, ebenso werden wir von unserem Gegenüber auf diese Art beeinflusst.

Berufsbezug

Im Berufsalltag spielen die klassische und operante Konditionierung natürlich eine große Rolle. In jeglicher Form von Lehr-Lern-Kontexten (wie der Erwachsenenbildung) oder in allen Erziehungskontexten kommen Formen der Konditionierung zum Einsatz. Ein Beispiel ist der Einsatz von Lob und „Tadel", der – im Sinne der operanten Konditionierung – erwünschtes Verhalten verstärken und problematisches Verhalten abschwächen soll. Ein anders gelagertes Beispiel ist die Arbeit in der Drogen- und Suchtberatung bzw. die Betreuung von Personen mit Suchtproblematik. Hier besitzen frühere Konsumorte der betroffenen Person und die Anwesenheit früherer „Zechkumpane" ein sehr großes Rückfallpotenzial, da sie – im Sinne der klassischen Konditionierung – mit dem Konsum von Alkohol und Drogen assoziiert sind und ein großes Verlangen nach den Substanzen auslösen können. ◄

> **Übung**
>
> Welche Möglichkeiten und Grenzen gibt es im Umgang mit Klient*innen? Denken Sie z. B. an Aspekte wie Gestaltung von bestimmten Abläufen, „Belohnungen" für das Einhalten von Absprachen, gute Kooperation etc.

Der Behaviorismus war zunächst sehr erfolgreich und hat die Psychologie maßgeblich über viele Jahrzehnte geprägt. In den USA haben sich die psychologischen Institute teilweise sogar umbenannt in *Institute für Verhaltensforschung*.

Zunehmend stellte sich aber die Frage, ob sich wirklich alle Lernvorgänge auf klassische und operante Konditionierung zurückführen lassen und ob das Ausklammern aller mentaler Prozesse gemäß dem „Black-Box-Modell" überhaupt sinnvoll ist. Zunächst konnte man feststellen, dass bestimmte Reize besser zu Kopplungszwecken eingesetzt werden können als andere. Dass wir also z. B. Aversionen gegenüber einem bestimmten Geschmack, Geruch oder bestimmten Tieren (wie Spinnen oder Schlangen) erzeugen können, ist viel einfacher und ausgeprägter als bei anderen Gegenständen. Es gibt also offenbar biologische Vorprägungen, die uns vor bestimmten Gefahren wie Vergiftungen schützen sollen. Dies steht jedoch im Widerspruch zu der Annahme des Behaviorismus, dass jegliche Reize *gleichermaßen* mittels eines assoziativen Lernvorgangs zu einer Verhaltenskonsequenz führen.

2.1.1.3 Beobachtungs- bzw. Modelllernen

Noch eindrücklicher zeigt das sogenannte *Beobachtungslernen* (Lernen am Modell) auf, dass wir nicht nur aufgrund von Konditionierung Verhaltensweisen erlernen.

So lernen Kinder viele Verhaltensweisen, indem sie sich anschauen, wie andere Menschen handeln, und dieses Verhalten dann imitieren. So schauen sich Kinder an, wie die Eltern mit ihnen sprechen, und ahmen dies im Umgang mit jüngeren Kindern/Geschwistern nach, indem sie selbst in die „Elternrolle" schlüpfen. Umgekehrt können sie auch durch die Beobachtung negativer Erfahrung anderer (jemand, der sich die Finger in der Tür eingeklemmt hat) lernen, dass man bestimmte Verhaltensweisen unterlassen sollte (nicht die Finger zwischen Türrahmen und Tür stecken!).

Insbesondere gilt dies auch für den Spracherwerb. Während der Behaviorist Skinner noch annahm, dass sich der Erwerb einer Sprache als eine kontingente Reaktion auf zufällig verstärkte Reizsituationen erklären lässt (d. h. das Kind produziert spontan Wörter und wird dafür von den Eltern gelobt und zeigt dieses Verhalten deswegen häufiger), ist inzwischen klar, dass der Spracherwerb viel intuitiver, sprunghafter und schneller verläuft und dabei die Nachahmung eine entscheidende Rolle spielt.

2.1 Ansätze der Allgemeinen Psychologie

Exkurs: Bobo Doll Studie (Bandura et al., 1961)

Die Teilnehmenden der Studie waren Mädchen und Jungen im Alter von 3–5 Jahren. Die Kinder wurden zunächst dazu angehalten, ein Bild zu malen. In dem Raum befand sich außerdem eine erwachsene Person, die nach einer bestimmten Zeit aufstand und sich aggressiv gegenüber einer Plastikpuppe namens „Bobo" verhielt. So wurde Bobo geschlagen, getreten oder beschimpft. Das Kind beobachtete das Geschehen und wurde danach in einen benachbarten Raum geführt. Hier war eine Menge Spielzeug deponiert, und das Kind durfte zunächst damit spielen. Es wurde dann jedoch nach einiger Zeit unterbrochen und mit dem Zusatz, dass das Spielzeug für andere Kinder aufgehoben werden soll, in einen weiteren Raum geführt, in dem nur wenig Spielzeug und die aufblasbare Bobo-Puppe vorhanden waren (dies sollte Frustration auslösen). Die Frage war nun, wie sich das Kind verhalten wird, wenn es allein in diesem Raum ist.

In einer zweiten Gruppe gab es kein aggressives Erwachsenenmodell.

Es konnte festgestellt werden, dass die Kinder, die mit der Erwachsenenaggression konfrontiert waren, deutlich aggressiver mit der Bobo-Puppe umgingen als diejenigen in der anderen Gruppe. Wie die Erwachsenen haben sie auf die Puppe eingeschlagen und diese beschimpft. Dabei ahmten sie stark das Gesehene nach und benutzten sogar exakt die gleichen Worte.

Kommentar: Beim Erlernen von (aggressiven) Verhaltensweisen spielen die Beobachtung anderer Personen und die Nachahmung von deren Verhalten eine entscheidende Rolle. ◄

Natürlich mögen auch – längerfristig gedacht – Verstärkung und Bestrafung hier eine Rolle spielen. Nach Ansicht Banduras lernen wir aber auch allein durch das Zuschauen, also durch Lernen am Modell.

Übung

Überlegen Sie, inwiefern Lernen am Modell im Laufe Ihrer Entwicklung eine Rolle gespielt hat! Wie könnten Sie sich ein solches Lernen am Modell in Ihrem beruflichen Kontext zunutze machen?

Insgesamt scheint der Behaviorismus als alleinige Erklärungsbasis des Lernens und Verhaltens nicht hinreichend. Vielmehr wurde in der sogenannten *kognitiven Wende* zunehmend klar, dass ein Lernen ohne die Mitwirkung mentaler Vorgänge nicht vorstellbar ist. Nach Maßgabe der von Bandura vertretenen sozial-kognitiven Lerntheorie ist Lernen ein aktiver, kognitiv-regulierter Verarbeitungsprozess von Erfahrungen.

2.1.2 Der Mensch als Computersystem

Eine Grundannahme der Kognitionspsychologie ist, dass menschliche Intelligenzleistungen auf elementaren kognitiven Prozessen beruhen. Wenn wir also Gegenstände anhand ihres Erscheinungsbildes differenzieren können oder eine andere Person als unsere Mutter erkennen, dann geht dies auf eine ganze Reihe von basalen informationsverarbeitenden Prozessen zurück (z. B. die Verarbeitung von Farb-, Struktur- und Formeigenschaften, Aufmerksamkeits- und Gedächtnisprozesse).

Während nach der Abkehr von der introspektiven Psychologie in der ersten Hälfte des 20. Jahrhunderts einige Jahrzehnte lang nur noch Untersuchungen beobachtbaren Verhaltens als wissenschaftlich respektabel angesehen wurden und Verhaltensbeobachtungen die einzige Grundlage wissenschaftlicher Theorien darstellten (*Behaviorismus*), sind mit dem Aufkommen der Computerwissenschaft und der Künstlichen-Intelligenz-Forschung im zunehmenden Maße *informationsverarbeitende Modelle des Geistes* in den Mittelpunkt der kognitiven Psychologie gerückt (z. B. Dörner et al., 1967). Die revolutionär neue Idee war, den Geist als etwas zu verstehen, das eine ähnliche Beschaffenheit aufweist wie ein Computer: ein System, das Symbole manipulieren und ihnen beliebige Bedeutungen zuweisen kann und das durch den Vorgang des Programmierens in die Lage versetzt werden kann, sich so zu verhalten, dass bedeutungstragende Inhalte in dieses System projiziert werden.

▶ **Merke!** Das kognitive Paradigma der Psychologie analysiert und beschreibt den Menschen als informationsverarbeitendes System im Sinne eines Computers.

Nach Ansicht von Allen Newell und Herbert A. Simon (1976), Pionieren der Künstlichen-Intelligenz-Forschung, besteht das Wesen des menschlichen Denkens und der Intelligenz daher in der Fähigkeit, ganz ähnlich wie ein Computer mit Symbolen geistig operieren zu können. Die sogenannte „Black Box" des Behaviorismus wurde so durch die Annahme interner Informationsverarbeitungsprozesse gefüllt.

2.1.2.1 Gedächtnis

Dies lässt sich gut am Beispiel des kognitionspsychologischen Modells des Gedächtnisses erläutern. Hier werden für gewöhnlich drei verschiedene Speichersysteme unterschieden: das sensorische, das Kurzzeit- bzw. Arbeitsgedächtnis und das Langzeitgedächtnis.

▶ **Merke!** Es gibt drei Speichersysteme des Gedächtnisses:

- sensorisches Gedächtnis (bzw. Ultrakurzzeitgedächtnis),
- Arbeitsgedächtnis (inklusive Kurzzeitgedächtnis),
- Langzeitgedächtnis.

Alle drei Speichersysteme werden nun in ähnlicher Weise beschrieben, wie es für Computer charakteristisch ist (Abb. 2.2).

Das sensorische Gedächtnis nimmt eintreffende Reize auf und kodiert sie in „Informationen" um. Je nach Ausrichtung der Aufmerksamkeit gelangt ein Teil dieser Informationen ins Arbeitsgedächtnis. Dieses ist mit dem Arbeitsspeicher des Computers assoziiert, was sich ganz klar bei gängigen Begriffsbestimmungen zeigt. So ermöglicht uns das Arbeitsge-

2.1 Ansätze der Allgemeinen Psychologie

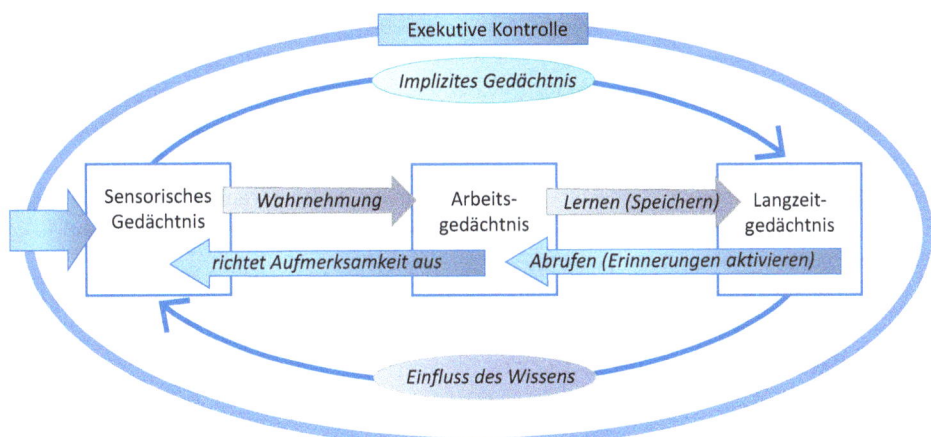

Abb. 2.2 Gedächtnismodell. (In Anlehnung an Woolfolk, 2008)

dächtnis, *Informationen* vorübergehend zu *speichern* und diese gleichzeitig zu *verarbeiten*; es weist eine zeitlich und inhaltlich bestimmbare *Speicherkapazität* und *Verarbeitungsgeschwindigkeit* auf. Das Arbeitsgedächtnis kann Informationen nur ca. 15–20 s präsent halten und ca. sieben Gegenstände gleichzeitig verarbeiten (z. B. sieben Zahlen wie 3523498).

Wenn wir mehr Elemente präsent behalten wollen, müssen wir Gruppen bilden (Chunking), also z. B. 35 23 498. Auf diese Weise haben wir aus sieben Items drei Gruppen gebildet, die dann wieder im Arbeitsgedächtnis gehalten werden können. Sie gehen sicher ganz intuitiv genauso vor, wenn Sie sich eine Telefonnummer merken möchten.

▶ **Definition: Chunking** Beim Chunking (Bündelung) werden Einheiten aus mehreren Elementen gebildet, um diese abzuspeichern. So kann der Umfang an abgespeicherten Daten stark erhöht werden.

Informationen, die länger behalten werden sollen, werden ins Langzeitgedächtnis überführt. Im Gegensatz zum Arbeitsgedächtnis ist dessen Speicherkapazität (sowohl im Hinblick auf die Menge als auch auf die Speicherdauer) praktisch unbegrenzt. Dafür ist der Zugang zu Informationen hier langwieriger und mühsamer, wie Sie es selbst sicher aus Prüfungskontexten kennen.

> **Übung**
>
> Überlegen Sie, welche Bedeutung dem Arbeits- und Langzeitgedächtnis in Ihrer Berufstätigkeit zukommt. Inwiefern werden Sie selbst in dieser Hinsicht gefordert, und inwiefern könnten auch die Gedächtnisleistungen (und Defizite) Ihrer Klient*innen wichtig sein?

Computermodelle des Geistes haben eine große Plausibilität und ermöglichen sehr gute Vorhersagen über kognitive Prozesse und Handlungen von Menschen, sodass sie sich in der psychologischen Forschung und Praxis bewährt haben. Dennoch lässt sich kritisieren, dass reine Computermodelle mentaler Leistungen die biologischen Grundlagen des Menschen vernachlässigen. Dabei ist eine Tatsache, dass alle mentalen Leistungen (wie Gedächtnis, Aufmerksamkeit, Denken) auf einer biologischen bzw. neurophysiologischen Grundlage basieren, die zugleich einen Rahmen für unsere Denk-, Empfindungs- und Entscheidungsmöglichkeiten ausmachen. Ohne Einbezug dieser Grundlagen bleiben reine computationale Theorien etwas willkürlich, denn es stellt sich die Frage, inwieweit diese wirklich das beschreiben, was tatsächlich in unseren Köpfen vorgeht.

2.1.3 Der Mensch als biologisches System

In den 1990er-Jahren hat sich die *kognitive Neurowissenschaft* herausgebildet. Sie untersucht vor allem mit den neueren bildgebenden Verfahren wie der funktionellen Magnetresonanztomografie oder Positronenemissionstomografie den Aufbau und das Zusammenspiel von Hirnstrukturen und die Funktionsweise des Gehirns bei der Bewältigung von bestimmten kognitiven Anforderungen. Zentral ist die Frage, wie unser Denken, Erkennen und Handeln durch das Gehirn realisiert wird. Durch die enge Zusammenarbeit von Psychologie, Biologie, Informatik und Philosophie in diesem interdisziplinären Bereich konnten sich die Disziplinen gegenseitig sehr befruchten, wodurch ein umfassenderes Verständnis des menschlichen Denkens ermöglicht wurde.

Mittlerweile werden auch Emotionen zunehmend in dieses Forschungsfeld einbezogen, sodass dieser Bereich mittlerweile immer mehr als *kognitiv-affektive Neurowissenschaft* bezeichnet wird.

▶ **Merke!** Die kognitiv-affektive Neurowissenschaft untersucht mit bildgebenden Verfahren den Aufbau und das Zusammenspiel von Hirnstrukturen und die Funktionsweise des Gehirns bei der Bewältigung von kognitiven bzw. affektiven Anforderungen.

Durch den Einbezug biologischer Mechanismen sind neue Anforderungen und Ansätze im Bereich der Diagnostik, Prävention und Intervention entstanden. Es ist daher wichtig, sich mit den wichtigsten Grundlagen in diesem Bereich vertraut zu machen.

Das Nervensystem ist die Schnittstelle zwischen der Außenwelt und unserer inneren Erlebniswelt. Das Nervensystem nimmt die Eindrücke der Umwelt auf und gleicht sie mit unseren Vorerfahrungen ab. Nur so ist es möglich, sich angemessen in Situationen verhalten bzw. überhaupt erst wahrnehmen, denken und fühlen zu können. Das Nervensystem besteht im Wesentlichen aus dem zentralen sowie dem peripheren Nervensystem (Abb. 2.3).

Das periphere Nervensystem umfasst alle Teile des Nervensystems, die nicht zum zentralen Nervensystem gehören. Es besteht aus dem autonomen und dem somatischen Nervensystem.

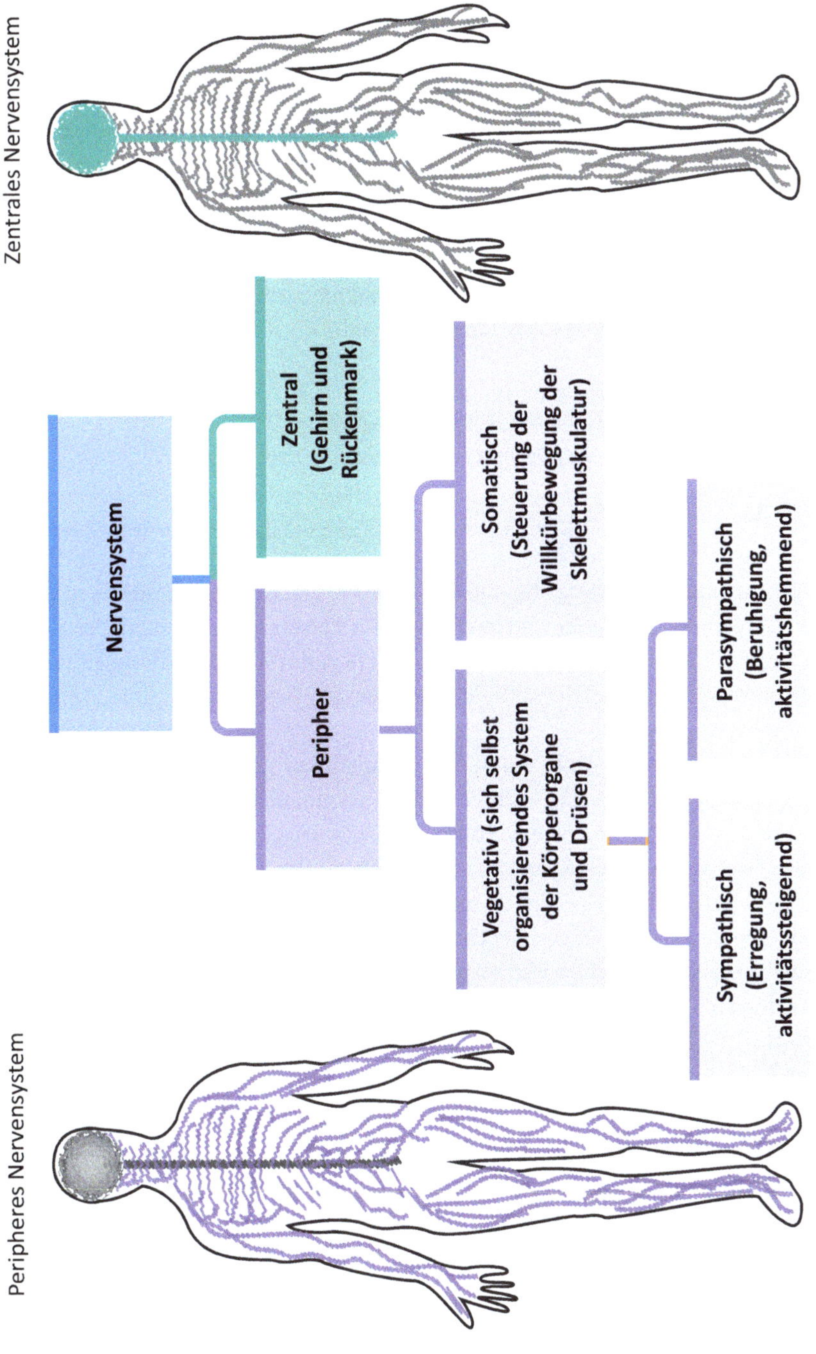

2.1 Ansätze der Allgemeinen Psychologie

Abb. 2.3 Funktionelle Darstellung des Nervensystems

Das somatische oder animalische Nervensystem bewerkstelligt die willentliche Steuerung der Skelettmuskulatur sowie die bewusste Wahrnehmung im Körper. Das autonome oder vegetative Nervensystem reguliert hingegen eher unbewusste Funktionen der inneren Organe, die keiner willentlichen Lenkung unterliegen; in diesem Sinne ist es also „autonom". Hierzu gehören die Vitalfunktionen wie Atmung, Verdauung und Herzschlag. Es existieren außerdem Verbindungen zu vielen Organsystemen (Sexualorgane, Hormondrüsen, Blutgefäßsystem). Diesen Bereich des peripheren Nervensystems werden wir uns im Folgenden etwas genauer anschauen, weil er bei vielen psychologisch relevanten Verhaltensweisen und auch Störungen eine wichtige Rolle spielt.

▶ **Definition: Autonomes Nervensystem** Das autonome Nervensystem weist drei anatomisch und funktionell abgrenzbare Teilsysteme auf:

- sympathisches Nervensystem (Sympathikus),
- parasympathisches Nervensystem (Parasympathikus),
- enterisches Nervensystem (Darmnervensystem).

Sympathikus und Parasympathikus treten in unserem Organismus als Gegenspieler auf. Während das sympathische Nervensystem eher anregend wirkt und z. B. in Stress- und Gefahrensituationen die Herztätigkeit, den Abbau von Kohlenhydraten und den Stoffwechsel steigert und Adrenalin und Nordadrenalin freisetzt (Vorbereitung des Körpers auf Kampf oder Flucht), „verfolgt" der Parasympathikus das Ziel der Erholung und verlangsamt dementsprechend die Herzaktivität und den Stoffwechsel. Hingegen wird die Verdauungsaktivität gesteigert.

Problematisch ist, wenn die durch den Sympathikus erzeugte Anspannung zu lange andauert bzw. die Gegenreaktion durch den Parasympathikus zu lange ausbleibt. Ist der Mensch also in einem permanenten Stress- und Alarmzustand, kann dies – verbunden mit negativen Emotionen – zu körperlichen Krankheiten oder psychischen Störungen führen.

Das enterisches Nervensystem ist das Nervensystem des Magen-Darm-Trakts. Es ist ein vollkommen selbstständiges Regelsystem, das jedoch durch Signale vom sympathischen und parasympathischen Nervensystem beeinflusst wird. In der Wissenschaft wird derzeit erforscht, ob es die sprichwörtlichen Bauchgefühle bzw. Bauchentscheidungen somit tatsächlich gibt, denn es gibt erste Hinweise darauf, dass dem enterischen Nervensystem eine Rolle bei intuitiven Entscheidungen zukommt (Gershon, 2001).

Auch wenn die Prozesse des autonomen Nervensystems grundsätzlich ohne willentliche Steuerung ablaufen, können sie dennoch durch bestimmte Methoden und Techniken beeinflusst werden. Durch *Biofeedback*-Methoden können körperliche Vorgänge, die sonst für Menschen unbemerkt ablaufen, bewusst gemacht werden. Auf diese Weise können Ungleichgewichte im autonomen Nervensystem beeinflusst werden.

▶ **Definition: Biofeedback** Biofeedback beinhaltet eine Rückmeldung der Aktivität physiologischer Vorgänge in Form von Signalen optischer, akustischer oder anderer Art mit dem Ziel, die eigene bewusste Steuerung scheinbar autonomer körperlicher und seelischer Vorgänge zu ermöglichen (Casper, 2017).

Über physiologische Messungen werden Körperfunktionen durch Töne oder Visualisierungen wahrnehmbar gemacht (wie Hirnströme, Puls oder Hautleitwert). Beispielsweise wird ein Anstieg des Hautleitwertes, der durch eine – meist stressinduzierte – erhöhte Schweißproduktion bedingt ist, durch eine zunehmende Tonlautstärke bzw. Tonhöhe oder eine sich verändernde Klangfarbe abgebildet. Häufig werden dann positive Veränderungen der physiologischen Parameter (wie das Absinken des Hautleitwertes) durch Punktvergabe oder andere Dinge belohnt, sodass unmittelbare Anreize für die betroffene Person bestehen. Schrittweise soll so über die stetige Rückkopplung eine verbesserte Regulation der körperlichen Vorgänge stattfinden (und z. B. einer übermäßigen Sympathikusaktivität entgegengewirkt werden).

Berufsbezug

Viele Klient*innen achten nicht auf ihre Körpersignale und nehmen nicht hinreichend Rücksicht auf ihre ggf. vorhandenen Einschränkungen. Es ist daher wichtig, dass Sie diese durch (wiederholte) Rückmeldungen und Hinweise hierfür sensibilisieren. ◄

2.1.3.1 Neuronale Plastizität

Nervenzellen (Neuronen) sind die Bausteine des menschlichen Geistes und sind auf die Weiterleitung von Erregungen sowie die Übertragung solcher Erregungen von einer Zelle zu einer anderen spezialisiert. Zusammen mit den Gliazellen, die vor allem Stütz- und Versorgungsaufgaben haben, bildet die Gesamtheit der Nervenzellen das Nervensystem. Man geht von mindestens 100 Milliarden Nervenzellen aus.

Unsere Entwicklung und Ausbildung von geistigen Fähigkeiten hat zwar etwas mit der altersabhängigen Zunahme unserer Hirnsubstanz zu tun (so verdreifacht sich das Gehirnvolumen bis zur Pubertät), es ist aber weniger die Zunahme der Anzahl der Neuronen selbst, sondern vor allem die Ausbildung neuer Dendriten, die Myelinisierung (Myelin ist die Substanz, aus der Schnürringe entlang des Axons bestehen) und die Entstehung und Eliminierung von Synapsen (*Synaptogenese*), die hierfür entscheidend sind. Bereits vor der Geburt werden diese funktionell wichtigen Schnittstellen zwischen Nervenzellen mit einem rasanten Tempo ausgebildet, das sich – je nach Region im Nervensystem bzw. Gehirn – bis in die Kindheit und Jugend fortsetzt. Zunehmend werden dann aber immer auch Synapsen wieder eliminiert, d. h. Verbindungen zwischen Neuronen gekappt (und zwar bis zu 100.000 Synapsen pro Sekunde!). Welche Synapsen aufrechterhalten bleiben und welche abgebaut werden, hängt von unseren Erfahrungen bzw. den Anforderungen unserer Umwelt ab, in der wir aufwachsen und leben. Jedes Gehirn ist – trotz des gleichen Grundbaus – ganz individuell konfiguriert. Man spricht daher von der *Plastizität* des Gehirns. Potenziell könnte jeder Mensch jede erdenkliche Sprache der Welt als Muttersprache lernen. Macht er aber in bestimmten sensiblen Entwicklungsphasen keine Erfahrungen mit z. B. der japanischen Sprache, wird er Japanisch nicht mehr intuitiv muttersprachlich erlernen können. Im Hintergrund steht dabei der Abbau von spezifischen Synapsen in den für das Sprachenlernen relevanten Hirnregionen.

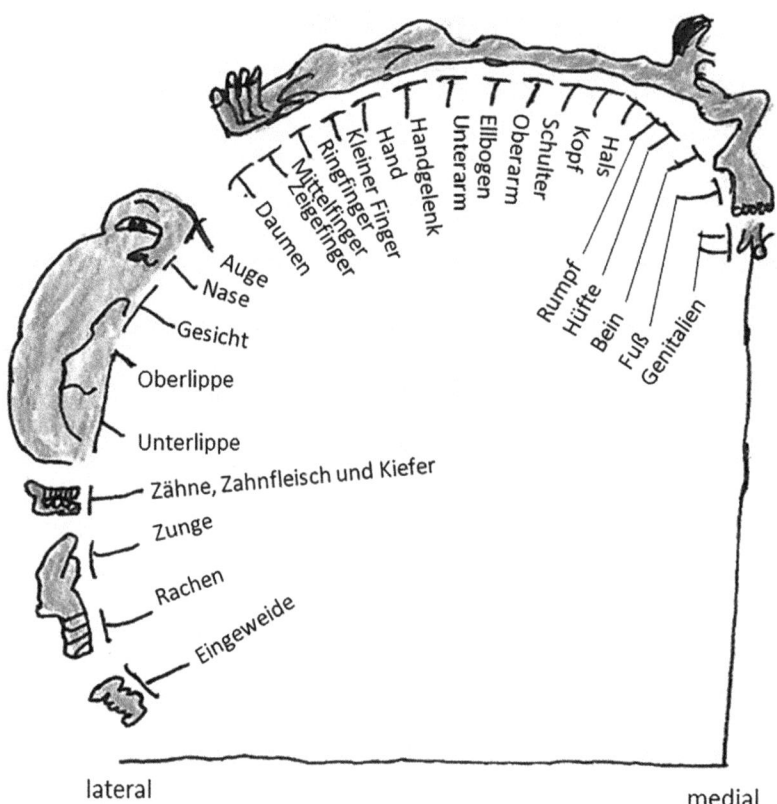

Abb. 2.4 Somatosensorischer „Homunkulus". (Repräsentation von Körperempfindungen im Gehirn)

Die Plastizität des Gehirns zeigt sich darin, dass sich auch die Repräsentationen unseres Körpers je nachdem verändern, wie wir diesen benutzen. Sowohl für die Steuerung des Körpers als auch die Empfindungen unserer verschiedenen Körperregionen gibt es spezifische Kortexregionen. So haben wir beispielsweise relativ große Gehirnregionen, die Empfindungen unserer berührungsempfindlichen Lippen verarbeiten (siehe Abb. 2.4).

Interessant ist, dass Personen, die in ihrem Leben bestimmte Körperteile besonders stark trainiert haben (wie z. B. ein Klavierspieler seine Hände), auch dementsprechend größere Repräsentationsflächen im Gehirn für die jeweilige Körperregion haben. Das Gehirn ist also einerseits ein Produkt der Erfahrungen eines Menschen, andererseits ist es auch die Grundlage für seine spezifischen Möglichkeiten zu handeln, zu denken und zu fühlen. Dass der Klavierspieler sein Instrument so virtuos spielen kann, geht auf die „Umgestaltung" seines Gehirns zurück, die u. a. seine automatisierten Bewegungsabläufe der Finger beim Spielen des Instruments ermöglichen.

▶ **Merke!** Entscheidend für die individuelle Entwicklung und den Aufbau von allen geistigen Leistungen ist die *Plastizität des Gehirns*. Das Gehirn wird aufgrund der gemachten

2.1 Ansätze der Allgemeinen Psychologie

Erfahrungen einerseits auf eine bestimmte Art und Weise konfiguriert, andererseits ist diese Konfiguration die Grundlage für die zukünftigen Erfahrungs- und Handlungsmöglichkeiten.

Berufsbezug

Die Plastizität des Gehirns ist die Grundlage für das Lernen und Begreifen der Welt. Haben Klient*innen im Laufe ihres Lebens bestimmte Erfahrungen nicht oder kaum gemacht (z. B. warmherzige Beziehungen, anregende Lern- und „Sprach"-Umwelten), können sie – da die entsprechenden Gehirnstrukturen nicht hinreichend ausgeprägt bzw. aktiviert worden sind – bestimmte Aspekte nur schwer erkennen und verstehen (wie bestimmte Feinheiten in der sozialen Interaktion oder Kommunikation, die Bedeutung von Sprichwörtern etc.). Durch einen verständnisvollen Umgang hiermit und möglichst viele Wiederholungen und (nicht belehrende!) Erklärungen können auch bei älteren Klient*innen die neuronalen Strukturen verändert und hierdurch neue Erfahrungs- und Handlungsräume erschlossen werden. ◄

2.1.3.2 Das Hormonsystem

Dem Hormonsystem (auch *endokrines* System genannt) kommt eine wichtige Steuerungsfunktion in unserem Organismus zu, denn über Hormone wird eine Vielzahl von Stoffwechselvorgängen und Organfunktionen reguliert. Ähnlich wie Neurotransmitter sind Hormone Botenstoffe, die entweder direkt auf Nachbarzellen in ihrer Umgebung oder auf weiter entfernte Körperregionen bzw. -systeme einwirken können, indem sie über den Blutkreislauf an diese Orte gelangen. Im Vergleich zur neuronalen Informationsübertragung verläuft die hormonelle Informationsübermittlung zwar eher langsam, ist dafür aber langanhaltender. Das hormonelle System spielt eine wichtige Rolle bei der Entwicklung des Körpers, insbesondere bei der Entwicklung der Sexualorgane, aber auch bei der grundlegenden Aufrechterhaltung des inneren Milieus des Körpers (Homöostase).

▶ **Merke!** Das Hormonsystem ist eine entscheidende Steuerungsinstanz bei der körperlichen und sexuellen Entwicklung und sorgt für ein Gleichgewicht des inneren Milieus im Körper.

2.1.3.3 Das Immunsystem

Das Immunsystem fungiert als Abwehrsystem des Körpers gegenüber Krankheitserregern oder Gewebeschädigungen. Es ist höchst komplex und besteht aus verschiedenen Organen, dem Lymphsystem und spezifischen Molekülen im Blut. In lymphatischen Organen wie dem Knochenmark werden aus Stammzellen die weißen Blutkörperchen (Leukozyten) gebildet. Das Immunsystem spürt körperfremde Stoffe und Mikroorganismen (wie Bakterien, Pilze oder Viren) auf und macht diese unschädlich.

Auch körpereigene Zellen, die ihrer Funktion nicht mehr nachkommen oder einer Fehlentwicklung unterliegen, werden abgebaut. Bestimmte Körperzellen können sich z. B. so verändern, dass sie einem ungebremsten Wachstum unterliegen. Wenn das Immunsystem hier nicht schnell eingreift und diese Zellen zerstört, kann sich hieraus eine Krebserkrankung entwickeln.

Mit einfachen Organismen verbindet uns eine sogenannte *angeborene Immunantwort*, die bereits frühzeitig in der Stammesgeschichte der Lebewesen auftrat und unverändert beibehalten wurde. Wirbeltiere, wie der Mensch, entwickelten zusätzlich eine *adaptive Immunabwehr*, die die Organismen aufgrund ihrer Anpassungsfähigkeit noch effektiver vor Krankheitserregern schützt.

Ähnlich wie das autonome Nervensystem ist auch das Immunsystem nicht wirklich unabhängig vom zentralen Nervensystem und den hier verorteten psychischen Funktionen. Unser Denken, Fühlen und Handeln hat also durchaus Auswirkungen auf die Funktionsweise und Funktionstüchtigkeit des Immunsystems. Mit den Wechselwirkungen in diesem Bereich setzt sich die noch sehr junge Disziplin der Psychoneuroimmunologie auseinander (Schedlowski & Thews, 1996; Schubert, 2016).

Exkurs: Konditionierte Immunreaktion

Ein Beispiel für aufschlussreiche Forschung in der Psychoneuroimmunologie: In einer Untersuchung von Robert Ader und Nicholas Cohen (1975) wurden *Immunsuppressiva* an Ratten verabreicht. Dies sind Stoffe, durch die die Funktion der Immunzellen unterdrückt wird. Das eigentlich Besondere war nun, dass sie zusammen mit einem Geschmacksreiz (Süßstoff) verabreicht wurden (Assoziation im Sinne der klassischen Konditionierung). Nach wenigen Kopplungen führte der Geschmacksreiz allein zur abgeschwächten Reaktion der Immunsuppression, das heißt auch gänzlich ohne die Verabreichung von Medikamenten.

Kommentar: Hier zeigt sich, dass mittels Konditionierungsprozessen eine Vielzahl von unbewusst und automatisch ablaufenden Reaktionen bzw. biologischen Vorgängen in bestimmten Grenzen beeinflussbar ist. ◀

Übung

Reflektieren Sie eigene Erfahrungen in Bezug auf die Bedeutung des Hormon- und Immunsystems und überlegen Sie, inwiefern auch aufseiten der Klient*innen solche Aspekte in Ihre Arbeits- und Betreuungssituation hineinspielen können!

Im Folgenden werden wir das Zusammenspiel der erarbeiteten psychologischen (kognitiven), biologischen und verhaltenstheoretischen Einflüsse exemplarisch an den Themen Wahrnehmung und Aufmerksamkeit genauer betrachten und praktische Anwendungsmöglichkeiten herausarbeiten (Abb. 2.5).

Abb. 2.5 Zusammenspiel von psychologischen, biologischen und verhaltenstheoretischen Einflüssen

Zusammenfassung

In diesem Abschnitt haben Sie verschiedene Strömungen, grundlegende Modelle und Forschungsansätze der Psychologie kennengelernt.

Behaviorismus bezeichnet ein Forschungsparadigma in der Psychologie, das das Verhalten von Tieren und Menschen über Beobachtung von äußerem Verhalten erklären will. Auf introspektive Methoden und den Einbezug innerlicher Vorgänge (wie Gedanken, Emotionen, Motivationen) wird in den Erklärungen verzichtet.

Das *kognitive Paradigma* der Psychologie analysiert und beschreibt den Menschen als informationsverarbeitendes System im Sinne eines Computers. Ein Beispiel für ein kognitionspsychologisches Modell liefert die Gedächtnisforschung. Hier werden für gewöhnlich drei verschiedene Speichersysteme unterschieden: das sensorische, das Kurzzeit- bzw. Arbeitsgedächtnis und das Langzeitgedächtnis.

Das *biologische Paradigma* bzw. die kognitiv-affektive Neurowissenschaft untersucht mit bildgebenden Verfahren den Aufbau und das Zusammenspiel von Hirnstrukturen und die Funktionsweise des Gehirns bei der Bewältigung von bestimmten kognitiven bzw. affektiven Anforderungen.

> Das *Nervensystem* nimmt die Eindrücke der Umwelt auf und gleicht sie mit unseren Vorerfahrungen ab. Es fungiert als Schnittstelle zwischen der Außenwelt und unserer inneren Erlebniswelt. Das *Hormonsystem* ist eine entscheidende Steuerungsinstanz bei der körperlichen und sexuellen Entwicklung und sorgt für ein Gleichgewicht des inneren Milieus im Körper. Das *Immunsystem* fungiert als Abwehrsystem des Körpers gegenüber Krankheitserregern oder Gewebeschädigungen.
>
> Entscheidend für die individuelle Entwicklung und den Aufbau von allen geistigen Leistungen ist die *Plastizität des Gehirns*. Das Gehirn wird aufgrund der gemachten Erfahrungen einerseits auf eine bestimmte Art und Weise konfiguriert, andererseits ist diese Konfiguration die Grundlage für die zukünftigen Erfahrungs- und Handlungsmöglichkeiten.

Aufgaben

- Vergleichen Sie die Paradigmen bzw. Perspektiven der Psychologie (behavioristischer Ansatz, kognitionspsychologischer Ansatz, biologisch-neurowissenschaftlicher Ansatz)! Welche Unterschiede und Gemeinsamkeiten gibt es?
- Welche Bedeutsamkeit haben diese Paradigmen für den Kontext der Berufstätigkeit als Erziehungswissenschaftler*in oder als Sozialarbeiter*in? Zeigen Sie dies auch an Beispielen auf!

2.2 Wahrnehmung und Heuristiken

Warum sollte man sich mit dem Thema Wahrnehmung auseinandersetzen? Die Wahrnehmung von Gegenständen und Personen ist sehr relevant, weil sie in jeglichen alltags- und berufsbezogenen Kontexten am Beginn von Entscheidungs- und Handlungsprozessen steht und diese somit von vornherein beeinflussen oder in eine bestimmte Richtung lenken kann. Durch die Beschäftigung mit der Wahrnehmungspsychologie werden die Hintergründe unserer Wahrnehmungserfahrungen bewusst. Ob Sie ein favorisiertes Musikstück hören, ein Gespräch mit einem Freund führen oder Klient*innen im Hinblick auf ihre Fähigkeit zur selbstständigen Lebensführung beurteilen müssen, es stehen immer Wahrnehmungsprozesse am Beginn dieser Ereignisse bzw. Aufgaben, und diese können entscheidend gelenkt werden.

2.2.1 Die Relativität der Wahrnehmung

Dass wir etwas wahrnehmen können, unterliegt bestimmten physischen und psychischen Bedingungen. Entgegen einem Alltagsverständnis, das sich längere Zeit auch in der Wis-

2.2 Wahrnehmung und Heuristiken

senschaft wiedergefunden hat, gibt es über unsere Sinne keine einfache *Abbildung* der Umwelt, wie dies vielleicht – im Hinblick auf unser visuelles System – eine Kamera zu tätigen vermag.

Sicherlich gibt es viele Parallelen zwischen dem Aufbau und der Funktionsweise einer Kamera und unserem Auge, z. B., dass wir ein aus der Hornhaut, dem Kammerwasser und der Linse eine Art zusammengesetztes „Objektiv" haben oder dass wir eine „Scharfstellung" des Bildes anhand einer Veränderung der Linsenkrümmung erzeugen.

Die These, dass unser Wahrnehmungssystem wie eine Kamera arbeitet, ist aber nicht zu halten. Betrachten Sie Abb. 2.6 und 2.7.

Sie haben sicherlich den Eindruck, dass die Trennlinien in Abb. 2.8 zwischen den Teilquadraten wellenförmig gekrümmt sind. Dies ist aber nicht der Fall: Alle Trennlinien verlaufen völlig gerade! Das Quadrat besteht aus schachbrettartig angeordneten hellen und dunklen Teilflächen. Durch die Einfärbung der Ecken einiger dunkler Teilflächen kommt es nun zu einer Veränderung in der Helligkeit der Quadrate, was primär der Wahrnehmungstäuschung zugrunde liegt.

Auf ähnliche Weise werden Sie bei der Betrachtung von Abb. 2.7 wahrscheinlich den Eindruck haben, dass die Querbalken keilförmig angeordnet sind. Tatsächlich verlaufen

Abb. 2.6 Optische Täuschung (Linienrelativität). (Von Bernard Ladenthin – eigenes Werk, Gemeinfrei, https://commons.wikimedia.org/w/index.php?curid=5595517)

Abb. 2.7 Münsterberg-Täuschung (auch: Kaffeehaus-Täuschung). (Von Fibonacci – eigenes Werk, CC BY-SA 3.0, https://commons.wikimedia.org/w/index.php?curid=1788689)

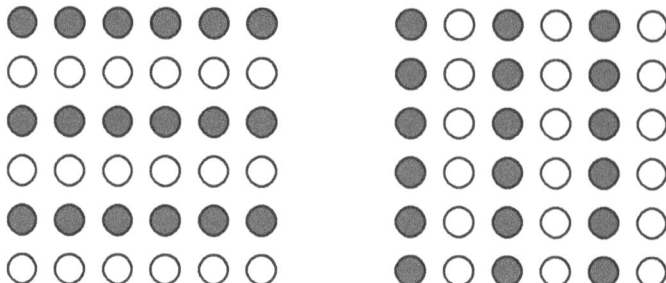

Abb. 2.8 Gesetz der Ähnlichkeit

alle horizontalen Linien exakt parallel, und die Querstreifen sind Rechtecke. Diese Täuschung heißt Münsterberg-Täuschung, weil sie 1874 erstmals von Hugo Münsterberg beschrieben wurde, der sie auf einer amerikanischen Pferdebahn-Abokarte entdeckte. Er selbst bezeichnete sie später als verschobene Schachbrettfigur (Münsterberg, 1897). Der Effekt kann über einen Helligkeitskontrast erklärt werden: Wenn die Reihen schwarzer und weißer Felder durch schmale graue Linien getrennt sind, nimmt man diese zwischen schwarzen Feldern als deutlich heller wahr und zwischen hellen Feldern dunkler. In unserer Wahrnehmung werden nun die hell erscheinenden Linienabschnitte mit den Ecken der hellen Felder verbunden und entsprechend die dunkel erscheinenden Liniensegmente mit den Ecken der dunklen Felder. Dies hat zur Konsequenz, dass der subjektive Eindruck der Konturen so ist, dass sie zur Horizontalen als geneigt und damit zugleich die Rechtecke keilförmig wahrgenommen werden.

Solch spezielle Wahrnehmungstäuschungen sind natürlich in unserer Alltagswirklichkeit selten vorzufinden, aber sie zeigen dennoch etwas auf, was für unsere Wahrnehmung grundsätzlich gilt: Das, was wir sehen, ist nicht einfach das, was vor uns liegt.

„Unsere Wahrnehmungen unterscheiden sich vielmehr qualitativ von den physikalischen Eigenschaften der Reize. Die Ursache hierfür liegt darin, dass das Nervensystem aus einem Impuls nur bestimmte Informationen extrahiert, andere hingegen ignoriert und die ausgewählten Informationen dann im Kontext früherer Erfahrungen interpretiert: Wir *empfangen* elektromagnetische Wellen verschiedener Frequenzen; was wir *wahrnehmen*, sind jedoch Farben: rot, grün, orange, blau oder gelb. Wir empfangen Druckwellen, hören jedoch Worte und Musik. Wir kommen durch Luft und Wasser mit einer Unzahl von chemischen Substanzen in Kontakt, empfinden aber Geruch und Geschmack. Farben, Geräusche, Geruch und Geschmack sind mentale Konstruktionen, die durch die sensorische Verarbeitung im Gehirn entstehen. Sie existieren als solche nicht außerhalb unseres Gehirns. Wir können also die klassische Frage der Philosophen beantworten: Macht ein im Wald umfallender Baum Geräusche, wenn kein Ohr nah genug ist, um sie zu hören? Wir können mit Sicherheit sagen, dass das Umfallen zwar Druckwellen in der Luft erzeugt, aber keine Geräusche. Geräusche entstehen nur dann, wenn die Druckwellen des umfallenden Baumes ein Lebewesen erreichen und von ihm wahrgenommen werden. Unsere Wahrnehmungen sind also keine direkten Aufzeichnungen der uns umgebenden Welt; sie werden vielmehr nach eigenen Regeln und Beschränkungen konstruiert, die durch die Fähigkeiten des Nervensystems auferlegt werden." (Martin & Jessell, 1996, S. 376; Hervorh. im Orig.)

2.2 Wahrnehmung und Heuristiken

Unsere Wahrnehmungen ergeben sich immer aus einem Zusammenspiel von reizbezogenen Anteilen (also aus den Informationen, die über unser Sinnessystem aufgenommen werden) und unserer subjektiven Vorerfahrung, unseren Erwartungen und Gewohnheiten. Insofern nehmen wir nach Maßgabe unserer Erfahrungen, des Einflusses anderer Personen oder von Kulturen keine wirklichkeitsgetreue, sondern immer eine subjektiv eingefärbte Abbildung unserer Umwelt vor.

Berufsbezug

Ähnlich wie bei den illustrierten Sinnestäuschungen sind auch unsere Wahrnehmungen in beruflichen Kontexten niemals eine wirklichkeitsgetreue Abbildung der Gegebenheiten. Aufgrund von früheren Erfahrungen, Erwartungen und Gewohnheiten werden auch hier Klient*innen immer subjektiv eingefärbt wahrgenommen. Erinnert uns ein*e Klient*in z. B. sehr stark an eine andere Person, die wir früher einmal betreut haben, mag es dazu kommen, dass wir hier von einer ähnlichen Hintergrundgeschichte ausgehen und dass diese Annahmen dann auch den Umgang mit dieser Person und die Beratung bzw. die durchgeführten Hilfemaßnahmen beeinflussen, obwohl dies ggf. nicht zielführend ist (da hier eine ganz andere Problematik im Hintergrund steht, als wir – vorschnell verallgemeinernd – angenommen haben). ◄

2.2.2 Gestaltpsychologie

Unser Wahrnehmungssystem unterliegt insofern eigenen Gesetzen, die Farben, Formen, Muster, Entfernungen und Bewegungen von Objekten in unserem Blickfeld auf eine bestimmte Art und Weise darstellen bzw. anordnen. In der Psychologie ist es vor allem die von den deutschen Psychologen Max Wertheimer, Kurt Koffka und Wolfgang Köhler begründete *Gestaltpsychologie*, die sich mit den Organisationsgesetzen der Wahrnehmung befasst hat.

▶ **Merke!** Die Gestaltpsychologie hat verschiedene Organisationsmechanismen der Wahrnehmung herausgestellt, durch die Reize der Umgebung auf eine bestimmte Art und Weise in unserer Wahrnehmung strukturiert werden.

Obgleich wir es bei der Wahrnehmungsorganisation immer noch mit einem stark reizbezogenen Vorgang zu tun haben, beinhaltet sie bereits gewisse Prinzipien der Strukturierung. Wenn in diesem Kontext von „Gestalt" die Rede ist, meint dies, dass die einzelnen Bestandteile unseres Wahrnehmungsbildes zueinander einen bestimmten Bezug aufweisen, der ihnen eine übergeordnete Bedeutung zuweist. Der Ursprung dieses Gedankens, dass das Ganze mehr ist als die Summe seiner Teile, findet sich bereits in der Antike beim Philosophen Aristoteles.

Ein grundlegendes Gestaltprinzip der Wahrnehmung ist die Einteilung unseres Wahrnehmungsfelds in Bereiche, die in unserem Erleben Einheiten bilden. So strukturieren wir unsere Sinneseindrücke nach den Prinzipien der Ähnlichkeit/Unähnlichkeit oder auch nach nah/fern. Hierzu orientieren wir uns vor allem an Farb- und Texturmerkmalen. In der Anordnung in Abb. 2.8 besteht zwischen allen Punkten der gleiche Abstand, dennoch werden sie entweder als Muster von Zeilen oder als Muster von Spalten in unserer Wahrnehmung organisiert.

Ein weiteres Gestaltprinzip ist die *Figur-Grund-Gliederung*, mittels derer wir die Tiefendimension in unseren Wahrnehmungseindruck bringen (bedenken Sie, dass das „Bild", das auf unsere Retina produziert wird, keineswegs dreidimensionalen Charakter hat; die Hervorbringung der erlebten Tiefendimension ist eine Leistung unseres psychischen Apparates). So zeigt Abb. 2.9 auf der linken Seite ein sogenanntes Kippbild, bei dem wir allein mittels mentaler Anstrengung zwischen zwei alternativen Figur-Grund-Gliederungen wechseln können und so entweder zwei Gesichter oder eine Vase erkennen. Der Gegensatz von Figur und Hintergrund verdeutlicht ein zentrales Prinzip der visuellen Wahrnehmung: Nur ein bestimmter Bereich des Bildes fällt in das Zentrum der Aufmerksamkeit, während der Rest des Bildes in den Hintergrund tritt.

Auf der rechten Seite der Abb. 2.9 sehen wir eine Illustration des *Gestaltprinzips der geschlossenen Form* (vgl. Metzger, 1953); eine weitere Art des Gestaltprinzips. Obwohl eine geschlossene Form auf dem Bild real nicht vorliegt, erzeugen wir sie als Beobachter, indem wir die Linien auch vor dem weißen Hintergrund mental als gegeben ansehen, und haben so den Eindruck eines weißen Würfels.

Kürzlich gab es einen regen Streit in diversen Internetforen bzw. sozialen Netzwerken über die Farbe des in Abb. 2.10 dargestellten Kleides (bekannt als „the dress"). Welche Farbe sehen Sie? Etwa blau-schwarz, goldfarben-weiß oder doch blau-goldfarben? Wie beurteilt Ihr Partner, Ihre Freundin oder Kollege dieses Bild? Tatsächlich wird das Kleid von Person zu Person farblich unterschiedlich gedeutet. Die meisten Personen sehen es in Weiß-gold. Die Unterschiede in der Farbwahrnehmung lassen sich darauf zurückführen, dass wir die Beleuchtung in der dargestellten Situation anders interpretieren würden.

Wenn man die Helligkeit um das Kleid herum als sehr stark ansieht, wird in unserem Wahrnehmungssystem der Schluss gezogen, dass das Kleid eigentlich dunkler sein müsste, als es auf dem Bild den Anschein hat. Dadurch sieht das Kleid in diesem Fall eher blau-schwarz aus. Wird die Beleuchtung als weniger stark interpretiert, erscheint das Kleid hingegen heller, also z. B. goldfarben-weiß. Auch wenn man nun künstlich die Umgebung

Abb. 2.9 Kippbild „Vase vs. Gesichter" + „3D-Objekt". (Mausfeld, 2006, S. 8)

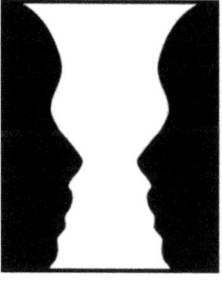

2.2 Wahrnehmung und Heuristiken

Abb. 2.10 „The dress" (By Source (WP:NFCC#4), Fair use, https://en.wikipedia.org/w/index.php?curid=45522095)

des Kleides abdeckt, ändert sich am einmal gewonnenen Farbeindruck meist jedoch nichts mehr. „Wer dem Kleid einmal Farben zugeordnet hat, wird sie nachträglich kaum mehr ändern" (Gegenfurthner, 2015).

Anhand der Gestaltprinzipien wird deutlich, dass Wahrnehmung im Wechselspiel zwischen den Eigenschaften der Objekte unserer Umwelt und der Konstruktion eines „Bildes" durch uns selbst (das Subjekt) erfolgt. Die Beziehung zwischen den Elementen des Wahrnehmungsbereiches ist besonders wichtig, wenn ein Element den Gesamteindruck dominiert. Solche dominierenden Elemente werden als *Ankerpunkte*, Frames oder zentrale Eigenschaften bezeichnet, mittels derer wir eine Einschätzung von Objekten und/oder Personen vornehmen. Ankerpunkte sind ein Produkt vergangener Lernerfahrungen und werden häufig durch die Kultur bestimmt oder zumindest beeinflusst. Wir bilden dabei gewissermaßen aus der Menge der thematisch relevanten Reize eine Art Mittelwert, den wir dann zur Beurteilung von Situationen, Personen oder Gegenständen heranziehen. Wann eine Person z. B. als groß oder als höflich wahrgenommen wird, hat mit unseren regional- und/oder kulturspezifischen Vorerfahrungen zu tun, aufgrund derer wir hierfür einen bestimmten subjektiven Schwellenwert abgespeichert haben.

Übung

Überlegen Sie sich Situationen im beruflichen Kontext, in denen Ankerpunkte von Bedeutung sein könnten. Inwiefern könnte es personenabhängige Unterschiede in der Beurteilung von Personen oder ihren Problemlagen geben? Welche Konsequenzen könnten hiermit verbunden sein?

2.2.3 Klassifikation – die Welt in Schubladen

„Einzelne Elemente des Wahrnehmungsfeldes werden zu bestimmten bedeutungshaltigen Klassen zusammengefasst. Erst die spezifische Konstellation dieser einzelnen Elemente ergibt eine für den Wahrnehmenden relevante Information." (Fischer & Wiswede, 2009, S. 203).

Diese Art der Zusammenfassung und Ordnung unserer Wahrnehmungen in bestimmte Klassen (im Sinne von bedeutungstragenden kognitiven Kategorien) ist der Vorgang der *Klassifikation*. So haben wir nur sehr selten den Eindruck, es mit undifferenzierten Gegenständen, Situationen oder Personen zu tun zu haben. Stattdessen gehören diese offenbar fast immer irgendwelchen Kategorien an: Ich weiß, dass es ein Stuhl ist, auf dem ich sitze, und dass es sich hierbei um ein Möbelstück handelt. Es ist mein Eindruck, dass das gestrige Meeting mit den Kolleg*innen von besonderer Anspannung gekennzeichnet war oder dass die Eisverkäuferin ein besonders zuvorkommender Mensch ist.

Wie genau diese Klassifikation in unserem Wahrnehmungssystem realisiert wird, ist nicht abschließend geklärt. Einige Theorien besagen, dass wir – aufgrund unserer Vorerfahrungen – in unserem Gedächtnis bestimmte „Schablonen" oder Schemata abgespeichert haben und unser „Netzhautbild" mit diesen abgleichen würden. Haben wir also eine Schablone „freundlicher Mensch" in unserem Langzeitgedächtnis als Gedächtnisspur abgelegt und wenden dies nun auf unseren Wahrnehmungsgegenstand an, werden wir feststellen, dass der Gegenstand zu unserer Schablone passt, und daher wissen, dass es sich um einen Gegenstand der Kategorie „freundlicher Mensch" handelt.

Übung

Inwiefern könnten auch in Ihrem (zukünftigen) beruflichen Kontext Klassifikationsprozesse im Sinne eines „Schubladen-Denkens" eine Rolle spielen? Welchen Einfluss könnten sie auf Ihre Arbeit, Ihren Umgang mit Klient*innen haben?

2.2.3.1 Datengesteuerte und konzeptgesteuerte Wahrnehmung

Was sich aus den vorangegangenen Ausführungen bereits ableiten lässt, ist, dass in der Psychologie zwei grundlegende Formen der Wahrnehmung unterschieden werden. Die erste Art der Wahrnehmung wird als *datengesteuerte Wahrnehmung* bezeichnet und meint die Verarbeitung der über die verschiedenen Sinneskanäle erhaltenen Informationen (die Verarbeitung des real vor mir befindlichen Autos, das ich über meine Augen sinnlich erfasse). Da mit diesem Prozess Informationen gewissermaßen von „unten" nach „oben", d. h. von den Sinnen ins Gehirn transportiert werden, wo sie als Basis einer höherstufigen (kognitiven/emotionalen) Verarbeitung dienen, spricht man hier auch von einer *Bottom-up-Verarbeitung* von Informationen. Die Abbildung dieser Sinnesdaten im Gehirn erfolgt gemäß einfacher Organisationsprinzipien wie Ähnlichkeit, räumliche und zeitliche Nähe, die mehr mit dem Reizmaterial unserer Umwelt an sich zu tun haben als mit unserem eigenen Erfahrungshorizont. Es wird daher in diesem Zusammenhang auch von einer passiven Registrierung von Ereignissen gesprochen (vgl. Schwarz, 1985). Dieser Informationsverarbei-

2.2 Wahrnehmung und Heuristiken

tungsprozess ist relativ langsam, da er aufgrund der Vielzahl von Detailinformationen, die von unseren Sinnen aufgenommen werden und einer weiteren Verarbeitung bedürfen, kognitiv sehr aufwendig ist.

▶ **Merke!** Die Bottom-up-Wahrnehmung bezieht sich auf die datengesteuerte Wahrnehmung, bei der Informationen, die über die Sinnesorgane in unseren Körper gelangen, verarbeitet werden.

Empfange ich eine Person zu einem ersten Gespräch, beinhaltet die Bottom-up-Wahrnehmung, dass ich das Äußere dieser Person über meine Sinne erfasse: Wie sieht sie aus? Welche Kleidung trägt er? Welche Haar- und Augenfarbe hat sie?

Die zweite Art ist die *konzeptgesteuerte* Wahrnehmung. Sie stellt das Gegenstück zur datengesteuerten Wahrnehmung dar, da hier auf Erfahrung beruhende kognitive Kategorien, Wahrnehmungsschemata und -hypothesen die maßgeblichen Determinanten der Informationsverarbeitung sind. Es sind also die höherstufigen kognitiven Prozesse, die das von den Sinnen kommende „Material" in einen Zusammenhang mit den im Gedächtnis abgelegten Informationen stellen. Hier geht es also darum, welche Vorerfahrungen ich mit verschiedenen Menschen gesammelt habe. Sieht eine neue Klientin z. B. einer früheren Klientin sehr ähnlich oder hat einen ganz ähnlichen Gesprächsstil, könnte eine Schlussfolgerung sein, dass sich beide Menschen auch im Hinblick auf ihre Bedürfnisse sehr ähneln werden und ich mit derselben Verfahrensstrategie zu einem ähnlichen Erfolg kommen werde, obwohl dies faktisch keineswegs zutreffen muss.

Es findet also eine *Konstruktion abstrakter Vorstellungen* von Umweltereignissen statt. Aus diesem Grund spricht man hier auch von einer Verarbeitungsrichtung, die von „oben" nach „unten" verläuft, also einer *Top-down*-Verarbeitung. Bei der konzeptgesteuerten Wahrnehmung handelt es sich um einen relativ schnellen Prozess. Voraussetzung hierfür ist allerdings, dass es sich um einen bereits bekannten Gegenstand handelt (vgl. Anderson, 2013).

▶ **Merke!** Die Top-down-Wahrnehmung bezieht sich auf die konzeptgesteuerte Wahrnehmung, bei der in unserem Gedächtnis abgespeicherte Informationen abgerufen und bei der Betrachtung des Gegenstandes einbezogen werden.

Es kann also festgehalten werden, dass unsere Wahrnehmung im Spannungsfeld zweier Pole entsteht: Einerseits gibt es die Reize bzw. das Sinnesmaterial, was in unserer Umgebung vorliegt, andererseits gibt es sensorische und kognitive Verarbeitungsprozesse seitens des wahrnehmenden Subjekts.

Es kann gesagt werden, dass Wahrnehmung keine einfache Abbildung oder wahrheitsgetreue Kopie einer „Realität an sich" ist, sondern einen (re-)konstruktiven Prozess darstellt. Dies wird in Abb. 2.11 verdeutlicht.

Die Verarbeitung der Reize unserer Umgebung, wie sie auf unsere Sinnesorgane treffen und Empfindungen in uns auslösen, ist der zentrale Ausgangspunkt unserer Wahrnehmung.

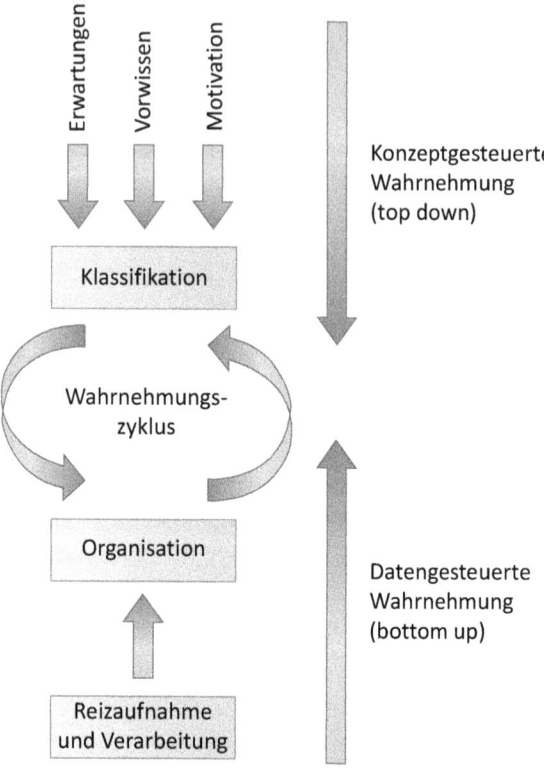

Abb. 2.11 Der Wahrnehmungsprozess. (In Anlehnung an Fischer & Wiswede, 2009, S. 206)

Jedoch ist der Eindruck, den wir von unserer Umwelt und unseren Mitmenschen haben, immer das Produkt einer aktiven Verarbeitung von Informationen, die nur zum Teil aus unserer Umwelt stammen bzw. über unsere Sinne transportiert werden. Ein wesentlicher Anteil der Wahrnehmung geht auf unser in der Vergangenheit erworbenes Wissen, unsere Erwartungen und auch unsere Motivation (zur näheren Beschäftigung mit dem fraglichen Wahrnehmungsgegenstand) zurück. Diese Erfahrungen lenken unsere Aufmerksamkeit auf bestimmte Facetten der uns potenziell zur Verfügung stehenden Informationsmenge.

▶ **Merke!** Wahrnehmung findet fast immer im Spannungsfeld zwischen einer Bottom-up-Verarbeitung von Umweltreizen und einem konzeptgesteuerten Verarbeitungsmodus (Top-down) statt, der auf unseren Vorerfahrungen basiert.

2.2.4 „Fallen" der Wahrnehmung (anderer Personen)

Nachdem der Prozess der Wahrnehmung einschließlich der Verarbeitung eines Gegenstandes von der Aufnahme über die Sinnesorgane bis hin zu einer neuronal realisierten Objekterkennung und hiermit zusammenhängenden Verhaltensweisen betrachtet wurden, werden im Folgenden besondere Formen der Kategorisierung beleuchtet.

2.2 Wahrnehmung und Heuristiken

Hierzu wird zunächst ein allgemeines Modell der Informationsverarbeitung vorgestellt, das verdeutlicht, dass wir Entscheidungen auf zwei verschiedenen Wegen treffen können: So verfügen wir einerseits über ein schnell ablaufendes, aber irrtumsanfälliges und andererseits über ein langsameres, aber dafür reflektierteres Wahrnehmungs- und Entscheidungssystem.

2.2.4.1 Intuitive vs. reflektierte Entscheidungen

Wie Kahneman (2003) herausgestellt hat, kann man in Bezug auf kognitive Informationsverarbeitungsprozesse zwischen zwei typischen Formen unterscheiden: Zwischen einerseits einer intuitiven, oberflächlichen, dafür aber schnell ablaufenden und andererseits einer langsamen, rationalen und präzise kalkulierenden Informationsverarbeitung.

Das Modell von Kahneman geht vom Wahrnehmungsprozess als erstem Schritt der Informationsverarbeitung aus. Dabei werden die Inhalte dieses Prozesses, also die wahrgenommenen Reize, zunächst intuitiv verarbeitet. Diese Verarbeitung erfolgt assoziativ, schnell und automatisch. Sie kann in Bezug auf verschiedene Inhalte oder Reize in paralleler Form erfolgen und ist in emotionaler Hinsicht bedeutsam. Die Vorgänge sind automatisiert und laufen ohne bewusstes, planmäßiges Nachdenken ab. Bei dieser Art der Informationsverarbeitung werden bestätigende Hypothesen und Schemata verwendet, die sich zugleich nur schwer ändern lassen (ein Beispiel wären Vorurteile gegenüber bestimmten Personengruppen).

Andererseits haben wir Menschen auch einen alternativen, langsameren Operationsmodus. Wenn wir aktiv unsere Wahrnehmungen und Urteile reflektieren, liegt eine bewusste, willentliche Kontrolle der mentalen Prozesse vor. Die Informationsverarbeitung in diesem Modus orientiert sich an Regeln und ist verhältnismäßig flexibel (ein Beispiel wäre die gedankliche Auseinandersetzung damit, ob ein Vorurteil gegenüber einer Personengruppe wirklich gerechtfertigt ist).

▶ **Merke!** Nach dem Modell von Kahneman haben wir einerseits einen automatisch ablaufenden Teil des Wahrnehmungsprozesses, bei dem unreflektierte Vorannahmen (z. B. Vorurteile) in die Betrachtung einer Situation einfließen können, andererseits können wir durch einen zweiten, langsameren Wahrnehmungsmodus unsere (Vor-)Urteile selbst revidieren.

Der im Folgenden erläuterte Ansatz kognitiver Heuristiken thematisiert vor allem Vorgänge, die der intuitiven Wahrnehmung zugeordnet werden können.

Übung

Überlegen Sie, wie Sie mit spontanen, intuitiven (aber ggf. vorurteilsbehafteten) Einschätzungen Ihrer Klient*innen umgehen können. Wie können Sie den „langsameren Operationsmodus" in Ihrem Denken aktivieren?

2.2.4.2 Suche nach Bestätigung der eigenen Überzeugungen und „Vor-Urteile"

Grundsätzlich neigen Menschen eher dazu, nach Bestätigungen für ihre Überzeugungen zu suchen als nach Widerlegungen, wodurch die Gefahr von Fehlschlüssen besteht. So wird ein überzeugter Wähler einer bestimmten Partei bei seiner Suche nach Informationen eher die Seiten im Internet oder die (Artikel in) Tageszeitungen lesen, die Informationen transportieren, die seiner politischen Überzeugungen entsprechen, und die Aspekte, die dieser nicht entsprechen, eher ignorieren.

Dies trifft genauso auf die Wahrnehmung und Beurteilung anderer Personen zu. Auch hier gibt es die Tendenz, dass wir eher darauf ausgerichtet sind, unsere Hypothesen über unsere Mitmenschen zu bestätigen, während wir hierzu im Widerspruch stehende Informationen eher ausblenden, vergessen oder uminterpretieren (vgl. Bierhoff, 2006). Eine wichtige Art der Verzerrung ist der *konfirmatorische Bias*.

▶ **Definition: Konfirmatorischer Bias** Ein *konfirmatorischer Bias* (kognitive Verzerrung) beinhaltet den Umstand, dass Informationen, die mit den eigenen Erwartungen und Meinungen übereinstimmen, die Wahrnehmung in eine bestimmte Richtung lenken können und auch leichter in Erinnerung bleiben als hiermit nicht übereinstimmende Informationen (Cohen, 1981).

Solche Vorannahmen können bei der Wahrnehmung und Beurteilung anderer Personen sowie der sozialen Interaktion einen großen Stellenwert haben. Auf der einen Seite erleichtern sie, wenn sie auf richtigen Annahmen beruhen, die Kommunikation. So kann es durchaus sinnvoll sein, sich beim ersten Eindruck von auffälligen Merkmalen einer Person leiten zu lassen, die bestimmte Persönlichkeits- oder Verhaltensmerkmale suggerieren. Auf der anderen Seite können diese aber auch zu schwerwiegenden einseitigen Verzerrungen des Bildes führen, das wir uns von anderen Menschen machen.

Exkurs: Konfirmatorische Fragestrategien (Snyder & Swann, 1978)

In einer Studie sollten Beurteiler die Hypothese abklären, ob eine bestimmte Person eher introvertiert (1. Gruppe) oder extravertiert (2. Gruppe) ist. Hierzu durften sie der Person nur bestimmte vorformulierte Fragen stellen, die sich nach 3 Kategorien einteilen lassen:

1. Fragen, die auf introvertiertes Verhalten abzielen: Warum magst du laute Partys nicht?
2. Fragen, die auf extravertiertes Verhalten abzielen: Wie würdest du eine Party in Schwung bringen?
3. Fragen mit neutralen Inhalten: An welche Hilfsorganisation würdest du Geld spenden?

Die Versuchspersonen konnten die Fragen zur Abklärung der Hypothese frei wählen. Dabei zeigte sich, dass in der ersten Gruppe (Abklärung von Introversion) tatsächlich mehr Fragen der 1. Kategorie, während in der 2. Gruppe (Abklärung von Extraversion) tatsächlich mehr Fragen aus der 2. Kategorie herangezogen wurden (vgl. Bierhoff, 2006).

Kommentar: Allein durch die Auswahl der Fragen ergibt sich so der Eindruck, dass die zu untersuchende Person tatsächlich der fraglichen Eigenschaftsklasse angehört. So kamen sogar neutrale Beobachter der Befragungssituation zu dem Schluss, dass die Zielpersonen, deren Extraversion abgeklärt werden sollte, tatsächlich extravertierter, selbstsicherer, ausgeglichener sind. Die Fragetechnik allein erzeugt hier also ein bestimmtes Persönlichkeitsbild. ◄

Die Befunde zeigen auf, dass insbesondere im Bereich der Diagnostik die Gefahr von Urteilsverzerrungen durch konfirmatorische Fragestrategien besteht. Eine Diagnose kann so eben nicht nur von der Persönlichkeit und dem Verhalten der befragten Person abhängen, sondern auch von den Erwartungen und Vorannahmen der beurteilenden Person.

Übung

Im Rahmen einer Betreuung (Familien- bzw. Erziehungshilfe) besuchen Sie Familie Müller in ihrer Wohnung (Herr und Frau Müller; beide Ende 20; zwei Kinder im Alter von 3 und 6 Jahren). Es soll von Ihrer Seite ein Unterstützungsbedarf (Diagnostik) abgeklärt werden. Der Ihnen vorliegende Antrag ist nicht sehr aussagekräftig, von Kolleg*innen sind Sie aber bereits darauf hingewiesen worden, dass es sich bei Frau Müller um eine Frau mit starker Intelligenzminderung und auffälligen Störungen des Sozialverhaltens handelt. Inwiefern könnten diese Informationen Ihre Befragung so lenken, dass konfirmatorische Tendenzen zum Tragen kommen?

2.2.5 Heuristiken

Im Alltag und Berufsleben müssen wir fortwährend eine Vielzahl von kleinen und manchmal auch großen Entscheidungen treffen. Nicht immer haben wir in solchen Situationen alle relevanten Informationen zur Hand, oder unser Wissen und unsere kognitiven Ressourcen sind sehr begrenzt. Wie fällen wir in solchen Fällen Urteile? Wie die Forschung zeigt, orientieren wir uns hierbei meist an sogenannten Heuristiken.

▶ **Definition: Heuristiken** Heuristiken sind Urteilstechniken, die zu einer Verringerung der Komplexität von zu bewältigenden Aufgaben beitragen (vgl. Kahneman & Tversky, 1973). Heuristiken beinhalten Wahrscheinlichkeitsabschätzungen (vgl. Kahneman et al., 1982). Sie können als im Laufe des Lebens angeeignete *Faustregeln* betrachtet werden, die eine schnelle Entscheidungsfindung ermöglichen.

Ein Beispiel für Heuristiken sind *mentale Anker*. Sie sind gewisse, aufgrund von Vorerfahrungen gebildete Grenzwerte bei der Zuschreibung von Eigenschaften (wie höflich, groß, motiviert).

> **Beispiel**
>
> Wir verwenden im Alltag ständig Heuristiken. Dies ist bereits der Fall, wenn wir auf eine Fußballmannschaft wetten (z. B. diejenige zu wählen, die die meisten Siege in der jeweiligen Paarung davongetragen hat) oder wenn wir im Supermarkt günstig einkaufen wollen (die günstigeren Produkte befinden sich im unteren Regalbereich) oder wenn wir wählen gehen (die Partei XYZ setzt sich am ehesten für Familien ein). ◄

Die Verwendung dieser Urteilstechniken bringt den Vorteil mit sich, dass sie unter Zeitdruck eine schnelle Urteilsbildung gewährleistet, die keinen großen Aufwand bedeutet. Hier ist also das intuitive System 1 nach Kahneman (2003) aktiv. Der Preis hierfür ist, dass nicht alle potenziell relevanten Informationen bei der Entscheidungsfindung Berücksichtigung finden, sodass es – trotz einer grundsätzlichen Funktionalität solcher „Abkürzungsprozesse" (vgl. Arkes, 1991) – zu Urteilsfehlern kommen kann.

Heuristiken stehen also bewusst gesteuerten und geplanten Entscheidungsstrategien gegenüber. Letztere gehen auf logische Kalküle, präzise Wahrscheinlichkeitsberechnungen oder das Prinzip der Maximierung des erwarteten Nutzens zurück (vgl. Gigerenzer & Gaissmaier, 2011) und sind mit System 2 nach Kahneman (2003) assoziiert.

> **Übung**
>
> - Welche Faustregeln wenden Sie in Ihrem Alltag an?
> - Welche Möglichkeiten sehen Sie, das Auftreten von Urteilsfehlern (aufgrund einer vorschnellen Anwendung von Heuristiken) zu verhindern?

Es gibt verschiedene Typen der Heuristik, die erklären, welche Mittel jeweils zur Urteilsbildung herangezogen werden.

2.2.5.1 Zugänglichkeit oder Verfügbarkeit

Bei der Verfügbarkeitsheuristik entscheiden die Zugänglichkeit und Verfügbarkeit der Informationen darüber, welche Entscheidung wir fällen. Stehen wir vor der Aufgabe, die Wahrscheinlichkeit von Ereignissen einschätzen zu müssen, so zeigt sich, dass wir hierbei solche Informationen besonders stark gewichten, die wir unmittelbar aus dem Langzeitgedächtnis abrufen können und die für uns leicht vorstellbar sind (vgl. Kahneman & Tversky, 1973). Vor allem, wenn wir nicht gewillt sind, die Wahrscheinlichkeit eines Ereignisses präzise zu beurteilen oder uns die hierfür notwendigen Informationen nicht vorliegen, greifen wir – in der Regel unbewusst – auf diese Strategie zurück. Das bedeutet, dass wir die Ereignisse als wahrscheinlicher beurteilen, an die wir uns sehr leicht erinnern.

Der Vorgang des sogenannten *Primings* kann hierbei die Zugänglichkeit von Schemata, also mentalen Strukturen, die uns bei der Einordnung der Welt helfen, erhöhen.

2.2 Wahrnehmung und Heuristiken

▶ **Definition: Priming** *Priming* bedeutet die Aktivierung von Gedächtnisinhalten, die mit kognitiven oder affektiven (emotionalen) Schemata assoziativ verknüpft sind. Reize, die diese Aktivierung auslösen, werden als *Prime* bezeichnet. „Als Ursache wird die neuronale Aktivitätsausbreitung assoziativer Netzwerke gesehen, bei denen Begriffe oder Affekte als Knoten fungieren, die verschiedene Linien miteinander verbinden." (Fischer & Wiswede, 2009, S. 226)

Hat man z. B. gerade einen Krimi im Kino gesehen, in dem eine Person in einer dunklen Ecke eines Parks ermordet wurde, verspürt man wahrscheinlich auch eine gewisse Beunruhigung, wenn man kurz darauf durch einen Park spaziert.

Berufsbezug

Kommen Sie gerade aus einer angespannten oder belastenden beruflichen oder privaten Situation, kann dies Ihre Wahrnehmung stark beeinflussen. Beispielsweise könnten negative Schemata sehr stark aktiviert sein. Sind Sie nun damit befasst, z. B. eine Beurteilung von bestimmten Personen vorzunehmen (z. B. einen Bericht zu verfassen), könnte es sein, dass Ihnen besonders die problematischen Aspekte der Person in den Blick kommen, viele Ressourcen und Weiterentwicklungen allerdings nicht. ◀

Übung

Überlegen Sie, ob es auch andersherum gehen kann, dass also auch Klient*innen durch vorhergehende Situationen so beeinflusst sind, dass dadurch ihr Verhalten in einer Gesprächssituation mit Ihnen so verändert ist, dass es ggf. zu Fehleinschätzungen kommen kann.

Im Alltag erweist sich diese Verfügbarkeitsheuristik zumeist als sehr nützlich. Irrtümer sind aber gerade dann möglich und wahrscheinlich, wenn keine konkreten, schnell abrufbaren Informationen vorliegen (vgl. Bierhoff, 2006). So kann man bei Spielern an Spielautomaten in größeren Hallen mit vielen Automaten die Tendenz feststellen, ihr Glücksspiel vehementer fortzusetzen, weil sie öfter (aufgrund der Größe der Halle) jemanden beim Gewinnen beobachten und dieses Bild bei der Entscheidung, ob sie noch weiterspielen sollen, aus dem Gedächtnis abrufen. Auch führt der Umstand, dass bereits kleine Gewinne mit Klingelzeichen und Lichtsignalen versehen sind, während Verluste eher laut- und kommentarlos über die Bühne gehen, zu einer Verstärkung des Spielverhaltens und der Ausblendung von Risiken (vgl. Kahneman & Tversky, 1973; vgl. Myers, 2014).

Exkurs: Verfügbarkeitsheuristik

Die Versuchspersonen von Lichtenstein und Mitarbeitern (1978) sollten beurteilen, mit welcher Wahrscheinlichkeit bestimmte Ereignisse eintreten. Wie sich herausstellte, überschätzten sie die Häufigkeit bestimmter Begebenheiten. Sie meinten beispielsweise:

- Bei Tornados sterben mehr Menschen als an Asthma (in Wirklichkeit gibt es in den Vereinigten Staaten 20-mal mehr Asthma- als Tornadoopfer).
- Es kommen genauso viele Menschen bei Unfällen ums Leben wie durch Krankheiten (auch hier verhält es sich umgekehrt; an Krankheiten sterben 16-mal mehr Menschen als bei Unfällen).

Diese Ergebnisse lassen sich damit erklären, dass es Tornados und Unfälle viel häufiger auf die Titelseiten schaffen als Asthma und andere Krankheiten (Ciccotti, 2011, S. 171 f.). ◄

Ein weiteres Beispiel für einen möglichen Irrtum ist der sogenannte *falsche Konsensus*. Hiermit ist gemeint, dass die meisten Menschen das Ausmaß überschätzen, in dem andere Personen ihre eigene Meinung teilen (vgl. Ross et al., 1979). Als Erklärungsgrund für die Verzerrung wird die kognitive Zugänglichkeit herangezogen. So sind die persönlichen Auffassungen besonders leicht aus dem Gedächtnis abrufbar und werden daher als plausibel und allgemein verbreitet angesehen (vgl. Bierhoff, 2006).

2.2.5.2 Repräsentativität

Die Repräsentativitätsheuristik besagt, dass wir die Wahrscheinlichkeit von Ereignissen häufig danach beurteilen, wie genau diese Ereignisse bestimmten prototypischen Situationen oder Personen entsprechen (vgl. Myers, 2013).

Exkurs: Basisratenfehler (Kahneman & Tversky, 1973)

In der Studie wurden den Versuchspersonen Kurzbeschreibungen von Personen vorgelegt, die mit prototypischen Vorstellungen eines Juristen oder eines Ingenieurs kompatibel waren (z. B. Jack, 45 Jahre, ist verheiratet und hat vier Kinder; er ist eher konservativ, sorgfältig und ehrgeizig, interessiert sich nicht für Politik oder soziale Fragen. In der Freizeit geht er überwiegend seinen vielfältigen Hobbys nach wie z. B. Tischlern, Segeln und mathematischer Denksport). Den Versuchspersonen wurde mitgeteilt, dass diese Personenbeschreibungen aus Interviews resultieren, an denen 30 Juristen und 70 Ingenieure teilgenommen haben (dies kann auch ausgedrückt werden als Basisrate von 30/100 vs. 70/100). Die Versuchspersonen sollten nun abschätzen, mit welcher Wahrscheinlichkeit es sich bei der Fallgeschichte um einen Ingenieur oder Juristen handelt.

Das Ergebnis war, dass die unterschiedlichen Ausgangswahrscheinlichkeiten aufgrund der Basisrate kaum Einfluss auf das Urteil hatten, obwohl sie in rationaler, statistischer Hinsicht von entscheidender Bedeutung sind. Die Befragung der Versuchspersonen ergab, dass sie sich bei der Beurteilung fast ausschließlich an der Personenbeschreibung orientiert hatten, die sie als prototypisch für eine Person eines bestimmten Berufes empfanden.

Kommentar: Dass ihnen deutlich mehr Personenbeschreibungen von Ingenieuren (höhere Basisrate) vorgelegt wurden, haben die Versuchspersonen bei ihren Einschätzungen ignoriert. ◄

Bei vielen aus der Erfahrung gezogenen Schlüssen stellt die Repräsentativität von Ereignissen eine erfolgversprechende Strategie dar. Dagegen werden falsche Schlussfolgerungen bezüglich der Wahrscheinlichkeit von Ereignissen vor allem dann getätigt, wenn es zu einer Verabsolutierung der Repräsentativität kommt, indem z. B. Einzelfälle zu prototypischen Beispielen erhoben werden. So könnte es zu einer generellen Abwertung von Personen aus einem bestimmten Kulturkreis kommen, weil eine einzelne Person aus ebendiesem Kreis bei einem Fehlverhalten beobachtet wurde (vgl. Bierhoff, 2006).

> **Übung**
>
> Welche Situationen könnte es in Ihrem (zukünftigen) Berufsleben geben, in denen es sinnvoll sein könnte, anhand von Heuristiken zu entscheiden? Inwiefern kann es hierbei zu Fehlentscheidungen kommen, und welche Tragweite könnten diese aufweisen?

> **Zusammenfassung**
> In diesem Kapitel haben Sie verschiedene Theorien und Modelle der Wahrnehmung kennengelernt. Unsere Wahrnehmungen ergeben sich immer aus einem Zusammenspiel von reizbezogenen Anteilen (also aus den Informationen, die über unser Sinnessystem aufgenommen werden) und unserer subjektiven Vorerfahrung, unseren Erwartungen und Gewohnheiten. Insofern nehmen wir nach Maßgabe unserer Erfahrungen, des Einflusses anderer Personen oder von Kulturen keine wirklichkeitsgetreue, sondern immer eine subjektiv eingefärbte Abbildung unserer Umwelt vor.
>
> Die *Gestaltpsychologie* hat verschiedene Organisationsmechanismen der Wahrnehmung herausgestellt, durch die Reize der Umgebung auf eine bestimmte Art und Weise in unserer Wahrnehmung strukturiert werden.
>
> Die *Bottom-up-Wahrnehmung* bezieht sich auf die datengesteuerte Wahrnehmung, bei der Informationen, die über unsere Sinne in unseren Körper gelangen, verarbeitet werden. Die *Top-down-Wahrnehmung* bezieht sich auf die konzeptgesteuerte Wahrnehmung, bei der in unserem Gedächtnis abgespeicherte Informationen abgerufen und bei der Betrachtung des Gegenstandes einbezogen werden.
>
> Sie haben verschiedene *Fallgruben* der Wahrnehmung kennengelernt wie z. B. vorschnelle „intuitive" Entscheidungen oder Selbstbestätigungstendenzen (konfirmatorischer Bias).
>
> *Heuristiken* sind Urteilstechniken, die zu einer Verringerung der Komplexität von zu bewältigenden Aufgaben beitragen. Sie können als im Laufe des Lebens angeeignete *Faustregeln* betrachtet werden, die eine schnelle Entscheidungsfindung ermöglichen. Maßgeblich hierfür ist die Verfügbarkeit von Informationen oder die Repräsentativität einer Situation oder Person.

Aufgaben

- Erläutern Sie das Zusammenspiel von daten- und konzeptgesteuerter Wahrnehmung an einem Beispiel (aus dem Kontext Ihrer Berufspraxis).
- Beschreiben Sie Fallgruben der Wahrnehmung und erörtern Sie deren Stellenwert für Ihren späteren Arbeitskontext.
- Was sind Heuristiken und was meint die Repräsentativität einer Situation oder Person in diesem Zusammenhang?

2.3 Aufmerksamkeit

Nachdem wir den Prozess der Wahrnehmung besprochen und dabei die Verarbeitung eines Gegenstandes von der Aufnahme über die Sinnesorgane bis hin zu einer neuronal realisierten Objekterkennung und hiermit zusammenhängenden Verhaltensweisen nachgezeichnet haben, wird nun eine zentrale Einflussgröße auf Wahrnehmungsvorgänge besprochen: Selektions- und Aufmerksamkeitsprozesse.

Wahrnehmung ist keine passive Abbildung der Umwelt, sondern eine sehr schöpferische, konstruierende Angelegenheit. Zugleich sind wir aber auch in der Auswahl der Stimuli keine passiven Reizempfänger, sondern nehmen aktiv eine Auswahl vor. In diesem Sinne „beachten wir bestimmte Objekte oder Orte innerhalb einer Szene besonders und ignorieren andere Objekte oder Orte. Wir richten *Aufmerksamkeit* auf bestimmte Objekte und Orte. Dabei handelt es sich um einen Prozess des Fokussierens und Auswählens, der weit mehr umfasst, als bloß die Dinge anzuschauen. Wenn [wir] die Aufmerksamkeit auf ein Objekt richten, rückt dieses Objekt nicht nur in den Blickpunkt, sondern es wird auch dessen Verarbeitung und somit dessen Wahrnehmung verbessert" (Goldstein, 2013, S. 128; Hervorh. im Orig.).

Das wichtigste Mittel zur Selektion von Gegenständen, Orten oder Personen in unserer Umwelt ist also die Aufmerksamkeit.

▶ **Definition: Aufmerksamkeit** Aufmerksamkeit ist ein Zustand konzentrierter Bewusstheit, begleitet von einer Bereitschaft, auf Stimulationen zu reagieren. Es ist gewissermaßen die Brücke, über die Informationen aus der äußeren Welt in die subjektive Welt des Bewusstseins gebracht werden, sodass die Person ihr Handeln darauf einstellen kann (vgl. Carver & Scheier, 1991).

Aus der meist chaotischen Fülle an sensorisch wahrnehmbaren Reizen wählt das Individuum nur bestimmte, für die Situation wichtig erscheinende Aspekte aus. Diese Selektion dient der Wahrnehmungsökonomie, um Menschen vor einer Reizüberflutung (wie sie für bestimmte psychische Störungen wie Autismus charakteristisch ist) zu bewahren.

2.3 Aufmerksamkeit

2.3.1 Aufmerksamkeit: eine begrenzte Ressource

Aufmerksamkeit ist eine sehr begrenzte Ressource. Eine Vielzahl an Untersuchungen aus der kognitiven Psychologie zeigt, dass zwar viele Informationen ins sensorische Gedächtnis gelangen, aber für die weitere (bewusste) Verarbeitung verloren gehen, wenn wir nicht unsere Aufmerksamkeit auf sie richten bzw. gerichtet halten. Daher wird Aufmerksamkeit häufig auch als eine Art Filter oder Flaschenhals betrachtet, der die Menge der zu verarbeitenden Informationen begrenzt und so unser informationsverarbeitendes System vor Überlastung schützt.

2.3.1.1 Die Filtertheorie

Die von Broadbent (1958) formulierte *Filtertheorie* geht davon aus, dass die von unseren Sinnesorganen aufgenommenen Informationen so lange unser Wahrnehmungssystem durchlaufen, bis sie auf eine Art Flaschenhals treffen. An dieser Stelle gibt es in unserem Nervensystem einen Mechanismus, der es bewerkstelligt, dass nur ein Teil der Informationen weiterverarbeitet wird, während der Rest „herausgefiltert" wird. Wie spätere Forschung zeigte, darf man sich diesen Mechanismus aber nicht im engeren Sinne des Wortes als rein „mechanisch" vorstellen, denn bei der Auswahl der Inhalte gehen wir durchaus nach inhaltlichen Gesichtspunkten vor (indem wir z. B. überlegen, was uns gerade in einer bestimmten Situation wichtig ist und was nicht).

▶ **Merke!** Nach der Filtertheorie der Aufmerksamkeit beinhaltet die Wahrnehmung eine Selektion von Informationen, bei der (vermeintlich) unbedeutende Informationen ausgeblendet bzw. nicht weiterverarbeitet werden.

2.3.1.2 Der Cocktailparty-Effekt

Ein anschauliches Beispiel für einen solchen Filtervorgang liefert der sogenannte *Cocktailparty-Effekt*. Stellen Sie sich vor, Sie sind auf einer gut besuchten und stimmungsvollen Cocktailparty. Es läuft Musik, es wird rege diskutiert, gescherzt und gelacht. Sie sind mitten im Geschehen und unterhalten sich – trotz der hohen Lautstärke des Partygeschehens – angeregt mit einer Freundin, die sie seit längerer Zeit nicht gesehen und hier überraschend getroffen haben. Ihre Freundin hat viele spannende Details über ihre Erlebnisse der letzten Monate zu berichten, sodass Sie gespannt zuhören und alles andere um Sie herum kaum mitbekommen: Es tritt buchstäblich in den Hintergrund ihrer Wahrnehmung. Und genau das ist der besagte Effekt. Er bezieht sich also auf selektives Hören und bezeichnet die Fähigkeit des menschlichen Wahrnehmungsapparates, selektiv bestimmte auditive Sinneseindrücke aus einem Gesamtgemisch an Umgebungsgeräuschen herauszuheben und andere zu unterdrücken. So hören Sie die Stimme Ihres Gesprächspartners in exponierter Weise, während alle anderen Stimmen und Geräusche in Ihrem subjektiven Empfinden stark *gedämpft* werden.

▶ **Merke!** Eine besondere Form der Filterung von Informationen ist der sogenannte Cocktailparty-Effekt, bei dem ein selektives Hören von bestimmten auditiven Reizen (z. B. Sprache) stattfindet, während andere Reize in den Hintergrund treten.

2.3.1.3 Die Grenzen der Aufmerksamkeit

In der menschlichen Informationsverarbeitung gibt es Punkte, ab denen es nicht mehr möglich ist, Informationen parallel zu verarbeiten. Dies lässt sich an motorischen Handlungen illustrieren:

> **Übung**
>
> Versuchen Sie bitte, gleichzeitig mit einer Hand rhythmisch auf einen Tisch zu klopfen, während Sie mit der anderen Hand auf Ihrem Bauch kreisende Bewegungen ausführen. Beschreiben Sie Ihre Erfahrungen!

Grundsätzlich fällt es uns nicht schwer, gleichzeitig zwei verschiedene Bewegungen auszuführen. Zumindest gilt dies, wenn die Handlungen verschiedene Handlungssteuerungssysteme betreffen, wie z. B. gehen und sprechen. Wenn aber „dasselbe motorische System zwei Dinge sofort tun soll, haben wir Probleme. Wir haben zwar zwei Hände, aber nur *ein* motorisches System, um sie zu bewegen. Deshalb fällt es bei bestimmten motorischen Aufgaben schwer, sie gleichzeitig jeweils mit einer Hand auszuführen. […] Es gibt viele motorische Systeme bei uns Menschen – eines zum Bewegen der Füße, eines für die Hände, ein weiteres für Augenbewegungen und so weiter, und sie können unabhängig und getrennt arbeiten, aber man kann sie nur schwer dazu bringen, zwei Dinge gleichzeitig zu tun" (Anderson, 2013, S. 53, Hervorh. im Orig.).

Es gilt der Grundsatz, dass Menschen nicht zwei verschiedenen Aspekten gleichzeitig ihre volle Aufmerksamkeit widmen können. Menschen können „nur einen Sprachstrom zur Zeit verarbeiten, ihre Hände zu einer Zeit nur auf eine Weise bewegen oder eine Sache zur Zeit aussprechen" (a. a. O., S. 69 f.).

▶ **Merke!** Menschen können nicht zwei Aspekten gleichzeitig ihre volle Aufmerksamkeit widmen.

Die durch die Aufmerksamkeit bewirkte Konzentration auf bestimmte Wahrnehmungsbereiche birgt das Risiko, dass wichtige Reize, die außerhalb des durch die Aufmerksamkeit eingeengten Wahrnehmungsbereiches liegen, nicht (bewusst) oder nicht schnell genug erfasst werden. Dies kann insbesondere in neuartigen und anspruchsvollen Situationen eine Herausforderung oder sogar Gefahr darstellen.

> **Beispiel: Telefonieren/Lesen/Schreiben beim Autofahren: Echte Gefahr?**
>
> Viele Studien (z. B. Strayer & Johnston, 2001; Strayer & Drews, 2007) belegen, dass Menschen, die am Steuer telefonieren oder gar Nachrichten schreiben, Ampeln oder

andere wichtige Verkehrsgeschehnisse verspätet wahrnehmen oder gänzlich übersehen. Die Reaktionsgeschwindigkeit ist herabgesetzt. Auch das Telefonieren über Freisprechanlagen schnitt in den Untersuchungen nicht wesentlich besser ab. „Dagegen beeinträchtigen Radiohören oder Abspielen von Hörbüchern das Fahren nicht. Strayer und Drews vermuten, dass Telefongespräche höhere Anforderungen an die zentrale Kognition stellen. Wenn jemand am Handy etwas sagt, erwartet er anschließend eine Antwort und wird unaufmerksam, was das Fahren betrifft. Dagegen lenken Gespräche mit Beifahrer*innen, wie die Autor*innen anmerken, nicht ganz so stark ab, weil Mitfahrende die Gespräche an die Verkehrssituation anpassen und den Fahrer auf Dinge wie Autobahnausfahrten hinweisen" (Anderson, 2013, S. 69).

Gleich nach überhöhter Geschwindigkeit sind Ablenkungen (u. a. durch Smartphones) die häufigste Ursache für schwerste Verkehrsunfälle mit Todesfolge (Bundesministerium für Verkehr und digitale Infrastruktur, 2017).

Kommentar: Auch wenn Sie es also (im Berufsleben) gerade sehr eilig haben oder nach einer wichtigen E-Mail schauen möchten, sollten Sie am Steuer auf keinen Fall auf Ihr Handy bzw. Smartphone blicken. Die tatsächliche Gefährdung ist hier viel stärker ausgeprägt, als es den Anschein haben mag. ◄

Es scheint des Weiteren ein optimales Erregungsniveau zu geben, das mit einer größtmöglichen Aufmerksamkeitsleistung einhergeht. Eine zu niedrige Erregung schließt eine gerichtete Reizverarbeitung aus, während eine Überaktivierung mit negativen Emotionen wie Angst, Ärger oder Wut einer sinnvollen Ordnung unserer Eindrücke entgegensteht.

Übung

Wieso könnten neuartige oder emotional belastende berufliche Situationen Sie in Bezug auf Ihre Aufmerksamkeitssteuerung bzw. -kapazitäten vor gewisse Herausforderungen oder gar Probleme stellen? Wie könnten Sie damit umgehen?

2.3.1.4 Übung und Automatisierung
Trainiert man bestimmte Aufgaben über einen hinreichenden Zeitraum, gehen die Ansprüche an die kognitive Kontrolle dieser Aufgabe deutlich zurück.

▶ **Definition: Automatisierung** Automatisierung bedeutet, dass man die kognitive (zunächst stärker Aufmerksamkeit beanspruchende) Komponente einer Aufgabe „so trainiert hat, dass die Aufgabe nur wenig oder keinen Denkaufwand mehr erfordert" (Anderson, 2013, S. 70).

Viele Handlungen, die wir anfänglich nur mit bewusster Kontrolle ausführen können, lassen sich durch Übung automatisieren (Schneider & Shifrin, 1977). Denken Sie z. B. an das Erlernen eines Instrumentes (Klavierspielen). Am Anfang muss jede Bewegung der Hände genau überwacht werden. Hat eine Schülerin bereits bestimmte Tonfolgen sehr gut eingeübt, wird sie nicht mehr jede Fingerbewegung bewusst überwachen müssen. Die Bewegungsmuster erfolgen in weiten Teilen „wie von selbst", und die Schülerin hat kognitive Ressourcen, auf Feinheiten beim Spiel zu achten, die sie zuvor noch außer Acht lassen musste.

Auch hier ist das Autofahren ein weiteres gutes Beispiel. Die meisten Abläufe (Lenken, Schalten, Pedale bedienen) erfolgen bei geübten Autofahrenden automatisch, d. h. ohne dass jeder Handgriff bzw. jede Fußbewegung bewusst kontrolliert werden müsste. Daher können wir während des Fahrens Gespräche mit Beifahrenden führen oder ein Hörbuch hören. Vielleicht kennen Sie auch den Umstand, dass Sie eine längere Autobahnfahrt absolviert haben und sich hinterher fragen, was Sie auf der Fahrt eigentlich gemacht haben, da Ihnen die Erinnerung (an zumindest bestimmte Abschnitte der Fahrt) fehlt. Wie wir bereits im Vorfeld im Hinblick auf das Telefonieren oder Nachrichtenschreiben am Steuer gesehen haben, hat die Automatisierung aber durchaus ihre Grenzen und wird – insbesondere von jungen Autofahrenden – häufig falsch eingeschätzt. Fahranfänger*innen haben meist die Fähigkeit zur selektiven Aufmerksamkeit, d. h., wichtige von unwichtigen Informationen der Verkehrsumwelt zu unterscheiden, noch nicht hinreichend ausgebildet und können so in Gefahrensituationen nicht schnell genug von der automatisierten in eine kontrollierte Verarbeitung zurückgehen (Pollatsek et al., 2006).

Berufsbezug

Gerade von Berufsanfänger*innen müssen möglicherweise Aufgaben im Arbeitskontext zunächst mit viel bewusster Kontrolle ausgeführt werden und können erst zunehmend automatisiert werden. Erst wenn sich bestimmte Routinen und damit Automatisierungen einstellen, sind ggf. erst Ressourcen vorhanden, um auf bestimmte Details in Situationen zu achten. Stellen Sie sich vor, Sie suchen in Ihrer späteren beruflichen Tätigkeit erstmals eine Familie auf. Sie überlegen, welche Vorgehensweise Sie im Rahmen Ihres Studiums und in der Vorbereitung mit Ihren Kolleg*innen besprochen haben. Da Sie so notwendigerweise sehr mit Ihren eigenen Planungen beschäftigt sind, die – da Sie noch nicht routiniert sind – sehr viele mentale Ressourcen in Anspruch nehmen, werden Ihnen bestimmte Details in Bezug auf die Familienmitglieder oder die Wohnumgebung wahrscheinlich nicht unbedingt auffallen, die erfahreneren Kolleg*innen, die über mehr „freie" mentale Ressourcen verfügen, wahrscheinlich nicht entgangen wären.

Aber auch für erfahrene Berufstätige ist das Thema relevant: Stellen Sie sich einen Kollegen vor, der schon über viele Jahre in der Familienarbeit oder Erziehungshilfe tätig ist. Viele seiner Handlungen (Kontaktaufnahme, Kommunikation mit der Familie, Abfassen von Berichten) werden aufgrund der Routine keinen großen kognitiven Aufwand mehr erzeugen und laufen stärker automatisiert ab. Vielleicht wird es aber auch Situationen geben, die nicht in das über die Zeit aufgebaute Schema passen (ein Kind in der aufgesuchten Familie zeigt auffälliges Verhalten, was hier allerdings auf eine Hochbegabung zurückgeht). Hier könnte ein „Umschalten" auf eine bewusste, kontrollierte Informationsverarbeitung vonnöten sein, denn ggf. hat die Fachkraft wenig eingespielte Konzepte zum Umgang mit und zur Förderung von hochbegabten Kindern. Erfolgt dies nicht und beim Kind wird z. B. lediglich eine Störung des Sozialverhaltens festgestellt, kann dies natürlich weitreichende Folgen nach sich ziehen. ◂

2.3 Aufmerksamkeit

> **Übung**
>
> Wie könnte die hier notwendige Fähigkeit zur Unterscheidung wichtiger und unwichtiger Informationen verbessert werden? Was sollte im Allgemeinen Anlass geben, von einer automatisierten zu einer bewusst-kontrollierten Aufmerksamkeit überzugehen (d. h. bei einer bestimmten Situation genauer hinzuschauen)?

2.3.2 Aufmerksamkeitslenkung

Aufmerksamkeit ist ein Zustand intensiver, gerichteter Wahrnehmung. Sie kann sowohl auf bestimmte Gegenstände oder Orte im Raum (unabhängig davon, welche Objekte hier präsent sind) ausgerichtet werden (vgl. Anderson, 2013). Der Normalfall ist eine *offene* Wahrnehmung, bei der wir das Beobachtungsobjekt direkt fixieren. Es gibt aber auch eine *verdeckte* Aufmerksamkeit, bei der das Objekt unseres Interesses nicht direkt angeschaut wird. Dies spielt bei einigen Sportarten eine Rolle (vgl. Goldstein, 2013).

> **Übung**
>
> Überlegen Sie, bei welchen Sportarten dies der Fall sein könnte und warum es so ist! Fallen Ihnen auch andere Situationen ein, in denen wir das Objekt/die Person unseres Interesses aus bestimmten Erwägungen heraus nicht direkt fixieren?

Es existiert eine Reihe kognitiver, motivationaler und sozialer Einflussfaktoren der Selektivität von Wahrnehmung. Die hiermit verbundene zielgerichtete *intentionale* Aufmerksamkeit bezieht sich auf die Bereiche des Wahrnehmungsraumes, die Gegenstände oder Personen, die aufgrund von Vorerfahrung/Vorwissen, verfolgten Zielen oder individuellen Motivationslagen als besonders informativ und interessant erlebt werden. Hier zeigen auch viele Untersuchungen mit Geräten, die die Blickbewegungen der Versuchspersonen erfassen (Eye-Tracker), dass die intentionale Aufmerksamkeit über verschiedene Personen hinweg sehr stark variiert. Es sind die individuell verschiedenen Vorerfahrungen und Interessen, die bedingen, welche Objekte in einer bestimmten Szene zuerst betrachtet und welche erst später erfasst werden (Castelhano & Henderson, 2008).

Unser kategoriales Wissen bringt zugleich Top-down-Prozesse mit sich, die unsere Aufmerksamkeit steuern. So haben wir sogenannte Skripts abgespeichert, wie bestimmte Situationen/Ereignisse prototypisch ablaufen. Skripts sind kognitive Schemata bzw. Regeln, die eine (situationsbezogene) Handlung beschreiben. Man denke z. B. an den Besuch eines Restaurants: Man betritt das Restaurant, fragt die Servicekraft nach einem Tisch, bekommt einen solchen zugewiesen, nimmt dort Platz, inspiziert die Karte, trifft eine Auswahl, ruft die Servicekraft heran und bestellt usw. Wenn etwas nun von diesem Szenenschema abweicht (z. B. finden Sie in einem vielseitig als sehr nobel gepriesenen Restaurant Plastikstühle an den Tischen vor), werden solche Abweichungen schneller und länger betrachtet.

> **Übung**
>
> Inwiefern könnten auch motivationale Aspekte (z. B. Ihr Interesse an bestimmten Themen oder Personen) sowie soziale Aspekte (z. B. die Meinungen und Handlungen Ihrer Mitmenschen) Ihre intentionale Aufmerksamkeit beeinflussen? Überlegen Sie sich insbesondere Beispiele aus Ihrem (zukünftigen) beruflichen Kontext!

2.3.3 Ablenkungen und Aufmerksamkeitsdefizite

Aufmerksam zu agieren, hat viele wichtige Funktionen. Wie Goldstein (2013) aufzeigt, steht unsere Aufmerksamkeitsleistung mit 3 wichtigen Befunden im Zusammenhang.

▶ **Merke!** Mentale Aufmerksamkeit ...

- ... verbessert unsere *Reaktionsfähigkeit*,
- ... begünstigt die *Wahrnehmung* von Objekten und
- ... verstärkt die *physiologische Reaktion* auf Objekte.

Wie bereits thematisiert wurde, ist Aufmerksamkeit eine sehr begrenzte Ressource. Sie filtert unsere Wahrnehmung und führt nur einen Teilbereich der sinnlich erfassten Umgebungsinformationen unserer bewussten Verarbeitung zu. Was passiert aber, wenn wir in unserer Aufmerksamkeit abgelenkt sind oder solche nur sehr eingeschränkt aufbringen können? Werden die Objekte, denen wir keine Aufmerksamkeit schenken, tatsächlich gar nicht verarbeitet und fehlen (unwiederbringlich) in unserem Wahrnehmungserlebnis?

2.3.3.1 Ablenkungen

Wir sind im Alltag und auch in unserem Berufsleben sehr häufig Ablenkungen ausgesetzt, die uns von unserem eigentlich vorhandenen Anliegen in einer Situation abbringen. Natürlich sind es manchmal auch wir selbst, die uns von einer Aufgabe ablenken.

> **Beispiel: Ablenkung im Berufsalltag**
>
> Stellen Sie sich vor, dass Sie mit eine*r Klient*in ein Gespräch führen, und Ihnen fällt während des Gesprächs auf, dass der*die Klient*in das gleiche Hemd trägt, dass Sie kürzlich Ihrem Mann/Ihrer Frau zum Geburtstag geschenkt haben. Allerdings entdecken Sie, dass bei dem Hemd ein Knopf fehlt. Während Sie über beide Aspekte innerlich schmunzeln müssen, fällt Ihnen auf, dass Sie die letzten Ausführungen Ihres Gegenübers nicht wirklich registriert haben. Durch Ihre Beschäftigung mit dem Hemd sind Sie gewissermaßen in den Hintergrund getreten und erst durch die Vergegenwärtigung Ihrer Ablenkung wieder ganz präsent. ◀

Wie sich auch im Beispiel gezeigt haben sollte, können uns gerade unerwartete situative Gegebenheiten von dem, was wir gerade zu erledigen haben, ablenken. So können

2.3 Aufmerksamkeit

auffällige Plakate am Straßenrand oder die Anwesenheit einer attraktiven Person dazu führen, dass wir beim Autofahren kurzzeitig unkonzentriert sind und das Verkehrsgeschehen nicht in adäquater Weise erfassen.

Solche Gegebenheiten, die uns von unserer eigentlichen Betätigung ablenken, werden *aufgabenirrelevante Reize* genannt. Wie wir bereits gesehen haben, haben Reize einen unterschiedlichen Grad an Salienz (Aufmerksamkeitsbindung), der damit zugleich ihr „Ablenkungspotenzial" bestimmt.

Aus einer Vielzahl von Untersuchungen (z. B. Lavie, 2006) weiß man außerdem, dass sich aufgabenirrelevante Reize vor allem dann auf die Leistung auswirken, wenn es sich um Aufgaben mit einem geringen Schwierigkeitsgrad handelt. Bei sehr beanspruchenden Aufgaben gibt es hingegen keine oder nur eine sehr geringe Auswirkung auf die erbrachte Leistung.

▶ **Merke!** Ablenkung kann nur stattfinden, wenn die mentalen Ressourcen nicht bereits durch ein verfolgtes Ziel bereits vollständig gebunden sind.

2.3.3.2 ADHS

Eine bekannte Störung der Aufmerksamkeit ist die sogenannte Aufmerksamkeitsdefizit-/Hyperaktivitätsstörung (ADHS). Sie gehört zu den Verhaltens- und emotionalen Störungen mit Beginn in der Kindheit und Jugend, wobei ca. 5 % der Kinder hiervon betroffen sind mit einem deutlich größeren Anteil an Jungen gegenüber Mädchen (Lehmkuhl et al., 1998; Neuy-Bartmann, 2005). ADHS zeigt sich in einer unangepassten Aufmerksamkeitslenkung und Selbstregulation sowie impulsivem Verhalten der betroffenen Personen.

▶ **Merke!** ADHS ist eine Verhaltens- bzw. emotionale Störung mit Beginn in der Kindheit. Kernmerkmale sind:

- unangepasste Aufmerksamkeitslenkung
- Schwierigkeiten bei der Selbstregulation
- impulsives Verhalten

Es müssen nicht alle der Symptome vorliegen, jedoch ist allen Subformen gemeinsam, dass eine Störung der Aufmerksamkeit in der Hinsicht vorliegt, dass die Kinder und Jugendlichen erhebliche Schwierigkeiten haben, ihre kognitiven Funktionen zu kontrollieren und ihr eigenes Verhalten situationsadäquat (in der Schule) zu steuern (Mietzel, 2007).

ADHS gilt mittlerweile als eine neurobiologisch bedingte Störung und hat sowohl genetische als auch umweltbedingte Ursachen. Die betroffenen Personen, ihre Familienmitglieder und sonstigen Umgangspersonen (z. B. Lehrer*innen) fühlen sich meist äußerst belastet. Die Folgen sind in vielen Fällen geringe schulische Leistungen bis hin zu Schulabbrüchen sowie das Ausbilden weiterer psychischer Störungen.

Im Umgang mit ADHS ist es besonders wichtig, dass die betroffenen Personen Strategien zur Kontrolle der eigenen Aufmerksamkeit vermittelt bekommen und diese hinreichend einüben können (vgl. Mietzel, 2007). Dies ist auch ein zentraler Gegenstand verhaltenstherapeutischer Maßnahmen. Hier wird durch verschiedene Materialien und Übungen versucht, geeignetes Verhalten und eine adäquate Aufmerksamkeitssteuerung zu fördern. Es wird meist mit konkreten Handlungs- und Verstärkungsplänen gearbeitet sowie Wissen über Aufmerksamkeit und strategisches Handeln vermittelt. Dass eine solche Therapie bei ADHS hilft (mit oder ohne eine Kombination mit Medikamenten), konnte in einer Reihe von Studien nachgewiesen werden (Pfiffner & Haack, 2014).

Zusammenfassung
In diesem Abschnitt haben Sie verschiedene Konzepte und Theorien der Aufmerksamkeit, ihrer Lenkung und Ablenkung kennengelernt. Aufmerksamkeit ist ein Zustand konzentrierter Bewusstheit, begleitet von einer Bereitschaft, auf Stimulationen zu reagieren. Aufmerksamkeit ist gewissermaßen die Brücke, über die Informationen aus der äußeren Welt in die subjektive Welt des Bewusstseins gebracht werden, sodass die Person ihr Handeln darauf einstellen kann.

Aufmerksamkeit ist eine sehr begrenzte bzw. begrenzende Ressource. Sie wird häufig auch als eine Art Filter oder Flaschenhals betrachtet, der die Menge der zu verarbeitenden Informationen begrenzt und so unser informationsverarbeitendes System vor Überlastung schützt.

Es existiert eine Reihe kognitiver, motivationaler und sozialer Einflussfaktoren der Selektivität von Wahrnehmung.

Eine bekannte Störung der Aufmerksamkeit ist die sogenannte Aufmerksamkeitsdefizit-/Hyperaktivitätsstörung (ADHS). Sie gehört zu den Verhaltens- und emotionalen Störungen mit Beginn in der Kindheit und Jugend. Die wichtigsten Kennzeichen von ADHS sind eine unangepasste Aufmerksamkeitslenkung, Schwierigkeiten bei der Selbstregulation sowie ein impulsives Verhalten.

Aufgaben

- Inwiefern ist es korrekt zu sagen, dass Aufmerksamkeit eine begrenzte und zugleich begrenzende Ressource darstellt?
- Erläutern Sie kognitive, motivationale und soziale Einflussfaktoren der aufmerksamkeitsbezogenen Wahrnehmungseingrenzung.

2.4 Emotionen und sozial-emotionale Kompetenz

Fallbeispiel: Angst vor Hunden (Teil 1)

Ben (10 Jahre) ist der älteste Sohn in einer Familie, die Sie betreuen. Er hat große Angst vor Hunden, deren Verhalten er nicht richtig einschätzen kann, und befürchtet, dass er gebissen wird. Normalerweise bekommt er starke Angstgefühle, wenn er im Park spazieren ist und ihm große Hunde begegnen. Er hat dann immer einen möglichst großen Bogen um die Tiere gemacht, insbesondere, wenn diese frei gelaufen sind. Typischerweise hat er dann ganz schwitzige Hände bekommen, und sein Herz fing schnell und laut an zu schlagen. Seit einigen Wochen ist Ben aber von der Grundschule auf die Realschule gewechselt und hat hier einen neuen Freund gefunden, der einen Hund besitzt (ein Beagle namens Alco). Da er nun – notgedrungen – häufiger mit dem Hund in Berührung kam, wirken Hunde nicht mehr ganz so bedrohlich auf ihn. Er hat ihn sogar schon gestreichelt und das ganz positiv erlebt. Beim heutigen Besuch des Parks denkt er sich, dass die Hunde, die ihm dort begegnen, ähnlich sein werden wie Alco. Er hat sich fest vorgenommen, den Tieren nicht mehr auszuweichen. ◄

Emotionen wie Angst, Freude, Wut, Trauer, Ekel oder Hoffnung bestimmen unser Leben und spiegeln unsere persönliche Perspektive auf die Welt unsere Mitmenschen wider. Wir freuen uns über eine nette Geste unseres Gegenübers, haben Angst vor einer bestimmten Prüfung (oder vor einem bestimmten Tier wie im Fallbeispiel) und sind verärgert über einen dummen Spruch unseres besten Freundes. Emotionen sind allgegenwärtig. Hiermit in Verbindung steht die Motivation, die unsere Anstrengungen auf das Erreichen eines Ziels ausrichtet und damit unser Verhalten sehr stark beeinflussen kann.

2.4.1 Emotionen und sozial-emotionale Kompetenzen

Zunächst ist es wichtig herauszustellen, dass der wissenschaftliche Emotionsbegriff nicht mit dem im Alltag verwendeten Gefühlsbegriff gleichzusetzen ist. Subjektive Gefühle einer ganz bestimmten Qualität sind ein zentraler Bestandteil von Emotionen. Echte Emotionen (im Gegensatz zu Stimmungen, Empfindungen etc.) sind aber eben mehr als bloße Gefühle. Sie sind durch insgesamt vier Komponenten gekennzeichnet:

1. Gefühle einer bestimmten Erfahrungsqualität (z. B. das ganz spezifische Gefühl der Angst),
2. eine Intention (Annäherung vs. Entfernung) bzw. ein Verhalten,
3. körperliche bzw. physiologische Veränderungen (z. B. im Hinblick auf die Puls- oder Atemfrequenz),
4. Kognitionen, die entweder bestimmte Gefühle hervorrufen oder das Gefühlserleben begleiten können.

Übung

Inwiefern können Sie die 4 Komponenten von Emotionen in dem oben geschilderten Fallbeispiel von Ben wiederfinden? Gehen Sie diese systematisch durch! Welchen Stellenwert mögen Bens Gedanken für seine Angst haben? Überlegen Sie sich ein ähnliches Beispiel aus Ihrem (zukünftigen) beruflichen Kontext!

Jede Emotion hat also zunächst eine bestimmte subjektive Erfahrungsqualität, ein *Gefühl*. Angst fühlt sich auf eine ganz bestimmte Art und Weise an und ist von einer ganz anderen Qualität als z. B. Trauer, Ärger oder Freude.

Haben wir positive Emotionen wie Freude oder Stolz, ist dies angenehm, und wir haben die *Intention*, diese Emotionen aufrechtzuhalten. Bei negativen Emotionen wie Trauer oder Ärger möchten wir diese in den meisten Fällen möglichst rasch überwinden und aus diesen emotionalen Zuständen wieder heraus.

Wenn wir Angst oder Wut verspüren, zeigen sich die Auswirkungen dieses Zustands nicht nur auf der Ebene unseres bewussten Erlebens, sondern auch im *Körper*. Jeder sollte es aus dem Alltag kennen: Ohne körperliche Reaktionen findet keine Emotion statt. Hierbei ist das autonome bzw. vegetative Nervensystem von entscheidender Bedeutung. Der Sympathikus veranlasst die Hormondrüsen dazu, bestimmte Stresshormone wie Adrenalin auszuschütten, unsere Leber stellt dem Körper mehr Zucker zur Verfügung, die Atmung wird gesteigert, die Verdauung verlangsamt. Auf diese Weise wird unser Körper auf eine potenzielle „Kampfsituation" vorbereitet. Erst wenn die potenzielle Gefahrensituation vorbei ist, weil sich unser angstbesetztes Objekt (der Hund) entfernt hat oder sich – im Falle einer Konfliktsituation – unser Widersacher für ein Fehlverhalten entschuldigt hat, nehmen Angst oder Wut und damit auch die körperliche Anspannungssituation wieder ab. Nun hat der parasympathische Teil des autonomen Nervensystems die Oberhand, der Stresshormonspiegel nimmt ab, die Atmung und der Herzschlag werden ruhiger, die Verdauung wird angeregt. Auch wenn physiologische Reaktionen bei allen Emotionen auftreten, ist es schwierig, sie allein auf der physiologischen Ebene unterscheiden zu wollen. So gehen – wie gerade beschrieben – Angst oder Wut mit einer sehr ähnlichen körperlichen Reaktion einher.

Bereits am obigen Beispiel von Ben sollte sich der zentrale Stellenwert von *kognitiven Prozessen* bei der Entstehung von Emotionen gezeigt haben. Ben hat Angst vor Hunden, weil er ihr Verhalten als unberechenbar erlebt. Im Gegensatz zum Umgang mit Menschen erlebt er den Umgang mit Hunden als etwas Unkontrollierbares. In der Psychologie wurde allerdings viel darüber diskutiert und geforscht, was zuerst da ist: die Kognition oder das Gefühl. Beurteile ich mental eine Situation als potenziell gefährlich und bekomme deswegen Angst, ein laut schlagendes Herz und verschwitzte Hände, oder ist es eher andersherum, dass sich im Angesicht einer bestimmten Situation in meinem Körper bestimmte (physiologische) Prozesse ergeben (Zittern, lauter Herzschlag), deren Wahrnehmung dann erst einen Gefühlszustand erzeugt? So besagt die *Zwei-Faktoren-Theorie der Emotion* von Schachter und Singer (1962), dass wir im Angesicht von Gefahr physiologisch erregt sind, diese Erregung dann kognitiv interpretieren und dadurch das subjektive Gefühl der Angst entsteht. Es gibt außerdem Nachweise dafür, dass es emotionale Reaktionen auf bestimmte Situationen geben kann, die ohne bewusstes Nachdenken ablaufen (denken Sie z. B. an einen bestimmten Duft, der Sie in einen besonderen emotionalen Zustand versetzt, ohne dass Sie darüber nachgedacht haben).

Andere Forscher wie Lazarus (1991, 1998) halten dagegen und betonen, dass *jede* Emotion auf der Basis der kognitiven Bewertung einer Situation zustande kommt. Eine solche Bewertung kann allerdings auch unbewusst erfolgen, dennoch handelt es sich um einen kognitiven Prozess. In Abhängigkeit von Gedanken und Einschätzungen einer Situation kommt es überhaupt erst zum Auftreten einer ganz bestimmten Emotion. Mittels kognitiver Prozesse können wir unsere Emotionen *regulieren*.

▶ **Merke!** Emotionen entstehen immer im Wechselspiel zwischen Gedanken und körperlichen Reaktionen. In der Regel nehmen wir – bewusst oder unbewusst – Bewertungen von Situationen vor, die dann zur Ausprägung einer bestimmten Emotion führen.

2.4.1.1 Emotionsregulation

Als emotionale Selbstregulation lässt sich die Kompetenz bezeichnen, in angemessener Art und Weise mit seinen eigenen Gefühlen umzugehen und den Emotionsausdruck in sozialen Situationen steuern zu können (Saarni, 2002). Eine adäquate Regulation von Emotionen ist entscheidend dafür, sich im Austausch mit anderen Menschen angemessen verhalten und gesetzte Ziele auch tatsächlich erreichen zu können. Sie ermöglicht es, vorhandene Emotionen je nach den Erfordernissen einer Situation zu verstärken oder abzuschwächen und sie in einer sozial akzeptablen Weise auszudrücken.

Nicht alle Menschen können ihre Emotionen gleichermaßen gut regulieren. Manche Kinder weisen schon von ihrer Veranlagung her eine geringere emotionale Erregbarkeit auf und machen daher einen ausgeglicheneren Gesamteindruck als andere. Wiederum gibt es Kinder, die besonders versiert darin sind, mit den eigenen Emotionen umzugehen.

> **Berufsbezug**
>
> Arbeitnehmer*innen im Dienstleistungs- und sozialen Sektor sind häufig sehr stark darin gefordert, bestimmte emotionale Reaktionen zu zeigen, sich in sehr beanspruchenden Situationen ruhig zu verhalten und gelassen mit Verärgerungen oder Fehlverhalten von Klient*innen umzugehen. Wenn im Beruf ein solches Handeln gefordert ist, kann dies als Emotionsarbeit (Hochschild, 1990) bezeichnet werden. Sie ist ein zentraler Bestandteil in einer Vielzahl von Berufsfeldern auf allen Qualifikationsebenen und spielt auch im Kontext der Pädagogik und Sozialen Arbeit eine bedeutsame Rolle. Sie kann sowohl eine Quelle von Wertschätzung und Anerkennung sein als auch mit Unzufriedenheit, psychischer Belastung bis hin zu Burnout-Phänomenen einhergehen, wenn längerfristig ein inadäquater Umgang mit emotionalen Dissonanzen vorliegt (vgl. Zapf et al., 2002; Lichtenthaler & Fischbach, 2010). Emotionale Dissonanz meint, dass nach außen ein anderer Emotionsausdruck gezeigt werden muss, als dieser tatsächlich empfunden wird. Hat man z. B. eine Klientin im Gespräch, die offenbar ihre Körperhygiene über längere Zeit stark vernachlässigt hat, mag es zwar sein, dass dies Ekelgefühle bei Ihnen auslöst, die Sie aber nicht offen zeigen können, und dass Sie trotz der unangenehmen Situation freundlich und sachbezogen agieren müssen. ◀

Wie gut wir unsere emotionalen Zustände regulieren können, hängt vor allem von zwei Größen ab: von unserer *physiologischen Reaktivität* (Stressanfälligkeit) und der Verfügbarkeit von *Regulationsstrategien* (Grolnick et al., 1999) (vgl. Abb. 2.12).

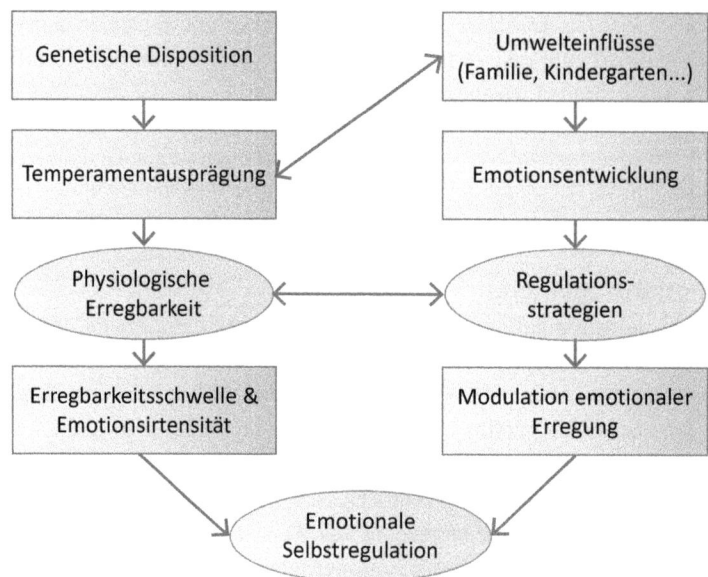

Abb. 2.12 Komponenten der emotionalen Selbstregulation. (In Anlehnung an Petermann & Wiedebusch, 2008, S. 66)

Emotionale Zustände sind durch verschiedene Intensitäten der erlebten Gefühle charakterisiert. Außerdem haben Menschen unterschiedliche Erregungsschwellen, d. h. das bestimmte Ausmaß an körperlicher Erregung, ab dem z. B. Angst einsetzt. Die Ausprägung beider Aspekte wird entscheidend beeinflusst durch die physiologische Erregbarkeit, die auf der Basis von genetischen Dispositionen zu Unterschieden im Temperament von Personen führt. So springen manche Menschen leichter auf eine Provokation an oder erleben intensivere Freude bei einem Erfolg als andere, was überwiegend angeboren ist. Im Falle einer stärkeren physiologischen Erregbarkeit fällt das Risiko für emotionale und Verhaltensprobleme höher aus. Allerdings kann die physiologische Reaktivität durch äußere Einflüsse verändert werden. So lernen z. B. Kinder vor allem am Modell der Eltern und anderer wichtiger Bezugspersonen, wie diese mit ihren Emotionen umgehen, was sich günstig oder ungünstig auf die eigene emotionale Erregbarkeit auswirken kann.

▶ **Merke!** Die physiologische Erregbarkeit variiert von Mensch zu Mensch. Durch Lernen am Modell und den Aufbau angemessener Regulationsstrategien kann ihr Einfluss auf die Fähigkeit zur Emotionsregulation verändert werden.

Ebenso ist das Vorhandensein adäquater verhaltensbezogener sowie kognitiver Regulationsstrategien ein wichtiger Faktor eines gelungenen Sozialverhaltens. Hierzu gehören z. B. Selbstberuhigungsstrategien, Ablenkung der Aufmerksamkeit, Rückzug oder die Umbewertung der Situation. Wichtig ist dabei insbesondere, dass Menschen zwischen kontrollierbaren Situationen (wie ein Wechsel des Arbeitsplatzes) und unkontrollierbaren

Situationen (wie eine betriebsbedingte Kündigung oder eine zwingend erforderliche Operation) unterscheiden können, in denen ein abwehrendes Verhalten kontraproduktiv ist.

Ein unangemessener Umgang mit den eigenen Emotionen führt dagegen auf Dauer zu Problemen. So führt einerseits eine starke Tendenz zur Unterdrückung negativer Emotionen und andererseits ein langwieriges „Überwältigtsein" von Emotionen auf Dauer zu psychischen Belastungen (Malti et al. 2009).

▶ **Merke!** Es gibt Verhaltensstrategien und kognitive Strategien zur Emotionsregulation. Wichtig ist, dass zwischen kontrollierbaren und unkontrollierbaren Situationen unterschieden wird.

Übung

Überlegen Sie, wie Sie mit emotionalen Belastungen in Ihrem Beruf umgehen könnten. Welche kognitiven (Ablenkung, Umdeutung …), motivationalen (persönlicher Ansporn …) oder verhaltensbezogenen Strategien (Sport als Ausgleich …) würden Sie nutzen wollen? Warum diese? Überlegen Sie, welche Vor- und Nachteile hiermit verbunden sein könnten.

2.4.1.2 Emotionsverständnis

Eine weitere zentrale sozial-emotionale Schlüsselkompetenz ist das Emotionsverständnis (Mayer & Salovey, 1997; Saarni, 1999), das auch für eine adäquate Regulation von Emotionen wichtig ist. Es ist die Kompetenz, Emotionen bei sich selbst und anderen identifizieren zu können und zu wissen, was sie bedeuten, was sie beeinflusst und welche sozialen Funktionen sie besitzen. Auch die Fähigkeit zur emotionalen Perspektivenübernahme lässt sich als eine zentrale Komponente des Emotionsverständnisses verstehen.

Um die Emotionen von anderen Menschen zu erkennen, müssen wir ihre körperlichen, mimischen und sprachlichen Reaktionen wahrnehmen und adäquat entschlüsseln können. Manchmal handelt es sich um äußerst subtile Aspekte, wie ein bestimmter Tonfall in der Stimme, der für die richtige Deutung maßgeblich ist. Hier ist aber auch gerade der nonverbale Bereich von allergrößter Bedeutung. So kann ein Blick ganz viele Botschaften transportieren, von Begehren, Unterordnung vs. Dominanz bis hin zu offenkundiger Ablehnung.

Je nachdem, welche Erfahrungen wir im Laufe unseres Lebens gemacht haben, können wir für die Entschlüsselung von Emotionen besonders empfänglich sein. So hat man in Experimenten festgestellt, dass Kinder mit körperlichen Misshandlungserfahrungen Anzeichen von negativen Emotionen wie Wut viel schneller erkennen als andere Kinder (Pollak & Kistler, 2002). Ebenso sind introvertierte Menschen tendenziell besser in der Lage, Emotionen anderer zu erkennen, wobei jedoch grundsätzlich gilt, dass die Emotionen von extravertierten Personen besser abzulesen sind. Des Weiteren gilt, dass Frauen im Vergleich zu Männern in der Regel besser in der Lage sind, nonverbale Hinweisreize auf Emotionen bei anderen Menschen richtig und schnell zu deuten (Hall, 1987).

Eine besondere Facette des Emotionsverständnisses ist die Fähigkeit zur emotionalen Perspektivenübernahme. Sie bezieht sich auf das Verständnis der emotionalen Verfassung anderer (Steins & Wicklund, 1993) und ist somit zentral für unsere Empathie anderen Menschen gegenüber. Empathische Personen sind in der Lage, den emotionalen Zustand einer anderen Person nachzuempfinden, und haben über die emotionale Perspektivenübernahme ein Wissen und Verständnis dieses Zustandes.

> **Übung**
>
> Manche Menschen haben große Schwierigkeiten, die Emotionen anderer Personen zu erkennen und sich in deren emotionalen Zustand hineinzuversetzen. Überlegen Sie, inwiefern sich hieraus Schwierigkeiten in sozialen und beruflichen Situationen ergeben können!

2.4.1.3 Die Bedeutung sozial-emotionaler Kompetenzen für die Entwicklung

Ein entscheidender Einfluss auf ein angepasstes Sozialverhalten und beruflichen Erfolg geht von einer adäquaten Entwicklung emotionaler Kompetenzen aus. Als Kennzeichen einer sogenannten *emotionalen Intelligenz* werden Aspekte genannt, wie z. B. sich selbst motivieren können, seine eigenen Gefühle (an)erkennen und auch die von anderen verstehen zu können, wozu Empathie und die Fähigkeit zur emotionalen Perspektivenübernahme vonnöten sind. Darüber hinaus bedarf es aber auch einer adäquaten Emotionsregulation, d. h. der Fähigkeit, die innere Gefühlswelt, aber auch den nach außen gerichteten Emotionsausdruck kontrollieren zu können (Mayer & Salovey, 1997; Saarni, 1999). Die Bedeutung emotionaler Intelligenz zeigt sich daran, dass der EQ (emotionaler Intelligenzquotient) offenbar besser als der IQ den Lebenserfolg bzw. die Lebenszufriedenheit eines Menschen vorhersagt, insbesondere was seine sozialen Beziehungen angeht (Felsman & Vaillant, 1987; Siegler et al., 2011).

Sozial-emotionale Fertigkeiten sind entscheidende Determinanten für ein gelungenes Sozialverhalten (Eisenberg et al., 1997). Es ist möglich, anhand der emotionalen Fertigkeiten von Kindergartenkindern (Emotionsausdruck, Emotionsverständnis und Emotionsregulation) ihr späteres Sozialverhalten vorherzusagen (Denham et al., 2003). Ebenso zeigt sich, dass bei verhaltensauffälligen Kindern sehr häufig verschiedene emotionale Schlüsselfertigkeiten nur unzureichend ausgeprägt sind. Insbesondere weisen sie Defizite im Erkennen des mimischen Emotionsausdrucks anderer Personen auf und haben insgesamt ein geringeres Emotionswissen (Bohnert et al., 2003). Dies kann ihre Schwierigkeiten im sozialen Kontext gut erklären. Denn wenn ein Kind anhand des Gesichtsausdrucks seines Gegenübers dessen emotionalen Zustand nicht erschließen kann, wird es sein eigenes Verhalten auch nicht an die situativen Erfordernisse anpassen können.

Eine der wesentlichen Voraussetzungen für angemessenes Verhalten in sozialen Situationen ist, die Sichtweise eines anderen zu verstehen. Kompetenzen wie Empathie, prosoziales Verhalten, moralische Entwicklung oder das Lösen von zwischenmenschlichen Problemsituationen werden durch die Fähigkeit zur Perspektivenübernahme positiv beeinflusst.

2.4 Emotionen und sozial-emotionale Kompetenz

Ebenso hat man festgestellt, dass aggressives Verhalten und Mobbing mit einer dysfunktionalen (d. h. nicht konstruktiven, nicht erfolgreichen) Emotionsregulation zusammenhängt (Buckley et al., 2003). Dieser Befund ist auch darin begründet, dass die betroffenen Kinder und Jugendlichen emotionale Fertigkeiten, die Voraussetzung für prosoziales Verhalten und Empathie sind (wie z. B. die Fähigkeit zur emotionalen Perspektivenübernahme), nur unzureichend entwickelt haben (Eisenberg et al., 1997).

> **Fallbeispiel: Tom (10 Jahre)**
>
> Tom ist 10 Jahre alt und besucht die 4. Klasse einer Grundschule. Häufig schlägt er seine Mitschüler*innen ohne ersichtlichen Grund. Seine Lehrerin bezeichnet ihn als besonders aggressiv. Tom kann diese Anschuldigungen nicht verstehen, da er sich stets von den Mitschüler*innen angegriffen fühlt. Immer wenn er eine Frage beantworten muss, hat er den Eindruck, dass die anderen ihn provokativ anschauen. Er hat das Gefühl, dass ihn alle auslachen. Nach der Stunde rächt er sich an den Mitschüler*innen und hofft, dass diese ihn in der nächsten Stunde nicht mehr mit Blicken durchbohren. ◄

Natürlich bleibt die schulische und berufliche Leistungsfähigkeit und Lernbereitschaft von sozial-emotionalen Schwierigkeiten nicht unberührt (Wiedebusch, 2007). Bei Kindern, die im Kindergartenalter über eine altersangemessene sozial-emotionale Kompetenz verfügen, lässt sich später auch eine positivere Einstellung zur Schule feststellen. Sie können sich an den Schulalltag besser anpassen und weisen größere schulische Erfolge auf (Denham, 2006; Raver, 2002). Dagegen zeigen Kinder mit sehr gering ausgeprägten sozial-emotionalen Fertigkeiten eine unzureichende Schulreife, geringere schulische Leistungen und eine größere Anzahl von Konflikten mit ihren Mitschüler*innen (Blair, 2002). Neben der Emotionsregulation und dem Emotionsverständnis hat auch die reine qualitative Beschaffenheit des emotionalen Erlebens einen Einfluss auf die schulische und berufliche Leistungsfähigkeit. So konnten Roeser et al. (2001) nachweisen, dass ein häufiges Erleben von negativen Emotionen die Lern- und Leistungsfähigkeit dezimiert, wohingegen die Dominanz positiver Emotionen mit höheren Leistungen einhergeht (Izard, 2002).

▶ **Merke!** Durch die mangelhaften sozial-emotionalen Kompetenzen kommt es bei den betroffenen Personen zu einem häufigeren Auftreten von negativen Emotionen und einer unzureichenden Emotionsregulation.

2.4.2 Angst

Wie in dem obigen Beispiel erläutert, gibt es vielfältige angstbesetzte Objekte und Situationen. Menschen können Angst vor Tieren haben (wie Hunden, Schlangen oder Spinnen) oder Angst vor ganz bestimmten Situationen wie größeren Menschengruppen, dem zahnärztlichen Personal oder dem Alleinsein.

Was Ben im Hinblick auf Hunde erlebt, ist für alle Fälle von Angst charakteristisch: Die betroffenen Personen erleben in Bezug auf eine Situation oder ein Objekt Unkontrollierbarkeit, die mit einer Empfindung von Hilflosigkeit verbunden ist. Es entsteht ein *Angstgefühl*.

Hiermit ist die *Intention* verbunden, aus einer Situation entfliehen zu wollen. Auf der Verhaltensebene zeigt sich Angst darin, dass das *Verhalten* der betroffenen Person „extremer" wird: Es kommt zu einem Erstarren oder zu einer übermäßigen Aktivität.

Physiologisch zeigt sich Angst durch eine Veränderung der Herzfrequenz (kann sich verlangsamen oder auch stark erhöhen) und des Blutdrucks. Wir schwitzen, werden blass und haben eine höhere Anspannung der Muskeln.

Kognitiv liegen z. B. Einschränkungen bzw. Einengungen der Wahrnehmung vor. Sieht Ben einen Hund, ist er auf dieses Objekt völlig fokussiert und blendet alles andere aus. Es kann auch zu sprunghaften Gedankenverkettungen und Denkblockaden kommen (z. B. bei Angst in Prüfungssituationen).

2.4.2.1 Begriffsdifferenzierung

Wichtig ist, zwischen Angst, Ängstlichkeit und Furcht zu unterscheiden.

Angst bezieht sich auf eine aktuell vorliegende Situation und den sich hier akut abspielenden Angstzustand („state"). Eine Person muss auf ihrem Heimweg ein sehr dunkles Waldstück passieren und hat akut Angst.

Ängstlichkeit hingegen bezieht sich auf eine Persönlichkeitseigenschaft eines Menschen („trait"). Es ist also nicht eine ganz spezielle Situation, vor der man Angst hat, sondern es ist eine situationsübergreifende Charakteristik eines Menschen. Dieser hat dann z. B. nicht nur im dunklen Wald Angst, sondern auch in Prüfungssituationen, beim Sprechen vor anderen Menschen oder vor medizinischen Eingriffen.

Eine *Furcht* hat einen konkreten, greifbaren Gegenstand zum Anlass und kann in der Regel rational begründet werden (als eine reale Bedrohung). So ist Bens Angst vor Hunden genau genommen keine Furcht vor Hunden, obwohl seine Sorge, von einem Hund gebissen werden zu können, durchaus als eine rationale Sorge aufgefasst werden kann. Die diffuse Angst im Dunkeln, die irrational erlebte Angst bei Panikattacken sind demnach keine Fälle von Furcht.

▶ **Merke!** Während Ängste auch eher diffuser (unkonkreter) Natur sein können, bezieht sich eine Furcht immer auf einen konkreten, greifbaren Gegenstand (wie bestimmte Tiere, Objekte oder Situationen).

2.4.2.2 Umgang mit Ängsten

Ansatzpunkte für den Umgang mit Angst finden sich auf der physiologischen, verhaltensbezogenen oder kognitiven Ebene der Angst. Wir können versuchen, die physiologischen Angstsymptome zu reduzieren oder unser Denken über die angstbesetzte Situation bzw. den angstbesetzten Gegenstand so zu verändern, dass die Angst abgeschwächt oder ganz aufgelöst wird.

2.4 Emotionen und sozial-emotionale Kompetenz

Auf der *physiologischen* Ebene kann man mit bestimmten Entspannungsverfahren wie Progressiver Muskelentspannung oder Autogenem Training ansetzen. Über die erlernten autosuggestiven Techniken kann man sich in Angstsituationen dann selbst aus dem Zustand wieder herausführen oder lernen – auch das ist möglich –, trotz einer gewissen Angst in einem entspannten Zustand zu sein.

In Bezug auf das *Verhalten* ist die Überwindung von Vermeidungsverhalten ein wichtiger Ansatzpunkt. Ein Beispiel liefert wiederum Ben, der sich durch eine neue persönliche Lebenssituation seinem angstbesetzten Objekt, einem Hund, gestellt hat. Dies nennt man in der Psychologie *Konfrontation*.

Die *kognitive* Ebene bietet eine Vielzahl von Möglichkeiten zur Angstreduktion oder -überwindung. Indem ich meine für die Angst ursächlichen Gedanken aufdecke, diese zulasse und akzeptiere, besteht eine Grundlage für die Veränderung ebendieser Gedanken. Ebenso können weitere positive Gedanken hinzugefügt werden. Ben hat nun einige positive Erfahrungen mit Hunden gesammelt und erkennt zunehmend, dass das Verhalten von Hunden meist auch ganz klaren Regeln folgt und gar nicht so unkontrollierbar und gefährlich ist, wie er zuvor dachte.

> **Übung**
>
> Auch im Berufsalltag können Situationen auftreten, die Angst und Überforderungseindrücke auslösen. Denken Sie z. B. an bestimmte Klient*innen mit sehr hohem Gewaltpotenzial. Welche Möglichkeiten sehen Sie, mit Ihren Ängsten in solchen Situationen umzugehen? Überlegen Sie sich Strategien auf den verschiedenen Ebenen (physiologisch, verhaltensbezogen und kognitiv).

2.4.3 Ärger und Wut

> **Fallbeispiel: Angst vor Hunden (Teil 2)**
>
> Kehren wir zu einem Zeitpunkt zurück, an dem Ben noch starke Angst vor Hunden hatte, und stellen uns vor, dass Ben seinem alten Freund Max im Park begegnet, der mit seinem Hund spazieren ist und um Bens Angst weiß. Der Hund steht nun vor Ben und knurrt, woraufhin Max aber keine Reaktion zeigt und mit Ben in ein Gespräch einsteigen möchte. Ben nimmt Reißaus und verlässt den Park, ohne sich zu verabschieden. Nachdem die Angst abgeklungen ist, ist Ben verärgert und wütend auf Max, dass dieser ihn absichtlich solch einer Schikane ausgesetzt hat. ◄

2.4.3.1 Begriffsdifferenzierung

Die Emotion *Ärger* bezieht sich auf einen Gefühlszustand, bei dem eine Unzufriedenheit mit einem bestimmten Ereignis vorliegt, für das eine bestimmte Person oder Institution verantwortlich gemacht wird, so wie Ben Max für die für ihn unliebsame Situation verantwortlich macht. Das Ausmaß an Ärger hängt von der Bedeutsamkeit bzw. Unerwünschtheit des Ereignisses ab. Je stärker Ben sich gepeinigt gefühlt hat, desto stärker wird sein Ärger sein. *Wut* bezeichnet einen besonders intensiven Ärger, dem eine Herabwürdigung oder Kränkung der Person vorausgeht und der den Selbstwert einer Person bedroht (Mees, 1992). Der antike Dichter Horaz hat bei Wut von einem kurzen Wahnsinn gesprochen. Gemeinsam ist beiden, dass sie Reaktionen auf etwas sind, was andere Personen – gemäß der eigenen Einschätzung – falsch gemacht haben, was besonders ausgeprägt ist, wenn davon ausgegangen wird, dass die anderen Personen dies mit Absicht getan haben und es vermeidbar gewesen wäre. Insbesondere wenn Ben davon ausgeht, dass Max ihn absichtlich peinigen wollte, wird aus dem Ärger Bens schnell eine richtige Wut auf Max werden.

Während Angst in einer Konfliktsituation eher die Tendenz mit sich bringt, aus dieser fliehen zu wollen, begünstigen Ärger und vor allem Wut eher die *Intention*, in den „Kampf" zu gehen. Es hängt dabei ganz von der Situation ab, ob Flucht oder Kampf ein angemessenes Verhalten darstellt.

Physiologisch zeigen sich Ärger und Wut in einer starken Aktivierung des sympathischen Nervensystems: Der Körper macht sich durch eine Steigerung der Herzfrequenz, der Durchblutung des Kopfes, des Muskeltonus und der Atmung zum Kampf bereit.

Kognitiv liegen ähnlich wie bei Ängsten Einschränkungen bzw. Einengungen der Wahrnehmung vor. Die ärgerbezogene Situation und deren negative Deutung stehen im Mittelpunkt des Erlebens, während andere ggf. „entlastende" oder relativierende Gedanken zur Einschätzung der Situation eher ausgeblendet bzw. nicht zur Kenntnis genommen werden.

2.4.3.2 Umgang mit Ärger und Wut

Der Umgang mit Ärger und Wut – insbesondere in beruflichen Kontexten – hat einen großen Stellenwert, denn wie eine Vielzahl an Studien zeigt, kann uns ein häufiges Erleben dieser Emotionen regelrecht krankmachen. Chronischer Ärger kann beispielsweise zu Herzerkrankungen führen (Müller, 1993).

Lange Zeit nahm man an, dass ein Abreagieren der Wut in Form von aggressiven Handlungen oder Pseudohandlungen in der Fantasie (Katharsis genannt) Wut effektiv abbauen kann. Auch wenn einige Daten darauf hindeuten, dass dies in ganz speziellen Situationen funktionieren kann (bei direkter und berechtigter Gegenwehr und einem nicht-überlegenen Gegenüber, vgl. Geen & Quanty, 1977), ist hierbei – wenn überhaupt – nur eine kurzfristige Entspannung zu erwarten.

Der Regelfall ist ein anderer: Ein starker Ausdruck von Ärger führt zu noch mehr Ärger. Durch die aggressive Reaktion wird häufig eine ebenso in ihrer Intensivität gesteigerte Reaktion des Gegenübers provoziert, und beide Parteien geraten schnell in eine Aggressionsspirale. In vielen Fällen (auch Fantasien) wird die Wut außerdem noch größer und nicht weniger, wenn man sie stark herauslässt.

Exkurs: Steigerung der Aggressivität

In einer klassischen Studie haben Ebbesen et al. (1975) 100 Ingenieur*innen und Techniker*innen, die gerade von einem Luftfahrtunternehmen entlassen worden waren, ei-

2.4 Emotionen und sozial-emotionale Kompetenz

ner Befragung unterzogen. Mit Fragen wie: „Erinnern Sie sich an Situationen, in denen Sie die Organisation unfair behandelt hat?" sollte in einer Gruppe Wut erzeugt werden, die über die Beantwortung der Fragen „abgelassen" werden konnte. Die andere Gruppe erhielt Fragen zu „neutralen" Themen. In einem späteren Fragebogen, der ihre Einstellung gegenüber der Firma erfasste, konnte festgestellt werden, dass statt einer Abnahme der Wut – im Vergleich zur Kontrollgruppe – noch eine immense Steigerung der Feindseligkeit gegenüber der Firma zu verzeichnen war.

In einer neueren Studie hat Bushman (2002) die Teilnehmenden zunächst einer gewissen Provokation ausgesetzt. Daraufhin wurde wiederum die Hälfte der Versuchspersonen darum gebeten, auf einen Boxsack einzuschlagen, während sie dabei an die Person denken sollten, die sie wütend gemacht hat. In der Folge bot er ihnen eine Gelegenheit, eine gewisse „Rache" zu verüben, und stellte dabei fest, dass diejenigen, die den Boxsack bearbeitet hatten, hierbei noch aggressiver vorgingen als die Personen, die dies nicht gemacht hatten.

Kommentar: Die Ansicht, dass das Herauslassen von Aggressionen zu einem Abbau von Wut und Ärger führt (Katharsis), gilt als widerlegt. Eine Ausnahme bilden ggf. sportliche Betätigungen. ◂

Wie sollte man dann mit Ärger und Wut umgehen? Natürlich ist ein gelungener Umgang mit negativen Emotionen eine sehr individuelle Sache. Manche treiben hierzu Sport, machen ausgiebige Spaziergänge, tauschen sich mit Familien und Freunden aus und überdenken so noch einmal die konfliktbelastete Situation. Wichtig ist dabei, sich Zeit zu nehmen, den Ärger abklingen zu lassen und nicht vorschnell zu reagieren. Ebenso ist es wichtig, ein gutes Gleichgewicht zwischen einer nach außen gerichteten Reaktion (dem Ärger konstruktiv und kontrolliert Luft machen, indem z. B. am nächsten Tag das Gespräch mit dem*der Chef*in gesucht wird) und einer internen Regulation (z. B. durch kognitive Umbewertung) zu finden. Ziel muss also ein kontrollierter Ausdruck von Ärger und Wut sein, anstatt diese Emotionen innerlich aufzustauen oder sich einem Wutausbruch hinzugeben (Myers, 2014).

> **Übung**
>
> Suchen Sie nach eigenen Erfahrungen, in denen Sie einen adäquaten und auch inadäquaten Umgang mit einer ärgerlichen Situation hatten, und überlegen Sie – vor dem Hintergrund der erörterten Theorien und Befunde –, woran dies lag. Wie könnten Sie mit solchen Situationen im Arbeitsleben umgehen? Wie könnten Sie selbst auf Ärger und Wut Ihrer Klient*innen reagieren?

2.4.4 Schuld und Scham

Gemeinsam ist beiden Emotionen, dass sie darauf bezogen sind, dass man in seiner Wahrnehmung den Anforderungen anderer oder den Ansprüchen an sich selbst nicht gerecht wird. Beide können mit Erröten, Veränderung in Atmung und Muskelanspannung einhergehen. Es kann zu Schwindel und Beklemmungsgefühlen, Sprachproblemen oder auch stärkeren Gefühlsausbrüchen kommen.

Auch wenn im alltäglichen Sprachgebrauch zwischen Schuld und Scham nicht immer klar unterschieden wird, ist aber doch wichtig, zwischen beiden Emotionen zu differenzieren. Schuldgefühle sind auf ein konkretes (Fehl-)Verhalten bezogen. Daher sind hiermit Reuegefühle und Bedauern verbunden sowie der Wunsch, die Folgen dieses Verhaltens aus der Welt zu räumen (Hoffman, 2000). Schuld geht also mit Empathie für andere einher.

Anders verhält es sich bei Schamgefühlen. Wenn Menschen sich schämen, liegt der Fokus auf ihnen selbst: Man fühlt sich der Beobachtung durch andere Personen ausgesetzt und möchte dieser Situation nur noch entkommen (Tangney et al., 2007). Insofern hängt Scham nicht direkt mit der Sorge um andere zusammen, sondern primär mit dem eigenen Selbstwert.

▶ **Merke!** Schuld ist auf das (Fehl-)Verhalten der Person bezogen und mit Reuegefühlen und Wiedergutmachungswünschen verbunden. Scham bezieht sich auf die ganze Person und ist meist mit einem herabgesetzten Selbstwertgefühl verbunden.

2.4.4.1 Die Herausbildung von Scham- und Schuldgefühlen

Schuld und Scham gehören wie Stolz oder Verlegenheit zu Emotionen, die eine Selbstvergegenwärtigung erfordern. Ich kann nur Verlegenheit empfinden, wenn ich den Eindruck habe, mich im Mittelpunkt der Aufmerksamkeit meines Umfeldes zu befinden. Diese Emotionen setzen Selbstbewusstsein voraus und bilden sich daher erst relativ spät im Entwicklungsverlauf heraus.

Bereits in der kindlichen Entwicklung ist es so, dass manche Kinder eher Schuld-, manche Kinder eher Schamgefühle aufbauen, obwohl es sich um vergleichbare Anlässe handelt. Zum einen mag dies mit individuellen Dispositionen zusammenhängen, zum anderen aber auch stark mit dem Erziehungsverhalten der Eltern und weiteren Bezugspersonen des Kindes (Erzieher*innen, Lehrer*innen etc.). Die zentrale Frage ist: Worauf nehmen die Erwachsenen Bezug, wenn das Kind ein „Fehlverhalten" gezeigt hat? Fokussieren Sie hierbei das Verhalten („Es ist nicht schön, was du da gerade gemacht hast") oder aber das Kind selbst („Du bist ein ungezogenes Kind"). Steht das Verhalten im Mittelpunkt, was ggf. außerdem noch damit verbunden ist, dass die Eltern auf die Konsequenzen des Verhaltens und die Bedeutung von Wiedergutmachungen hinweisen, dann bilden die Kinder eher Schuldgefühle aus. Steht das Kind selbst im Mittelpunkt der Kritik (und nicht sein Fehlverhalten), dann bilden sich vermehrt Schamgefühle aus, insbesondere wenn eine Besprechung der Verhaltensfolgen und Wiedergutmachungsmöglichkeiten unterbleibt (Hoffman, 2000).

2.4.4.2 Umgang mit Schuld und Scham

Aber auch im Umgang von Erwachsenen miteinander, insbesondere in beruflichen Kontexten (z. B. einer Betreuungssituation), spielen solche Mechanismen eine entscheidende Rolle. Je nachdem, wie in solchen Kontexten kommuniziert wird, bilden sich eher günstige oder ungünstige emotionale Reaktionen und Entwicklungsverläufe heraus.

2.4 Emotionen und sozial-emotionale Kompetenz

Übung

Folgende Situation: Sie sind in einer Erziehungsberatungsstelle tätig und haben eine alleinerziehende Mutter zum Gespräch, die kognitive Einschränkungen aufweist und mit der Erziehung ihrer drei Kinder stark überfordert ist. Insbesondere im Umgang mit ihrer 8 Jahre alten Tochter ergeben sich oft Schwierigkeiten (sie kann ihrer Tochter keine klaren Grenzen aufzeigen, sodass diese oft bis spät abends wach ist und ihr Zimmer im Chaos versinkt). Überlegen Sie, inwiefern hier seitens der Mutter in der Beratungssituation Schuld- und/oder Schamgefühle vorhanden sein könnten. Inwiefern können Sie insbesondere der Ausbildung von Schamgefühlen entgegenwirken?

Wichtig ist, dass potenziell schambesetzte Situationen oder Handlungen offen thematisiert werden und Raum für die Gefühle der betroffenen Personen geschaffen wird. Dabei sollte unbedingt Raum für alternative, nicht-selbstwertbedrohende Interpretationen einer Situation (wie der Betreuung) gegeben werden. Grundsätzlich gilt auch hier, dass bei Rückmeldungen das Verhalten (und nicht die Person und ihre Defizite) im Mittelpunkt stehen sollte und dabei insbesondere das zukünftig mögliche Verhalten (anstatt des Fehlverhaltens). Hat die Mutter aus dem Fallbeispiel Schwierigkeiten bei der Erziehung ihrer Tochter, dann sollte der Fokus in der Einübung alternativer Verhaltensweisen liegen anstatt auf einer Zurechtweisung bezüglich ihres möglicherweise vorhandenen Fehlverhaltens (beispielsweise könnte Möglichkeiten erarbeitet werden, wie man aktiv Grenzen in der Erziehung setzt und deren Einhaltung durchsetzen kann).

2.4.5 Emotionen und kultureller Kontext

Zunächst gilt, dass manche basalen Emotionen in allen Kulturen der Welt ähnlich gezeigt werden, d. h. durch einen ähnlichen Gesichtsausdruck gekennzeichnet sind. Egal, ob man sich Menschen in Europa, Afrika oder Asien anschaut, sehen ein Lächeln und Anzeichen von Wut überall äußerst ähnlich aus. Bereits Charles Darwin nahm an, dass alle Menschen über ein angeborenes Set an bestimmten Emotionsausdrücken und damit verbundenen Gesichtsmuskelbewegungen verfügen. Da diese Vorgänge eine universelle Gültigkeit besitzen, haben sie zum Überleben der Menschheit beigetragen, denn hierüber konnten von unseren Vorfahren, die ggf. noch nicht über eine gesprochene Sprache verfügten, sehr schnell und effektiv Botschaften bezüglich Bedrohungen, Dominanz und Unterordnung ver- bzw. übermittelt werden.

Es gibt aber auch relevante Unterschiede, was die Anlässe für und die Darbietung von Emotionen angeht. Beispielsweise sind es sehr verschiedene Situationen, die von Kultur zu Kultur eine Emotion hervorrufen. In Kulturen, die eher kollektivistisch geprägt sind (wie z. B. viele Länder Asiens oder Ozeaniens wie Japan oder Tahiti), erleben Personen eher Verlegenheit oder Scham, wenn sie – für alle Umstehenden ersichtlich – eine Aufgabe besser bewältigen als andere. So vermeiden Japaner, einen einzelnen Menschen zu loben, weil dies damit assoziiert wäre, dass der Fokus auf der einzelnen Person liegt und damit die Bedürfnisse und Interessen der sozialen Gruppe, des Kollektivs, vernachlässigt werden (Lewis, 1992). Wenn soziale oder familiäre Verpflichtungen nicht erfüllt werden können, kommt es vermehrt zu Scham- oder Schuldgefühlen (Mascolo et al., 2003) im Gegensatz zu stärker individualistisch geprägten Kulturen (wie z. B. den USA). In individualistischen Kulturen liegt der Fokus viel stärker auf dem Individuum als auf der Gruppe. Vergleicht man nun z. B. die USA mit Japan, kann man feststellen, dass japanische Kinder viel seltener Stolz im Zusammenhang mit einem persönlichen Erfolg erleben (Furukawa et al., 2012). Auch ist die Tendenz, Wut relativ ungehindert herauszulassen, charakteristisch für individualistische Kulturen, sie findet sich aber kaum in kollektivistischen Kulturen, da das Zeigen von Wut und Ärger hier als eine Bedrohung für die Gruppenharmonie betrachtet wird (Markus & Kitayama, 1991).

In anderen Kulturkreisen (wie in der arabisch oder türkisch geprägten Kultur) wird großer Wert auf die Ehre einer Familie gelegt, zugleich ist die Hervorhebung von Erfolgen und Leistungen keineswegs ein Tabu.

▶ **Merke!** Verschiedene Kulturen unterscheiden sich teilweise stark darin, wie und ob bestimmte Emotionen gezeigt werden. Durch Unkenntnis kultureller Hintergründe von Personen können Fehleinschätzungen von Verhaltensweisen und damit Konflikte zwischen Personen(gruppen) entstehen.

Übung

Überlegen Sie, welche Bedeutung diese kulturabhängige Verschiedenheit des Auftretens und Umgangs mit Emotionen für Ihre Berufstätigkeit haben kann!

Zusammenfassung

In diesem Abschnitt haben Sie verschiedene Modelle und Theorien der Emotion und sozial-emotionalen Kompetenz kennengelernt. Echte Emotionen sind durch 4 Komponenten gekennzeichnet: Gefühle einer bestimmten Erfahrungsqualität (z. B. das ganz spezifische Gefühl der Angst), eine Intention (Annäherung vs. Entfernung) bzw. ein Verhalten, körperliche bzw. physiologische Veränderungen (z. B. im Hinblick auf die Puls- oder Atemfrequenz) sowie Kognitionen, die entweder bestimmte Gefühle hervorrufen können oder das Gefühlserleben begleiten können.

Als *Emotionsregulation* lässt sich die Kompetenz bezeichnen, in angemessener Art und Weise mit seinen eigenen Gefühlen umzugehen und den Emotionsausdruck in sozialen Situationen steuern zu können. Wie gut wir unsere emotionalen Zustände regulieren können, hängt vor allem von zwei Größen ab: von unserer physiologischen Reaktivität (Stressanfälligkeit) und der Verfügbarkeit von Regulationsstrategien.

Das *Emotionsverständnis* ist die Kompetenz, Emotionen bei sich selbst und anderen identifizieren zu können und zu wissen, was sie bedeuten, was sie beeinflusst und welche sozialen Funktionen sie besitzen.

Wichtige Emotionsarten (mit ggf. starken Auswirkungen im Berufskontext) sind Ängste, Ärger und Wut sowie Schuld und Scham.

Verschiedene Kulturen unterscheiden sich teilweise stark darin, wie und ob bestimmte Emotionen gezeigt werden. Durch Unkenntnis kultureller Hintergründe von Personen können Fehleinschätzungen von Verhaltensweisen und damit Konflikte zwischen Personen(gruppen) entstehen.

Aufgaben

- Was ist der Unterschied zwischen echten Emotionen und Stimmungen oder (Körper-)Empfindungen?
- Warum haben Kognitionen einen besonderen Stellenwert für die sozial-emotionale Kompetenz und sind auch ein zentraler Ansatzpunkt für Fördermaßnahmen?
- Erläutern Sie, inwieweit das Zeigen und Regulieren von Emotionen kulturbezogene Abhängigkeiten aufweist.

2.5 Motivation und Motivierung

Beispiel: Arbeit in der Drogenberatungsstelle

Sie treten nach Ihrem Studium eine Stelle aus Sozialarbeiter*in in einer Drogen- und Suchtberatungsstelle an. Hierzu gehört, dass Sie eine Arbeitsbeziehung zu Ihren Klient*innen aufbauen und die subjektive Veränderungsbereitschaft erhöhen. Neben dem Ziel der Abstinenz der Klient*innen sind Sie um ein Verständnis der Zusammenhänge des Suchtmittelkonsums und der Motivierung zur Veränderung der Lebenssituation bemüht.

Klient Karl Müller (42) ist schwer alkoholabhängig. Er schafft es nicht, seinen Lebensalltag zielgerichtet zu organisieren, und wird immer wieder – im „kleinen Rahmen" delinquent (Beschaffungskriminalität). Er ist geschieden und hat drei Kinder (14, 10, 8 Jahre alt), die immer wieder Kontakt zu ihm suchen. Aufgrund der starken Suchtproblematik und wiederholter Rückfälle (auch unter Anwesenheit der Kinder) darf Herr Müller nur noch in begleiteter Form (Jugendamt) stundenweise mit den Kindern Umgang haben. Dies belastet ihn sehr und führt – wie er es beschreibt – auch zum starken Wunsch, sich mit dem Alkohol „zu betäuben". ◄

In den im Folgenden dargestellten Bereichen der Motivationspsychologie liefern sowohl einen Rahmen zur Erklärung der Hintergründe solcher Problemlagen als auch einen Ansatzpunkt zur Lösung der Probleme.

▶ **Definition: Motivation** „Motivation wird gewöhnlich definiert als interner Zustand, der Verhalten aktiviert, die Richtung des Verhaltens vorgibt und es aufrechterhält" (Woolfolk, 2008, S. 451).

Nach Rheinberg (2004) ist Motivation definiert als „aktivierende Ausrichtung des momentanen Lebensvollzuges auf einen positiv bewerteten Zielzustand" (S. 15).

Motivation ist ein Zustand, der uns auf bestimmte Ziele hinlenkt bzw. uns diese überhaupt erst verfolgen lässt. Wir wollten einen guten Schulabschluss machen und haben uns dafür über Monate und Jahre angestrengt. Wir wollten eine zu uns passende Arbeitstätigkeit finden und haben ggf. eine Vielzahl an Bewerbungen geschrieben und Vorstellungsgespräche geführt. Dass sich der eine dabei etwas mehr angestrengt hat als der andere, kann mit Unterschieden in der Persönlichkeit zu tun haben, aber auch mit situativen Gegebenheiten. Einerseits haben manche Personen ein stärkeres Leistungsmotiv oder aber auch Prüfungsangst, die eher überdauernde Eigenschaften sind. Andererseits gibt es situative Anreize (die Prüfung ist meine „Eintrittskarte" zu meinem Wunschstudium), eine besondere Erfolgserwartung, sozialen Druck oder Bedürfnisse, die eher situationsspezifisch sind.

▶ **Merke!** Motivation ist in der Regel eine Mischung aus personenspezifischen überdauernden Eigenschaften und einem situationsspezifischen Zustand.

2.5.1 Intrinsische und extrinsische Motivation

Manchmal sind wir an einer Sache selbst interessiert und lesen ein Buch, lernen für eine Prüfung oder treiben Sport, weil es uns Spaß macht. Hierbei spricht man von intrinsischer Motivation, die auf Tätigkeiten oder Gegenstände bezogen sein kann.

▶ **Definition: Intrinsische Motivation** Wunsch oder Absicht, eine Handlung auszuführen, weil die Handlung selbst als interessant, spannend oder auf eine bestimmte Weise zufriedenstellend erscheint. Der Anreiz zu handeln liegt hier in der Tätigkeit selbst (Deci & Ryan, 1985; Schiefele & Streblow, 2005).

Im Falle intrinsischer Motivation handeln wir von uns selbst aus und brauchen keinen Anstoß von außen. Das Buch ist spannend, und ich freue mich darauf, es zu lesen. Da Mathematik mein Lieblingsfach in der Schule ist, sehe ich der Prüfung gelassen entgegen und freue mich vielleicht sogar ein bisschen darauf, mein Wissen unter Beweis stellen zu können. Oder im Falle von Sport habe ich Spaß an einem guten Workout im Fitnesscenter.

Mit intrinsischer Motivation geht oftmals ein Zustand einher, den man als *Flow-Erleben* bezeichnet (Csikszentmihalyi, 1985), wenn man gänzlich in seiner Tätigkeit versinkt und alles Geschehen in seiner Umgebung vergisst. Stellen wir uns einen Schach-

2.5 Motivation und Motivierung

spieler vor, der hochkonzentriert auf das vor ihm stehende Schachbrett blickt und von den Ereignissen in seiner Umgebung kaum Notiz nimmt. Oder stellen wir uns eine Person vor, die sich lange Zeit auf das neue Buch ihrer Lieblingsbücherreihe (z. B. Harry Potter) gefreut hat. Nachdem sie es gekauft hat, „verschlingt" sie es direkt zu Hause und ist nachts um 2 Uhr, als das Buch zu Ende gelesen ist, sehr verwundert, wie sie alles um sich herum vergessen bzw. wie die Zeit so schnell – wie im Fluge – vergehen konnte. Das Besondere am Flow-Erleben ist auch, dass man sich zwar einerseits in einem selbstvergessenen Zustand befindet, aber andererseits dennoch hochkonzentriert die Kontrolle über eine Handlung behält.

▶ **Merke!** Ein Flow-Erlebnis liegt vor, wenn man ganz in einer Tätigkeit aufgeht. Der Zustand hat folgende Merkmale (vgl. Csikszentmihalyi & Schiefele, 1993):

1. Verschmelzen von Handlung und Bewusstsein
2. Zentrierung der Aufmerksamkeit auf die momentane Tätigkeit
3. Selbstvergessenheit
4. Ausüben von Kontrolle über eine Handlung

Während bei intrinsischer Motivation der Anreiz zu handeln in der Tätigkeit oder in dem Gegenstand des Interesses selbst liegt, kommt die Motivation zu handeln bei extrinsischer Motivation gewissermaßen „von außen". Sie liegt genauer gesagt außerhalb der Tätigkeit selbst. Wir lesen das Buch, weil wir dies für die Schule oder Universität tun müssen, wir lernen für die Prüfung, weil wir eine gute Note erreichen wollen, oder gehen ins Fitnessstudio, weil wir Gewicht verlieren wollen bzw. weil wir Angst haben, bei einer weiteren Gewichtszunahme für unseren Partner nicht mehr attraktiv zu sein.

▶ **Definition: Extrinsische Motivation** Wunsch oder Absicht, eine Handlung auszuführen, um positive Folgen herbeizuführen oder negative Konsequenzen zu vermeiden (Schiefele & Streblow, 2005).

Faktisch treten intrinsische Motivation und extrinsische Motivation aber nur selten in „Reinform" auf. Eher handelt es sich um zwei relativ unabhängige Charakteristika, die in verschiedenen Abstufungen zeitgleich auftreten können. So mögen wir zwar für die Klausur lernen, weil wir das Thema der Arbeit spannend finden, aber zugleich kann uns das Abschneiden in ebendieser Prüfung auch sehr wichtig sein. Ebenso ist nicht ausgeschlossen, dass, wenn wir Sport treiben, um abzunehmen, uns diese Betätigung auch Spaß macht.

Übung

Nehmen Sie Karl Müller aus dem Fallbeispiel. Welche Möglichkeiten zu einer Motivierung könnten hier sinnvoll sein? Inwiefern könnten hier auch bestimmte Formen intrinsischer Motivation angestoßen werden? Wie kann man diese unterstützen?

2.5.2 Lern- und Leistungsmotivation

Mit intrinsischer und extrinsischer Motivation hängen zwei weitere motivationale Orientierungen zusammen, die dann ins Spiel kommen, wenn man in schulischen und beruflichen Kontexten bestimmte Ziele verfolgt. Ziele adäquat zu setzen, ist von entscheidender Bedeutung für motiviertes Handeln. Ziele lenken die Aufmerksamkeit auf die anstehenden Aufgaben, liefern Energie für die notwendigen Anstrengungen und erhöhen die Ausdauer. Ebenso fördern sie den Erwerb neuer Kompetenzen und Strategien (Locke & Latham, 2002).

Ziele sollten dabei klar formuliert sein, einen mittleren Schwierigkeitsgrad aufweisen und so kleinschrittig formuliert sein, dass Erfolge bereits in nächster Zeit sichtbar sind und nicht erst in ferner Zukunft auftreten (Pintrich & Schunk, 2002). Das Ziel eine*r Klient*in, ein selbstständiges Leben zu führen und die Drogensucht zu überwinden, ist zwar an sich eine sinnvolle Zielsetzung, nur bleibt es so zu abstrakt, um es wirklich verfolgen zu können und Erfolge zu erleben. Stattdessen sollte dieses Ziel in kurzfristig umsetzbare Teilziele zerlegt werden (die Wohnung allein aufräumen; einen Monat ohne Drogenkonsum schaffen oder Ähnliches).

▶ **Merke!** Gelungene Zielsetzungen sollten folgende Aspekte beinhalten:

1. klare Formulierung des Ziels,
2. mittlerer Schwierigkeitsgrad zur Erreichung des Ziels,
3. Zerlegung von globalen, langfristigen Zielen in kurzfristig umsetzbare Teilziele

Übung

Wie genau würden Sie gemeinsam mit Herrn Müller an adäquaten Zielsetzungen arbeiten? Schlagen Sie eine ganz konkrete Zielsetzung vor!

Menschen in Lern- und Betreuungssituationen unterscheiden sich nun darin, warum sie bestimmte Ziele verfolgen. Einigen geht es darum, ihre Kompetenzen zu erweitern, sich zu verbessern, und das ganz unabhängig davon, wie sie vor anderen dastehen. Hier spricht man von einer *Lernzielorientierung*, die mit der Suche nach Herausforderungen und Ausdauer verknüpft ist. Diese Personen sind von sich aus darum bemüht, sich Hilfe zu suchen, wenn sie diese benötigen, haben eine gründlichere Arbeitsweise und effektivere Strategien.

Anderen geht es im Gegensatz hierzu eher darum, nach außen zu zeigen, wie gut sie ihre Aufgaben erledigen können. Es geht dabei weniger um die Aufgabenerledigung selbst, sondern eher darum, wie gut sie sich selbst bei ebendieser darstellen können. Aus diesem Grund spricht man hier auch von einer *Leistungszielorientierung*, bei der Selbstdarstellungsziele verfolgt werden. Da diese Personen sehr um ihre Außenwirkung bemüht sind, geben sie seltener zu, dass sie bestimmte Dinge nicht verstanden haben, versuchen eher, Misserfolge zu verheimlichen oder suchen sich nur widerwillig Hilfe.

2.5 Motivation und Motivierung

▶ **Definition: Lern- und Leistungszielorientierung** Eine **Lernzielorientierung** beinhaltet den Wunsch, seine Kompetenzen zu erweitern. Hierbei steht der persönliche Wissens- und Fähigkeitszuwachs im Mittelpunkt. Eine **Leistungszielorientierung** beinhaltet den Wunsch nach bestmöglicher Aufgabenerledigung und Anerkennung der Leistung durch andere.

Eine Leistungszielorientierung muss aber nicht per se problematisch sein, denn wie Befunde aus dem Kontext der Pädagogischen Psychologie zeigen, können Schüler*innen und Studierende auch mit einer solchen Zielorientierung über lange Zeit sehr erfolgreich sein, über eine hohe Selbstwirksamkeit (vgl. Kap. 5) und aktive Lernstrategien verfügen (Stipek, 2002). Entscheidend für die Motivationslage ist daher die Frage, ob die leistungsorientierten Personen eher *Annäherungs- oder Vermeidungstendenzen* aufweisen. Bei Annäherungstendenzen suchen sie von sich aus Leistungssituationen auf, um ihr Können zu präsentieren und um ggf. in einem Vergleich zu anderen einen guten Eindruck zu machen. Ganz anders sieht es bei leistungsorientierten Personen mit Vermeidungstendenzen aus. Ihr Ziel ist es vielmehr, vor anderen nicht schlecht dazustehen. Dadurch gehen sie Situationen aus dem Weg, in denen sie Gefahr laufen würden, dass sie inkompetent erscheinen. Aus diesem Grund stellen sie sich dann aber kaum Herausforderungen und Lernsituationen und sind im Allgemeinen sehr defensiv (Woolfolk, 2008).

▶ **Merke!** Für motiviertes Verhalten sind Annäherungs- und Vermeidungstendenzen von entscheidender Bedeutung. Während Personen mit Annährungstendenzen Leistungssituationen aktiv aufsuchen und hier brillieren wollen, gehen Personen mit Vermeidungstendenzen solchen Situationen systematisch aus dem Weg und verpassen so viele Lerngelegenheiten.

Für die Frage, welche Tendenz ausgebildet wird, ist die Art der Rückmeldung zu Klient*innen von größter Relevanz. Hierbei sollte die individuelle gegenüber der sozialen Bezugsnorm berücksichtigt werden. Das heißt, auf keinen Fall sollten im Sinne der sozialen Bezugsnorm Vergleiche zu anderen Personen gezogen werden („Im Vergleich zu Frau Meyer können Sie sich ja schon ganz gut um Ihren eigenen Haushalt kümmern"). Stattdessen sollten die individuellen Fortschritte (oder ggf. auch Rückschritte) im Sinne der individuellen Bezugsnorm im Mittelpunkt stehen. Hierbei wird der jetzige Zustand einer Person mit dem Zustand zu früheren Zeitpunkten verglichen („Im Vergleich zum letzten Monat haben Sie sich in Ihrer Haushaltsführung schon deutlich verbessert"; „Leider hat sich die Situation bei Ihnen im Vergleich zum letzten Monat etwas verschlechtert, aber ich bin überzeugt, dass Sie dies zukünftig wieder gut meistern können").

Berufsbezug

Auch im Umgang mit Ihren Klient*innen sollten Sie die individuelle Bezugsnorm bei Rückmeldungen fokussieren. Wenn es Herr Müller geschafft hat, einige Wochen abstinent zu bleiben und seine Kinder adäquat zu betreuen (ggf. sogar ohne Aufsicht vom

Jugendamt), dann sollten diese Fortschritte zurückgemeldet werden und ein Vergleich zu früheren Zeitpunkten gezogen werden. Auch kleinere Fortschritte können hierbei im Mittelpunkt stehen. Hingegen sollte kein Vergleich zu anderen Klient*innen oder auch Bezugspersonen vorgenommen werden. ◀

▶ **Merke!** Bei Rückmeldungen zu Klient*innen sollte die individuelle Bezugsnorm und nicht die soziale Bezugsnorm angewendet werden.

Übung

Nehmen wir an, Ihr Klient Karl Müller hat sehr starke Vermeidungstendenzen und versucht, die Schwierigkeiten in der Bewältigung seines Alltags (Haushalt, Kinder) bestmöglich vor Ihnen zu verbergen. Hilfsangeboten versucht er auszuweichen oder nimmt diese nur widerwillig an. Wie gehen Sie mit dieser Situation um? Wie könnten Sie auf den Klienten einwirken, sodass sich seine Vermeidungstendenzen verringern?

2.5.3 Maslows Hierarchie der Bedürfnisse

Im Zentrum der sogenannten Humanistischen Psychologie steht die Verwirklichung von Bedürfnissen. Menschen zu motivieren, bedeutet dieser Auffassung nach, sie dazu anzuregen, ihre in ihnen angelegten Potenziale zu entfalten, ihre Kompetenzen, ihre Selbstbestimmung und Selbstverwirklichung zu fördern.

Die bekannteste Theorie in diesem Gebiet ist die von Abraham Maslow (1970) konzipierte Bedürfnishierarchie. Hier wird sie in etwas vereinfachter Form besprochen (siehe Abb. 2.13). Sie besteht aus zwei Teilbereichen. Auf den untersten drei Ebenen befinden sich die Bedürfnisse, die für das Überleben eines Menschen von ausschlaggebender Bedeutung sind: physische Grundbedürfnisse, Sicherheitsbedürfnisse sowie soziale Bedürfnisse. Maslow bezeichnet diese Bedürfnisklassen als Mangelbedürfnisse. Wenn der bestehende Mangel an ihnen beseitigt ist, d. h., wir gesättigt sind, uns sicher und sozial eingebunden fühlen, dann sind diese Bedürfnisse befriedigt, und ein weiteres Verlangen liegt nicht mehr oder kaum mehr vor.

Anders verhält es sich bei den oberen drei Bedürfnisklassen: intellektuelle Leistung und Ästhetik, Selbstverwirklichung und Transzendenz. Hierbei handelt es sich nach Maslow um Wachstumsbedürfnisse, die niemals vollständig befriedigt werden können, denn mein Wissensdurst kennt prinzipiell keinen Sättigungspunkt. Ebenso ist das Bedürfnis danach, uns selbst und unsere Potenziale und Fähigkeiten zu verwirklichen, wohl zu keinem Zeitpunkt im Leben abgeschlossen. Und auch unsere religiösen Bedürfnisse, d. h. über uns selbst hinauszuwachsen und einen tieferen Sinn im Leben zu finden (was Maslow mit „Transzendenz" zusammenfasst), haben keinen konkreten Punkt, an dem diese gesättigt sein könnten.

Eine weitere Annahme von Maslow ist, dass die Bedürfnisse auf einer bestimmten Ebene erst zum Tragen kommen, wenn die darunter liegenden Bedürfnisse befriedigt sind.

2.5 Motivation und Motivierung

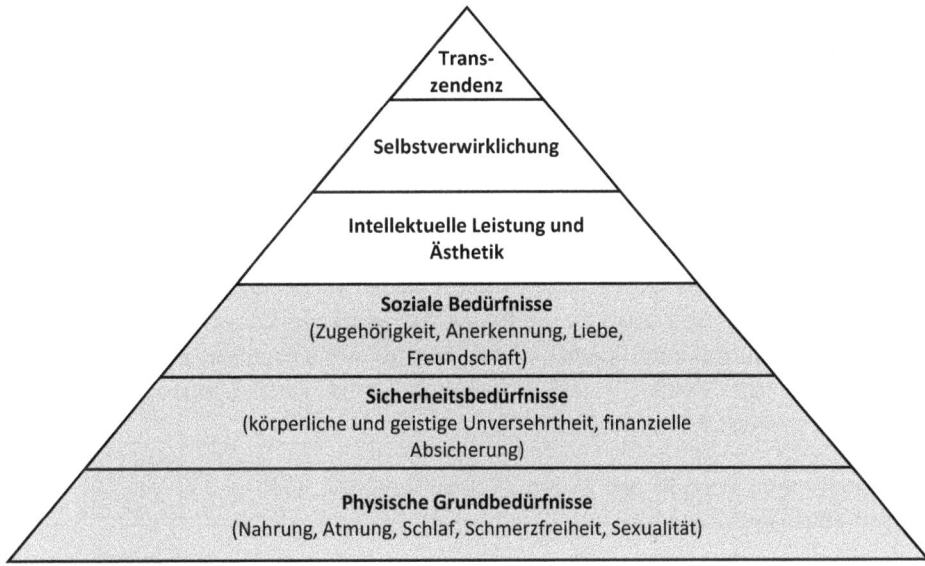

Abb. 2.13 Bedürfnispyramide nach Abraham Maslow

So würden z. B. soziale Bedürfnisse erst für uns wichtig, wenn unsere physischen und sicherheitsbezogenen Bedürfnisse befriedigt sind. Ebenso könnten wir uns erst mit Lernen und persönlicher Selbstverwirklichung beschäftigen, wenn unsere basaleren Mangelbedürfnisse befriedigt sind. Auch wenn dieses Schema sehr plausibel erscheinen mag, lassen sich auch Gegenbeispiele finden (z. B. Personen, die sich für andere aufopfern und dabei ihre physischen und Sicherheitsbedürfnisse außer Acht lassen).

Übung

1. Überlegen Sie sich Beispiele aus dem Berufskontext, in denen auch die strenge hierarchische Abfolge der Bedürfnisse verletzt sein könnte!
2. Welche Bedürfnisse könnten bei Herrn Karl Müller aus dem obigen Fallbeispiel eine besondere Rolle spielen?
3. Welche Bedeutung hat die Theorie von Maslow für die Arbeit als Pädagog*in oder Sozialarbeiter*in?

2.5.4 Die Theorie der Selbstbestimmung

Am Anfang dieser Theorie stand die Beobachtung, dass es durch eine von außen kommende Belohnung der Personen, die von sich aus bereits Freude an einer Tätigkeit haben, nicht etwa zu einer weiteren Steigerung der Motivation kommt. Das Gegenteil ist der Fall: Die Motivation nimmt ab. Diesen Befund nennt man Korrumpierungseffekt.

▶ **Definition: Korrumpierungseffekt** Der Korrumpierungseffekt bezieht sich auf den Umstand, dass eine ursprünglich vorhandene intrinsische Motivation durch Anreize im Sinne der extrinsischen Motivation geschwächt wird (Rudolph, 2013).

Nach Ansicht der Selbstbestimmungstheorie von Deci und Ryan (2000, 2008) gibt es drei psychologische Grundbedürfnisse: Menschen wollen sich erstens kompetent und wertgeschätzt fühlen; sie möchten den Eindruck haben, dass sie auf die Dinge, die ihnen wichtig sind, einwirken können und gesetzte Ziele erreichen können. Zweitens haben Menschen ein Bedürfnis nach erfüllten zwischenmenschlichen Beziehungen. Und schließlich benötigen Menschen drittens ein gewisses Maß an Kontrolle über ihre eigene Lebensgestaltung. Sie müssen den Eindruck haben, dass das, was sie tun, aus freien Stücken heraus geschieht und nicht durch äußere Zwänge. Damit betonen Deci und Ryan sehr stark die Bedeutung intrinsischer Motivation.

▶ **Merke!** Nach Ansicht der Selbstbestimmungstheorie gibt es drei psychologische Grundbedürfnisse:

1. Kompetenz,
2. soziale Eingebundenheit,
3. Autonomie.

Nach Befunden von Deci und Ryan (2008) ist eine selbstbestimmte Motivation gegenüber extrinsisch motiviertem Verhalten deutlich effektiver, insbesondere, wenn Durchhaltevermögen und Kreativität gefordert sind.

Die Motivation ist dabei stark davon abhängig, wie sich eine Person im Allgemeinen die Ursachen ihrer Leistungen und Handlungen erklärt (Theorie der *Kausalattributionen*, siehe Kap. 4). Ein Gefühl der Autonomie wäre in diesem Sinne verhindert bei einer Person, die eine starke Tendenz hat, die Ursachen für ihr Verhalten in ihrer Umgebung zu suchen und nicht in der eigenen Person. Ebenso würde einem Kompetenzerleben ein Attributionsmuster entgegenstehen, das erreichte Erfolge typischerweise auf externe Aspekte (leichte Aufgabe, Glück etc.) zurückführt.

Werden die psychologischen Grundbedürfnisse in stärkerem Umfang und/oder über längere Zeit nicht befriedigt, kommt es zu Frustrationen und damit zu stärkeren Motivationsdefiziten. Die Folge kann sein, dass die Personen nach Ersatzbefriedigungen suchen, antriebslos werden oder rigide und unter Umständen sogar selbstschädliche Handlungen begehen. Hiermit verbunden ist die Abnahme der Gesundheit und des Wohlbefindens der Person. Ein Beispiel für die Entwicklung rigider und selbstschädlicher Verhaltensweisen ist die Entstehung von Magersucht. Aus der Perspektive der Selbstbestimmungstheorie betrachtet, versuchen die Personen in einem Bereich, über den sie Kontrolle besitzen (d. h. die Nahrungszufuhr), ein Gefühl der Selbstbestimmung zurückzugewinnen. In entsprechender Weise können auch Drogenkonsum und antisoziales Verhalten als fehlgeleitete Kompensationsversuche verstanden werden (Deci & Ryan, 2000).

2.5 Motivation und Motivierung

Ebenso gehen Deci und Ryan davon aus, dass aus einer dauerhaften Unterdrückung oder Nicht-Befriedigung der sozialen Eingebundenheit ein Streben nach materiellem Reichtum, Ruhm und Ansehen erwachsen kann, um auf diese Weise die versagte Anerkennung und Wertschätzung zu erreichen.

▶ **Merke!** Eine langwierige Frustration der psychologischen Grundbedürfnisse kann weitreichende Motivationsdefizite, die Suche nach Ersatzbefriedigungen oder sogar selbstschädliches Verhalten nach sich ziehen.

Trotz ggf. erfolgender Hilfestellungen, die Ihr professionelles berufliches Handeln ausmachen, sollte das Gefühl der Selbstbestimmtheit bei diesen Klient*innen aufrechterhalten bleiben und gefördert werden. So sollten für alle Maßnahmen nachvollziehbare Begründungen gegeben werden, die Klient*innen in alle Entscheidungen einbezogen werden und weiterhin auch Raum für eigenständige, unabhängige Entscheidungen bleiben. Im Gegensatz zum lerntheoretischen Ansatz empfiehlt es sich aus dieser Perspektive, auf ergebnisabhängige Belohnungen gänzlich zu verzichten. Wenn etwas belohnt werden sollte, dann die Bemühung, ein bestimmtes Ziel zu erreichen. Wie gut dies gelungen ist, sollte nur von nachgeordneter Relevanz sein.

Übung

Überlegen Sie sich für das Fallbeispiel von Karl Müller, wie Sie hier im Umgang mit dem Klienten die drei psychologischen Grundbedürfnisse nach Kompetenz, sozialer Eingebundenheit und Autonomie berücksichtigen und fördern könnten.

Zusammenfassung

In diesem Abschnitt haben Sie verschiedene Ansätze und Theorien der Motivationspsychologie kennengelernt. Motivation wird gewöhnlich definiert als interner Zustand, der Verhalten aktiviert, die Richtung des Verhaltens vorgibt und es aufrechterhält. *Intrinsische Motivation* bezieht sich auf den Wunsch oder die Absicht, eine Handlung auszuführen, weil die Handlung selbst als interessant, spannend oder auf eine bestimmte Weise zufriedenstellend erscheint. Ein besonderes Beispiel intrinsischer Motivation ist das Flow-Erleben, bei dem man ganz in die Erledigung einer Tätigkeit „versinkt". *Extrinsische Motivation* bezieht sich auf den Wunsch oder die Absicht, Handlungen auszuführen, um positive Folgen herbeizuführen oder negative Konsequenzen zu vermeiden.

Ziele adäquat zu setzen ist von entscheidender Bedeutung für motiviertes Handeln. Ziele sollten klar formuliert sein, ihre Erreichung einen mittleren Schwierigkeitsgrad aufweisen und eine Zerlegung von globalen, langfristigen Zielen in kurzfristig umsetzbare Teilziele beinhalten.

Eine *Lernzielorientierung* beinhaltet den Wunsch, seine Kompetenzen zu erweitern. Hierbei steht der persönliche Wissens- und Fähigkeitszuwachs im Mittelpunkt.

Eine *Leistungszielorientierung* beinhaltet den Wunsch nach bestmöglicher Aufgabenerledigung und Anerkennung der Leistung durch andere.

Die von Abraham Maslow konzipierte *Bedürfnishierarchie* besteht aus zwei Teilbereichen. Auf den untersten drei Ebenen befinden sich die Mangelbedürfnisse, die für das Überleben eines Menschen von ausschlaggebender Bedeutung sind: physische Grundbedürfnisse, Sicherheitsbedürfnisse sowie soziale Bedürfnisse. Die oberen drei Bedürfnisklassen (Wachstumsbedürfnisse) sind intellektuelle Leistung und Ästhetik, Selbstverwirklichung sowie Transzendenz. Im Gegensatz zu Mangelbedürfnissen können diese niemals vollständig befriedigt werden.

Nach Ansicht der *Selbstbestimmungstheorie* gibt es drei psychologische Grundbedürfnisse: Kompetenz, soziale Eingebundenheit und Autonomie.

Aufgaben

- Was ist der Unterschied zwischen intrinsischer und extrinsischer Motivation? Erläutern Sie, inwiefern auch beide Motivationsformen zugleich vorliegen können.
- Welche Bedeutung hat die Theorie von Maslow für Ihre (zukünftige) Berufstätigkeit?
- Welche Gemeinsamkeiten und Unterschiede gibt es zwischen der Selbstbestimmungstheorie und dem Modell von Maslow?

Für einen guten Überblick

Myers, D. G. (2014). *Psychologie.* Berlin: Springer.

Klinische Psychologie 3

Die Klinische Psychologie nimmt als größtes Anwendungsfach innerhalb der Psychologie eine zentrale Rolle ein. Viele Erkenntnisse der Klinischen Psychologie sind nicht nur für den beruflichen Alltag relevant, sondern tragen auch zu einer erfolgreichen Bewältigung des eigenen Lebens bei, weil sie wichtige und erlernbare Lebenskompetenzen beschreiben. Die Klinische Psychologie professionalisiert psychosoziales Handeln, indem sie den pädagogischen und sozialarbeiterischen Fachkräften Hilfestellungen an die Hand gibt. So erleichtert klinisches Fachwissen nicht nur das Erkennen psychischer Erkrankungen, sondern bietet auch Erklärungen zu der Krankheitsentstehung und ihrer Prävention an. Schließlich vermittelt die Klinische Psychologie wissenschaftlich erprobte Methoden zur professionellen Beratung im psychosozialen Arbeitsfeld und im erzieherischen Umgang. Aus diesen Gründen ist die Klinische Psychologie eine wichtige Grundlage der Arbeit in „helfenden Berufen", da sie für nahezu alle Arbeitsgebiete Handwerkszeug bereithält.

Laut Jacobi et al. (2014) erkrankt mehr als jeder vierte deutsche Erwachsene im Alter zwischen 16 und 65 Jahren im Laufe eines Jahres an einer psychischen Erkrankung. Bei Kindern und Jugendlichen beträgt der Anteil etwa 20 % (Steinhausen, 2019, S. 33). Menschen, die in psychosozialen Berufen tätig sind, haben aber mit einem erheblich höheren Anteil psychisch erkrankter Personen innerhalb ihrer Klientel zu tun. So findet sich etwa eine hohe Zahl psychisch erkrankter Personen unter Jugendlichen in Heimen (Schmid, 2007, S. 17) oder bei inhaftierten Personen (Stompe et al., 2010). Bei bestimmten Klientelgruppen sind sogar mehr als 90 % der Personen psychisch erkrankt, beispielsweise bei nicht sesshaften Männern (Wälte, 2011, S. 126).

Psychisch gestörte Klient*innen sind also in Ihren späteren Arbeitsfeldern eher die Regel als die Ausnahme. Umso wichtiger sind für Sie fundierte Kenntnisse über psychische Störungen. Auch wenn es nicht zu Ihrem Arbeitsbereich gehört, psychische Störungen genau zu diagnostizieren und einzuordnen, um im Anschluss eine Psychotherapie *durchzuführen, so müssen Sie doch erkennen, ob eine psychische Störung vorliegt, um daraufhin eine ärztliche oder psychotherapeutische Fachkraft hinzuzuziehen.*

In diesem Kapitel werden die Aufgaben der Klinischen Psychologie aufgezeigt; daran anschließend wird erläutert, wie psychische Störungen diagnostiziert und klassifiziert werden. Es folgt eine Auswahl der häufigsten psychischen Störungen samt ihren Symptomen. Des Weiteren werden Erklärungsansätze zur Entstehung psychischer Störungen erläutert. Schließlich werden Beratungs- und Therapiekonzepte vorgestellt; sie stellen die Basis für das Führen professioneller Beratungsgespräche dar.

3.1 Klassifikation und Diagnostik psychischer Störungen

Zentrale Fragen der Klinischen Psychologie sind:

- Woran erkennt man eine psychische Störung, und wie ordnet man sie ein (Beschreibung und Klassifikation)?
- Welche psychischen Störungen treten besonders häufig auf, und welche Symptome haben sie (Epidemiologie)?
- Wie ist die Störung entstanden (Ätiologie)?
- Wie hängen die verschiedenen Störungen zusammen?
- Hätte der psychischen Störung vorgebeugt werden können, und wenn ja, wie (Prävention)?
- Wie sieht eine Beratung oder Behandlung bei einer psychischen Störung aus (Psychotherapie und Beratung)?

▶ **Definition: Klinische Psychologie** Die Klinische Psychologie erforscht die Entstehung und Aufrechterhaltung psychischer Störungen sowie körperlicher Störungen, bei denen psychische Faktoren eine bedeutsame Rolle spielen. Zur Klinischen Psychologie gehören auch die Diagnostik der Störungen sowie die Entwicklung und Durchführung psychotherapeutischer Behandlungen. Außerdem entwickelt sie Programme zur Vorbeugung psychischer Erkrankungen (Prävention) und zur Rehabilitation. Die Klinische Psychologie untersucht die Verbreitung psychischer Erkrankungen in der Bevölkerung (Epidemiologie) und untersucht und bewertet (evaluiert) das Ausmaß an Gesundheitsversorgung eines Staates (Baumann & Perez, 2005, S. 32).

Menschen unterscheiden sich in ihrer Fähigkeit, Konflikte und Belastungen, die im Laufe ihres Lebens auftreten, zu bewältigen. Die Lebensprobleme unterscheiden sich sowohl von Mensch zu Mensch als auch hinsichtlich der Lebensphase. Gelingt es einer Person, sich den wechselnden Anforderungen und Herausforderungen anzupassen und diese erfolgreich zu bewältigen, wird sie als psychisch gesund angesehen. Kommt ein Mensch aber aufgrund einer psychischen Beeinträchtigung nicht mehr mit den Anforderungen zu Hause und bei der Arbeit zurecht und kann er seine selbstgesteckten, gesellschaftlichen oder normativen Ziele nicht mehr erreichen, leidet er unter einer *psychi-*

schen Störung. Zur Einschätzung, ob eine psychische Erkrankung vorliegt, eignen sich verschiedene Richtschnüre (Jungnitsch, 1999, S. 58 f.). Bemerkt die einzelne Person dauerhafte, negative Veränderungen im eigenen Verhalten oder Empfinden und spürt Leidensdruck, bezeichnet Jungnitsch (1999, S. 59) dies als *subjektive Norm* für eine psychische Erkrankung. Diese wird ergänzt durch die *funktionale Norm:* Die Leistungen der erkrankten Person weichen von der gesellschaftlich erwünschten Norm ab. Die *statistische Norm* kennzeichnet die psychisch erkrankte Person als abweichend von der Norm, weil nur sehr wenige in der Gesellschaft ihre (gestörten) Verhaltensweisen und Wahrnehmungen teilen.

▶ **Definition: Psychische Störung** Psychische Störungen sind ein Verhaltensmuster einer Person, das mit Leiden oder Beeinträchtigungen in wichtigen Lebensbereichen einhergeht. Die Beeinträchtigungen können mit dem Risiko zu sterben, mit Schmerzen und dem Verlust an Freiheit einhergehen. Bei der betroffenen Person ist eine Funktionsstörung auf der Verhaltens-, der biologischen und/oder der psychischen Ebene zu beobachten. Normabweichendes Verhalten auf religiöser, sexueller oder politischer Ebene oder Konflikte anderer Art mit der Gesellschaft sind keine psychischen Störungen (Wittchen & Hoyer, 2011a, S. 9).

3.1.1 Klassifikation psychischer Störungen

Zu den wichtigsten *Aufgaben der Klinischen Psychologie* gehört es, Diagnosen zu stellen. Aus einer gründlichen *Diagnostik* lassen sich Krankheitsverläufe, Ursachen und Risikofaktoren sowie Behandlungsmöglichkeiten ableiten. Da ein Austausch über die Behandlung einer Krankheit unter Fachleuten, z. B. auf einem Kongress, nur sinnvoll möglich ist, wenn alle dasselbe unter dem Krankheitsbild verstehen, ist eine einheitliche Nomenklatur (Benennungssystem) nötig. Deshalb bemühen sich seit Jahren weltweit Expert*innen, einheitliche Klassifikationssysteme zur Beschreibung psychischer Störungen zu entwickeln, die die jeweiligen Krankheiten genau abbilden. Aus diesen Bemühungen sind zwei Handbücher entstanden: die von der Weltgesundheitsorganisation (WHO) herausgegebene „Internationale Klassifikation psychischer Störungen (ICD-10), Kapitel V (F)" in der deutschen Version von. Dilling, Mombauer und Schmidt (2015), und das Klassifikationssystem der Amerikanischen Psychiatrischen Vereinigung (APA), das „Diagnostische und Statistische Manual Psychischer Störungen DSM-5", in der deutschen Version von Falkai, Wittchen und Doepfner. (2015). Die „5" bedeutet, dass inzwischen die 5. Fassung vorliegt. Die „10" beim ICD steht ebenfalls für die Anzahl an bisher erfolgten Überarbeitungen. An späterer Stelle in diesem Kapitel wird auf eine amerikanische Neufassung, das ICD-11 (vgl. Abschn. 3.2.4) hingewiesen werden. Beide Manuale listen weitgehend vollständig alle psychischen Störungen auf und beschreiben diese anhand von Symptomen. Beide Klassifikationssysteme sind so angelegt, dass die Diagnose einer Störung anhand des Vorliegens bestimmter Symptomkomplexe (*Syndrome*) erfolgt. Der Begriff *Störung* bezeichnet einen klinisch erkennbaren Komplex von Symptomen oder Verhaltensauffälligkeiten. Dabei werden Kriterien (z. B. Anzahl, Dauer und Schwere der Symptome) spezifiziert, die erfüllt sein müssen, damit eine bestimmte Störung diagnostiziert werden kann.

▶ **Definition: Symptom und Syndrom** Ein Symptom ist ein einzelnes Anzeichen einer Erkrankung. Symptome psychischer Erkrankungen können beispielsweise ein Gefühl (z. B. Niedergeschlagenheit), ein Verhalten (im Bett liegen bleiben), eine Wahrnehmung (z. B. Stimmen hören, obwohl niemand spricht) oder einen Gedanken (übertriebene Sorge oder Suizidgedanken) betreffen.

Ein Syndrom ist das gleichzeitige Vorliegen mehrerer Symptome. So sind z. B. depressive Verstimmung, Schlafstörungen, Suizidgedanken und Konzentrationsprobleme allesamt Symptome des Syndroms einer Depression. Die depressive Verstimmung ist also ein Symptom, die Depression ist ein Syndrom.

Sowohl inhaltlich als auch in der Zielsetzung überschneiden sich beide Klassifikationssysteme weitgehend. Sie sind beide „atheoretisch", weil sie keine Theorien bezüglich der Ursachen von Störungen liefern, vielmehr sind sie rein deskriptiv, d. h. beschreibend. Das DSM-Manual wird bevorzugt in der Forschung, das ICD-Manual eher in der Gesundheitsversorgung angewandt.

Da Sie, liebe Leser*innen, später vermutlich in einem psychosozialen oder klinisch-pädagogischen Berufsfeld arbeiten und demzufolge den ICD-Diagnosen begegnen werden, werden diese im Folgenden in den Vordergrund gestellt. Werden jedoch Forschungsergebnisse vorgestellt, werden DSM-Kategorien benutzt.

Tab. 3.1 listet die psychischen Störungen des ICD-10 auf. Diese lassen sich in 10 Hauptkategorien unterscheiden und sind in Kapitel V (F) des ICD-10 dargestellt (Dilling et al., 2015).

Das ICD-10-Klassifikationssystem nimmt eine kategoriale Systematik vor, d. h. Diagnostiker*innen müssen eine Entscheidung treffen, ob die Person in eine diagnostische Kategorie passt oder nicht. Dadurch entsteht der Eindruck, dass es keine Kontinuität zwischen gestörtem und normalem Verhalten gibt (Hautzinger & Thies, 2009, S. 16). Die meisten Symptome lassen sich aber auch dimensional beschreiben, d. h. über Abstufungen im Ausmaß. Manche Menschen haben ein wenig Bluthochdruck, andere haben starken Bluthochdruck. Manche haben eine leichte depressive Verstimmung, andere eine schwere Depression. Sie unterscheiden sich dann im Ausmaß der Krankheit (in der Dimension) und nicht im Vorhandensein (Kategorie zutreffend oder nicht). In der Unterscheidung zwischen der kategorialen und der dimensionalen Diagnostik spiegeln sich unterschiedliche wissenschaftliche Positionen wider.

Die *kategoriale Einordnung* entspricht dem klassischen medizinischen Krankheitsbild, das eine klare Grenze zwischen normalem und abnormem Verhalten postuliert (Auckenthaler, 2012, S. 40 f.). Das klassische medizinische Krankheitsbild geht davon aus, dass psychische Krankheiten ebenso wie körperliche Krankheiten eine körperliche Ursache haben. Damit haben lebensgeschichtliche Faktoren nur eine auslösende Funktion. Die psychisch erkrankte Person ist für ihre Krankheit nicht verantwortlich, und die Therapie besteht im Wesentlichen aus einer medizinischen Behandlung. Dem steht das biopsycho-

3.1 Klassifikation und Diagnostik psychischer Störungen

Tab. 3.1 Psychische Störungen nach ICD-10. (Dilling et al., 2015)

F0	Organische, einschließlich symptomatischer psychischer Störungen	Psychische Störungen aufgrund einer Schädigung oder Störung des Gehirns oder einer körperlichen Erkrankung
F1	Psychische und Verhaltensstörungen durch psychotrope Substanzen	Psychische Störungen, die durch Opioide, Cannabis oder andere psychotrope Substanzen verursacht werden: akute Vergiftungen, schädlicher Gebrauch, Abhängigkeitssyndrom, Entzugssyndrom, psychotische Störung und sonstige Folgen
F2	Schizophrenie, schizotype und wahnhafte Störungen	Alle psychotischen Störungen, die nicht organische Ursachen haben
F3	Affektive Störungen	Alle Formen der Depression und Manie
F4	Neurotische Störungen, Belastungs- und somatoforme Störungen	Zwangsstörungen, Angststörungen, Reaktionen auf schwere Belastungen, Anpassungsstörungen und somatoforme Störungen (körperliche Störungen, die nicht auf körperliche Ursachen zurückgeführt werden können)
F5	Verhaltensauffälligkeiten mit körperlichen Störungen	z. B. Essstörungen, nicht organisch bedingte Schlafstörungen, sexuelle Funktionsstörungen, Störungen im Wochenbett
F6	Persönlichkeits- und Verhaltensstörungen	Spezifische Persönlichkeitsstörungen, die nicht durch Störungen des Gehirns bedingt sind, wie z. B. Störungen der Impulskontrolle und Störungen der Geschlechtsidentität
F7	Intelligenzminderung	Nach Schweregrad eingeteilt
F8	Entwicklungsstörungen	Umschriebene Entwicklungsstörungen des Sprechens, schulischer Fertigkeiten und motorischer Funktionen und schwerwiegende Störungen wie frühkindlicher Autismus
F9	Verhaltens- und emotionale Störungen mit Beginn in Kindheit und Jugend	Hyperkinetische Störungen (ADHS), Störungen des Sozialverhaltens, emotionale Störungen und Ticstörungen

soziale Krankheitsmodell (Jungnitsch, 1999, S. 35; Auckenthaler, 2012, S. 40) gegenüber, welches davon ausgeht, dass sich psychische Gesundheit und psychische Krankheit nicht qualitativ, sondern quantitativ unterscheiden. „Normale" Menschen und psychisch kranke Menschen unterscheiden sich nach dem biopsychosozialen Krankheitsmodell hinsichtlich der Häufigkeit und der Intensität bestimmter Verhaltens- und Erlebensweisen. Es liegt also eine *dimensionale Einordnung* zugrunde. Außerdem geht das Modell von einer *Multikausalität* bei der Entstehung psychischer Störungen aus. Damit ist gemeint, dass eine Vielfalt von psychischen, körperlichen und sozialen Faktoren zusammenwirkt, die je nach Einzelfall zwar von unterschiedlicher Bedeutung, im Prinzip aber alle gleichrangig sind (Jungnitsch, 1999, S. 35).

Das biopsychosoziale Modell hat sich in den Sozialwissenschaften, der Psychologie, Psychotherapie und teilweise auch in der Medizin durchgesetzt. Es integriert verschiedene Modelle der Krankheitsentstehung in ein Gesamtmodell und wird im weiteren Verlauf unter dem Begriff des Diathese-Stress-Modells näher dargestellt. Trotzdem haben sich die Autor*innen der beiden Klassifikationssysteme dafür entschieden, die in der Medizin übliche kategoriale Klassifikation anzuwenden, auch wenn sie der Realität psychischer Krankheiten nicht entspricht. Der Grund dafür liegt in der beschleunigten weltweiten Kommunikation zwischen Fachleuten (Hautzinger & Thies, 2009, S. 16). Erst in der jüngsten Überarbeitung des DSM (DSM-5 2015) wird auch die dimensionale Einordnung berücksichtigt, da zusätzlich zur kategorialen Einordnung die Einstufung aller Diagnosen in mild, mittel und schwer erfolgt. In ICD-10, Kapitel V, war bisher eine dimensionale Einordnung nur bei wenigen Störungen möglich.

Beispiel: Kategoriale und dimensionale Diagnose

Kategoriale Diagnose: Eine Patientin mit starken Bauchschmerzen kommt zur Ärztin. Die Ärztin muss nun die richtige Krankheit innerhalb einer Gruppe symptomatisch ähnlicher Krankheiten diagnostizieren. Ein Magengeschwür, eine Magenverstimmung, eine Blinddarmreizung und Magenkrebs können ähnliche Symptome hervorrufen.

Kommentar: Die Diagnose der richtigen Krankheit führt zum Ausschluss aller anderen möglichen Krankheiten. Der Patient wird nur eine einzige Krankheit haben. Es handelt sich um eine kategoriale Diagnostik.

Dimensionale Diagnose: Die 16-jährige Lena hat Liebeskummer: Ihr neuer Freund hat sie bei einer Party vor einer Woche kaum beachtet, sich vielmehr einer Klassenkameradin zugewandt. Seitdem hat sie Bauch- und Kopfschmerzen, gegessen hat sie nur noch wenig. Sie hat keinerlei Appetit. Heute liegt sie – wie schon in den vergangenen Tagen – den ganzen Nachmittag auf dem Bett und muss immer wieder weinen. An das Erledigen der Schulaufgaben ist nicht zu denken.

Kommentar: Lena hat eine leichte Depression (depressives Syndrom). Mehrere Symptome der Depression sind festzustellen: traurige Stimmung, Antriebsminderung, Appetitmangel und Somatisierung (der Körper reagiert auf die Belastung mit Unwohlsein). Es ist aber davon auszugehen, dass Intensität und Dauer dieser Verstimmung nicht so ausgeprägt sind wie bei einer behandlungsbedürftigen Depression. Höchstwahrscheinlich wird Lena in Kürze wieder zuversichtlich und positiv dem Leben gegenüberstehen. Ihre Depression unterscheidet sich also in der Quantität und Dauer von der Depression einer psychisch erkrankten Person, nicht in der Qualität. Auf einer Depressionsskala von 0 bis 100 befindet sie sich vielleicht auf dem Wert 25. Die Dimension liegt damit im unteren Bereich. Es liegt eine dimensionale Diagnostik vor. ◄

Die Verwendung eines kategorialen Benennungssystems hat weitere Nachteile. Die Vereinfachung, die eine Einteilung in eine einzelne übergeordnete Klasse bedeutet, führt immer zu einem Informationsverlust (Butcher et al., 2009, S. 9). So erfahren Mediziner*innen mehr über eine Schizophrenie, wenn sie den Fallbericht eines an Schizophrenie erkrankten Menschen lesen als aus der Mitteilung der Diagnose. Außerdem sind Diagnosen psychischer Störungen häufig mit einem *Stigma* belegt.

▶ **Definition: Stigma** Ein *Stigma* ist ein Makel. Es ist ein negativ besetztes, auffälliges Merkmal, welches die Person, die damit behaftet ist, aus der Gesellschaft ausgrenzt. Ein Stigma kann sich durch eine Etikettierung verfestigen: Die Person bekommt eine einzige Eigenschaft zugeschrieben und wird auf diese reduziert. Das Selbstkonzept einer Person kann dadurch auf direktem Weg negativ beeinflusst werden.

> **Übung**
>
> Stellen Sie sie sich vor, Sie bekämen die Diagnose einer Depression oder einer Schizophrenie. Wie würden Sie sich fühlen, wie würden Sie auf die Mitteilung reagieren? Würden Sie die Diagnose sofort annehmen oder zunächst ablehnen?

▶ **Merke!** Im Kontext der professionellen Arbeit mit psychisch kranken Personen ist es wichtig, sehr sorgfältig mit der sprachlichen Bezeichnung umzugehen. So sollten Sie sich vergegenwärtigen, dass Klassifikationssysteme keine Menschen klassifizieren, sondern psychische Störungen. Eine Person hat zwar eine Störung, wird aber durch diese nicht definiert. Es ist wertschätzender, respektvoller und weniger stigmatisierend von „einer Person mit Schizophrenie" zu sprechen als von „dem Schizophrenen".

3.1.2 Klinisch-psychologische Diagnostik

Die *klinisch-psychologische Diagnostik* ist gekennzeichnet durch die Sammlung, Bewertung und Aufbereitung spezifischer Informationen, um daraus

- bestimmte Schlussfolgerungen
- Prognosen oder
- kontrollierte Maßnahmen

ableiten zu können (Fisseni, 2004, S. 14). Das Stellen einer Diagnose ist also die Voraussetzung für die Planung der passenden Behandlung. Sie ist die Basis für die darauffolgenden *Interventionen*. Mit einer falschen Diagnose wird auch die darauffolgende Behandlung nicht erfolgreich sein. Des Weiteren ist ohne das Vorliegen einer fundierten Diagnose eine Krankenversicherung nicht bereit, für die Behandlungskosten aufzukommen. Aus diesen Gründen ist das Erstellen einer Diagnose unerlässlich.

▶ **Definition: Intervention** Eine Intervention ist eine geplante und gezielt eingesetzte Maßnahme, um Störungen vorzubeugen (Prävention), sie zu beheben (Therapie) und negative Folgen einzudämmen (Rehabilitation). Die Maßnahmen setzen nach einer Diagnose mit dem Ziel ein, Veränderungen auf organisatorischer oder individueller Ebene herbeizuführen. Ein anderer Begriff für Intervention ist „Behandlung". Die Behandlungseffekte sind erwartungsgemäß dann besonders gut, wenn die Passung zwischen Diagnose und Intervention optimal ist (Amelang & Zielinski, 2002, S. 433).

Um eine zuverlässige Diagnose zu erhalten, müssen zuverlässige diagnostische Methoden durchgeführt werden. In der Medizin ist das z. B. die Röntgenaufnahme oder die körperliche Untersuchung. In der Klinischen Psychologie sind es klinische Interviews, biologische Verfahren, psychologische Tests und Verhaltensbeobachtung. Diese Verfahren werden im Folgenden vorgestellt. Mit ihnen soll

- die Erfassung der Symptome und Syndrome,
- die Erfassung der geistigen Fähigkeiten,
- die Erfassung der Persönlichkeitsmerkmale,
- die Erfassung der umweltbedingten Stressoren,
- die Erfassung der persönlichen und sozialen Ressourcen der Person und
- ein Verständnis der lebensgeschichtlichen Entwicklung und Krankheitsanamnese (Krankheitsgeschichte)

erreicht werden (Butcher et al., 2009, S. 139). Diese umfangreichen und aus der subjektiven Sicht der Klient*innen geschilderten Informationen können z. B. im Rahmen des klinischen Interviews gewonnen werden. Diese Interviewform wird am häufigsten in der klinischen Diagnostik angewandt.

Im Gegensatz zu Testverfahren erhält man durch das *klinische Interview* besonders umfangreiche und aus der subjektiven Sicht der Klient*innen geschilderte Informationen. Die befragte Person kann in diesem Fall selbst die inhaltlichen Schwerpunkte legen: Was ist ihr besonders wichtig? Was erzählt sie von ihren Gedanken, Gefühlen und Handlungen? Auf welche Art und Weise verarbeitet sie die Belastungen? Das sind sehr wichtige Hinweise für die psychosoziale Fachkraft.

Ein solches Interview kann eher strukturiert durchgeführt werden. Die Fragen sind dann festgelegt und werden in einer bestimmten Reihenfolge gestellt. Das Interview kann auch eher unstrukturiert stattfinden. Dann folgt die interviewende Person den Assoziationen ihres Gegenübers und lässt sich von ihm thematisch führen („Wie geht es Ihnen heute? Was möchten Sie erzählen?"). Sie ermöglicht ihm auf diese Weise viel Freiraum bei der Darstellung seiner Geschichte.

Das am häufigsten durchgeführte, strukturierte klinische Interview zur Erfassung psychischer Störungen ist das SCID-5-CV (strukturiertes klinisches Interview für DSM-5 2019) von Beesdo-Baum et al., 2019.

Beispiel: Interview zur Erfassung von Symptomen und Problemvorgeschichte

Hier ein Auszug aus dem SCID (strukturiertes klinisches Interview). Es wird nach den Hauptbeschwerden, der derzeitigen Problematik, dem lebensgeschichtlichen Kontext, dem Verlauf der Störung, der Behandlungsgeschichte und anderen derzeitigen Problemen gefragt.

- „Und was führt Sie hierher? Was ist das Hauptproblem?
- Was hat sich in Ihrem Leben ereignet, als das begann?
- Wann haben Sie sich das letzte Mal in Ordnung gefühlt?
- Wann haben Sie zum ersten Mal wegen psychischer Probleme Hilfe aufgesucht?
- Waren Sie schon einmal Patient*in in einer psychiatrischen/psychotherapeutischen/psychosomatischen Klinik?
- Wie war bisher Ihre körperliche Gesundheit?
- …
- Hatten Sie im vergangenen Monat noch irgendwelche anderen Probleme (wie kamen Sie auf der Arbeit zurecht, zu Hause, mit anderen Menschen?)
- Wie war Ihre Stimmung?
- …"

(Beesdo-Baum et al., 2019) ◄

Bei vielen psychischen Störungen sind auch biologische Prozesse gestört. *Biologische Erhebungsverfahren* können deshalb wertvolle Informationen über diese Störungsbilder geben. Biologische Erhebungsverfahren sind z. B. bildgebende Verfahren, die einen Einblick in die Struktur und die Aktivität des Gehirns geben. Typische Strukturveränderungen des Gehirns weisen etwa auf eine beginnende Demenz hin. Manche Gehirnveränderungen sind aber so minimal, dass sie sich nicht abbilden lassen. Dann sind neuropsychologische Tests hilfreich (vgl. Abb. 3.1). Verschiedene psychologische Funktionen sind in verschiedenen Bereichen des Gehirns lokalisiert. Wenn eine erkrankte Person Defizite in einem getesteten Bereich (z. B. Gedächtnis, Aufmerksamkeit, Konzentration, kognitive Flexibilität) zeigt, lässt sich daraus schließen, in welcher Gehirnregion diese Person möglicherweise eine Störung aufweist (Hautzinger & Thies, 2009, S. 19 ff.).

Beispiel: Neuropsychologischer Test: Uhrentest

Der Uhrentest ist Teil eines Demenztests. Die Person wird gebeten, das Zifferblatt einer Uhr zu zeichnen und eine bestimmte Zeigereinstellung, die man ihr nennt, einzutragen (Brunnhuber et al., 2005). Die Auswertung erfolgt nach 6 Einstufungen. Bei Stufe 1 ist die Uhr perfekt gezeichnet, die 12 Ziffern sind an der richtigen Stelle, die Uhrzeit ist korrekt eingezeichnet. Bei Stufe 6 ist keine Darstellung der Uhr mehr möglich. ◄

Zur klinisch-psychologischen Diagnostik gehört auch die *Anamnese*. Die Anamnese ist eine wichtige Säule der Diagnostik. Sie legt ihren Schwerpunkt auf die Vorgeschichte des Problems und die Biografie der betroffenen Person.

Abb. 3.1 Uhrentest bei Verdacht auf Demenz. Die abgebildeten Uhren zeigen den zunehmenden Grad an Desorganisation bei Patienten mit Alzheimer-Demenz. (Shulman et al., 1993)

▶ **Definition: Anamnese** Die *Anamnese* fasst die Leidensgeschichte der erkrankten Person aus ihrer eigenen Sicht zusammen. Die Anamnese kann je nach ihrem inhaltlichen Schwerpunkt z. B. als psychosoziale Anamnese, Familienanamnese, soziale Anamnese, sexuelle Anamnese oder als Suchtanamnese bezeichnet werden. Umfasst die Befragung die gesamte Lebensgeschichte von Patient*innen, wird sie als biografische Anamnese bezeichnet. Werden Patient*innen nicht selbst befragt (Anamnese), sondern eine Person aus dem Umfeld, handelt es sich um eine Fremdanamnese. Sie kann wichtige Zusatzinformationen liefern (Wittchen & Hoyer, 2011b S. 391).

Klinisch-psychologische Tests sind festgelegte Verfahren zur Messung von Eigenschaften und Verhaltensweisen einer Person. Anhand von Fragebögen soll sich eine Person selbst beurteilen. Bei einem Persönlichkeitstest liegen Aussagen vor, denen die Klient*innen in Bezug auf sich selbst zustimmen können oder die sie ablehnen können. Es gibt eine große Anzahl von Fragebögen; sie erfassen Aussagen zu Ängstlichkeit, Aggressivität, Lebenszufriedenheit und vieles mehr (Fisseni, 2004, S. 213).

Beispiel: Persönlichkeitsfragebogen

Das Freiburger Persönlichkeitsinventar von Fahrenberg et al. (2010) ist der in Deutschland am häufigsten angewandte Persönlichkeitsfragebogen. Er misst Lebenszufriedenheit, soziale Orientierung, Leistungsorientiertheit, Gehemmtheit, Erregbarkeit, Aggressivität, Beanspruchung, körperliche Beschwerden, Gesundheitssorgen und Offenheit.

Beispielaussagen aus dem 74 Aussagen umfassenden Fragebogen (Fahrenberg et al., 2010)

	Stimmt	Stimmt nicht
In meinem Urlaub reise ich gern.		
Es fällt mir schwer, den richtigen Gesprächsstoff zu finden, wenn ich jemanden kennenlernen will.		
Ich habe häufig Kopfschmerzen.		
Ich spüre mein Herz gelegentlich bis zum Hals hinauf schlagen.		
Ich verliere schnell meine Beherrschung, aber ich fasse mich auch schnell wieder.		
Ich werde ziemlich schnell verlegen.		
Ich kann in eine langweilige Gesellschaft schnell Leben bringen.		
Ich fühle mich manchmal ohne Grund ziemlich elend.		

Da es bei Fragebögen relativ leicht durchschaubar ist, welche Antworten als „normal" gelten, kann es zu verzerrten Antworten kommen: Die getestete Person antwortet dann entsprechend den von ihr angenommenen Erwartungen, die an sie gestellt werden, und nicht so, wie sie wirklich empfindet. Um das zu verhindern, wurden weniger durchschaubare Tests entwickelt, die *projektiven Tests*. Sie bestehen aus mehrdeutigen Reizen, z. B. Bildern, zu denen Klient*innen eine Geschichte erzählen sollen. Man geht davon aus, dass Menschen ihre eigenen Motive und Konflikte in diese unstrukturierten Bilder „unwissentlich" hineinlegen (hineinprojizieren). Bekannte Verfahren sind der Familie-in-Tieren-Test (Brem-Gräser, 2011) und der Satzergänzungstest (Rauchfleisch, 2001, S. 74). Beim Familie-in-Tieren-Test erhält das Kind die Anweisung, seine Familienmitglieder als Tiere zu zeichnen. Der Satzergänzungstest besteht aus Satzanfängen, welche das Kind zu Ende führen soll.

Übung

Stellen Sie sich vor, Sie hätten wegen Ihrer psychischen Probleme einen Termin zur Diagnostik bei eine*r Psychotherapeut*in. Würden Sie Auskunft über Ihre Person lieber anhand von Fragebögen oder im persönlichen Gespräch geben? Tragen Sie Vor- und Nachteile beider Vorgehensweisen aus Ihrer subjektiven Sicht zusammen.

> **Beispiel: Projektive Testverfahren**
>
> Der Satzergänzungstest (Rauchfleisch, 2001, S. 74) besteht aus 66 angefangenen Sätzen jeweils für Jungen oder Mädchen, die beendet werden sollen.
>
> 1. Wenn er allein war ....
> 2. Er wünschte sich oft ....
> 3. Manchmal hatte er ein schlechtes Gewissen, weil ....
> 4. Einmal hatte er erlebt, dass ...
> 5. Er war sehr traurig, als ... ◀

Die Aussagen der Klient*innen werden von der Diagnostiker*in gemeinsam mit dem Klienten oder der Klientin besprochen und interpretiert.

Auch bei der *nonverbalen Diagnostik,* der *Verhaltensbeobachtung,* kann sehr viel über die Persönlichkeit des Gegenübers in Erfahrung gebracht werden. Hierbei werden Verhalten und Erscheinungsbild des Gegenübers in der Interaktion beobachtet: Wie ist die Person gekleidet, wie sind ihre emotionalen Reaktionen im Verlauf des Gesprächs, nimmt sie Kontakt auf oder ist sie in sich gekehrt, zeigt sie Depressionen, Angst, Aggression oder z. B. Wahnvorstellungen?

Nach dem erfolgten Überblick über die diagnostischen Methoden und Aufgaben bei der Beurteilung eines Menschen erfahren Sie im folgenden Abschnitt, zu welchen Resultaten die Diagnostik zur Krankheitsverbreitung in der Bevölkerung geführt hat. Mit dieser Fragestellung befasst sich das Forschungsgebiet der Epidemiologie.

3.1.3 Epidemiologie: Auftretenshäufigkeit psychischer Störungen

Die *Epidemiologie* untersucht die räumliche und zeitliche Verteilung von Krankheiten in einer festgelegten Population; sie misst die Häufigkeit von Krankheiten und die Krankheitsverteilung auf bestimmte Gruppen innerhalb der Bevölkerung. Im Rahmen der Klinischen Psychologie liefert die Epidemiologie z. B. Daten zur Häufigkeit psychischer Störungen, zur Alters- und Geschlechtsverteilung sowie zu räumlichen (z. B. Stadt/Land) und sozioökonomischen Unterschieden (z. B. Arbeitslosigkeit). Anhand dieser Daten kann sie Aussagen zu Risikofaktoren machen und nach Ursachen und auslösenden Faktoren für die gefundenen Ergebnisse suchen. Die Daten helfen bei der Abschätzung des Versorgungsbedarfs. Gleichzeitig können sowohl Inanspruchnahme als auch Qualität von Versorgungsleistungen erfasst werden. Damit liefern diese Daten die Grundlage für die Entwicklung von Maßnahmen auf dem Gebiet der Gesundheitsförderung und Prävention. In der Regel beruhen epidemiologische Daten auf repräsentativen Studien und sind somit verallgemeinerbar.

Eine epidemiologische Studie könnte also beispielsweise eine oder mehrere der folgenden Fragen untersuchen und beantworten (Wittchen & Jacobi, 2011, S. 58):

3.1 Klassifikation und Diagnostik psychischer Störungen

- Wie häufig sind psychische Erkrankungen in der Bevölkerung?
- Wie viele Menschen werden vom Versorgungssystem erfasst und bekommen Hilfe?
- Unterscheiden sich die Geschlechter bezüglich Auftretenshäufigkeit und Art der psychischen Erkrankungen?
- Was sind die Risikofaktoren für den Beginn und den Verlauf psychischer Erkrankungen?
- Wie wirken Genetik und spezifische Umweltfaktoren zusammen?

▶ **Definition: Epidemiologie** Die Epidemiologie beschäftigt sich mit der räumlichen und zeitlichen Verteilung von Erkrankungen in einer bestimmten Bevölkerungsgruppe. Diese Beschreibung der Fakten wird als *deskriptive Epidemiologie* bezeichnet. Des Weiteren untersucht die Epidemiologie den Zusammenhang der Erkrankung mit demografischen, genetischen, Verhaltens- und Umweltfaktoren. Das Ziel besteht darin, herauszufinden, welche Faktoren die Hauptursache für die Entstehung psychischer Krankheiten sind. Hier wird von *analytischer Epidemiologie* gesprochen.

Die Gesamtzahl aller erkrankten Personen, die zum Untersuchungszeitpunkt ermittelt wird, wird als *Prävalenz* bezeichnet. Die Prävalenzzahl ist in diesem Fall eine Momentaufnahme. Die Prävalenz kann auch einen Zeitraum umfassen; dann beschreibt sie den prozentualen Anteil der Menschen, die z. B. in den letzten 30 Tagen, in den letzten 12 Monaten vor der Befragung oder in ihrem bisherigen Leben (Lebenszeitprävalenz) mindestens einmal die erfragte Erkrankung hatten.

Die *Inzidenz* ermittelt die Häufigkeit von Neuerkrankungen an einer Krankheit in einer festgelegten Zeitspanne (Wittchen & Jacobi, 2011, S. 59).

Im folgenden Beispiel finden Sie zwei typische epidemiologische Fragestellungen und ihre Umsetzung.

Beispiel: Epidemiologische Fragestellungen

1. Nehmen psychische Störungen zu?

Richter und Berger (2013) vom Institut für Epidemiologie der Universität Münster untersuchten 33 epidemiologische Studien über psychische Erkrankungen in der Allgemeinbevölkerung zur Frage der Zunahme psychischer Störungen.

Deskriptives Ergebnis: Die Mehrzahl der Studien hatte keine Zunahme psychischer Störungen in den letzten Jahrzehnten festgestellt. Trotzdem wächst die Inanspruchnahme psychiatrischer und psychologischer Hilfeleistungen stetig.

Analytisches Ergebnis: Als Gründe für diesen Widerspruch führen die beiden Autoren an, dass die Wahrnehmung und das Wissen über psychische Probleme und ihre Behandlungsmöglichkeiten in der Gesellschaft stetig wachsen, ebenso wie die Bereitschaft, sich behandeln zu lassen. Auch habe möglicherweise die Stigmatisierung psychischer Erkrankungen in der Gesellschaft nachgelassen.

2. Krebsverteilung in Deutschland

Der erste Krebsatlas wurde 1997 herausgegeben; in ihm sind die Verteilung und Anzahl aller Krebsarten in ganz Deutschland grafisch dargestellt (Becker & Wahrendorf, 1998). Ein Ergebnis der deskriptiven Epidemiologie war, dass in den neuen Bundesländern die Erkrankungs- und die Sterblichkeitsrate bei Brustkrebs um 20–30 % niedriger war als in den alten Bundesländern. Die analytische Epidemiologie führte als mögliche Erklärung die Tatsache an, dass in der damaligen DDR die Frauen früher Kinder bekamen, sie länger stillten und auch weniger Hormone einnahmen als die westdeutschen Frauen. Diese schützenden Faktoren wirkten sich noch Jahrzehnte später positiv aus. ◄

Psychische Störungen sind weit verbreitet und für die einzelne Person und die Gesellschaft folgenreich. Für den betroffenen Menschen ist die Erkrankung mit vielfältigen Einschränkungen verbunden, für die Gesellschaft bedeutet es eine große Krankheitslast. So sind ca. ein Drittel der Frühberentungen mit einer psychischen Erkrankung begründet (Sonnenmoser, 2012). Im Rahmen einer repräsentativen Längsschnittstudie zur Gesundheit Erwachsener in Deutschland wurden von einer Forscher*innengruppe (Jacobi et al., 2014) auch psychische Störungen differenziert erfasst. Abb. 3.2 zeigt, dass im 12-Monats-Zeitraum vor der Untersuchung 33,3 % der Bevölkerung unter einer oder mehreren psychischen Störungen litten.

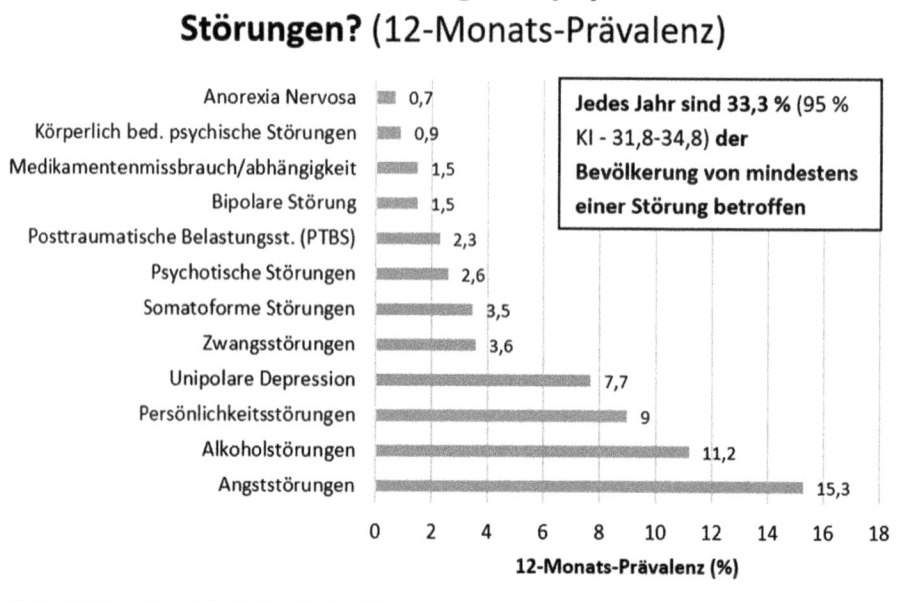

Abb. 3.2 Die häufigsten psychischen Störungen (12-Monats-Prävalenz) im Alter von 18–79 Jahren (Jacobi et al., 2014), ergänzt um Persönlichkeitsstörungen (Wälte, 2011, S. 134)

3.1 Klassifikation und Diagnostik psychischer Störungen

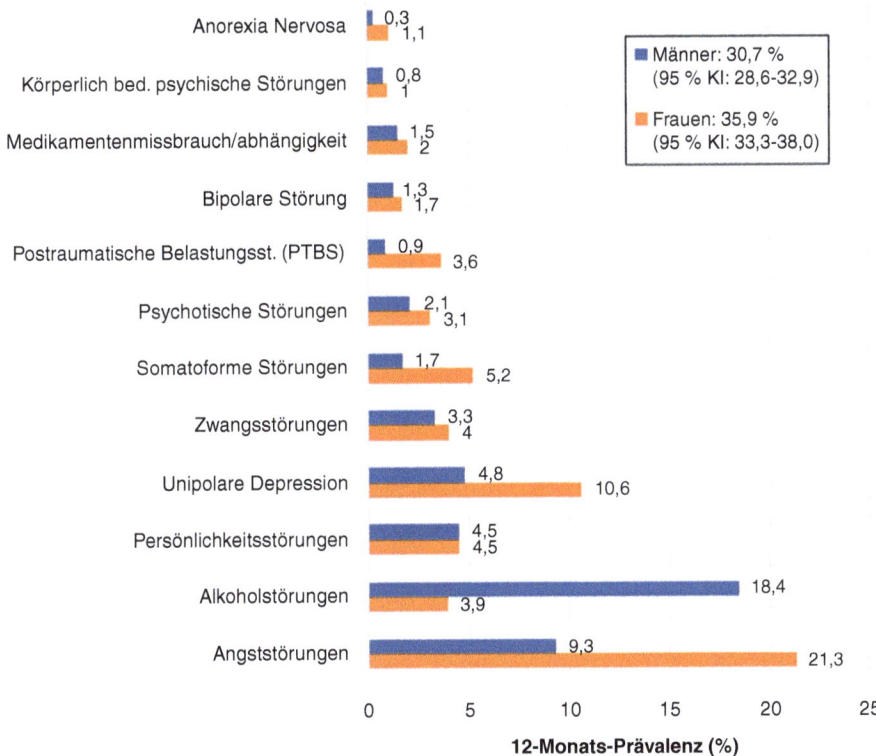

Abb. 3.3 Prozentsatz an Männern und Frauen, die jemals in ihrem Leben eine oder mehrere psychische Störungen gehabt haben (Jacobi et al., 2014), ergänzt um Persönlichkeitsstörungen (Wälte, 2011, S. 134)

Es zeigte sich kein gravierender Geschlechterunterschied in der Häufigkeit des Auftretens (Männer 30,7 %, Frauen 35,9 %), wohl aber in der Art der Erkrankung, wie in der Abb. 3.3 zu sehen ist: Die häufigsten Störungen bei den Männern waren Substanzstörungen, Angststörungen und Depression. Bei den Frauen standen die Angststörungen an erster Stelle, gefolgt von Depression und somatoformen Störungen (körperliche Beschwerden, wie z. B. Müdigkeit, Magenschmerzen, Rückenschmerzen aus psychischen Gründen). Weitere Ergebnisse der Studie waren die sehr hohen Prävalenzraten in der Altersgruppe von 18 bis 34 Jahren (45 %) und eine ausgeprägte *Komorbidität* (mehr als ein Drittel der erkrankten Personen hatten Mehrfachdiagnosen).

▶ **Definition: Komorbidität** Komorbidität bedeutet das gleichzeitige Bestehen mehrerer psychischer Erkrankungen. So hat eine alkoholabhängige Person häufig eine Depression oder eine posttraumatische Störung. Eine Magersucht geht häufig mit einer Depression einher.

Fallbeispiel: Komorbidität

Herr Maier leidet unter einer Panikstörung. Wegen seiner Angstanfälle hatte er auf seiner Arbeitsstelle viele Fehltage. Das führte zur Kündigung. Herr Maier zieht sich von seinem Bekanntenkreis zurück, weil er sich schämt. Er ist den ganzen Tag allein zu Hause, macht Computerspiele und beginnt bereits morgens Bier zu trinken. Insgesamt kommt er auf ca. 10 Flaschen täglich. Mit Alkohol hat er seine Ängste besser unter Kontrolle. Irgendwann bringt ihn eine ehemalige Kollegin auf die Entgiftungsstation einer psychiatrischen Klinik. Dort vermittelt man ihm einen Psychotherapieplatz zur Behandlung seiner Panikstörung. Er macht eine Entgiftung und wird von einer psychosozialen Mitarbeiterin bei der Arbeitssuche unterstützt. Sie motiviert ihn auch, an einer Selbsthilfegruppe der Anonymen Alkoholiker teilzunehmen. ◀

Das Beispiel zeigt, dass eine einzige Störung eher die Ausnahme darstellt. Eine besonders häufige Kombination bilden Sucht, Depression und Angstzustände.

Ein weiteres wichtiges Ergebnis der Studie von Jacobi et al. (2014) ist, dass nur ein Drittel aller betroffenen Menschen Kontakt zu Behandlungseinrichtungen hatte. Die Mehrzahl der erkrankten Personen versucht demzufolge, allein mit der Erkrankung fertig zu werden oder hat keine Krankheitseinsicht. In vielen Fällen kann die unerkannte psychische Erkrankung die Ursache für die Probleme in der Lebensbewältigung von Klient*innen sein.

Das bedeutet für Sie, lieber Leser*innen, dass Sie bei Ihrer späteren Tätigkeit auf zahlreiche Klient*innen treffen werden, die eine unerkannte und unbehandelte psychische Erkrankung haben. Es ist hilfreich, wenn Sie die psychische Erkrankung erkennen und die Klient*innen an entsprechende Fachleute weiterleiten.

Deshalb lernen Sie im folgenden Abschnitt exemplarisch einige in der Praxis häufig anzutreffende psychische Störungen kennen. Es werden die jeweiligen relevanten Symptome nach dem ICD-10 aufgelistet und anhand eines Beispiels veranschaulicht.

Zusammenfassung

Die Klinische Psychologie beschäftigt sich mit der Klassifikation, Diagnostik, Therapie und Prävention psychischer Störungen. Sie forscht zu diesen Themen und entwickelt Modelle zur Erklärung und Behandlung psychischer Störungen. Zur Diagnose psychischer Störungen werden das klinische Interview, Verhaltensbeobachtung, verschiedene Testverfahren und biologische Verfahren eingesetzt. Zur Einordnung der diagnostizierten psychischen Krankheit dienen die Klassifikationssysteme DSM-5 (Falkai et al., 2015) und ICD-10 (Dilling et al., 2015). Erkenntnisse über die Verteilung und Determinanten psychischer Störungen in der Bevölkerung, welche die Grundlage für weitere Forschung, Therapie und gesundheitspolitische Maßnahmen darstellen, gewinnt die Klinische Psychologie durch epidemiologische Untersuchungen.

Aufgaben

- Was sind zentrale Fragen der Klinischen Psychologie?
- Definieren Sie Epidemiologie, Prävalenz und Inzidenz. Welche Fragen lassen sich durch epidemiologische Studien beantworten?
- Was ist eine komorbide Störung?
- Was ist ein Stigma?
- Beschreiben Sie ein Verfahren zur Diagnose psychischer Störungen näher.

3.2 Häufige psychische Störungen

3.2.1 Affektive Störungen

„In dem Augenblick, in dem der Mensch den Sinn und den Wert des Lebens bezweifelt, ist er krank." (S. Freud)

Die affektiven Störungen sind psychische Störungen; für „affektiv" kann man auch die Begriffe „emotional" oder „psychisch" benutzen. Sie bedeuten alle dasselbe. Affektive Störungen sind durch eine Veränderung der Stimmungslage charakterisiert. Die Stimmung kann gesenkt (depressiv) oder gehoben (Manie) sein (Hautzinger, 1977). Nach dem ICD-10 gehören zu den affektiven Störungen neben den Depressionen die Manie und der Wechsel zwischen *Manie* und *Depression (bipolare Störung)*. Folgende affektive Störungen listet das ICD-10 auf (Dilling et al., 2015, S. 159 ff.):

- F30 Manische Episode
- F31 Bipolare affektive Episode
- F32 Depressive Episode
- F33 Rezidivierende depressive Episode
- F34 Anhaltende affektive Episode
- F 34.0 Zyklothymia
- F 34.1 Dysthymia

Zu den häufigsten Erkrankungen aus dieser Gruppe zählen die Depressionen. *Depressionen* gehören nicht nur in Deutschland zu den häufigsten psychischen Erkrankungen (vgl. Abb. 3.2), sondern auch weltweit. Als Risikofaktoren gelten Alter (das Erwachsenenalter ist am häufigsten betroffen), Geschlecht (Frauen sind etwa doppelt so häufig betroffen wie Männer) und der Familienstand bei Männern (geschiedene, verwitwete und getrenntlebende Männer sind häufiger betroffen). Bei Frauen sind junge, verheiratete Frauen häufiger von Depressionen betroffen als weibliche Singles (Beesdo-Baum & Wittchen, 2011, S. 887 f.). Ein geringerer sozioökonomischer Status geht mit höheren Depressionsraten einher, ebenso wie psychosoziale Stressoren, also z. B. Verlusterlebnisse wie Scheidung und Trennung, finanzielle Sorgen, Arbeitslosigkeit, Isolation. Auch sehr früh im Leben aufgetretene psychosoziale Stressoren können verantwortlich sein für Depressionen, die sich Jahrzehnte später entwickeln (Beesdo-Baum & Wittchen, 2011, S. 887 f.). Komorbid treten Depressionen häufig mit körperlichen Erkrankungen und Angststörungen auf. Die depressive Erkrankung neigt zur Chronifizierung (ungefähr bei 30 % der erkrankten Personen); es handelt sich dann um eine rezidivierende depressive Episode (Beesdo-Baum & Wittchen, 2011, S. 886). Der erkrankte Mensch ist unter Umständen sein Leben lang mal mehr, mal weniger von der Krankheit betroffen, es treten immer wieder depressive Episoden auf.

Zentrale Merkmale einer depressiven Episode sind:

- gedrückte Stimmung
- Interessenverlust
- Freudlosigkeit
- Antriebsminderung
- erhöhte Ermüdbarkeit

Des Weiteren können zusätzlich auftreten:

- verminderte Konzentration
- vermindertes Selbstwertgefühl
- Schuldgefühle und Gefühle der Wertlosigkeit
- eine pessimistische Zukunftsperspektive
- Suizidgedanken und -handlungen
- verminderter Appetit und andere somatische Symptome (z. B. Unruhe, Schlafstörungen)

(Dilling et al., 2015, S. 135 ff.).

Eine Depression ist behandlungsbedürftig, wenn diese Symptome mindestens 2 Wochen lang am Stück auftreten. Eine gefürchtete Folge der Depression ist der Suizid. Schätzungsweise 15 % der Patient*innen mit schweren depressiven Störungen versterben durch Suizid. Insgesamt gehen 40–70 % aller Suizide auf eine Depression zurück (Jacobi et al., 2014; Kocalevent & Hegerl, 2010). Häufig wird die Schwere der Erkrankung nicht nur von den Familienmitgliedern, sondern auch von Hausärzt*innen unterschätzt, die oft die depressionsbegleitenden körperlichen Symptome vorrangig behandeln (Bermejo et al., 2009). Beides trägt dazu bei, dass ein Teil der erkrankten Menschen keine angemessene Behandlung erhält.

Depressive Episoden, die wiederholt (rezidivierend) auftreten können, werden nach ihrem Schweregrad (leicht/mittel/schwer) und nach der Anzahl unterschiedlicher Symptome eingeteilt. Bei einer *Dysthymia* handelt es sich um eine chronische Form depressiver Erkrankung, bei der Schwere und Dauer der Symptomatik schwächer ausfallen. Auch hier können immer wieder leichte depressive Episoden auftreten oder Phasen, die weitgehend beschwerdefrei sind.

Eine *manische Episode* ist das Gegenteil einer depressiven Episode. Sie ist durch eine gehobene Stimmung und gesteigerte Aktivität gekennzeichnet. Beide affektive Störungen können sich auch abwechseln. Ist das der Fall, handelt es sich um eine *bipolare Störung*. Für sie ist das Schwanken zwischen Phasen mit gehobener Stimmung und Aktivität und Phasen mit depressiver Stimmung und verminderter Aktivität typisch. Die *Zyklothymia* ist eine bipolare Störung in abgeschwächter Form (Dilling et al., 2015, S. 145 ff.).

> **Fallbeispiel: Manische Episode**
>
> Der Patient mit der Diagnose F30 Manische Episode antwortet auf die Frage des Arztes bei der Visite, wie es ihm gehe: „Fantastisch, vorzüglich, ich könnte Bäume ausreißen. Heute Mittag setze ich mich auf mein Fahrrad und fahre nach Venedig (Anmerkung: 1000 km entfernt von der Klinik). Dafür brauche ich allenfalls drei Stunden. Dann trinke ich im Sonnenschein auf dem Markusplatz einen Cappuccino". Bevor der 29-jährige Patient aufgenommen worden war, hatte er sich innerhalb weniger Tage stark verändert. Er hatte einen hohen Kredit aufgenommen, um eine neuartige Geschäftsidee zu realisieren, und seine Arbeitsstelle gekündigt. Von dem Kredit hatte er sich aber zwei teure Autos gekauft. Er war sich sicher, bald Millionär zu sein. Er schlief kaum noch und redete ohne Unterlass. Nachdem er das gemeinsame Haus spontan und ohne Absprache mit seiner Frau verkauft hatte, um mit dem Geld eine angebliche Erfindung zu finanzieren, veranlasste seine Frau die Einweisung in die Psychiatrie. ◄

> **Fallbeispiel: Depressive Episode**
>
> Als die 47-jährige Patientin von ihrem Ehemann wegen einer anderen Frau verlassen worden war, war sie zunächst fassungslos. Anschließend wechselten sich heftige Wutanfälle mit wochenlangen Weinkrämpfen ab. Bisher war sie eine erfolgreiche Geschäftsfrau gewesen, nun konnte sie keine beruflichen Entscheidungen mehr treffen. Sie blieb tagelang im Bett liegen und begann immer größere Mengen Alkohol zu trinken. Bald hatte sie kaum noch nüchterne Phasen. Nach wenigen Wochen war sie finanziell ruiniert. Sie fühlte sich als Versagerin, und ihre Selbstwertzweifel nahmen wahnhafte Züge an, von denen sie sich nicht distanzieren konnte. Ihr Denken war beherrscht von der Idee, eine Versagerin zu sein. Schließlich brachte ein Familienmitglied sie in eine psychiatrische Ambulanz. ◄

Manisch erkrankte Personen befinden sich in gehobener, euphorischer Stimmung, sie überschätzen sich und ihre Fähigkeiten, stürzen sich u. U. in einen Kaufrausch und verschulden sich. Ihr Optimismus kann sich bis zum Größenwahn steigern. Sie sind überaktiv und schlafen manchmal zwei Nächte hintereinander nicht. Depressiv erkrankte Personen befinden sich am entgegengesetzten Pol der Dimension manisch-depressiv. Für sie ist eine Herabsetzung von Stimmung, Antrieb und Selbstwertgefühl kennzeichnend. Auch bei ihnen können wahnhafte Denkinhalte auftreten. So ist z. B. der Schuldwahn eine wahnhafte, zwanghaft auftretende Idee, moralisch gesündigt zu haben (Köhler, 2012, S. 124).

▶ **Definition: Wahn** Wahn beschreibt feste Überzeugungen, die trotz Beweisen vom Gegenteil aufrechterhalten werden, z. B. von Personen aus der Nachbarschaft oder einem Geheimdienst abgehört zu werden (Rey, 2011). Charakteristisch sind das fehlende Bedürfnis nach Realitätsüberprüfung und der krankhafte Ich-Bezug. Der krankhafte Ich-Bezug bedeutet, dass unwesentliche Aspekte der Umwelt eine besondere Bedeutung bekommen und auf die eigene Person bezogen werden (Dörner et al., 2002, S. 151). Ein lachendes Gesicht auf einem Werbeplakat kann dann z. B. gedeutet werden, dass sich alle Welt lustig macht über meine schlechte finanzielle Lage.

Behandlung der bipolaren Störung und der Depression
Die bipolare Störung wird i. d. R. medikamentös behandelt (mit dämpfenden Antipsychotika, Lithiumsalzen, Antiepileptika). Eine Behandlung in den manischen Phasen ist oft schwierig aufgrund des fehlenden Krankheitsgefühls der Erkrankten, die sich in einer euphorischen Stimmung befinden und Absprachen mit den Ärzt*innen nicht einhalten. Des Weiteren hat sich eine *Psychoedukation* bewährt (Meyer & Bauer, 2011, S. 873), die sowohl die Erkrankten als auch ihre Familienmitglieder über die Krankheit und ihren Verlauf aufklärt, über Schutz- und Risikofaktoren informiert und z. B. für individuelle Warnsignale, die einen neuen Krankheitsschub ankündigen, sensibilisiert.

▶ **Definition: Psychoedukation** Psychoedukation, auch Patientenschulung genannt (lat. educare: erziehen), ist die Vermittlung von wissenschaftlich fundierten Informationen über die Erkrankung an psychisch erkrankte Menschen und ihre Familienmitglieder. Sie dient dem Krankheitsverständnis und der Krankheitsbewältigung. Falsche Vorstellungen, Vorurteile und Ängste sollen ebenfalls dadurch revidiert bzw. abgebaut werden (von Schlippe & Schweitzer, 2012, S. 62).

Als psychologische Therapie der Depression hat sich die *kognitive Therapie* (vgl. Abschn. 3.3.6) gut bewährt. Die Therapie kann vielfältige Maßnahmen umfassen wie z. B. die Erarbeitung von Bewältigungsstrategien zur Aktivierung und Strukturierung des Tagesslaufs, den Aufbau von Kontakten und das Erkennen eigener, negativer Gedanken. Die medikamentöse Behandlung der unterschiedlichen Formen der Depression besteht in der Gabe von Antidepressiva. Sehr ausgeprägte Formen der Depression lassen sich zunächst nur medikamentös beeinflussen, andere Formen sind besser durch Psychotherapie zu behandeln, wobei bei sehr schweren Formen beides erfolgen sollte (Comer, 2008, S. 249).

3.2.2 Schizophrenie

Die Fachliteratur ist sich einig, dass die Schizophrenie eine der schwerwiegendsten psychischen Störungen ist. Mit ihr geht eine tiefgreifende Veränderung des Denkens, Fühlens, Erlebens und des Realitätsbezugs einher. Im allgemeinen Sprachgebrauch, insbesondere von Familienmitgliedern, wird sie häufig auch als „Psychose" oder „psychotische Störung" bezeichnet (Bosshard et al., 2013, S. 190). Wie kaum eine andere psychische Störung ist sie mit vielen gesellschaftlichen Vorurteilen behaftet. Viele betroffene Personen leiden darunter, als „verrückt" oder „wahnsinnig" eingestuft zu werden (Hautzinger & Thies, 2009, S. 51; Jungnitsch, 1999, S. 144). Da die Bezeichnung „Schizophrenie" kein einheitliches Krankheitsbild umfasst, sondern vielmehr ein Oberbegriff für eine ganze Gruppe an Unterkategorien ist, die eine Vielzahl unterschiedlichster Symptome beinhalten, kann im Folgenden nur eine Kurzdarstellung der zentralen Krankheitsmerkmale erfolgen. Die Erkrankung beginnt meist im Jugendalter oder im frühen Erwachsenenalter. Männer sind häufiger betroffen als Frauen, ebenso Menschen aus niedrigeren sozialen Schichten (Rey, 2011).

Nach ICD-10 (Dilling et al., 2015, S. 127 ff.) werden folgende Symptomgruppen (F20) unterschieden:

- Gedankenlautwerden, Gedankenentzug (die eigenen Gedanken werden von außen entzogen), Gedankeneingebung (die Gedanken werden als von außen „eingezwungen" erlebt)
- Wahnwahrnehmungen, Kontrollwahn, Beeinflussungswahn
- bizarrer Wahn, z. B. Gott zu sein
- Hören von kommentierenden oder dialogischen Stimmen, die über die erkrankte Person und ihr Verhalten reden (akustische Halluzinationen),
- weitere anhaltende Halluzinationen
- Gedankenabreißen, Zerfahrenheit (der flüssige Gedankengang bricht plötzlich ab, u. U. mitten im Satz, die betroffene Person schweigt, weil sie alles vergessen hat
- katatone Symptome (Störungen der Motorik und des Antriebs), Stupor (Erstarrung des ganzen Körpers), Mutismus (fortwährendes Schweigen
- Apathie, Sprachverarmung (kaum Affekte, sozialer Rückzug
- Ziellosigkeit, Trägheit.

Die *Symptome* werden häufig in positive und negative Symptome unterteilt. Zur Positivsymptomatik, die von größerer Relevanz für die Diagnosestellung ist, gehören Wahn und Halluzinationen, zur Negativsymptomatik gehören Affektverflachung, Apathie und Kontaktmangel. Die Positivsymptome stellen ein Übermaß und eine Verzerrung des normalen Erlebens dar, während die Negativsymptome eine Verminderung der normalen Funktionen darstellen (Rey, 2011). Der Krankheitsverlauf ist durch unregelmäßig auftretende psychotische Schübe gekennzeichnet (Benecke, 2014, S. 410). Die Erkrankung neigt ebenso wie die depressive Erkrankung zur Chronifizierung. Dies bedeutet, dass es keine Heilung gibt, sondern dass die erkrankte Person lebenslang Krankheitssymptome hat, die über die Zeit stärker (Schübe) oder schwächer auftreten. Das trifft bei der Schizophrenie in einem Drittel der Fälle zu (Rey, 2011). Es besteht das Risiko, dass die betroffenen Personen auch zwischen den Schüben nicht symptomfrei sind. Bei wiederholten Schüben besteht das Risiko, dass sich die „Residualsymptomatik" (Reste der Symptome) zwischen den Schüben verstärkt.

▶ **Definition: Halluzinationen** Halluzinationen sind Sinneswahrnehmungen ohne sensorischen Input. Deri Der betroffene Mensch hört beispielsweise Stimmen, Geräusche oder Musik, ohne dass Geräusche vorhanden sind (Rey, 2011).

Fallbeispiel: Schizophrenie

Martin ist 27 Jahre alt und studiert Mathematik. Er sucht die psychosoziale Beratungsstelle der Universität auf. Er erzählt, dass er ausgeschlossen würde, weil er sich von den anderen unterscheide: Sein Kleidungsstil, seine Musikvorlieben und seine Ansichten seien unkonventionell. Deshalb schließe man ihn aus allem aus. Alle Mitstudierenden wären an dem Komplott beteiligt. Er habe bereits mehrere Beschwerdebriefe an den Rektor der Universität geschrieben, aber keine Antwort erhalten. Er habe auch einen Professor ins Vertrauen gezogen; der habe ihm aber nicht geholfen. Inzwischen finde er Hinweise, darauf, dass er die Universität verlassen solle. So seien die Werbeplakate einer Reisegesellschaft mit der Überschrift „Weg in den Urlaub" an ihn gerichtet und ein deutlicher Hinweis in eine bestimmte Richtung. Neuerdings höre er zwei sich abwechselnde Stimmen, die ihn eindringlich auffordern würden, die Warnungen ernst zu nehmen. Anderenfalls müsse er die Konsequenzen tragen und als Strafe für seinen Eigensinn sich selbst von der Brücke in einen Fluss stürzen. Die psychosoziale Fachkraft der Beratungsstelle, die das Gespräch führt, kann Martin zunächst sehr gut verstehen und glaubt den Wahrnehmungen von Martin. Erst als er von inneren Stimmen berichtet, wird sie hellhörig. Sie verweist ihn an eine psychiatrische Ambulanz. ◀

Behandlung von Schizophrenie
Es gibt keine eindeutigen Aussagen über die Entstehung der Schizophrenie, und der wissenschaftliche Streit über eine mehr psychogene (auf psychischen Faktoren beruhende) oder eine mehr somatogene (auf biologischen Faktoren beruhende) Entstehung kann gegenwärtig nicht entschieden werden (Köhler, 2012, S. 100). Eine Konsequenz aus der Vielzahl von psychologischen und biologischen Befunden zur Entstehung (Comer, 2008, S. 387 ff.; Butcher et al., 2009, S. 595 ff.; Rey, 2011) war die Anwendung des Diathese-Stress-Modells. Dieses Modell geht von einem Zusammenspiel einer genetischen Vorbelastung und biochemischen Veränderungen im Gehirn aus. Des Weiteren nimmt das Modell eine überdauernde, erhöhte Verletzbarkeit des Individuums an, in deren Folge unter bestimmten Umweltbedingungen ebenfalls der Krankheitsausbruch resultieren kann (Rey, 2011). Alle Behandlungsformen sind lediglich Symptombehandlungen, da die Ursachen unbekannt sind. Es lassen sich 3 Behandlungsansätze finden:

Bei der *medikamentösen Behandlung* werden Antipsychotika verabreicht. Da die Medikamente die massiven Symptome wie z. B. Wahnvorstellungen mildern, ermöglichen sie es der erkrankten Person, sich in eine weitere, psychotherapeutische Behandlung zu begeben.

Als *psychotherapeutisches Verfahren* ist die kognitive Therapie am häufigsten. Bei ihr werden Bewältigungsstrategien erarbeitet, die dabei helfen sollen, die Symptome zu kontrollieren. Techniken sind z. B. Ablenkung, Aufmerksamkeitsfokussierung, Entspannung und Selbstverbalisation (Comer, 2008, S. 407 f.). Die *Familientherapie* soll den Familienmitgliedern helfen, mit dem teilweise bereits erwachsenen Familienmitglied eine geeignete Kommunikationsform zu finden und das bizarre Verhalten zu akzeptieren. Wichtig ist die Aufklärung der Familienmitglieder über das Krankheitsbild (*Psychoedukation*). Dass die Familie von schizophren erkrankten Personen nicht immer eine unterstützende Umgebung ist, sondern auch eine Quelle emotionaler und sozialer Spannungen, fand die Expressed-Emotion-Forschung heraus (Hahlweg, 1995). Sie konnte ein von Kritik, Feindseligkeit und emotionalem Überengagement geprägtes Familienklima ausmachen, welches die Rückfallrate der erkrankten Person beschleunigt.

▶ **Definition Expressed Emotion** Der Begriff „Expressed Emotion" steht für die negative Haltung der Familie ihrem erkrankten Mitglied gegenüber; sie drückt sich durch Kritik, Feindseligkeit und emotionales Überengagement aus. Hohe Expressed-Emotion-Werte sind Ausdruck von hohem familieninternem Stress (Hahlweg et al., 2000).

Umfassende Rehabilitationsmaßnahmen sind wegen des hohen Rückfallrisikos und der geringen Heilungschancen als dritte Behandlungssäule nötig. Wichtige Ziele der Wiedereingliederung bestehen darin, eigenverantwortlich einen Arbeitsplatz auszufüllen, selbstständig den häuslichen und familiären Verpflichtungen nachzukommen und die Freizeit nach eigenen Wünschen zu gestalten. Hilfestellungen sind hier von größter Relevanz und bestehen in dem Vermitteln geeigneter beruflicher Tätigkeiten, u. U. in einer beschützenden Werkstätte, in der Hilfe bei der Suche nach einer passenden Wohnmöglichkeit, z. B. im betreuten Wohnen oder in einem Übergangsheim. Berufstätigkeit und gemeinsames Wohnen stärken das Selbstwertgefühl der psychisch erkrankten Person und aktivieren ihre Eigeninitiative. Unterstützung bei dem Wiedereinstieg in diese wichtigen Lebensbereiche fällt unter die soziotherapeutischen Maßnahmen der Sozialen Arbeit. Diese Hilfestellungen betonen mehr die gesunden Anteile der Erkrankten und ergänzen die Psychotherapie, die sich mit der Aufarbeitung der Defizite beschäftigt. Ziel ist eine schnelle Resozialisation (Rey, 2011). Wegen des häufig chronischen Verlaufs der Erkrankung verbringen aber auch viele Patient*innen ihr Leben in einer psychiatrischen Klinik. Besonders in diesem Fall ist es wichtig, dass dort individuelle Ressourcen (Interessen, Begabungen und Kontakte) gefördert werden, um Hospitalisierungseffekte (vgl. Beispiel Regression, Abschn. 3.3.2) möglichst gering zu halten. Mit Hospitalisierungseffekt ist gemeint, dass Patient*innen durch die jahrelange Rundumbetreuung passiv werden und ihre eigenen Fähigkeiten verlernen. Sie trauen sich selbst immer weniger zu und möchten deshalb gar nicht mehr selbstständig werden (Dörner et al., 2002, S. 490).

> **Exkurs/Film-Tipp: Schizophreniedarstellung im Film**
>
> Differenzierte Darstellungen des schizophrenen Krankheitsbildes finden sich in verschiedenen Filmen. In dem Film „Das weiße Rauschen" spielt Daniel Brühl einen Studenten, der nach dem Konsum von halluzinogenen Pilzen eine Schizophrenie entwickelt. In „A beautiful mind" verkörpert Russell Crowe den berühmten Mathematiker John Forbes Nash, der im frühen Erwachsenenalter an einer Schizophrenie erkrankte und sich seitdem vom Geheimdienst verfolgt fühlte, später jedoch trotz Krankheit den Nobelpreis für seine Forschungen bekam. In „Hirngespinster" steht die familiäre Belastung im Mittelpunkt, die die Schizophrenie des Vaters bedeutet. ◄

3.2.3 Angststörungen

Die Angststörung (auch: phobische Störung) ist ein Sammelbegriff für psychische Störungen, die sich entweder in einer übertriebenen, unspezifischen Angst oder in einer konkreten Angst (Phobie) vor einem bestimmten Objekt oder einer bestimmten Situation äußern. Auch Panikstörungen oder Panikattacken zählen zu den Angststörungen (Comer, 2008, S. 108 f.). Angststörungen gehören zu den neurotischen Störungen (F4).

▶ **Definition: Neurose** Der im ICD-10 nur noch zurückhaltend gebrauchte Begriff Neurose bezieht sich auf eine Gruppe psychischer Störungen. Es liegt keine organische Krankheit zugrunde. Neurotisches Verhalten und Erleben sind quantitative Abweichungen von der Norm, denn jeder Mensch kennt Angst, Depression und zwanghafte Verhaltensweisen. Neurosen stellen nach Ansicht der psychoanalytischen Theorie Fehlanpassungen und misslungene Verarbeitungsversuche von Konflikten dar. Ihre Ursachen können in der Kindheit liegen. Im Unterschied zur Psychose (Schizophrenie, wahnhafte Depression, Manie, bipolare Störung) verwechselt die neurotisch erkrankte Person i. d. R. ihre subjektive Realität nicht mit der äußeren Realität. Sie

- hat Krankheitseinsicht
- verhält sich in sozial akzeptierten Grenzen und
- erhält ihre Persönlichkeit.

Eine Neurose wird psychotherapeutisch behandelt, nur in Ausnahmefällen medikamentös (Eckhardt-Henn et al., 2018, S. 6).

Angstgefühle begleiten die meisten psychischen Erkrankungen. So haben schizophren erkrankte Menschen Angst vor ihren Wahninhalten, wie z. B. Angst vor ihren vermeintlichen Verfolgern. Depressive haben Angst vor dem Leben und seinen Herausforderungen, Drogenabhängige haben Angst vor dem Entzug, Essgestörte haben Angst vor der Gewichtszunahme. Angst ist eine Grundemotion des Menschen. Sie hat eine lebenserhaltende Funktion, weil sie ein Alarmsignal darstellt, in einer Gefahrensituation sehr schnell alle notwendigen Energien zu aktivieren (Bandelow, 2006, S. 16). Im Gegensatz zu dieser sinnvollen Funktion von Angst sind Angststörungen durch eine unkontrollierbare, intensiv erlebte Angst ohne das Bestehen einer objektiven Gefahr gekennzeichnet (Wälte, 2011). Die Angst steht im Mittelpunkt der Störung. Bei den betroffenen Personen bestehen ein starker Leidensdruck und die Tendenz, angstauslösende Situationen zu meiden. Häufig gehen Angststörungen mit einer starken Einschränkung des Lebens einher. Sie gehören zu den häufigsten psychischen Störungen. Auf der körperlichen Ebene machen sie sich durch Symptome wie Zittern, Herzrasen, Schwitzen, Schwindel, Luftnot und Brustschmerzen bemerkbar, auf der Verhaltensebene tritt Vermeidungsverhalten auf, und auf der kognitiven Ebene sind belastende Gedanken und Befürchtungen vorhanden (Dilling et al., 2015, S. 190).

Angststörungen sind häufig chronische Störungen. Ein betroffener Mensch konsultiert beispielsweise wegen seiner ausgeprägten körperlichen Symptome, die eine körperliche Erkrankung nahelegen, meist zunächst Ärzt*innen statt Psychotherapeut*innen, und es dauert im Durchschnitt 8 Jahre, bis die Angststörung festgestellt wird (In-Albon & Margraf, 2011, S. 933).

Das ICD-10 (Dilling et al., 2015, S. 190 ff.) unterscheidet folgende Angststörungen:

- F40: phobische Störungen (Agoraphobie, soziale Phobien und spezifische Phobien
- F41: andere Angststörungen (Panikstörungen, generalisierte Angststörung, andere Angststörungen).

Phobien
Eine Phobie bezeichnet eine übersteigerte Angstreaktion gegenüber objektiv ungefährlichen Situationen oder Objekten. Aufgrund der starken Angst wird die Konfrontation mit diesen Situationen oder Objekten vermieden oder nur unter massiver Furcht ertragen. Allein die Vorstellung, der gefürchteten Situation ausgesetzt zu sein, erzeugt Angst. Es werden bei den Phobien die Agoraphobie, die soziale Phobie und die spezifischen Phobien unterschieden (Comer, 2008, S. 121).

- Jemand, der unter einer *Agoraphobie* (agora griech.: Marktplatz) leidet, hat Angst, allein das Haus zu verlassen, sich in Menschenmengen zu begeben, öffentliche Verkehrsmittel zu benutzen oder Supermärkte und Kaufhäuser zu besuchen. Subjektiv werden diese Situationen als extrem beängstigend oder auch gefährlich erlebt. Es wird befürchtet, im Falle einer Ohnmacht oder eines anderen körperlichen Zusammenbruchs keine Hilfe zu bekommen, sondern „in der Falle" zu sitzen (Comer, 2008, S. 122 f.).
- *Soziale Phobien* sind Angstreaktionen in sozialen Interaktionen oder sozialen Leistungssituationen (vor anderen Personen sprechen, mündliche Prüfungen). Es besteht die Angst, sich zu blamieren und kritisiert zu werden. Nicht selten führt das starke Vermeidungsverhalten zu extremer sozialer Isolation (Stangier et al., 2009, S. 8 ff.).
- Bei einer *spezifischen Phobie* liegt eine übertriebene Angst vor einer klar umrissenen Situation oder einem Objekt vor. Hierzu zählen die zahlreichen Tierphobien (z. B. vor Hunden, Spinnen, Schlangen, Mäusen) oder Situationen wie z. B. Dunkelheit, Höhe, Fliegen und geschlossene Räume (Comer, 2008, S. 124 f.).

Andere Angststörungen
Bei der *Panikstörung* erlebt die betroffene Person schwere Angstattacken, die „wie aus heiterem Himmel" auftreten. Eine phobische Angst kann in eine Panikstörung übergehen.

Bei der *generalisierten Angststörung* besteht eine fortwährende und kaum zu kontrollierende Erwartungsangst, dass irgendetwas Schlimmes geschieht.

Behandlung von Angststörungen
Bei der Agoraphobie gilt die *Konfrontationstherapie* als beste Therapie (In-Albon & Margraf, 2011). Hierbei werden Patient*innen so lange der angstbesetzten Situation ausgesetzt, bis sich die Angst von selbst reduziert. Bei der generalisierten Angststörung werden *Entspannungstraining* und *Sorgenexposition* kombiniert (Becker & Margraf, 2007, S. 93 ff.). Bei der Sorgenexposition müssen Patient*innen die Sorgen zu Ende denken und sich den schlimmsten möglichen Ausgang vorstellen. Die geäußerten Sorgen werden anschließend mit einer Psychotherapeutin oder einem Psychotherapeuten besprochen und gemeinsam entkräftet. Bei der sozialen Phobie finden ebenfalls Konfrontationsübungen in vivo (in der realen Situation) statt, d. h., Patient*innen müssen eine Situation des realen Lebens meistern. Zuvor bringen diese sich in einen entspannten Zustand, sodass der Körper keine Rückmeldung über Angstsymptome geben kann (vgl. Abschn. 3.3.5).

> **Übung**
>
> Versuchen Sie sich an eine Situation in Ihrem Leben zu erinnern, in der sie große Angst empfunden haben. Welche körperlichen Anzeichen der Angst traten auf? Was haben Sie gedacht? Wie haben Sie sich verhalten? Haben die Gedanken Sie belastet oder entlastet? Haben Sie im weiteren Verlauf ähnliche Situationen vermieden? Wie würden Sie Ihre Reaktion aus heutiger Sicht beurteilen, war sie hilfreich oder eher ungünstig?

3.2.4 Persönlichkeitsstörungen

Die Diagnose „Persönlichkeitsstörung" spielt gegenwärtig nicht nur in der Psychiatrie eine bedeutende Rolle; auch in Hilfeeinrichtungen wie dem betreuten Wohnen, in Einrichtungen der Jugendhilfe, Heimen für Schwererziehbare, im Gefängnis, in der Drogenhilfe, in Einrichtungen für Nichtsesshafte und in weiteren Einrichtungen treffen psychosoziale Fachkräfte auf Klient*innen mit dieser Diagnose (Bosshard et al., 2013, S. 370).

Mit dem Begriff der *Persönlichkeit* ist das einzigartige und andauernde Muster der individuellen Erfahrungen und des Erlebens gemeint (Comer, 2008, S. 416). Zur Persönlichkeit gehören viele Verhaltensweisen, die über die Zeit stabil sind, aber auch flexibles und anpassungsfähiges Verhalten an jeweils unterschiedliche Umwelten. Einem Menschen mit einer Persönlichkeitsstörung gelingt diese Anpassung nicht. Eine derartige Persönlichkeitsstörung ist gekennzeichnet durch ein eher überdauerndes unflexibles Verhaltensmuster, das deutlich von den Erwartungen der Umwelt abweicht. Diese Abweichungen betref-

3.2 Häufige psychische Störungen

fen den Affekt, die zwischenmenschliche Interaktion und die Impulskontrolle (Comer, 2008, S. 416). Persönlichkeitsstörungen sind nicht auf eine hirnorganische oder eine andere körperliche Ursache zurückzuführen.

Das zurzeit in Deutschland noch aktuelle ICD-10 (F60) nennt verschiedene Persönlichkeitsstörungen (paranoide, schizoide, emotional-instabile, impulsive, histrionische, dissoziale, zwanghafte, ängstliche, abhängige, narzisstische, negativistische, Borderline-Persönlichkeitsstörung (Dilling et al., 2015, S. 232), die in 3 übergeordnete Gruppen eingeteilt werden können (Comer, 2008, S. 445):

- „seltsame" Persönlichkeitsstörungen: paranoide, schizoide Störungen.
  Die betroffenen Personen sind ständig misstrauisch und „auf der Hut". Sie nehmen die Welt verzerrt wahr, weil sie sich ständig verfolgt und z. B. benachteiligt fühlen. Deshalb meiden sie enge Beziehungen und haben Defizite im zwischenmenschlichen Bereich.
- „Dramatische" Persönlichkeitsstörungen: dissoziale, Borderline-, narzisstische und histrionische Störungen.
  Die betroffenen Personen sind instabil in zwischenmenschlichen Beziehungen und impulsiv; ein Mangel an Empathie geht häufig mit Gefühlen der eigenen Grandiosität und dem Bedürfnis nach Bewunderung einher.
- „Ängstliche" Persönlichkeitsstörungen: selbstunsichere, abhängige und zwanghafte Personen.
  Gehemmtes, anklammerndes und unterwürfiges sowie perfektionistisches und kontrollierendes Verhalten sind typische Verhaltensmuster.

Inzwischen ist in den USA eine neue Version des ICD-10 erschienen, das ICD-11 (WHO, 2019). Es wird in den kommenden Jahren auch auf Deutsch erscheinen. In dieser neuen Überarbeitung wurde besonders die dimensionale Diagnostik berücksichtigt; so werden z. B. die Persönlichkeitsstörungen nun nach Schweregrad in leichte, mittlere und schwere Beeinträchtigungen eingeteilt. Auch die Kategorien der Persönlichkeitsstörungen werden im ICD-11 geändert: Die oben beschriebenen 3 Gruppen von Persönlichkeitsstörungen werden zugunsten der 5 Typenbeschreibungen Negative Affektivität, Distanziertheit, Dissozialität, Enthemmung und Zwanghaftigkeit abgeschafft. Diese neuen Persönlichkeitsmerkmale werden dann dimensional nach Schweregrad erfasst.

Diese und weitere Neuerungen sollen dazu dienen, psychische Erkrankungen weniger abwertend, sondern vielmehr neutral zu beschreiben. Des Weiteren soll eine mehr dimensionale Sichtweise der Tatsache gerecht werden, dass sich Menschen in Bezug auf psychische Krankheiten eher quantitativ als qualitativ unterscheiden. Ob sich die Veränderungen bewähren, wird sich in den kommenden Jahren zeigen (Hogrefe Testzentrale, 2021).

Die Behandlung von Persönlichkeitsstörungen
Die Probleme von persönlichkeitsgestörten Menschen bestehen oft schon seit der Kindheit oder dem Jugendalter und werden oftmals von betroffenen Personen als wenig störend

bzw. als unveränderbarer Teil ihrer Persönlichkeit angesehen. Somit kann die Therapiemotivation eher gering sein und Therapien sich dann schwierig gestalten. Gelingt es den Patient*innen mithilfe einer vertrauensvollen Beziehung zu einer Therapeutenperson, eine Therapiemotivation zu entwickeln, sind eine Psychotherapie und ein psychosoziales Konfliktmanagement am sinnvollsten. Geht eine Persönlichkeitsstörung mit depressiven und Angstzuständen einher, kann auch eine kurzzeitige medikamentöse Therapie sinnvoll sein (Fiedler, 2011).

> **Zusammenfassung**
> Das ICD-10 (Dilling et al., 2015) gibt einen Überblick über die psychischen Störungen. Schwere psychische Krankheiten wie Schizophrenien und schwere Depressionen bzw. bipolare Störungen müssen in erster Linie medikamentös behandelt werden. Diese Krankheiten neigen zur Chronifizierung. Durch Psychotherapie können sie nicht geheilt werden. Trotzdem sind psycho- und sozialtherapeutische Maßnahmen wichtig, insbesondere für die Rehabilitation. Die Symptome können damit reduziert und die Befindlichkeit kann verbessert werden. Angststörungen, neurotische Störungen und Persönlichkeitsstörungen werden nur gelegentlich medikamentös begleitet, Psychotherapie und sozialtherapeutische Maßnahmen stehen im Vordergrund.

Aufgaben

- Definieren Sie, was einen Wahn kennzeichnet, und nennen Sie ein Beispiel für einen Wahn.
- Beschreiben Sie Positiv- und Negativsymptomatik der Schizophrenie.
- Nennen Sie die wichtigsten Symptome der depressiven Episode.
- Skizzieren Sie Behandlungsansätze bei der Schizophrenie.
- Definieren Sie „Expressed Emotion".

3.3 Erklärungskonzepte psychischer Störungen

Es lassen sich 5 große psychologische Schulen unterscheiden, die jeweils ein Erklärungsmodell zur Entstehung psychischer Störungen sowie ein psychologisches Therapiekonzept entwickelt haben. Ein 6., übergeordnetes und sehr allgemeines Modell der Entstehung psychischer Störung ist das Diathese-Stress-Modell. Es ist integrativ, weil es alle anderen bestehenden Modelle in sich vereint, und wird deshalb auch als biopsychosoziales Modell bezeichnet. Es wird als Erstes vorgestellt. Darauffolgend werden die spezielleren und aktuellen psychologischen Erklärungskonzepte zur Entstehung psychischer Störungen dargestellt. Das sind:

- das psychoanalytische Modell
- das humanistische Modell
- das systemische Modell
- das verhaltenstheoretische Modell und
- das kognitive Modell.

3.3.1 Das Diathese-Stress-Modell

Die Basis des Diathese-Stress-Modells ist die Annahme, dass sowohl Anlage- als auch Umweltfaktoren den Menschen beeinflussen. Mit Diathese wird die ererbte, angeborene oder erworbene Neigung des Individuums bezeichnet, eine Störung zu entwickeln. Weitere Begriffe für Diathese sind Anfälligkeit, Disposition oder Vulnerabilität. Diathesen können biologisch, psychologisch, sozial und ökologisch sein (Butcher et al., 2009, S. 297).

▶ **Definition: Vulnerabilität** Vulnerabilität (vulnus, lat.: Wunde) bedeutet eine erhöhte psychische Verletzlichkeit und eine herabgesetzte Widerstandsfähigkeit gegenüber Belastungen. Sie kann ererbt, angeboren oder erworben sein.

Biologische Diathesen müssen nicht genetisch sein, sondern können z. B. auch durch Geburtskomplikationen, Erkrankungen der Mutter während der Schwangerschaft oder Mangelernährung erworben werden. Solche Faktoren können Fehlfunktionen des Gehirns bewirken und so für psychische Störungen anfällig machen. *Psychologische Diathesen* können z. B. Verlusterlebnisse in der Kindheit, sexueller Missbrauch oder unsichere Bindungsmuster sein. Armut, das Aufwachsen in einem sozialen Brennpunkt und mangelnde Schulbildung sind Beispiele für *soziale Diathesen*. Eine *ökologische Diathese* ist z. B. die radioaktive Bestrahlung.

Das Diathese-Stress-Modell besagt, dass eine erhöhte Diathese zwar den Ausbruch einer Erkrankung begünstigt, aber als alleinige Ursache nicht ausreicht. Zum Ausbruch kommt es erst, wenn zusätzlich äußere Einflüsse auf das Individuum einwirken. Diese äußeren Einflüsse oder belastenden Lebensereignisse werden als Stressoren bezeichnet. Stress entsteht, wenn dem Individuum bei dem Auftreten unangenehmer Ereignisse keine angemessenen Strategien zur Problemlösung zur Verfügung stehen. Sind die Stressoren zu stark bzw. treten sie über eine bestimmte, individuelle Schwelle, kommt es zum Krankheitsausbruch. Die Schwelle wird ferner von dem Vorhandensein von Risiko- und Schutzfaktoren beeinflusst (vgl. Kap. 5). Das Diathese-Stress-Modell analysiert die Wechselwirkungen zwischen der Diathese für eine Krankheit und den belastenden Ereignissen (dem Stress). Wechselwirkungen sind individuell verschieden und hängen davon ab, wie stark die Diathese und wie stark das äußere Ereignis im Einzelfall ist. Bei einer starken Diathese genügt z. B. geringer äußerer Stress; andererseits kann aber auch eine minimale Diathese zum Krankheitsausbruch führen, wenn entsprechend schwere Traumata auf die einzelne Person einwirken (Butcher et al., 2009, S. 297 f.).

> **Beispiel: Diathese-Stress-Modell**
>
> Herr M. ist seit 12 Jahren verheiratet und hat drei Kinder. Seine Frau hat immer wieder Liebesbeziehungen außerhalb der Ehe. Da Herr M. Angst vor Auseinandersetzungen hat und seine Frau nicht verlieren will, toleriert er das Verhalten seiner Frau stillschweigend und bewertet es als harmlos. Schließlich lernt seine Frau einen Mann kennen, mit dem sie zusammenleben will. Sie will ausziehen und die Kinder mitnehmen. Sie stellt ihren Mann vor vollendete Tatsachen. Herr M. erlebt eine maximale Stresssituation, für die er keine Bewältigungsstrategien zur Verfügung hat. In dieser ihm ausweglos erscheinenden Situation bricht bei ihm erstmals eine akute schizophrene Psychose aus. Er entwickelt Wahnvorstellungen, Halluzinationen und hört kommentierende Stimmen, die darüber diskutieren, auf welche Weise er sein Leben beenden sollte. Trotz psychiatrischer Behandlung und der Einnahme von Medikamenten (Neuroleptika) begeht er Suizid durch Sturz von einer Brücke.
>
> *Kommentar:* Herr M. hatte vermutlich eine Diathese für Schizophrenie. Ob diese Erkrankung jemals ausgebrochen wäre, wenn sein Leben weiter in ruhigen Bahnen verlaufen wäre und kein existenzieller, ihn überfordernder Stress aufgetreten wäre, kann nicht beurteilt werden. In jedem Fall hat aber die Krisensituation, aus der er keinen Ausweg gesehen hat, den Ausbruch der Krankheit in diesem Moment begünstigt. ◄

Das Diathese-Stress-Modell wurde von Zubin und Spring (1977) zur Erklärung der Schizophrenie entwickelt. Demnach zeichnen sich schizophreniegefährdete Menschen durch eine besonders ausgeprägte Vulnerabilität und Sensibilität („Dünnhäutigkeit") aus. Diese Dünnhäutigkeit macht empfindlicher für die Wirkung zahlreicher, biopsychosozialer Belastungen lebensgeschichtlicher, situativ-sozialer und körperlich-hormoneller Art, und es kann zum Ausbruch einer Schizophrenie kommen. Diese multifaktorielle Erklärung ermöglicht die Zusammenführung ganz unterschiedlicher ätiologischer und Behandlungskonzepte wie das der Neurobiologie und der psychologischen Therapieschulen. Nicht nur biochemische Prozesse des neuronalen Systems, sondern auch der Erziehungsstil oder traumatische Ereignisse können zur Entstehung der Erkrankung beitragen (Nuechterlein, 1987).

> **Übung**
>
> Überlegen Sie sich ein Beispiel für das Diathese-Stress-Modell aus Ihrem eigenen Leben. Wann gab es eine Situation, in der ein äußerer, Sie überfordernder Stressor auf einen geschwächten Körper traf und Sie in der Folge körperlich erkrankten? Berücksichtigen Sie dabei alle drei Komponenten: bio-psycho-sozial.

▶ **Definition: Multifaktorielle Entstehung** Viele chronische körperliche und psychische Erkrankungen sind nicht durch eine einzige Ursache bedingt, sondern werden durch eine Vielfalt verschiedener Einflüsse ausgelöst (z. B. Gene, Lebensgewohnheiten, Umwelt, psychologische Faktoren). Das nennt man multifaktorielle Entstehung.

3.3 Erklärungskonzepte psychischer Störungen

Für die Praxis bedeutet solch ein „biopsychosoziales" Modell, dass sich unterschiedliche Behandlungsmethoden nicht mehr ausschließen, sondern kombiniert werden können: Elemente aus der Verhaltens- und Gesprächspsychotherapie, aus medikamentöser Behandlung und biografischer Arbeit werden kombiniert, um für die einzelne Person eine individuell passende Behandlungsform zu schaffen. Ein solcher multimodaler (vielfältiger) Therapieansatz wird gegenwärtig als Standard bei der stationären Behandlung psychisch kranker Personen angesehen (Stemmer-Lück, 2009, S. 20).

Das *multifaktorielle Entstehungsmodell* befreit auch die erkrankte Person und ihr Umfeld von der Suche nach einem bestimmten Auslöser oder „Schuldigen". Durch die Annahme psychologischer und biologischer Faktoren und das Wissen um soziale Faktoren wie Stigmatisierungsprozesse entsteht eine Mischung aus beeinflussbaren und unbeeinflussbaren Faktoren, die auf die einzelne Person zutreffen können. Die betroffene Person kann zumindest teilweise Kontrolle über die Krankheit erlangen, indem sie sich z. B. Stressvermeidungstechniken aneignet und weitere protektive Faktoren ausbaut (Auckenthaler, 2012, S. 42 f.).

Ein ergänzender Ansatz zu diesem Vulnerabilitätsansatz, der eher Fehlentwicklungen und Verhaltensauffälligkeiten im Blick hat, ist der *Resilienzansatz.* Resilienz bedeutet die generelle psychische Widerstandskraft gegenüber Belastungen. (vgl. ausführlich dazu Kap. 5). Resilienzfaktoren sind Schutzfaktoren; sie vermindern die Entwicklung einer Störung.

Im Folgenden werden die zentralen psychologischen Modelle zur Entstehung psychischer Störungen sowie ihre therapeutische Anwendung vorgestellt. Dabei wurden die zum Teil sehr komplexen Annahmen auf ihren relevanten Kern reduziert.

3.3.2 Das psychoanalytische Erklärungsmodell und seine Anwendung

Das psychoanalytische Modell stammt ursprünglich von Sigmund Freud. Es macht zwei zentrale Annahmen über den Menschen:

- die Annahme eines Unbewussten und
- die Annahme, dass die Biografie (frühe Kindheit) entscheidenden Einfluss auf die Entstehung psychischer Krankheiten im späteren Leben hat.

Das Unbewusste nimmt einen großen Teil der Persönlichkeit ein und steuert das Verhalten des Menschen. Es enthält unangenehme und bedrohliche Gedanken, Gefühle und Ereignisse, auch Traumata, die nicht verarbeitet wurden. All das wird in das Unbewusste verdrängt, weil es zu beängstigend ist und weil der Mensch keine Strategien hat, es zu bewältigen. Ängste, die unbewusst sind, spürt man nicht mehr. Die Verdrängung der beängstigenden Inhalte samt den dazugehörenden Gefühlen geschieht durch *Abwehrmechanismen*. Abwehrprozesse schützen also vor der inneren Überflutung durch Belastungen und übernehmen damit die wichtige Funktion der Bewältigung. Auch eine aktuelle Krisensituation, wie z. B. eine Scheidung oder eine Arbeitslosigkeit, kann durch den Einsatz von Abwehrmechanismen „bewältigt", d. h. ins Unbewusste verdrängt werden. Die Psychoanalyse beschreibt zahlreiche Abwehrmechanismen, die im Alltag angewendet werden und hilfreich sein können. Erst wenn sie überhandnehmen und der Mensch sich nicht mehr der Realität stellt, sind sie schädlich.

Beispiel: Abwehrmechanismen (Auswahl)

Isolierung vom Affekt (Gefühl): Dieser Abwehrmechanismus stellt eine Art Abschirmung dar. Das Ereignis ist im Bewusstsein, aber der dazugehörige Affekt ist abgespalten bzw. abgeschirmt, er wird nicht empfunden.

Die Klientin berichtet darüber, dass ihr Mann ihr soeben mitgeteilt habe, dass er sie verlässt. Sie zeigt keine Gefühlsregung. Sie berichtet, sich innerlich leer zu fühlen; sie sei ohne ein Gefühl der Trauer.

Verleugnung: Kennzeichnend für die Verleugnung ist die Zurückweisung der Wirklichkeit. Es wird so getan, als wenn die unerwünschte Realität nicht da wäre.

Der Alkoholabhängige verleugnet seine Abhängigkeit: „Ich trinke gelegentlich ein Gläschen für den Kreislauf." Ein Aufnahmekriterium bei den Anonymen Alkoholikern ist, dass das künftige Mitglied die Verleugnung aufgibt, indem es öffentlich bekennt: „Ich bin Alkoholiker*in."

Regression: Unter Regression wird der Rückfall in bereits bewältigte Entwicklungsstufen verstanden.

Das Kind fällt angesichts einer für ihn schwierigen Situation in die Phase des Daumenlutschens oder Fläschchentrinkens zurück, die es bereits überwunden hatte. Dies kann die Geburt eines Geschwisterkindes sein, der Eintritt in die Kindertagesstätte oder die Trennung der Eltern. Auch die Flucht in die Krankheit kann eine Regression im Sinne einer Flucht vor der Verantwortung sein. Arrangements in Psychiatrien werden manchmal als „regressionsfördernd" kritisiert, weil die Patient*innen wie Kleinkinder rundum versorgt werden, jede Verantwortung an der Pforte abgeben und sich an diese Situation so gewöhnen, dass sie gar nicht mehr in das wirkliche Leben zurückwollen.

Reaktionsbildung: Bei der Reaktionsbildung wird das Gegenteil des wahren Gefühls gezeigt. Das wahre Gefühl löst nämlich Schuldgefühle aus.

Das ältere Kind hegt starke Eifersuchtsgefühle dem Neugeborenen gegenüber. Sein Verhalten gegenüber dem als Rivalen erlebten Geschwister ist aber besonders fürsorglich und liebevoll.

Die Mutter hat eine innere Abwehr gegen ihr Kind. Voller Schuldgefühle verdrängt sie die Ablehnung des Kindes; diese äußert sich nun in einer überfürsorglichen Haltung.

3.3 Erklärungskonzepte psychischer Störungen

Rationalisierung: Darunter versteht man die verstandesmäßige Rechtfertigung unvollständig verdrängter Motive. Das Motiv der Handlung wird nicht berücksichtigt. Das Verhalten wird so interpretiert, dass es richtig und vernünftig erscheint.

Der Vater, der auf seiner Arbeitsstelle von seinem Chef getadelt wurde, schlägt seinen Sohn abends mit der Begründung, er habe wieder nicht aufgeräumt und auch die Hausaufgaben nicht ordentlich erledigt. Über das wirkliche Motiv, nämlich seinen aufgestauten Ärger über seinen Chef, der der wirkliche Anlass zu seiner Strafaktion war, gibt er sich keine Rechenschaft. Vielmehr sucht er nachträglich eine rationale Begründung für seine Erziehungsmaßnahme dem Sohn gegenüber.

Die Prüferin hat schlechte Laune, weil sie morgens beim Frühstück eine Auseinandersetzung mit ihrem Mann hatte. Sie bewertet den Prüfling besonders streng. Vor sich selbst rechtfertigt sie nachträglich die schlechte Note damit, dass die Leistung eben nur mäßig war.

Projektion: Das bedrohliche innere Motiv wird in die Außenwelt bzw. in Personen der Außenwelt verlagert und dort bekämpft. Die eigene, nicht akzeptierte Schwäche muss nicht bearbeitet werden. Damit geht häufig eine Verzerrung der Wahrnehmung einher.

Der Ehemann verlagert eigene Fremdgeh-Impulse in seine Frau und wirft ihr nach einem Cafébesuch, den sie gemacht hat, vor, sie sei auf der Suche nach einem Liebhaber. ◄

Nehmen Sie als Fachkraft die Bedeutung der Biografie ernst, dann versuchen Sie die aktuellen Probleme von Klient*innen aus ihrer Biografie zu verstehen. Sie versuchen, Zusammenhänge zwischen den aktuellen Problemen einerseits und früheren Erlebnissen, Konflikten und Beziehungsschwierigkeiten andererseits herzustellen.

Gegenwärtige Belastungen beleben verdrängte unerfüllte Bedürfnisse und ungelöste Konflikte mit den Bezugspersonen der Kindheit. Dabei handelt es sich häufig um Themen wie Abhängigkeit (man bekam zu wenig Zuwendung), Autonomie (man durfte sich nicht ablösen und selbstständig werden), Aggression (Abgrenzung wurde bestraft), Selbstwert (man wurde entwertet) und Schuld (als Erziehungsmittel wurden Schuldgefühle erzeugt) (ausführlich in Eckhardt-Henn et al., 2018, S. 64 ff.). Die Psychoanalyse geht davon aus, dass sich diese frühkindlichen Beziehungskonstellationen in der Beziehung zwischen Fachkraft und Klient*innen widerspiegeln können.

Übung

Reflektieren Sie Ihr eigenes Jugendalter. Welche Konflikte aus dieser Zeit führen Sie auf die Erziehung in Ihrer Kindheit zurück? Wie war der Umgang mit Bindung, Ablösung, Macht in Ihrer Familie?

Wiederholung, Übertragung und Gegenübertragung

Die Biografie spielt in das gegenwärtige Leben hinein, weil Beziehungsmuster von früher wiederholt werden. Bei diesen Wiederholungen werden Gefühle, die früheren Bezugspersonen galten, und Verhaltensweisen wichtigen Bezugspersonen gegenüber auf neue Situationen und Personen der Gegenwart übertragen. Das nennt die Psychoanalyse Übertragung: Frühe Beziehungserlebnisse, die man verinnerlicht hat, beeinflussen unsere späteren Beziehungen. So wünscht sich der Ehemann, dass er genauso fürsorglich von seiner Ehefrau versorgt wird, wie das früher seine Mutter getan hat.; er kann aber auch abwehrend und ärgerlich auf die Fürsorglichkeit seiner Frau reagieren, weil diese ihn an seine Mutter erinnert, die er als überfürsorglich und übergriffig erlebte. Er lehnt seine Frau ab, so wie er seineMutter abgelehnt hat. Durch diese Übertragung „verwechselt" er seine Frau mit seiner Mutter. Solche frühkindlichen Beziehungskonstellationen können sich auch in der Beziehung zwischen Berater*innen und Klient*innen widerspiegeln. Es wird davon ausgegangen, dass nicht nur frühkindliches Beziehungsverhalten später unbewusst wiederholt wird, sondern auch ganze Szenen aus der Kindheit unbewusst hergestellt werden. Das nennt die Psychoanalyse „Reinszenierung". Die Art der Inszenierung lässt ebenfalls Rückschlüsse auf die innere Welt der betroffenen Person und ihre früheren Beziehungserfahrungen zu (Stemmer-Lück, 2009, S. 85).

Beispiel Wiederholung frühkindlicher Handlungs- und Beziehungsmuster im Alltag und in der Therapiesituation

Der Vater, der selbst als Kind aus „erzieherischen" Gründen körperlich bestraft wurde und Angst vor seinem Vater hatte, schlägt nun ebenfalls seinen Sohn. Dieser hat auch Angst vor ihm.

Die Klientin hatte eine sehr dominante Mutter, die ihr wenig eigenen Raum ließ. Die Klientin wehrte sich dagegen, in dem sie sich ihr gegenüber scheinbar gefügig verhielt, ihr aber alles Wichtige verheimlichte. Genau diese Haltung nimmt sie nun der Beraterin gegenüber ein. Dadurch stagniert der Beratungsprozess. ◄

▶ **Definition: Reinszenierung, Reviktimisierung/Wiederholungszwang** Weitere Prozesse der unbewussten Wiederholung von belastenden Kindheitserlebnissen sind die Reinszenierung und Reviktimisierung. Bei der Reinszenierung werden Szenen aus der Kindheit in der Gegenwart wiederholt und unbewusst wiederhergestellt. Dabei kann es sich um eine Reviktimisierung handeln. Hiermit ist gemeint, dass Opfer von (sexuellen und gewalttätigen) Traumatisierungen in der Kindheit diese im späteren Leben wiederholen: Sie bringen sich in Situationen, in denen sie erneut Opfer werden. Da die Psychoanalyse davon ausgeht, dass diese selbstdestruktiven Muster sehr häufig auftreten und geradezu zwanghaft passieren, fasst sie diese verschiedenen Wiederholungsmuster unter dem Begriff „Wiederholungszwang" zusammen (Wöller, 2005).

*In Ihrem beruflichen Kontext können Klient*innen auch positive Gefühle auf Sie als Beraterperson übertragen: Wünsche und Hoffnung auf Hilfe, die unter Umständen auch* mit einer Idealisierung Ihrer Person einhergehen. Es kann aber auch eine negative Übertragung auftreten. Dann werden negative Gefühle gegenüber früheren Bezugspersonen auf Sie übertragen (siehe Beispiel oben).

Die Übertragung löst bei Ihnen Gefühle aus. Die Psychoanalyse bezeichnet diese Gefühle als *Gegenübertragung*. Es ist wichtig und hilfreich, sich diese Gefühle bewusst zu machen und zu reflektieren.

Beispiel: Übertragung und Gegenübertragung

Die Klientin spricht in der Beratung über ihr defektes Auto und zeigt sich völlig hilfsbedürftig. Die demonstrierte Hilflosigkeit gepaart mit einer bewundernden Haltung dem Berater gegenüber (Übertragung) löst beim Berater Hilfsbereitschaft und Kompetenzgefühle (Gegenübertragung) aus. Er verspricht ihr, nach der Sitzung einen Blick unter die Motorhaube zu werfen.

Kommentar: Die Gefühle des Beraters (Ich will helfen und als Held glänzen) sind die Reaktion auf die Botschaft der Klientin (Ich bin schwach, aber du bist stark). Statt seine Gefühle zu reflektieren und damit etwas über die Art und Weise der Klientin, sich durchs Leben zu schlagen, zu lernen, lebt er seine Gefühle aus. Das ist ein therapeutischer Kunstfehler. ◄

Wenn Ihnen Klient*innen sehr starke positive oder negative Gefühle entgegenbringen und Sie diese nicht nachvollziehen können oder wenn Sie starke Abneigung oder sehr viel Sympathie in einer professionellen Beziehung empfinden, ist es am hilfreichsten, den Fall in einer Supervision zu besprechen und zu verstehen.

▶ **Definition: Supervision** Supervision ist eine Beratung, in der das eigene Handeln reflektiert wird mit dem Ziel, die eigene professionelle Arbeit zu verbessern. Behandelt wird die Beziehung zwischen Mitarbeitenden und Klient*in oder Beziehungen innerhalb eines Arbeitsteams. Die Supervision wird von ausgebildeten Supervisor*innen, die von außerhalb kommen, durchgeführt. Regelmäßige Supervisionen sind sinnvoll in Berufen, in denen man mit Menschen professionell arbeitet und mit ihnen professionelle Beziehungen eingeht. (z. B. Soziale Arbeit, Schule, Gesundheitsbereich, Psychotherapie).

Die psychische Störung verschafft Klient*innen zunächst Erleichterung und stellt für ihr psychisches System die bestmögliche Bewältigungsform dar: Der alte Konflikt ruht und der gegenwärtige ebenfalls. Häufig bringt die Störung sogar praktische Vorteile mit sich: Die Klient*innen sind krankgeschrieben, werden umsorgt und bemitleidet. Diese Vorteile werden als Krankheitsgewinn bezeichnet.

▶ **Definition: Primärer und sekundärer Krankheitsgewinn** Die Psychoanalyse bezeichnet die beschriebene Flucht in die Krankheit als *primären Krankheitsgewinn*: Durch die Erkrankung muss die gegenwärtige schwierige Situation nicht bearbeitet werden. Die Vorteile, die im weiteren Verlauf die Krankheit mit sich bringt (Zuwendung, Verantwortungsabgabe), sind der *sekundäre Krankheitsgewinn*. Beides erschwert den Beratungs- und Therapieprozess, weil ein Aufgeben der Erkrankung und eine Auseinandersetzung mit den anstehenden Problemen der Person nicht erstrebenswert erscheinen.

Das psychoanalytische Konzept bezeichnet die Ablehnung von Veränderungen im Rahmen der Therapie als *Widerstand*: Weder soll sich die gegenwärtige Situation ändern noch sollen vergangene, belastende Kindheitserlebnisse aufgedeckt werden. Die Psychoanalyse geht davon aus, dass der Mensch lieber ein konflikthaftes Erlebnis wiederholt, als es zu erinnern. Der als Kind verprügelte Vater schlägt nun auch seinen Sohn, statt sich seiner damaligen Gefühle zu erinnern. Diese Wiederholung ist einfacher auszuhalten als schmerzhafte Erinnerungen. Der Widerstand ist ein Hindernis in Beratungen/Therapien, mit dem die Beraterperson rechnen muss. Widerstand kann sich in langem Schweigen äußern oder in einem Redeschwall, der keine Unterbrechung erlaubt. Häufiges Zuspätkommen, das Verschweigen wichtiger Geschehnisse ebenso wie das Mitteilen wichtiger Dinge in letzter Minute, etwa beim Verlassen des Raums, können Ausdruck von Widerstand sein. Der Widerstand ist ein Schutzmechanismus gegen die Wiederbelebung schmerzhafter Gefühle. Er sollte im Verlauf der Beratung durch eine tragfähige, vertrauensvolle Beziehung zur Beraterperson überwunden werden.

Die psychoanalytische Beratung stellt die Beziehung in den Mittelpunkt: Die frühen und die gegenwärtigen Beziehungen der Klient*in und die Beziehung zwischen Klient*in und der Beraterperson. Die Klientin bzw. der Klient macht aber auch reale, neue Beziehungserfahrungen mit der Beraterperson und kann dadurch seine inneren Bilder von Beziehung. verändern. Vielleicht hat die Klientin in der frühen Kindheit keine vertrauensvollen Beziehungen erlebt, keine verlässlichen Bindungen aufgebaut. Dies kann nun in gewisser Weise mit der Beraterperson nachgeholt werden. Innere unsichere Bindungsmodelle können sich durch positive Beziehungserfahrungen wandeln (vgl. die Bindungstheorie in Kap. 1).

Zusammenfassung
Die Psychoanalyse misst der Biografie eines Menschen für die Entstehung einer psychischen Störung eine große Bedeutung bei. Früh erlebte Belastungen oder Traumata beeinflussen sein späteres Leben. Das Trauma selbst wird aber in das Unbewusste verdrängt und oft nicht erinnert. Auch in seinem gegenwärtigen Leben verdrängt der Mensch Belastungen, die er nicht bewältigen kann, in sein Unbewusstes. Er benutzt Abwehrmechanismen dazu. Das Unbewusste spielt auch in Interaktionen eine Rolle. Menschen haben Erwartungen, Wünsche oder Sympathien und Antipathien in Bezug auf ihr Gegenüber: Beziehungsaspekte, die sie sich nicht bewusst machen. Diese Beziehungsaspekte zeigen sich auch im Beratungskontext und werden als Übertragung und Gegenübertragung bezeichnet. Es ist wichtig, diese aufzugreifen und zu besprechen, weil sie aufseiten der Klient*innen eine Reflexion über ihre Biografie in Gang setzen.

3.3 Erklärungskonzepte psychischer Störungen

Berufsbezug

Die Kenntnis der Abwehrmechanismen ist sehr hilfreich im Umgang mit Menschen in Krisensituationen. Unverständliches Verhalten wie etwa starkes Verleugnen wird nachvollziehbar. Verleugnungen deuten auf eine innere Notlage hin, die Unterstützungsangebote erforderlich macht. Ebenso hilfreich ist das Konzept von Übertragung und Gegenübertragung, um Beziehungen im professionellen Kontext zu verstehen und entsprechend zu handeln: Menschen richten vielfältige Gefühle und Erwartungen auf ihr Gegenüber und beeinflussen dadurch die gegenwärtige Beziehung. Diese Erwartungen lösen beim Gegenüber auch Gefühle aus. Es ist deshalb professionelles Verhalten, seine eigenen Gefühle in Klientenkontakten zu reflektieren.

Es kann vorkommen, dass Sie als Fachkraft mit Reinszenierungen von früher gemachten Erfahrungen ihrer Klient*innen konfrontiert werden. So beschreibt Stemmer-Lück (2004, S. 18) die geradezu „unheimliche" Fähigkeit ehemals missbrauchter Kinder bei den sie betreuenden Personen zu induzieren, sie wieder zu missbrauchen. Diesem Verhalten im beruflichen Alltag adäquat begegnen zu können, erfordert psychoanalytisches Wissen und entsprechende Handlungskompetenz.

Zur Reinszenierung von Traumata gehören ebenfalls die Taten aktiver missbrauchender Personen und misshandelnder Personen, die nun im Erwachsenenalter ihre ehemalige Opferrolle in der Kindheit in die Täterrolle umgekehrt haben. Die Kenntnis und das gemeinsame Aufarbeiten der Biografie des Tatbegehenden schafft Verständnis und Empathie für den Täter (nicht für die Tat). Durch diese Einstellung wird ein gemeinsames Arbeiten erst möglich. ◄

Exkurs: Lese-Tipp

Christoph Feurstein: eingeprägt. Täter, Opfer, Menschen (2008).

Feurstein stellt 10 eindrucksvolle Interview-Porträts von Opfern und Tätern vor. Beim Lesen der Lebensgeschichte des Triebtäters Peter wandelt sich die anfängliche Abscheu des Lesenden in Mitleid mit dem ehemaligen Kind Peter, das ebenfalls Schreckliches erleiden musste. ◄

3.3.3 Das humanistische Erklärungsmodell und seine Anwendung

Maßgeblich zur Entwicklung der humanistischen Psychologie hat Carl Rogers beigetragen. Er beschreibt den Menschen als selbstbestimmt und autonom (Rogers, 1959). Das steht in Gegensatz zum psychoanalytischen Menschenbild, das den Menschen als ein Wesen beschreibt, das seinen machtvollen unbewussten Impulsen hilflos ausgeliefert ist und diese abwehren muss. Rogers ist überzeugt davon, dass der Mensch in seinem tiefsten Inneren gut ist und man diese positiven Kräfte wecken kann. Rogers ist von einem großen Entwicklungspotenzial des Menschen überzeugt.

Laut humanistischem Krankheitsbild sind psychische Störungen Verzerrungen der eigenen Wahrnehmungen, die nicht zum eigenen Selbstbild passen. Psychische Störungen entstehen, wenn der Mensch seine Wahrnehmung und Bewertungen verzerrt in seine Persönlichkeit integriert, damit sie weiterhin zu seinem Selbstkonzept passen. Anstatt das Selbstkonzept aufgrund neuer Erfahrungen zu verändern, wird es immer rigider aufrechterhalten, und immer mehr Erfahrungen müssen abgespalten oder verzerrt werden. Das *Selbstkonzept* besteht in der Regel aus zahlreichen Bewertungen durch die Bezugspersonen, die das Kind übernommen hat, weil es einen tiefen Wunsch nach Wertschätzung und positiver Beachtung durch die Eltern hat. Es möchte die Erwartungen der Bezugspersonen erfüllen und so sein, wie es von ihm erwartet wird. Dafür muss es aber eigene Gefühle und Bedürfnisse ausblenden oder verzerrt wahrnehmen (Rogers, 1959).

▶ **Merke!** Nach Rogers hat der Mensch ein angeborenes Potenzial, sich in Richtung Autonomie, Kreativität und Selbstverwirklichung zu entwickeln. Diese Haupttriebfeder im Menschen bezeichnet er als *Aktualisierungstendenz*. Sie bewertet alle Erfahrungen danach, ob sie für den Menschen als Ganzes positiv sind und auch für das Selbstkonzept (Selbstaktualisierung) förderlich sind.

Beispiel: Verzerrte Wahrnehmung als Ursache für psychische Störungen

Der 2-jährige Leo hat sich wehgetan und beginnt zu weinen. Der Vater lacht und sagt: „Das tut gar nicht weh, das war gar nicht schlimm." Leo versucht nun ein fröhliches Gesicht zu machen und den Schmerz nicht wahrzunehmen. Nach weiteren Erfahrungen dieser Art wird er folgendes Selbstkonzept entwickeln: „Schmerzen tun mir nicht weh." Die Erfahrung des Schmerzes wird verleugnet, sie wird verzerrt symbolisiert. Der Entfaltung des Selbstkonzepts („Ich kenne keinen Schmerz") wird Vorrang eingeräumt vor der Erfahrung: „Das tat weh, ich möchte weinen."

Kommentar: Nach Rogers hat jeder Mensch ein tiefgreifendes Bedürfnis nach Wertschätzung. Aufgrund dieses Wunsches übernimmt das Kind die Bewertungen seiner Bezugspersonen in sein Selbstkonzept (Papa soll mich und meine Stärke lieben und nicht meine Weinerlichkeit verachten). In der Folge werden Erfahrungen zwangsläufig verzerrt in das Selbstkonzept aufgenommen. Das Kind verliert dadurch den Bezug zu seinem inneren Erleben. ◀

Wenn das Individuum Erfahrungen macht, die nicht mit seinem Selbstbild übereinstimmen, entsteht ein Zustand der *Inkongruenz* (Unvereinbarkeit). Die Inkongruenz ist die Unvereinbarkeit zwischen zwei inneren Tendenzen: Auf der einen Seite steht das Erleben eines Gefühls, auf der anderen Seite steht das Selbstkonzept. Das Erleben der Unvereinbarkeit bewirkt, dass die Erfahrungen nicht integriert werden können (siehe Beispiel). Solche Widersprüche im inneren Erleben können in psychische Störungen münden.

3.3 Erklärungskonzepte psychischer Störungen

Beispiele: Inkongruenzen

Ein beruflich erfolgreicher Mensch mit einem diesbezüglich positiven Selbstkonzept erlebt einen beruflichen Misserfolg aufgrund eigener Fehler. Diese Erfahrung steht in Widerspruch zu seinem Selbstbild. Es entsteht eine Inkongruenz. Er wertet den beruflichen Misserfolg als Pech oder Intrige von anderen. Auf jeden Fall verortet er den Misserfolg in der Außenwelt, er hat nichts mit ihm selbst zu tun. In diesem Fall werden die positiven Bewertungen des Selbstkonzepts beibehalten. Die Wahrnehmung wird verzerrt integriert, damit das Selbstkonzept stabil bleiben kann.

Das Selbstkonzept kann aber auch negative Bewertungen enthalten:

Ein Mensch hält sich für hässlich und unattraktiv. Komplimente über sein Äußeres wird er nicht wahrnehmen oder nicht glauben. Er wehrt sie ab („Das ist bloß eine plumpe Schmeichelei").

Des Weiteren können Diskrepanzen zwischen den eigenen Erfahrungen und den eigenen, zumeist übernommenen Werten bestehen:

Eine Mutter vertritt die Auffassung, dass eine gute Mutter keine eigenen Interessen haben darf, sie muss sich aufopfern. Wird nun der Erhaltung des Selbstkonzepts („Ich opfere mich auf für meine Kinder") Vorrang vor der Entfaltung eigener Wünsche („Ich möchte auch eigenen Interessen nachgehen") eingeräumt, kommt es zur Verleugnung von Wahrnehmungen und Gefühlen: Erfahrungen werden verzerrt symbolisiert. Es entstehen Gefühle von Angst und Anspannung, eine Verteidigungshaltung wird aufgebaut. Das Selbstkonzept wird starrer, neue Erfahrungen werden immer weniger integriert.

Kennzeichnend für ein rigides Selbstkonzept kann also die starke Diskrepanz zwischen dem, wie eine Person sich selbst sieht (reales Selbstkonzept), und dem, wie sie gerne sein möchte (ideales Selbstkonzept), sein.

Menschen, die in eine Beratung kommen, erleben häufig auch eine Diskrepanz zwischen den Anforderungen der Umwelt und den eigenen Bewältigungskompetenzen. ◄

Eine der Kernaussagen des humanistischen Menschenbildes, auf dem der klientenzentrierte Ansatz beruht, besagt, dass sich der Mensch von Beginn seines Lebens an in Beziehungen erfährt. Diese können ihn entweder stärken oder schwächen. Eine Korrektur negativer Beziehungserfahrungen ist durch neue, positive Beziehungserfahrungen im Rahmen der klientenzentrierten Beratung/Therapie möglich. Deshalb können wir ebenfalls bei diesem Ansatz von einer „Beziehungstherapie" sprechen, denn die Beziehung gilt als die entscheidende Bedingung, die den Hilfesuchenden persönliches Wachstum ermöglicht (Rogers, 1991, S. 36).

In der Beziehung zur Beraterperson soll das Individuum lernen, mit Problemen auf eine konstruktivere Weise umzugehen, was bedeutet, dieses Problem verantwortlicher, unabhängiger, weniger gestört und besser organisiert zu bewältigen (Rogers, 1991, S. 36).

Nach Linster und Wetzel (1988, S. 189) lässt sich das Konzept der *klientenzentrierten Beratung/Therapie* folgendermaßen umreißen:

- Es wird nach konstruktiven Veränderungsprozessen bei Klient*innen gesucht.
- Es wird eine Beziehung gestaltet, die diesen Prozess befördert.
- Die Beziehung ist gekennzeichnet durch festgelegte, hilfreiche und förderliche Beratungsmerkmale.

Dabei hängt der Erfolg einer Therapie/Beratung „in erster Linie nicht vom technischen Wissen oder Können der Beraterperson ab, sondern davon, ob sie bestimmte Einstellungen besitzt" (Rogers, 1975, S. 19). Bei diesem Prozess stehen das Individuum und seine Entwicklung im Mittelpunkt, nicht das Problem. Die Entwicklung wird durch eine besondere Art der Beziehung zwischen Beraterperson und Klient*in gefördert. Sie wird im Folgenden dargestellt.

Die drei Basismerkmale einer hilfreichen Beziehung
Welches sind die hilfreichen Merkmale eines Therapie- oder Beratungsgesprächs? Folgende 3 Basismerkmale einer hilfreichen Grundhaltung verhelfen nach Rogers den Klient*innen zu einer konstruktiven Veränderung:

- unbedingte Wertschätzung (positive Zuwendung, bedingungsfreies Akzeptieren
- Empathie
- Echtheit.

Beispiele für die praktische Anwendung dieser drei Gesprächsmerkmale finden Sie in Kap. 5.

Unbedingte Wertschätzung, positive Zuwendung, bedingungsfreies Akzeptieren
Die unbedingte Wertschätzung ist ein Beziehungsangebot: Der innere Bezugsrahmen der Klient*innen wird angenommen. Mit dem inneren Bezugsrahmen ist die Gesamtheit aller Gefühle, Kognitionen und Bewertungen gemeint, die ein Mensch seinen Erfahrungen gegenüber einnimmt und erfährt.

Rogers sieht es als Grundbedürfnis eines jeden Menschen an, akzeptiert und anerkannt zu werden, insbesondere, wenn er verunsichert ist und von sich selbst oder durch andere negativ bewertet wird. Die den Klient*innen entgegengebrachte uneingeschränkte Wertschätzung ermöglicht es ihnen, die eigenen Gefühle und Gedanken kennenzulernen, zu akzeptieren und in das eigene Selbstkonzept zu integrieren.

▶ **Definition: Innerer Bezugsrahmen** Der innere Bezugsrahmen stellt die Gesamtheit aller Gefühle, Kognitionen und Bewertungen dar, mit der ein Mensch auf eine Erfahrung reagiert.

Empathie
Für das von Rogers spezifizierte Merkmal „Empathie" wurden weitere Begriffe geprägt wie einfühlendes Verstehen oder Spiegeln. Empathie meint, dass die Beraterperson ver-

sucht, sich in die Welt des Gegenübers hineinzuversetzen. Ihr gelingt es, den inneren Bezugsrahmen des anderen, aus dem heraus dieser sich selbst und seine Umwelt wahrnimmt, zu erfassen.

Die empathische Beraterperson „schlüpft in die Haut des anderen". Es handelt sich hierbei um eine zeitlich begrenzte Identifikation. Die Beraterperson kann sich jederzeit aus dieser „Als-ob"-Position lösen (Rogers, 1991, S. 37). Während die unbedingte Wertschätzung eine Einstellung ist, die sich stark über nonverbales Verhalten mitteilt, ist die Empathie in erster Linie eine sprachliche Aktivität der Beraterperson. Beraterperson und Klient*in treten in einen Dialog ein, bei dem die Beraterperson ein vertrauensvoller Gefährte bei der Erforschung ihrer inneren Welt wird. Die Beraterperson greift unerschrocken und nicht bewertend Gefühlslagen des Gegenübers auf, denen dieses furchtsam gegenübersteht. Hierbei greift die Beraterperson auch die erspürten, nicht geäußerten Gefühle auf (Rogers, 1976, S. 36).

Schüler von Rogers wie Rosenberg (2016) und Gordon (2012a, b) bezeichneten dieses Merkmal als „*aktives Zuhören*", ein Begriff, den Rogers in frühen Publikationen selbst benutzte (Rogers, 2004, S. 215).

Echtheit
Das dritte Merkmal einer hilfreichen Haltung, die Echtheit, wird auch als Wahrhaftigkeit, Authentizität oder Selbstkongruenz bezeichnet. Mit diesen Begriffen meint Rogers die Übereinstimmung von äußerem Verhalten und innerer Empfindung. Die Empfindungen der Person entsprechen dem, was sie äußert. Echtheit ist eine Haltung, die keine Fassade aufrechterhält, sei es professioneller oder persönlicher Natur, sondern die im Gegenteil transparent ist, d. h. die eigenen Gefühle durchscheinen lässt.

Die Beraterperson täuscht z. B. kein Verständnis vor, wenn sie keines aufbringen kann. Eine solche Beraterperson, die offen und ehrlich den eigenen Gefühlen gegenüber ist, stellt ein gutes Lernmodell für Authentischsein dar. Das Gegenteil davon – inkongruent – ist die Beraterperson, wenn sie Unsicherheiten überspielt, wenn sie vorgibt, etwas zu verstehen, obgleich das nicht der Fall ist, wenn sie sich routinemäßig oder mechanisch verhält, wenn sie Beziehungsaspekte zwischen sich und den Klient*innen nicht anspricht.

Durch Echtheit bringt sich die Beraterperson selbst ein. Sie thematisiert z. B. ihren Eindruck der Berater-Klient-Beziehung und konfrontiert Klient*innen mit Widersprüchen ihres Verhaltens (Finke, 2004, S. 67 ff.).

Eine selbstkongruente Beraterperson ist dadurch auch ein gutes Modell für den angstfreien, offenen Umgang mit den eigenen Gefühlen.

Durch die Verwirklichung der beschriebenen Merkmale einer hilfreichen und heilsamen Beziehung wird bei den Klient*innen ein Prozess der Erforschung des eigenen Inneren in Gang gesetzt. Einen solchen Prozess bezeichnet Rogers als *Selbstexploration* (Rogers, 2014, S. 136 ff.). Diese Offenheit und Durchlässigkeit dem eigenen inneren Erleben gegenüber ist das Ziel der Therapie/Beratung.

Zusammenfassung
Das humanistische Störungskonzept definiert psychische Erkrankungen als Verzerrung und Abwehr von Wahrnehmungen, welche das Selbstkonzept bedrohen. Das Selbst wird rigide, ängstlich und befindet sich in einer Abwehrhaltung. Wird das Ausmaß an widersprüchlichen Wahrnehmungen übermächtig, versagen die Verzerrungsprozesse, und es kommt zur psychischen Erkrankung. Rogers glaubt an die kreativen, auf Entfaltung und Gesundheit gerichteten Kräfte des Menschen; damit richtet er seinen Blick auf die Ressourcen des Menschen, nicht auf seine Defizite.

Der klientenzentrierte Ansatz geht davon aus, dass eine therapeutische Haltung, die von Wertschätzung, Empathie und Echtheit geprägt ist, einen heilsamen Entwicklungsprozess aufseiten der Klient*innen in Gang setzt. Ein solcher Prozess wird als Selbstexploration bezeichnet. Selbstexploration ist die Auseinandersetzung mit sich selbst; sie bewirkt persönliches Wachstum. Zunehmend werden Erfahrungen und Gefühle in das Selbstkonzept integriert und nicht mehr abgewehrt. Damit sind Möglichkeiten der Entwicklung und Veränderung gegeben.

Berufsbezug

Der klientenzentrierte Ansatz sieht eine positive, zugewandte und empathische Haltung als Auslöser für individuelles Wachstum beim Gegenüber. Eine konstruktive Gesprächsführung, die auf einer solchen Einstellung beruht, ist erlernbar und im psychosozialen Arbeitskontext häufig anwendbar. Für viele Klient*innen ist es eine ungewohnte und wichtige Erfahrung, angenommen und wertgeschätzt zu werden. Es setzt eine positive Entwicklung in Gang. Besonders in Beratungskontexten, bei denen Entscheidungskonflikte im Mittelpunkt stehen (z. B. Schwangerschaftskonfliktberatung, Scheidungsberatung), ist ein nicht bewertender und empathischer Ansatz, der es dem Gegenüber ermöglicht, seine eigenen Ambivalenzen zu erforschen, hilfreich. Aus diesen Gründen sollte eine akzeptierende und empathische Grundhaltung der Beraterperson die Basis eines jeden Beratungsgesprächs sein. ◄

3.3.4 Das systemische Erklärungsmodell und seine Anwendung

Der systemische Erklärungsansatz (systemisch, griech.: aus mehreren Teilen zusammengesetztes Ganzes) betrachtet die einzelne Person in seiner Interaktion und Kommunikation mit den bedeutsamen Personen seines Umfelds (des Systems) und den Wechselwirkungen, die sich daraus ergeben. Die psychische Erkrankung des einzelnen Mitglieds ist Ausdruck des gestörten Systems, in dem es lebt, und nicht Ausdruck des gestörten Individuums. Deshalb wird auch nicht von dem „Erkrankten", sondern nur von dem/der „Symptomträger*in" gesprochen. Er oder sie weist mit der Erkrankung, ihrem Symptom, auf das gestörte System, in dem er oder sie lebt, hin. Das „unerwünschte", störende Symptomverhalten soll das Gleichgewicht im System aufrechterhalten (von Schlippe & Schweitzer, 2012, S. 44 f.). Eine psychische Erkrankung bzw. ein Problemverhalten ist also keine unveränderliche Persönlichkeitseigenschaft, sondern ein selbst gewähltes Verhalten.

Beispiel: Symptomträgerin

Die magersüchtige Marie ist in ihrer Familie die „Symptomträgerin". Nicht sie allein ist krank, sondern die ganze Familie hat einen Konflikt. Sie bringt ihn nur durch ihre sichtbare Krankheit ans Tageslicht. Bevor sie die Magersucht entwickelte, wollten die Eltern sich scheiden lassen. Seit der Krankheit ihrer Tochter streiten sie sich nicht mehr, sondern halten in vereinter Sorge um ihr Kind zusammen. So hält die Tochter die Familie zusammen, das System Familie bleibt erhalten. ◄

Eine zentrale systemische Annahme ist, dass alles Verhalten zirkulär (kreisförmig) ist. Das bedeutet, dass sich alles Verhalten wechselseitig bedingt. Eine Verhaltensweise kann Ursache und Wirkung in einem sein. Dieser Ansatz stellt eine Alternative zu dem in den Wissenschaften üblichen linearen Ursache-Wirkungs-Denken dar, dem der psychoanalytische Ansatz und der humanistische Ansatz folgen (von Sydow, 2007).

▶ **Definition: Zirkularität** Alle menschlichen Interaktionen werden als zirkulär (kreisförmig) angesehen. Das bedeutet, dass es keinen Anfang (Ursache A) und keinen Endzustand (Wirkung B) gibt. Jedes Verhalten der einen Person ist damit sowohl Ursache als auch Wirkung des Verhaltens der anderen Person (vgl. Abb. 3.4). Die Ursache eines Konflikts ist nicht mehr rekonstruierbar. Eine Schuldfrage wird damit hinfällig. Das linear-kausale Denken, das für alles eine direkte Ursache postuliert, wird abgelehnt.

Beispiel: Zirkularität

Der Mann bastelt im Bastelkeller. Die Frau, die lieber mit ihm gemeinsam auf dem Sofa sitzen möchte, nörgelt. Daraufhin zieht der Mann sich erst recht in den Bastelkeller zurück. Darauf nörgelt die Frau noch mehr, darauf geht der Mann noch häufiger …

Abb. 3.4 Alles Verhalten ist zirkulär

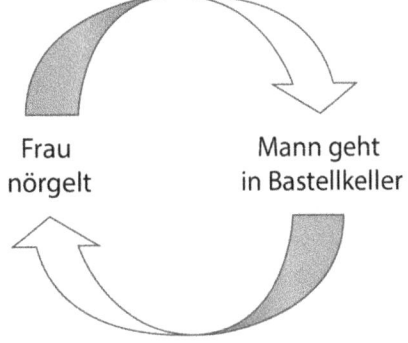

usw. Es kommt zu einem Teufelskreis, der irgendwann eskaliert und möglicherweise in eine Scheidung mündet.

Kommentar: Für die Frau beginnt die Verhaltenskette an der Stelle, wo ihr Mann in den Keller geht. Ihr Verhalten (Nörgeln) ist damit nur die Reaktion auf seinen Rückzug. Für den Mann beginnt die Verhaltenskette beim Nörgeln der Frau. Sein Verhalten (Flucht in den Keller) ist damit nur die Reaktion auf das Nörgeln. ◀

Beziehungskonflikte entstehen aus den unterschiedlichen Sichtweisen von Personen auf Ereignisfolgen (vgl. Abb. 3.4). Ein psychisch krankes System – im systemischen Ansatz wird dieses als „dysfunktional" bezeichnet – ist also von zirkulären Teufelskreisläufen gekennzeichnet, bei denen ein Anfang, also eine Ursache, nicht auszumachen ist.

Ein weiterer Erklärungsansatz für ein dysfunktionales System sind gestörte Kommunikationsmuster (Watzlawick et al., 2007; Schulz von Thun, 2010a, b, c). Die sendende Person einer Botschaft und die empfangende Person der Botschaft befinden sich auf unterschiedlichen Kommunikationsebenen. Die empfangende Person hört etwa mit dem „Beziehungsohr" und wittert eine Kränkung, obwohl die sendende Person nur eine Sachfrage gestellt hat (Schulz von Thun, 2010a, S. 47 ff.).

Beispiel: Hören auf dem Beziehungsohr

Der Mann fragt seine Frau, ob das Ei weichgekocht sei. Es ist eine reine Sachfrage. Die Frau explodiert: „Meinst du, ich kann ein Ei nicht richtig kochen?" Sie versteht die Frage auf der Beziehungsebene („Er will mir mitteilen, dass ich eine schlechte Köchin bin").

Kommentar: Angemessen wäre in diesem Fall eine Antwort ebenfalls auf der Sachebene („Ja, es ist weichgekocht" oder „Nein, es ist hartgekocht"). Ist sich die Empfängerin nicht sicher, wie die Frage gemeint ist (also vielleicht doch als Kritik), sollte sie nachfragen. ◀

Zwei weitere häufige Merkmale eines kranken Systems sind Rollenzuweisungen der Eltern (Richter, 2007, 2012) an die Kinder, Parentifizierung und misslingende Ablösungsprozesse der Kinder (Stierlin, 1978, 1980, 1989).

▶ **Definition: Parentifizierung** Bei der Parentifizierung wird das Kind in die Rolle eines Erwachsenen gedrängt. Es kommt zu einer Rollenumkehr: Das Kind sorgt für die Eltern oder einen Elternteil, nicht umgekehrt. Es kann zum vertrauten Ratgebenden werden oder zum Schiedsgericht bei einer konfliktgeladenen Beziehung der Eltern; es kann sein, dass es die komplette Haushaltsführung und Versorgung der jüngeren Geschwister übernehmen muss, und das Kind kann zum Partnerersatz werden (Lenz, 2014, S. 39). Parentifizierung ist ein Merkmal eines dysfunktionalen Familiensystems. Sie ist eine schwerwiegende Entwicklungsbehinderung für das Kind, weil sie eine Überforderung darstellt. Das Kind findet keinen Schutz bei den Eltern. Später wird die autonome Entwicklung des Kindes verhindert.

Rollenzuweisungen an das Kind nach Richter (2007, 2012) sind z. B. Delegationen (Aufträge) der Eltern an das Kind. Das Kind muss dann Ziele erreichen, die den Eltern verwehrt blieben und z. B. eine gescheiterte Karriere des Elternteils erfolgreich zu Ende führen: ein Tennisstar oder Primaballerina werden oder einen höheren Schulabschluss erreichen. Häufig behindern die Eltern dabei die altersangemessenen Ablösungsbestrebungen des Kindes, weil sie aus eigener Bedürftigkeit ihr Kind bei sich behalten möchten (Stierlin, 1989). Auch das ist ein dysfunktionaler familiärer Modus.

Berufsbezug

In der Beratungsarbeit mit Familien sind Parentifizierungen und Rollenerwartungen ein zentrales Thema. Besonders wenn Eltern psychisch krank oder suchtabhängig sind, können sie ohne die Hilfe ihrer Kinder ihr eigenes Leben nicht bewältigen. Deshalb stellen die Ansätze von Richter und Stierlin über familiäre Rollenmuster und Erwartungen der Eltern an ihre Kinder wichtiges Hintergrundwissen beim Umgang mit Familien dar. ◄

In der Familientherapie soll ein dysfunktionales System wieder in ein funktionales System umgewandelt werden. Es geht nicht darum, die einzelnen Familienmitglieder bezüglich ihrer Persönlichkeit zu verändern, sondern das Gesamtsystem Familie umzuwandeln. Die Familienmitglieder sollen verstehen, dass es keine Kausalitäten im Sinne eines Ursache-Wirkung-Modells gibt und deshalb auch keine Opfer oder Täter*innen. Es gibt keine feststehenden Eigenschaften, sondern nur Verhaltensweisen, die sich gegenseitig bedingen und die veränderbar sind. Es soll ein Individualisierungsprozess der Familienmitglieder in Gang gesetzt werden, und es sollen Ressourcen aktiviert werden.

Die *Techniken der Familientherapie* sind darauf ausgerichtet, diese Erkenntnisprozesse in Gang zu setzen. *Im Folgenden werden Ihnen exemplarisch wichtige therapeutische Techniken im systemischen Ansatz mit jeweils einem entsprechenden Beispiel vorgestellt.*

Beispiel: Kein Ursache-Denken, keine Schuldfrage klären

Die systemische Frage heißt: „Wann hat sich Ihre Tochter entschieden, magersüchtig zu werden?" Nicht: „Warum bekam Ihre Tochter die Magersucht?"
Kommentar: Die erste Frage impliziert, dass

- die Krankheit der Tochter eine Funktion im Familiensystem hat
- es keinen Schuldigen gibt und
- die Tochter sich auch wieder anders entscheiden kann. ◄

Das therapeutische Betonen der Veränderbarkeit von Verhaltensweisen anstelle der Statik von Eigenschaften wird „Verflüssigung von Eigenschaften" genannt und dient der Aufweichung von festgefahrenen Strukturen innerhalb der Familie. Familien, die eine Beratung oder Therapie aufsuchen, sind i. d. R. in *destruktiven Beziehungsstrukturen* verfangen. Entweder sind ihre Denk-, Gefühls- und Handlungsweisen eng miteinander verflochten und Abgrenzungen sind nicht möglich, oder die Subsysteme sind untereinander rigide voneinander abgegrenzt. Durch Verflüssigung sollen rigide Strukturen aufgeweicht werden, wie folgendes Beispiel zeigt.

Beispiel: Verflüssigung von Eigenschaften

Die Frage der Beraterperson lautet gemäß dieser Annahme: „Seit wann verhält sich Ihr Sohn trotzig, und in welchen Situationen verhält er sich trotzig? In welchen Situationen verhält er sich nicht trotzig?"

Kommentar: Die Fragen betonen die Veränderbarkeit eines Verhaltens, das selbst gewählt wurde. Das Verhalten hängt vom Kontext ab. ◄

Eine zentrale Technik und eine spezielle Form der systemischen Gesprächsführung stellt das *zirkuläre Fragen* dar. Die Familienmitglieder erhalten dabei eine Rückmeldung über ihre Beziehungen aus der Sicht einer dritten Person und lernen dadurch Sichtweisen und Gefühle der anderen kennen. Auf diese Weise wird Empathie gefördert. Das Denken in Kreisläufen soll dazu anregen, Verhaltensweisen im Zusammenhang mit Beziehungen zu sehen.

Beispiel: Zirkuläres Fragen

Frage der Beraterin an die magersüchtige Tochter: „Was glaubst du, löst es bei deinem Vater aus, wenn er sieht, wie deine Mutter sich von deiner Großmutter Vorschriften machen lässt?" ◄

Bei der *Frage nach Unterschieden* fragt die Beraterperson nach dem Gegenbegriff des Begriffs, den die Familie benutzt. Diese Technik dient dazu, den entsprechenden Begriff zu relativieren und den Blick weg vom Symptom hin zu den anderen (gesunden) Aspekten der Symptomträgerin zu lenken.

Durch *Fragen nach Unterschieden* zwischen Familienmitgliedern wird Abstand hergestellt zwischen Familienmitgliedern, deren Grenzen verwischt sind („Du bist anders als Mutter/Vater, und das ist in Ordnung").

Beispiel: Frage nach Unterschieden im Symptomverhalten (Gegenbegriff)

Die Familie kommt zur Beratung wegen des trotzigen Verhaltens von Tochter Maria.

Frage der Beraterperson nach dem Gegenbegriff: „Woran merken Sie, wenn Maria nicht trotzig ist? Was macht sie dann anders?" ◄

3.3 Erklärungskonzepte psychischer Störungen

Eine *Familiensitzung* stellt andere Ansprüche an die Beraterperson als eine Einzelberatung: Sie ist konfrontiert mit mehreren Personen, die i. d. R. miteinander zerstritten sind. Jedes Mitglied versucht, um Verständnis für sich und seine Position zu werben und die Beraterperson auf seine Seite zu ziehen. Deshalb muss die Beraterperson eine „allparteiliche" Haltung einnehmen (Bruchhaus Steinert, 2018; Weber & Stierlin, 2003, S. 98): Die Kompetenz der Beraterperson zeigt sich darin, nicht Partei zu ergreifen und keine Koalition mit einem Mitglied gegen ein anderes Mitglied der Familie einzugehen.

▶ **Definition: Allparteilichkeit** Allparteilichkeit bedeutet, dass die Beraterperson für alle gleichermaßen Partei ergreift, sich in jedes Familienmitglied einfühlt und dessen Verhalten versteht. Dies ist keine neutrale Haltung, sondern eine allen Mitgliedern der Familie empathisch zugewandte Haltung.

Um ein tragfähiges Arbeitsbündnis aufzubauen, muss der Zugang zu der Familie gelingen. Die Beraterperson „verbindet" sich mit jedem Familienmitglied, spricht es persönlich an und betont dabei die positiven Seiten am Verhalten der Person. Das Beratungsziel ist erreicht, wenn die Familie eine konstruktive Art des Umgangs miteinander erreicht hat. Bedeutsam sind weniger die Änderungen in der Symptomatik als vielmehr die Änderungen in den Beziehungen.

Zusammenfassung
Das systemische Erklärungskonzept betrachtet die psychische Erkrankung einer Person als Ausdruck eines gestörten (dysfunktionalen) Familiensystems. Der Mensch ist ein Teil dieses gestörten Systems. Deshalb gibt es keine Theorie der intrapsychischen Entstehung von Störungen, d. h. wie eine Störung innerhalb einer Person entstanden ist, sondern nur eine Theorie, wie Störungen innerhalb eines Systems entstehen (interpsychische Störungen). Diese drücken sich z. B. in einer gestörten Kommunikationsstruktur, in der Überschreitung von Generationsgrenzen (Parentifizierung) oder in rigiden, unflexiblen Problemlösungsversuchen der Familie aus.

Die Familienberatung/Therapie will negative Teufelskreise in der Familie durchbrechen. Ziel ist ein konstruktiver Umgangsstil und ein angemessenes Nähe- und Distanzverhältnis der Familienmitglieder. Das Beratungsziel richtet sich auf die ganze Familie, nicht auf das erkrankte Mitglied. Dieses gilt nur als „Symptomträger*in".

Berufsbezug

Der systemische Ansatz kann in der Beratungsarbeit in den unterschiedlichsten Tätigkeitsfeldern – z. B. in der Kinder- und Jugendarbeit, Familienhilfe, Altenhilfe, in der Arbeit mit Behinderten, im Gemeinwesen, in der Ehe- und Lebensberatung – eingesetzt werden. So ist z. B. ein Konflikt zwischen einer erwachsenen behinderten Person und ihren Eltern, bei denen diese lebt oder zwischen einer alleinerziehenden Mutter und ihrer halbwüchsigen Tochter im Rahmen einer Erziehungsberatung mit einer systemischen Sichtweise erfolgversprechender zu lösen als mit einem individuumsorientierten Ansatz. ◄

3.3.5 Das verhaltenstheoretische Erklärungsmodell und seine Anwendung

Das verhaltenstheoretische Erklärungsmodell beruht auf dem Behaviorismus. Der Begriff Behaviorismus leitet sich von Behavior = Verhalten ab und beruht ursprünglich auf der zentralen Annahme, dass alles menschliche Verhalten gelernt ist und beobachtet werden kann (vgl. Kap. 2).

Die Verhaltenstherapie hat sich jedoch weiterentwickelt und berücksichtigt inzwischen auch kognitive und emotionale Prozesse im Menschen.

Die zwei zentralen Lerngesetze der klassischen Lerntheorie sind das klassische und das operante (instrumentelle) Konditionieren. Psychische Störungen sind demnach gelernte Fehlverhaltensweisen und beruhen auf Reizen aus der Umwelt. Beim *klassischen Konditionieren* findet ein Assoziationslernen statt. Das heißt, dass ein neutraler Reiz gleichzeitig mit einem Angstreiz auftritt. Dadurch wird dieser neutrale Reiz künftig mit dem Angstreiz assoziiert und ebenfalls zu einem Angstreiz.

Beispiel: Klassisches Konditionieren (Assoziationslernen)

Ein ICE-Zug ist ein neutraler Reiz. Die Reisende Frau Walden hat in diesem Zug ein traumatisches Erlebnis: Der Zug entgleist nämlich, es gibt eine Katastrophe mit vielen Toten und Verletzten. Der neutrale Reiz „ICE-Zug" kann durch die einmalige Koppelung mit diesem traumatischen Erlebnis zu einem angstauslösenden Reiz werden. Künftig genügt allein der Anblick eines ICE-Zuges, um bei Frau Walden starke Angstgefühle auszulösen. Der ehemals neutrale Reiz ist durch die Koppelung mit einem angstauslösenden Erlebnis zu einem Angstauslöser geworden. ◄

Beim *operanten Konditionieren* wird Verhalten durch die Konsequenzen, die dem Verhalten folgen, beeinflusst. Die operante Verstärkung ist ein weit verbreitetes zwischenmenschliches Verhalten. Im Alltag ist sie z. B. ein intuitiv angewendetes Erziehungsmittel: Soziale Verstärker wie Lob, Zuwendung und Körperkontakt sind ständige Begleiter der Kindererziehung. Ebenso gehört die Nichtbeachtung oder der Entzug von Belohnungen zu unserem Verhaltensrepertoire. Wir steuern also oft das Verhalten unseres Gegenübers durch die Art unserer Reaktion, ebenso werden wir von unserem Gegenüber auf diese Art beeinflusst.

3.3 Erklärungskonzepte psychischer Störungen

Beispiele: Positive und negative Verstärker und Bestrafung

Positive Verstärker
Bei der positiven Verstärkung folgt nach dem gezeigten Verhalten etwas Positives. Das Verhalten tritt daraufhin häufiger auf.

- Maria räumt auf, der Vater lobt sie. Das Lob ist der positive Verstärker. Es führt dazu, dass das zuvor gezeigte Verhalten (Aufräumen) häufiger auftreten wird.
- Eva macht im Unterricht Clownereien. Die anderen lachen. Die Zuwendung der Mitschüler*innen ist ein positiver Verstärker. Eva wird sich deshalb häufiger durch Clownereien in den Mittelpunkt stellen.

Negative Verstärker
Bei der negativen Verstärkung wird ein negativer Reiz entfernt. Es handelt sich also auch um eine Belohnung, die zu einer Erhöhung von Verhalten führt. Negative Verstärkung ist also keinesfalls eine Bestrafung – wie der Ausdruck suggeriert –, sondern die Entfernung von etwas Negativem.

- Der Student hat Angst davor, ein Referat vorzutragen. Kurz bevor er an der Reihe ist, verlässt er den Hörsaal. Die Flucht beendet seinen Angstzustand und wirkt deshalb verstärkend: Er wird auch künftig vor diesen Situationen fliehen.

Bestrafung
Bei einer Bestrafung folgt dem Verhalten etwas Unangenehmes. Dadurch tritt das Verhalten seltener auf.

- Der 9-jährige Jonas probiert heimlich einen Schnaps. Ihm wird schlecht, er muss sich übergeben. Künftig wird er keinen Schnaps mehr trinken.
- Peter rast durch die Klasse. Die Lehrerin schickt ihn aus der Klasse. Künftig wird er nicht mehr durch die Klasse rasen. ◄

Aber *Vorsicht* bei *Bestrafung*:
Bestrafung löst beim Bestraften negative Emotionen aus (Aggressionen, Frustrationen, Trotz, Angst, Resignation, mangelnde Selbstsicherheit). So kann etwa Trotzverhalten als Reaktion auf die Bestrafung sogar zu einer Erhöhung des unerwünschten Verhaltens führen. Zusätzlich wird das Verhältnis zur Erzieherperson belastet: Die Beziehung leidet. Aus diesen Gründen lehnte Skinner selbst die Bestrafung als Mittel der Verhaltensformung ab. Bestrafung sollte weder im beraterisch-therapeutischen noch im erzieherischen Kontext angewandt werden, weil sie zeitlich nur begrenzt wirksam und der positiven Verstärkung in vielerlei Hinsicht unterlegen ist. Sie belastet die Beziehung und hat keinen Lerneffekt, weil es erwünschtes Verhalten nicht aufbaut.

Übung

Welche Erfahrungen haben Sie in Ihrer Kindheit mit Belohnung und Bestrafung gemacht? Wie reagierten Sie auf Belohnung und wie auf Bestrafung?

An der Entstehung und Aufrechterhaltung einer psychischen Störung sind sowohl Prozesse des klassischen als auch des operanten Konditionierens beteiligt. Das klassische Konditionieren ist maßgeblich für die Entstehung der Störung, das operante Konditionieren ist verantwortlich für ihre Aufrechterhaltung. Demnach entsteht die Störung durch die Assoziation eines ehemals neutralen Reizes mit einem angstauslösenden Reiz. Der neutrale Reiz wird dadurch auch zum Angstauslöser (Beispiel: ICE-Zug, Unfall). Findet ein Vermeidungsverhalten statt (Frau Walden meidet künftig ICE-Züge, der Student flieht weiterhin vor Redesituationen), kann die Erfahrung nicht gemacht werden, dass bei der Konfrontation mit dem Angstreiz nichts Schlimmes passiert. Die Angst kann nicht gelöscht werden. Die Vermeidung bzw. die Flucht wirkt als negativer Verstärker: Sie beendet nämlich das aktuelle Angstgefühl und hält somit die Angst vor dem Reiz langfristig aufrecht. Damit hält der Mechanismus der operanten Konditionierung die Störung aufrecht.

Eine erhebliche Erweiterung dieser beiden Lernmodelle stellt die *soziale Lerntheorie* von Bandura (1976, 2001) dar. Banduras Konzept des Modelllernens ist durch die Einbeziehung kognitiver Faktoren ein Bindeglied zu den im Anschluss dargestellten kognitiven Theorien. Nach Bandura wird von Modelllernen gesprochen, wenn sich eine Person das Verhalten einer anderen Person durch Beobachtung aneignet. Das Kind muss sich also nicht selbst die Hand auf der Herdplatte verbrennen, um zu lernen, diese nicht zu berühren (Lernen durch die Konsequenz: operantes Lernen). Es lernt ebenso, wenn es das ältere Geschwister beobachtet, das sich die Hand an der Herdplatte verbrennt. Das bezeichnet Bandura (2001) als stellvertretendes Lernen. Durch Beobachtung wird neues Verhalten gelernt, aber auch bereits vorhandenes Verhalten wird beeinflusst, indem es abgeschwächt oder verstärkt wird.

Ähnlich der systemischen Beratung ist die *verhaltensorientierte Beratung/Therapie* sehr handlungsorientiert. Sie hat ein umfangreiches Technikrepertoire zu bieten. Sie ist keine „Beziehungstherapie" wie die psychoanalytische und klientenzentrierte Beratung, sondern beruht auf der Annahme, dass Probleme und Erkrankungen mit fehlgesteuertem Verhalten zu tun haben. Falsch gelerntes Verhalten soll durch therapeutische Techniken wieder verlernt werden.

Ängste und Phobien entstehen nach diesem Modell durch klassische Konditionierung: Ein neutraler Reiz koppelt sich an einen Angstreiz und löst künftig selbst Angst aus. Um diese Fehlkopplung wieder zu entkoppeln, ist eine weitverbreitete Technik die *systematische Desensibilisierung*, bei der eine stufenweise Annäherung an die gefürchtete Situation erfolgt. Die Patientin bzw. der Patient stellt sich die angstauslösenden Reize zunächst nur vor; gelingt das angstfrei, wird sie/er von der Psychotherapeutin in die Realität begleitet, wo sie/er sich den Angstauslösern nach und nach stellt. Gemeinsam gehen sie z. B. bei einer Höhenangst der Klientin über eine Brücke. Die Klientin wendet in einer solchen Situation die Entspannungstechniken an, die sie zuvor erlernt hat. Angst und Entspannung können nicht gleichzeitig stattfinden. Bei Angst ist der Sympathikus aktiv; er bereitet Angriffs- oder Fluchtverhalten vor. Sein Gegenspieler, der Parasympathikus oder „Ruhenerv", sorgt für Erholung, Ruhe und Entspannung. Bei der dosierten Annäherung an die Angstsituation siegt der Parasympathikus (Entspannung) über den Sympathikus (Anspannung). Die systematische Desensibilisierung wird auch als Konfrontationsmethode bezeichnet und ist eine häufig eingesetzte Technik bei Ängsten und Phobien.

Die verhaltensorientierte Beratung/Therapie wird aber nicht nur zum Abbau von Fehlverhalten eingesetzt, sondern auch zum Aufbau von neuem Verhalten. Dazu werden in der Therapie *Verstärkerprogramme* eingesetzt, die Klient*in und Therapeut*in gemeinsam aufstellen.

> **Beispiele: Therapeutisch eingesetzte Verstärker**
>
> - Das hyperaktive Kind bekommt für jedes zeitlich festgelegte Stillsitzen ein Smiley. Diese werden gesammelt und später gegen reale Belohnungen eingetauscht.
> - Die adipöse, abnehmwillige Klientin verstärkt sich für jedes verlorene Kilo mit einem Kinobesuch.
> - Der schüchterne Klient, dem das Ansprechen eines Fremden gelingt, füllt zur Belohnung sein Sparschwein.
>
> *Kommentar:* Oft werden die Belohnungssysteme im weiteren Verlauf überflüssig, weil das erfolgreiche Verhalten selbst verstärkend ist und viele positive Konsequenzen nach sich zieht (z. B. modischere Kleidung durch eine bessere Figur und zahlreiche Komplimente; mehr beruflicher Erfolg durch Überwindung der Schüchternheit). ◀

> **Übung**
>
> Überlegen Sie sich, wann Sie sich selbst durch Belohnungen für zu erledigende Aufgaben motiviert haben. War es erfolgreich? Wenn nicht, überlegen Sie, 1) ob die Verstärker falsch gewählt waren oder 2) wie Ihre Motivationslage war.

> **Zusammenfassung**
>
> Nach dem verhaltenstheoretischen Erklärungsmodell entstehen psychische Störungen durch fehlgesteuerte Lernprozesse. Neutrale Reize werden mit angstauslösenden Reizen verknüpft. Fehlverhalten wird beibehalten, weil es durch positive Konsequenzen belohnt wird. Auch die Nachahmung negativer Modelle (Modelllernen) kann zu problematischem Verhalten führen. Die verhaltensorientierte Beratung bie-

tet zahlreiche Techniken zum Abbau von Fehlverhalten und zum Aufbau erwünschter Verhaltensweisen an. Sie wird häufig bei Phobien und anderen Ängsten angewendet. Zur Beeinflussung von Verhaltensweisen hat sie zahlreiche Programme entwickelt wie Raucherentwöhnungsprogramme, Selbstsicherheitstrainings und Abnehmprogramme.

Berufsbezug

In allen Feldern der pädagogischen und Sozialen Arbeit ist die Anwendung von Verstärkern als Maßnahme weit verbreitet. So kann beispielsweise bei der Betreuung von Wohngemeinschaften problembelasteter Jugendlicher, bei inklusiven Wohnformen und bei der Arbeit in Kinder- und Jugendheimen die Einsetzung von Verstärkern sinnvoll sein. Konflikte über die kooperative Erledigung von Hausarbeit, über Ordnung und Sauberkeit können mit Belohnungsprogrammen gelöst werden. Bei der Beratung in Erziehungsfragen kann die Einführung konsequenter Verstärkerprogramme ein Mosaikstein sein. Wie bereits erläutert, sollte dabei von Bestrafungsprogrammen abgesehen werden. ◄

3.3.6 Das kognitive Erklärungsmodell und seine Anwendung

Zahlreiche Forscher der verhaltenstheoretischen Schule (Bandura, 2001; Lazarus, 1996; Kanfer et al., 2006; Ellis, 1995; Beck, 2005) erkannten zunehmend, dass Reizverknüpfungen und Konsequenzen auf Verhalten allein zur Erklärung menschlichen Verhaltens nicht ausreichen. Sie erweiterten die Verhaltenstheorie um die Komponente der Kognitionen. Mit dem Begriff Kognition (Denken) sind alle Denkprozesse gemeint. In dem von diesen Forschern entwickelten *kognitiven Verhaltensmodell* wird der Mensch als ein aktives, sich selbst steuerndes Wesen angesehen, dessen Verhalten keinesfalls nur von äußeren Reizen gesteuert wird, sondern auch von seinen Gedanken (Kognitionen). Eine zentrale Rolle bei der Entstehung psychischer Erkrankungen nehmen hiernach die subjektiven Interpretations- und Bewertungsprozesse ein: Nicht mehr der Reiz selbst löst die psychische Erkrankung aus, sondern die Bewertung des Reizes. Diese verzerrten Bewertungen bzw. Kognitionen sollen durch rationale Argumente widerlegt werden, um so einer rationaleren Sichtweise Platz zu machen. Dazu dient beispielsweise der „sokratische Dialog" (Beck, 2005), durch den der Klientin ihre selbstschädigenden Denkmuster verdeutlicht und durch rationale Argumente widerlegt werden.

3.3 Erklärungskonzepte psychischer Störungen

Fallbeispiel: Denkfehler, negative Sichtweise, Fehlinterpretation

Der Student Max ist durch die Prüfung gefallen. Er fühlt sich als Versager, der nie etwas erfolgreich schaffen wird, er interpretiert die Situation als Katastrophe und ist sich sicher, dass die Zukunft für ihn rabenschwarz wird. Diese negative und verzerrte Sichtweise löst bei ihm Depressionen aus. Max begeht mehrere Denkfehler: Er *maximiert* seinen einmaligen Misserfolg. Er *minimiert* seine Erfolge (bisher erfolgreich das Studium durchlaufen). Er *übergeneralisiert* („Immer habe ich Pech!") und er *personalisiert* („Warum muss mir das passieren?"). Nach dem kognitiven Modell sollte er rational die Gründe für den Misserfolg analysieren und einen Plan machen, wie er den zweiten Anlauf erfolgreich schaffen kann. ◂

Die *kognitive Depressionstheorie* nach Ellis (1995) und Beck (2005) macht verzerrte Denkmuster speziell für das Entstehen einer Depression verantwortlich. Ellis (1995, S. 279 ff.) beobachtete folgende irrationale Überzeugungen bei depressiven Menschen. Sie lassen sich auch generell bei Klient*innen in Beratungen und Therapien feststellen:

- die Vorstellung, von jeder Person geliebt und anerkannt werden zusse, müssen
- die Vorstellung, nur dann etwas wert zu sein, wenn man kompetent, tüchtig und leistungsfähig ist
- die Vorstellung, dass es eine Katastrophe ist, wenn Dinge nicht so sind, wie man sie haben möchte
- der Glaube, dass menschliches Leid oft äußere Ursachen hat und der Mensch wenig Einfluss auf seinen Kummer hat
- die Einstellung, dass man dauernd an Gefahren denken und sich über sie Sorgen machen sollte
- die Meinung, dass es leichter ist, Schwierigkeiten auszuweichen, anstelle sich ihnen zu stellen
- die Vorstellung, dass man sich auf andere verlassen sollte und einen „Starken" braucht
- die Vorstellung, dass die eigene Vergangenheit entscheidenden Einfluss auf das Verhalten haben muss
- die Vorstellung, dass es für jedes menschliche Problem die perfekte Lösung gibt und es eine Katastrophe ist, diese Lösung nicht zu finden.

Auch die *Theorie der gelernten Hilflosigkeit* von Seligman (Hiroto & Seligman, 1975; Seligman et al., 1979) gehört zum kognitiven Erklärungsmodell psychischer Erkrankungen. Auf der Basis zahlreicher Experimente mit Tieren und Menschen entwickelten Seligman et al. (1979) das Modell der gelernten Hilflosigkeit als Ursache von Depressionen. Es sagt aus, dass die Überzeugung, keine Kontrollmöglichkeiten über eine Situation zu haben und dieser Situation hilflos ausgeliefert zu sein, depressiv macht: Die Person wird passiv und sucht nicht mehr nach Lösungsmöglichkeiten (vgl. auch Kap. 4).

Fallbeispiel: Therapeutischer Umgang mit verzerrten Denkmustern

Ein Klient hat Redeangst und eine soziale Phobie. Bei seinem Bericht über seine Ängste entdeckt die Therapeutin bei ihm verzerrte Denkmuster und erlernte Hilflosigkeit: Er schlussfolgert beispielsweise aus Merkmalen der Situation, dass das Gegenüber kein Interesse an ihm hat, ohne dass es dafür Beweise gibt. Er neigt zu Übergeneralisierungen („So ist es immer"), und er bezieht Ereignisse auf sich, ohne dass es dafür klare Hinweise gibt. Außerdem schreibt er eigene Erfolge äußeren Einflüssen zu, Misserfolge dagegen sich selbst. Seine Erfolge minimiert er. Seine Misserfolge maximiert er.

Therapeutische Vorgehensweise: Die Therapeutin fordert ihn auf, die automatisch ablaufenden Gedanken in den entsprechenden Situationen zu sammeln und aufzuschreiben. Ihm soll dadurch bewusst gemacht werden, dass diese Gedanken auftreten und seinen Gefühlszustand negativ beeinflussen. In einem nächsten Schritt soll der Klient sich mit seinen Gedanken auseinandersetzen und diese rational beantworten. Die Therapeutin beginnt mit dem Klienten einen Dialog, in dem sie ihn auf seine selbstschädigenden Denkmuster hinweist und ihn mit Gegenargumenten konfrontiert („sokratischer Dialog"). Der Klient erlebt die Konfrontationen nicht als Angriff, da zwischen ihm und der Therapeutin ein vertrauensvolles Verhältnis entstanden ist und er die Interventionen der Therapeutin bisher als sehr hilfreich erlebt hat. ◄

Berufsbezug

Die kognitive Sichtweise ist hilfreich bei Beratungsgesprächen, weil sie zum Verständnis der Handlungs- und Denkmuster der Klient*innen beiträgt. Zu Menschen, die keinen Zugang zu ihren Gefühlen haben und sich auf der rationalen Ebene sicherer fühlen, lässt sich auf diesem Weg des rationalen Besprechens eher Vertrauen aufbauen.

Irrationale Denkmuster von Klient*innen (z. B. „Ich habe als Mutter vollständig versagt") können erfragt, besprochen und durch eine realistische Sichtweise ersetzt werden. ◄

▶ **Merke!** Die verschiedenen Modelle zur Krankheitsentstehung schließen sich nicht aus, vielmehr ergänzen sie sich :Der Mensch ist ein soziales Wesen (systemischer Ansatz), er ist ein biographisches Wesen, dessen Persönlichkeit auch aus seiner individuellen Geschichte heraus zu verstehen ist (psychoanalytisches Modell); sein Selbstwert baut sich aus erlebter Wertschätzung und Empathie seiner Umwelt auf (klientenzentrierter Ansatz), und er ist durch Lernprozesse beeinflussbar (verhaltenstheoretisches Modell). Seine Emotionen und Interpretationen bestimmen sein Handeln (alle Ansätze).

Am Beispiel der Depression lässt sich diese multifaktorielle Erkrankungserklärung nachweisen. Das Diathese-Stress-Modell listet unterschiedliche genetische Diathesen (Anfälligkeiten) auf, die in Verbindung mit stressbehafteten Lebensereignissen zu Depressionen führen können (Butcher et al., 2009, S. 297). Andere Modelle gehen davon aus, dass Persönlichkeitsmerkmale wie ein schwacher Selbstwert (humanistisches Modell) oder kognitive Denkmuster wie Pessimismus (kognitives Modell) Depressionen hervorrufen können. Auch Traumata in der Biografie (z. B. Verlust eines Elternteils im jungen Alter) spielen eine Rolle (psychoanalytisches Modell). Die Ursachen schließen sich gegenseitig nicht aus. Sie können alle bei ein und derselben Person oder auch von Fall zu Fall zutreffen.

Aufgaben

- Welche Bedeutung hat das Unbewusste? Was sind seine Inhalte?
- Was ist Parentifizierung? Überlegen Sie sich ein Beispiel.
- Beschreiben Sie das zirkuläre Denken.
- Nennen Sie Verstärker, die Sie in Bezug auf sich selbst und auch andere oft im Alltag anwenden.
- Definieren Sie Übertragung und Gegenübertragung. Überlegen Sie sich für beides ein Beispiel aus dem beraterischen Kontext.
- Wie verhält sich eine echte (authentische, kongruente) Beraterperson? Bitte erklären Sie es anhand eines Beispiels.
- Beschreiben sie allparteiliches Verhalten.
- Was ist systematische Desensibilisierung und wozu dient sie?
- Welches Ziel verfolgt die kognitive Therapie?

3.4 Was ist Beratung

Lieber Leser*innen, Sie haben soeben Beratungskonzepte kennengelernt, die sich aus verschiedenen Erklärungsmodellen psychischer Störungen entwickelt haben. Es sind aber Fragen offengeblieben: Gibt es eine Definition von Beratung? Was ist eine „erfolgreiche" Beratung? Antworten gibt es im Folgenden!

Sowohl Beratung als auch Therapie beruhen auf denselben Konzepten. Es gibt aber einige Unterschiede in der Durchführung, z. B. in der Dauer. Sie als pädagogische bzw. sozialarbeiterische Fachkraft werden eher eine Beratung anwenden. Deshalb wird auch auf Unterschiede zwischen beiden Verfahren nicht eingegangen.

Ziel psychosozialer/pädagogischer Beratung ist die Hilfestellung bei der Lösung von Problemen, der Bewältigung von Krisen und dem Aufbau von Ressourcen. Die psychosoziale Beratung findet in vielfältigsten Tätigkeitsfeldern statt; sie betont den lebensweltlichen Kontext, in dem die Konflikte entstehen. Sie hilft zusätzlich konkret durch

Informationsvermittlung. Beratung setzt den Veränderungswillen des ratsuchenden Menschen voraus; Veränderungen können nur auf der Basis einer vertrauensvollen Beziehung stattfinden. Beratung ist nicht „selbstgestrickt", sondern beruht auf professionellen Konzepten.

3.4.1 Kennzeichen professioneller Beratung

Beratung ist professionelles Handeln, das auf der Ausübung eines erlernten Konzeptes beruht.

- *Ablauf*: Es finden professionelle Gespräche über die seelische Verfassung und die persönlichen Probleme der Klient*innen statt. Im Rahmen eines Interaktionsprozesses soll der ratsuchende Mensch mehr Klarheit über die eigenen Probleme und ihre Bewältigung gewinnen.
- *Interventionen:* Die Beraterperson wendet Interventionen eines oder mehrerer Grundkonzepte an.
- *Entwicklung von Ressourcen*: Im Mittelpunkt von Beratung stehen immer die Entwicklung persönlicher Ressourcen und die Stärkung der Problemlösekompetenz.
- *Asymmetrische Beziehung*: Es liegt eine asymmetrische Beziehung vor: auf der einen Seite die ratsuchende und hilflose Person, auf der anderen Seite eine kompetente und Rat gebende professionelle Beraterperson.
- *Vertrauensvolle Beziehung:* Interventionen können nur erfolgreich sein, wenn sich aufseiten der Klient*in eine vertrauensvolle Beziehung zur Beraterperson einstellt. Eine vertrauensvolle Beziehung ist ein zentraler Erfolgsfaktor (vgl. Kap. 5).
- *Freiwilligkeit*: Beratung findet i. d. R. freiwillig statt. Demzufolge ist die Klientin oder der Klient motiviert und veränderungsbereit. Die Beratung kann jedoch auch staatlich verordnet werden (z. B. die Schwangerschaftskonfliktberatung).
- *Dauer*: Eine Beratung ist kurzfristig angelegt und umfasst ca. 3–5 Sitzungen.
- *Kosten*: Die Beratung ist kostenfrei im Rahmen der psychosozialen Betreuung (Sozialgesetzgebung).
- *Zugangsweg:* Der Zugangsweg zur Beratung ist offen für jede*n, das Angebot ist niederschwellig.
- *Anwendungsfeld und Zielsetzung*: Das Anwendungsfeld der psychosozialen Beratung umfasst zahlreiche Beratungsfelder der Sozialen Arbeit. Die psychosoziale Beratung gibt relativ gesunden Menschen Hilfestellung bei der Auseinandersetzung mit allen Arten psychosozialer Schwierigkeiten, allgemeinen Lebensproblemen und Krisen, die die Persönlichkeit nicht in großem Umfang beeinträchtigen (Engel et al., 2004, S. 38; Nestmann et al., 2004, S. 599; Großmaß, 2004, S. 100). Da sich Beratung mit relativ ungestörten Personen befasst (Nußbeck, 2019, S. 22), liegt der Fokus der Beratung

primär auf der Stärkung von Ressourcen. Beratung findet auch häufig unter einem präventiven Aspekt statt: Durch Beratungsangebote sollen Probleme erst gar nicht entstehen.

> **Beispiel: Beratung als Prävention**
>
> In einem sozialen Brennpunkt wird an zentraler Stelle ein Müttercafé eingerichtet. Dort sind auch pädagogische Fachkräfte anwesend. Das Café stellt ein niedrigschwelliges Angebot dar. Es wirkt präventiv gegen
>
> - Isolation, weil Mütter sich kennenlernen und austauschen
> - Kindesmisshandlung, weil Mütter Erziehungsfragen stellen können und Hilfen zur Alltagsentlastung bekommen
> - weitere Überforderungssituationen aller Art, weil Mütter zu allen Problemen Beratungsgespräche und Hilfsangebote bekommen. ◄

Zusammenfassung
Beratung bietet auf der Basis professioneller Konzepte Hilfestellung bei der Lösung von Problemen, der Bewältigung von Krisen und dem Aufbau von Ressourcen. Sie findet in vielfältigsten Tätigkeitsfeldern statt; sie betont den lebensweltlichen Kontext, in dem die Konflikte entstehen. Sie hilft auch ganz konkret durch Informationsvermittlung. Der Veränderungswillen der Ratsuchenden wird vorausgesetzt; Veränderungen können nur auf der Basis einer vertrauensvollen Beziehung stattfinden.

3.4.2 Wirkfaktoren von Beratung

Da Psychotherapie und Beratung zeitaufwendige und kostenintensive Verfahren sind, ist die Frage nach ihrer Wirksamkeit von großer Bedeutung. Psychotherapie erzielt nachweislich eine starke und nachhaltige Linderung psychischen Leids (Pfammatter & Tschacher, 2012). Die genaue Wirkungsweise ist jedoch noch nicht ausreichend geklärt. Wichtige Studien zu den Wirkfaktoren von Psychotherapie und Beratung stammen von Grawe (1999, 2000, 2007). Er entwickelte auf der Basis der Auswertung zahlreicher Studien ein Modell genereller, psychotherapeutischer Wirkfaktoren. Grawe beschreibt vier wesentliche Wirkfaktoren: Die *Ressourcenaktivierung* soll die vorhandenen positiven Möglichkeiten fördern. Der Therapieerfolg hängt maßgeblich davon ab, ob Therapeut*innen als unterstützend und den Selbstwert aufbauend erlebt werden. Der Blick auf die Ressourcen – nicht auf die Defizite – findet sich insbesondere in der Familientherapie. Unter *Problemaktualisierung* wird die Konfrontation der Klient*innen mit ihren Problemen verstanden. Ihr eigener Beitrag zur Entstehung des Problems wird thematisiert. Beim klientenzentrierten Ansatz geschieht dies, indem die emotionalen Erfahrungen der Klient*innen in Worte gefasst werden. In der Psychoanalyse werden die Probleme im Rahmen der Übertragung deutlich und im weiteren Verlauf thematisiert. In der Verhaltenstherapie setzen sich die Klient*innen mit ihren Problemen auseinander, indem diese mit realen Angstauslösern konfrontiert werden. Bei der *aktiven Hilfe zur Problembewältigung* erfahren Klient*innen, dass sie etwas bewältigen und bewirken können. Hiermit sind konkrete Hilfen gemeint, wie sie die Verhaltenstherapie anbietet (Angstreduktionsmaßnahmen, Verstärker). Grawe (2007) bezeichnet das als bewältigungsorientierte Hilfe. Auch in der klientenzentrierten Therapie machen Klient*innen die Erfahrung, dass sie etwas bewirken können, z. B., dass sie Empathie beim Gegenüber auslösen. In der Thematisierung der Gegenübertragung vermitteln psychoanalytisch ausgerichtete Therapeut*innen ebenso eine emotionale Reaktion. *Motivationale Klärung* meint die Auseinandersetzung mit den Gründen für die Symptome; es geht des Weiteren um die Klärung der Bedeutung, die das Symptom für die Klient*innen hat. Dieser Aspekt ist insbesondere bei der psychoanalytischen Richtung, aber auch beim klientenzentrierten Ansatz zentral. Als weiterer Wirkfaktor, der als sehr bedeutsam angesehen wird und die 4 Wirkfaktoren umschließt, wird die *therapeutische Beziehung* (Norcross & Lambert, 2011) genannt. Dies haben insbesondere der psychoanalytische und der klientenzentrierte Ansatz erkannt. Der Beziehungsaspekt ist bei beiden der zentrale Wirkfaktor.

Das Modell nach Grawe (2007) stellt zentrale, aber allgemeine Wirkmechanismen zusammen. Es macht keine Aussage darüber, bei welchen Störungen welcher der vier Faktoren besonders wirksam ist. Da der Beziehungsaspekt ein zentrales Vehikel für den therapeutischen Erfolg ist (Norcross & Lambert, 2011), ist die Anwendung bestimmter Techniken nur insoweit bedeutsam, wie die therapeutische Beziehung/Beratung gut funktioniert. Demnach ist es möglicherweise für Klient*innen gar nicht ausschlaggebend, welche Art von Therapie oder Beratung sie machen. Für eine erfolgreiche Therapie wäre das „Passungsproblem" (Hautzinger & Eckert, 2007, S. 24) entscheidender: Wie gut passen Therapeut*in und Klient*in zusammen? Erst als Zweites stellt sich die Frage: Wie gut passt die spezielle Therapiemethode zu dem speziellen Klienten oder der speziellen Klientin?

Zusammenfassung
Die Diskussion um allgemeine Wirkfaktoren von Beratung macht deutlich, dass ein schulenspezifisches Denken nicht mehr zeitgemäß ist. Wirkungsvolle Beratung/Therapie setzt Therapeut*innen/Berater*innen voraus, die Ressourcen wahrnehmen und fördern, sich mit Störungen auskennen, Ursachen für die Störungen berücksichtigen, klärungs- und bewältigungsorientiert arbeiten und überdies Expert*innen für Beziehungsaspekte sind.

Aufgaben

- Was sind zentrale Wirkfaktoren von Beratung/Therapie?

Für einen guten Überblick

Butcher, J.; Mineka, S.; Hooley, J. (2009). *Klinische Psychologie*. München. Pearson.
Comer, R. (2008). *Klinische Psychologie*. Heidelberg. Spektrum.

Sozialpsychologie

4

Um die Bedeutung des individuellen und kollektiven Handelns zu verstehen, ist es für Fachkräfte im sozialen und pädagogischen Bereich von zentraler Bedeutung, sozialpsychologisches Wissen zu erwerben. Diese Wissenselemente sind für fast jeden professionellen Kontakt im Berufsleben maßgeblich, z. B. in der Beratung jeglicher Form, in der Planung und Ausgestaltung der Beziehung zu Klient*innen oder in Bezug auf die Bewältigung von Konflikten, die sich aus der Interaktion mit Klient*innen oder auch Kolleg*innen ergeben.

Nach Maßgabe der Sozialpsychologie sind gesellschaftliche Bedingungen wie Armut oder Bildungsbenachteiligungen nicht selbst die Ursachen von Handlungen, sondern es gilt, dass Menschen sich – zumindest potenziell – aktiv zu diesen Bedingungen verhalten und ihr Leben selbst gestalten können.

Tagtäglich begegnen wir einer Vielzahl von Personen und müssen aus beruflichen oder privaten Gründen eine Einschätzung dieser Personen vornehmen: Warum hat die Person jenes gesagt oder sich auf eine ganz bestimmte Art und Weise verhalten? Braucht sie Hilfe? Welchen Eindruck habe ich auf sie gemacht? All das sind Fragen, die hierbei immer wieder auftauchen. Der Forschungsbereich der sozialen Wahrnehmung versucht, in systematischer Weise Antworten auf die Fragen zu geben, wie die Eindrucksbildung bezüglich anderer Personen funktioniert und welchen Irrtümern wir hierbei erliegen können. Ebenso wird untersucht, welchen Einfluss ein sozialer Kontext auf unsere individuelle Wahrnehmung hat.

▶ **Merke!** Die Sozialpsychologie analysiert das Denken, Fühlen und Handeln von Menschen in sozialen Situationen.

4.1 Personenwahrnehmung

Grundsätzlich existieren zwei Begriffsbestimmungen von sozialer Wahrnehmung (vgl. Fischer & Wiswede, 2009). Zum einen kann soziale Wahrnehmung als *(soziale) Bedingtheit von Wahrnehmung* verstanden werden. Dass wir etwas wahrnehmen können, unterliegt bestimmten physischen und psychischen Bedingungen. Wir haben (nach traditioneller Auffassung) 5 Sinne, über die wir die Umwelt erfassen können. Allerdings gibt es über diese Sinne keine einfache Abbildung der Umwelt, wie dies vielleicht eine Kamera zu tätigen vermag, sondern – nach Maßgabe unserer Erfahrungen, des Einflusses anderer Personen oder von Kulturen – immer eine relative Abbildung unserer Umwelt. Soziale Wahrnehmung bedeutet hier also, dass die objektive Wirklichkeit immer in Beziehung zur Vorstellungswelt des Individuums gesetzt wird und erst aus der Wechselwirkung dieser Aspekte unser „Bild" der Wirklichkeit entsteht.

Zum anderen kann soziale Wahrnehmung als *Wahrnehmung sozialer Tatbestände* verstanden werden. Dies umfasst vor allem die Wahrnehmung anderer Personen oder auch die meiner eigenen Person im sozialen Raum. Zentrale Fragen in diesem Begriffsverständnis sind: Welche Merkmale berücksichtigen wir bei der Bewertung anderer Personen? Welchen Fehlern bzw. Fallgruben können wir dabei aufsitzen?

Im Folgenden erfahren Sie, wie genau wir andere Menschen wahrnehmen und beurteilen, wenn wir ihnen begegnen. Wir befassen uns also mit der Wahrnehmung sozialer Tatbestände. Worauf achten wir dabei, wenn wir bestimmte Personen zum ersten Mal sehen. Gibt es tatsächlich einen unwiderruflichen Effekt des ersten Eindrucks?

4.1.1 Wahrnehmung von Sympathie

Wenn die Frage im Raum steht, was genau eine Person sympathisch erscheinen lässt, dann spielen hierbei vor allem 3 Aspekte eine entscheidende Rolle:

▶ **Merke!** Einflussfaktoren auf die Sympathiewahrnehmung (vgl. Werth et al., 2020a):

- physische Attraktivität
- Ähnlichkeit mit der eigenen Person
- Vertrautheit.

4.1.1.1 Physische Attraktivität

Obwohl dies kein Beurteilungskriterium sein sollte, ist immer wieder festgestellt worden, dass die physische Attraktivität von Menschen eine entscheidende Rolle für die Sympathiewahrnehmung und daraus resultierende Entscheidungen spielt.

Die in einer Gesellschaft vorherrschenden Schönheitsideale erfüllen eine biologische Funktion und unterliegen kulturell und zeitgeschichtlich bedingten Schwankungen (vgl.

Fischer & Wiswede, 2009). Bereits Kinder bevorzugen attraktive Gesichter gegenüber unattraktiven (vgl. Langlois et al., 1991).

Wie Feingold (1992) aufgezeigt hat, werden physisch attraktive Menschen als geselliger, dominanter, intelligenter und sozial kompetenter eingeschätzt als weniger attraktive Personen. Faktisch können diese Zusammenhänge dagegen kaum als gegeben betrachtet werden. Dennoch kann man feststellen, dass Kinder und Erwachsene, die von ihrem Umfeld als attraktiv wahrgenommen werden, nicht nur positiver von diesem bewertet, sondern auch wohlwollender behandelt werden. So werden ihnen mehr positive Eigenschaften wie Intelligenz oder Ehrlichkeit zugeschrieben (vgl. Eagly et al., 1991), und sie werden als glücklichere und fähigere Menschen wahrgenommen (vgl. Dion et al., 1972). Dipboye (1977) konnte anhand von Bewerbungsunterlagen, die an eine Personalleitung verschickt wurden, nachweisen, dass attraktive Bewerber*innen häufiger zu einem Vorstellungsgespräch eingeladen wurden als weniger attraktive, obwohl ansonsten die gleichen Einstellungsvoraussetzungen vorlagen.

Man geht davon aus, dass der sogenannte *Halo-Effekt* die Ursache für diese Tendenzen ist. Dieser besagt, dass der Gesamteindruck, den eine Person auf andere macht, primär durch eine ganz bestimmte Eigenschaft geprägt wird, was hier die physische Attraktivität ist (vgl. Werth et al., 2020a).

Berufsbezug

Auch im Berufsleben sind uns bestimmte Personen sympathischer oder erscheinen attraktiver als andere. Dieser Fakt ist nicht änderbar und an sich nicht problematisch. Wichtig ist hingegen, dass man sich in seinen Verhaltensweisen und seinen Entscheidungen hiervon möglichst wenig beeinflussen lässt. Sie sollten also immer wieder reflektieren, ob solche Aspekte bei Ihren aktuellen Klient*innen eine Rolle spielen, und ob Sie wirklich an alle Klient*innen „das gleiche Maß" anlegen (vor allem, wenn es um wichtige Beurteilungen und Entscheidungen geht). ◄

4.1.1.2 Ähnlichkeit

Auch die Ähnlichkeit anderer Personen mit uns selbst bestimmt unseren Eindruck von Sympathie. Die Ursache ist darin zu suchen, dass wir unbewusst davon ausgehen, dass Menschen, die uns ähnlich sind, unsere Person nicht infrage stellen, sondern uns als Person und unsere Einstellungen bestätigen. In Menschen, die uns ähnlich sind, können wir uns leichter hineinversetzen und daher leichter mit ihnen interagieren und kommunizieren (vgl. Werth et al., 2020a).

Wichtige Aspekte bei der Wahrnehmung von Ähnlichkeit sind Übereinstimmung in Meinungen und Charaktereigenschaften (vgl. Newcomb, 1961) in der Art der zwischenmenschlichen Interaktion bzw. Kommunikation (vgl. Burleson & Samter, 1996) sowie im Bereich der Interessen und Erfahrungen (vgl. Kubitschek & Hallinan, 1998; Aronson et al., 2008).

> **Berufsbezug**
>
> Im Kontext von Bewerbungsgesprächen wurde z. B. festgestellt, dass diejenigen Kandidat*innen als geeigneter für die zu besetzende Stelle eingestuft wurden, die eine größere Ähnlichkeit zur beurteilenden Person aufwiesen (vgl. Sears & Rowe, 2003). Diesbezügliche Entscheidungen sollten also gründlich reflektiert und möglichst von mehreren Beurteiler*innen getroffen werden. ◄

4.1.1.3 Vertrautheit

Des Weiteren bestimmt die Vertrautheit mit einer Person, wie viel Sympathie wir ihr entgegenbringen (vgl. Festinger et al., 1950; Zajonc, 1968). Dabei kommt es nicht unbedingt darauf an, dass man wirklich mit einer Person interagiert hat, sondern lediglich, dass diese eine gewisse Bekanntheit im Sinne einer gefühlten Vertrautheit aufweist. Beispielsweise konnte Segal (1974) nachweisen, dass das bloße wiederholte Sehen von Personen zu einem Vertrautheitserleben führt und wir uns eher mit ebendiesen Personen anfreunden. Sie werden darüber hinaus sogar als interessanter, warmherziger, attraktiver und intelligenter eingeschätzt als Personen, denen wir erstmals begegnen (vgl. Moreland & Beach, 1992; Werth et al., 2020a).

> **Übung**
>
> Welche Strategien haben Sie, um mit den Einflussfaktoren auf die Sympathiewahrnehmung (physische Attraktivität, Ähnlichkeit mit der eigenen Person, Vertrautheit) umzugehen? Wo sehen Sie Schwierigkeiten, und wie könnten Sie damit umgehen?

4.1.2 Zum Stellenwert nonverbaler Schemata

Wenn wir mit anderen Menschen kommunizieren, spielen neben den Sachverhalten, die wir auf sprachlicher Ebene austauschen, auch die nonverbal transportierten Informationen eine entscheidende Rolle. Nicht selten sind diese sogar zur Beurteilung einer Situation, eines Gemütszustandes oder der Intention einer anderen Person maßgeblicher als das, was mündlich kommuniziert wurde. So kann der Gesichtsausdruck als eine der wichtigsten Informationsquellen zur Einschätzung anderer Personen betrachtet werden.

▶ **Definition: Nonverbales Verhalten**

> „Unter nonverbalem Verhalten versteht man, wie Personen bewusst oder unbewusst ohne Worte kommunizieren. Dazu gehören Blickkontakt, Gesichtsausdruck und Mimik, Stimme, Gestik, Körperhaltung, Bewegung sowie Berührung und räumlicher Abstand gegenüber anderen." (Knapp & Hall, 1997; zit. n. Werth et al., 2020a, S. 151)

Wir unterstreichen z. B. mit bestimmten Gesten unsere Aussagen, signalisieren mit unserer Mimik, dass wir gerade nachdenken und nicht gestört werden möchten, haben einen fröhlichen Gesichtsausdruck, wenn es uns besonders gut geht, oder verschränken die Arme, wenn wir uns angegriffen fühlen.

Insofern hat die oft bemühte Aussage, dass wir nicht *nicht* kommunizieren können, durchaus einen Wahrheitsgehalt, denn selbst, wenn wir manchmal nicht sprachlich miteinander kommunizieren (möchten), auf nicht sprachliche Art und Weise tun wir dies immer (vgl. Watzlawick et al., 2007; DePaulo & Friedman, 1998; vgl. Werth et al., 2020a).

Übung

Stellen Sie sich einen jungen Mann vor, der einem Mädchen gegenübersteht, in das er sehr verliebt ist, sich aber nicht traut, ihr seine Gefühle zu offenbaren. Wie könnte ein Gespräch zwischen den beiden aussehen, in dem nonverbale Aspekte eine große Rolle spielen? Welche aufschlussreichen nonverbalen Muster könnten sich hier zeigen?

Vor allem der Mimik kommt eine große Bedeutung bei der Beurteilung anderer Personen zu. Sie bestimmt zu großen Teilen, wie sympathisch, anziehend oder abstoßend eine Person empfunden wird. Mimik ist häufig mit „Spiegelungseffekten" verbunden, d. h., eine Person, die über ihre Mimik eine freundliche Ausstrahlung transportiert, wird auch in ihrem Umfeld mit großer Wahrscheinlichkeit eine positive Gestimmtheit auslösen (vgl. Hatfield et al., 1992). Man spricht in diesem Zusammenhang auch von der *Reziprozität interpersoneller Beziehungen* (vgl. Backman & Secord, 1959).

▶ **Merke!** Die Reziprozität interpersoneller Beziehungen meint Spiegelungseffekte von gezeigten Verhaltensweisen (insbesondere Gestik und Mimik).

Berufsbezug

Stellen Sie sich vor, Sie begegnen einerseits einem Klienten zum ersten Mal, und dieser schaut Sie während des gesamten Gespräches sehr skeptisch und missmutig an, beantwortet aber alle Fragen ansonsten völlig angemessen. Andererseits mag es eine Klientin geben, die Sie sehr freundlich anlächelt und insgesamt seine sehr freundliche Mimik im Gespräch zeigt, obwohl sie Ihre Fragen inhaltlich nur mäßig aussagekräftig beantwortet. Klient 1 mag zwar – objektiv gesehen – alles adäquat beantwortet haben, Klientin 2 gegenüber werden Sie selbst wahrscheinlich – aufgrund der Spiegelungseffekte – freundlicher auftreten. Dabei sollte man jedoch bedenken, dass das Verhalten von Klient 1 eine Ursache haben könnte, die gar nichts mit Ihnen zu tun hat, sondern vielmehr mit seinen Vorerfahrungen, die ihn – im Kontakt mit unbekannten Menschen – skeptisch auftreten lassen. Wenn Sie ihm gegenüber sehr freundlich auftreten und sich nicht durch seine Mimik irritieren lassen, könnte sich seine Haltung vielleicht auch schnell ins Positive wandeln. ◀

4.1.3 Implizite Persönlichkeitstheorien

Menschen haben im Allgemeinen eine gewisse Vorstellung davon, welche Persönlichkeitseigenschaften von Menschen zusammengehören und welche eher unabhängig voneinander sind (vgl. Asch, 1946; Schneider, 1973). Zum Beispiel könnte eine Person die Überzeugung haben, dass jemand mit einer hohen Sozialkompetenz auch besonders intelligent sein muss, oder dass ein geiziger Mensch wahrscheinlich auch eher reizbar sein wird. Der Ausdruck „implizite Persönlichkeitstheorie" meint genau diese Verknüpfungen. Er geht auf Cronbach (1955) zurück. Implizite Persönlichkeitstheorien sind die spezifischen Muster, das spezifische Netzwerk an Persönlichkeitseigenschaften, das wir in unseren Köpfen haben und zur Beurteilung anderer Personen heranziehen.

▶ **Definition: Implizite Persönlichkeitstheorien** Implizite Persönlichkeitstheorien nennt man die spezifischen – häufig kulturell geprägten – Annahmen über den Zusammenhang verschiedener Persönlichkeitseigenschaften. „Implizit" werden diese Alltagstheorien genannt, weil sie uns meist nicht bewusst sind, aber dennoch die Wahrnehmung stark strukturieren (vgl. Fischer & Wiswede, 2009).

Interessant ist, dass je nach Beschaffenheit einer solchen Persönlichkeitstheorie (die von Mensch zu Mensch ganz unterschiedlich sein kann) auch ganz unterschiedliche Einschätzungen von Personen vorliegen bzw. dass die Beurteilungskriterien selbst hierbei stark divergieren können (vgl. Dweck et al., 1993; Levy & Langer, 1994).

Des Weiteren liegen eine Vielzahl an Befunden vor, die belegen, dass implizite Persönlichkeitstheorien kulturabhängig sind (vgl. Anderson, 1995; Chiu et al., 2000; Vonk, 1995). Beispielsweise findet man in westlichen Ländern die Idee eines künstlerischen Persönlichkeitstypus vor (der als kreativ, ernsthaft, temperamentvoll und unkonventionell gesehen wird). So ein Persönlichkeitsbild gibt es in China nicht. Dafür liegt dort eine implizite Persönlichkeitstheorie vor, die als *shi gú* bezeichnet wird und jemanden bezeichnet, der weltgewandt und familienorientiert, erfahren im sozialen Umgang, jedoch gleichzeitig etwas reserviert ist. Ein solches Persönlichkeitsmuster haben wir in der westlichen Welt nicht (zumindest haben wir keinen hierfür anwendbaren Begriff) (vgl. Hoffman et al., 1986; Aronson et al., 2008).

> **Exkurs: Studie zu zentralen Eigenschaften (Asch, 1946)**
>
> „Asch (1946) bat seine Versuchspersonen, sich eine bestimmte Person vorzustellen, die durch sieben Eigenschaften beschrieben wurde, die ein Versuchsleiter ihnen zweimal hintereinander vorlas. Zum Beispiel: tatkräftig, sicher, gesprächig, kalt, ironisch, neugierig, überzeugend. Systematisch variiert wurden bei dieser Eigenschaftsliste allein die Begriffe ‚warm' bzw. ‚kalt'.
>
> Die Aufgabe der (meist weiblichen) Versuchspersonen bestand nun darin, ihren Eindruck von dieser imaginären Person zunächst mit eigenen Worten schriftlich zu beschreiben und dann anhand weiterer bipolarer Eigenschaftsdimensionen (freundlich – unfreundlich, kreativ – nicht kreativ, etc.) zu charakterisieren. Die Beschreibungen durch die VP

konnten z. B. lauten: ‚Er ist der Typ von Mensch, den man allzu oft trifft: selbstsicher, spricht zu viel, will dich immer von seinem Standpunkt überzeugen und ist ohne viel Gefühl für seine Mitmenschen' etc.
Die Ergebnisse zeigen:

1. Die Versuchspersonen waren ohne Schwierigkeiten in der Lage, aufgrund der geringen Informationen eine recht umfassende Charakterisierung der Personen zu formulieren.
2. Die Charakteristika ‚warm' bzw. ‚kalt' erwiesen sich als ‚zentrale Eigenschaften', da sie den Gesamteindruck sehr stark bestimmten. Insgesamt ergab sich ein deutlich positiveres Charakterbild, wenn man ‚warm' anstelle von ‚kalt' verwendete. Ohne emotionale Kategorie ergaben sich in der Regel neutralere Beschreibungen der Personen. Selbst wenn alle anderen Charakteristika identisch waren, war die gesamte Wertung der vorgestellten Personen aus Sicht der Versuchspersonen außerordentlich unterschiedlich." (Fischer & Wiswede, 2009, S. 248)

Kommentar: Trotz des bereits älteren Datums der Studie verdeutlicht diese eindrucksvoll, dass bestimmte Eigenschaften in der Beurteilung von anderen Personen als besonders wichtig erachtet werden. Außerdem ist es so, dass wir Personen unbewusst weitere Eigenschaften zuschreiben, wenn wir bestimmte (zentrale) Eigenschaften über diese erfahren haben. Dies kann zu Fehlurteilen führen. ◄

Das Besondere ist also, dass bereits auf der Basis sehr spärlicher Informationen über andere Menschen weitreichende Schlussfolgerungen, Ergänzungen oder Anreicherungen vorgenommen werden, die eine hohe subjektive Plausibilität und Evidenz aufweisen. Dabei sind manche Kriterien zur Beurteilung anderer Menschen von größerer Bedeutung als andere. Sie werden als zentrale (Beurteilungs-)Eigenschaften bezeichnet (vgl. Fischer & Wiswede, 2009).

▶ **Merke!** Zentrale Eigenschaften sind solche, die bei der Beurteilung anderer Menschen eine besondere Wichtigkeit aufweisen und somit den Gesamteindruck einer Person stärker beeinflussen als andere Eigenschaften.

In diesem Sinne konnte Wishner (1960) eine Erklärung für die Befunde von Asch liefern. Die Warm-kalt-Dimension korrelierte in der Vorstellungswelt der Versuchspersonen mit einer Vielzahl von anderen Eigenschaften. Dagegen haben sich solche starken Korrelationen bei anderen Eigenschaftsdimensionen (z. B. höflich vs. grob) nicht gefunden. Das bedeutet, dass in den subjektiven Persönlichkeitstheorien der Versuchspersonen letztere Merkmale relativ unabhängig von den meisten anderen Persönlichkeitseigenschaften auftreten können und hier somit keine zentralen Beurteilungseigenschaften sind.

Abb. 4.1 veranschaulicht eine potenzielle Persönlichkeitstheorie, wie sie in der westlichen Welt gängig sein dürfte. Die räumliche Nähe der hier abgetragenen Eigenschaften spiegelt das Ausmaß der wahrgenommenen Ähnlichkeit bzw. des wahrgenommenen Zusammenhangs wider. Aus der Anordnung der Charakteristika zur Beurteilung anderer Per-

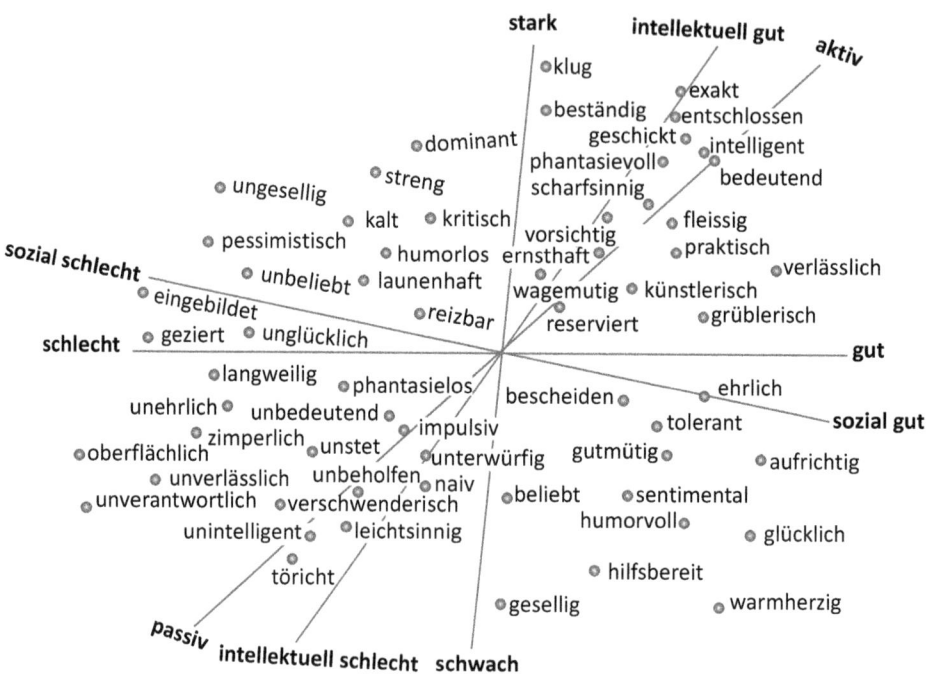

Abb. 4.1 Beispiel einer impliziten Persönlichkeitstheorie. (In Anlehnung an Rosenberg et al., 1968)

sonen ergeben sich hier zwei verschiedene Dimensionen (soziale Bewertung: gut/schlecht; intellektuelle Bewertung: intellektuell gut/schlecht).

Übung

Sie sollen in einer Familie den Unterstützungsbedarf (Erziehungshilfe) abklären. Inwiefern könnten hierbei implizite Persönlichkeitstheorien eine Rolle spielen und ggf. auch zu ungerechtfertigten/fehlerhaften Einschätzungen führen?

4.1.4 Reihenfolgeneffekte

Bereits in den Experimenten von Asch (1946) hatte sich gezeigt, dass auch die Reihenfolge, in der die Eigenschaftswörter dargeboten wurden, einen Einfluss darauf hatte, wie die durch diese Wörter charakterisierten Personen beschrieben wurden. Dabei gilt grundsätzlich, dass den ersten Eindrücken, die man von einer Person hat (bzw. hier den ersten Adjektiven zur Charakterisierung einer fiktiven Person) eine größere Bedeutung zugeschrieben wird als später gewonnenen Eindrücken. Eine solche Tendenz bezeichnet man als *Vorrang-* oder *Primacy-Effekt* (vgl. Anderson, 1965; Schubert, 1988). Er zählt zu den sogenannten Reihenfolgeneffekten.

4.1 Personenwahrnehmung

> **Exkurs: Umkehrung der Eigenschaftsliste (Asch, 1946)**
>
> Asch (1946) legte ein und dieselbe Eigenschaftsliste den Versuchspersonen in zwei verschiedenen Reihenfolgen vor (bloße Umkehrung):
>
> - Alexander sei: intelligent – fleißig – impulsiv – kritisch – widerspenstig – neidisch.
> - Bernhard sei: neidisch – widerspenstig – kritisch – impulsiv – fleißig – intelligent.
>
> Während Alexander von den Versuchsteilnehmenden als intelligente und achtenswerte Person beschrieben wird, findet sich in Bezug auf Bernhard eine negative Beschreibung vor, in der er als neidisch und fehlangepasst charakterisiert wird. ◄

Offensichtlich üben die ersten Eigenschaftswörter einen für die Beschreibung der Person prägenden Einfluss aus. Sie bestimmten die grundsätzliche Ausrichtung der Personencharakterisierung, wobei spätere Eigenschaften im Lichte der vorangegangenen Eigenschaften interpretiert werden. Man kann sich den Primacy-Effekt damit erklären, dass der ersten Information ein größeres Gewicht beigemessen wird (vgl. Bierhoff, 2006).

Allerdings wurde in anderen Untersuchungen auch die Entdeckung gemacht, dass im Prozess der Eindrucksbildung gerade diejenigen Aspekte am stärksten dominierten, die sich den Versuchspersonen als Letztes präsentierten. Üben die zuletzt gegebenen Informationen einen entscheidenden Einfluss aus, spricht man auch von einem *Recency-Effekt* (vgl. Anderson, 1968; Jones & Berglas, 1976; Schubert, 1988), der ebenfalls zu den Reihenfolgeneffekten zählt.

In den Untersuchungen zeigte sich, dass der Recency-Effekt (statt des Primacy-Effekts) vor allem auftrat, wenn

- die ersten Eigenschaften schon vor längerer Zeit genannt wurden und so von den Versuchspersonen nicht mehr abgerufen werden konnten,
- das letzte Merkmal deutlich negativer ausfiel als die vorangegangenen Merkmale (vgl. Bierhoff & Bierhoff-Alfermann, 1977) und
- der Ablauf der Information über die zu bewertende Person als Lern- und Entwicklungsprozess verstanden wird und die letzte Information somit den aktuellen Stand widerspiegelt (vgl. Jones & Goethals, 1972; Fischer & Wiswede, 2009).

> **Übung**
>
> Reflektieren Sie, welchen Einfluss Reihenfolgeneffekte auf die Beurteilung von Personen in Ihrem (zukünftigen) Berufsalltag haben könnten. Inwiefern könnten Sie mit Vorteilen verbunden sein, inwiefern könnte es die Gefahr von Fehlurteilen geben?

4.1.5 Kontrasteffekte

Ein interessantes Phänomen ist die Tatsache, dass uns ein und dieselbe Außentemperatur je nach Gesamtzusammenhang subjektiv sehr kalt oder sehr warm vorkommen kann. Gibt es einen Tag im Hochsommer, bei dem das Thermometer nach einer ausgedehnten Hitzeperiode plötzlich nur noch 16 Grad anzeigt, wird uns das sehr kalt, fast winterlich vorkommen. Gibt es in den Wintermonaten nach einer längeren Frostperiode plötzlich einen Tag, bei dem das Thermometer ebenfalls 16 Grad anzeigt, wird uns das sehr warm, geradezu hochsommerlich vorkommen. Dass es sich subjektiv so anfühlt, hat mit der Gegebenheit eines starken Kontrasts zu tun: Wir haben uns in beiden Fällen an eine bestimmte Temperatur gewöhnt. Gibt es nun plötzlich eine starke Temperaturschwankung, wird diese nicht für sich, also absolut, von uns bewertet und erlebt, sondern immer mit Bezug auf einen subjektiven (unbewussten) Vergleichsmaßstab, der sich aus der Gewöhnung an eine bestimmte Temperatur speist. Solche Kontrasteffekte gibt es nun auch im Hinblick auf die Personen- und Selbstwahrnehmung:

> **Exkurs: Kontrasteffekte bei der Attraktivitätsbewertung**
>
> In einem ihrer Experimente ließen Kenrick und Gutierres (1980) die männlichen Bewohner eines Universitätscampus zwei unterschiedliche Fernsehsendungen anschauen. „Die Hälfte der Probanden sah eine Episode von *Drei Engel für Charlie*, die andere eine Folge einer beliebigen anderen Serie. Danach sollten die Studierenden das Foto einer Unbekannten anhand einer Notenskala bewerten. Lustigerweise beurteilten die Zuschauer von *Drei Engel für Charlie* die Unbekannte als wesentlich weniger betörend als diejenigen, die eine andere Sendung gesehen hatten. Offenbar ließ die Schönheit der Serienprotagonistinnen die Unbekannte weniger anziehend wirken. [...]
>
> In einer Studie von Morse und Gergen (1970) glaubten sich die Testpersonen vor einem Bewerbungsgespräch. Jede Versuchsperson musste allein in einem Raum warten, bevor er dem ‚Personalleiter' gegenübertrat. Nach einigen Augenblicken kam ein anderer Bewerber (ein Komplize der Versuchsleitenden) herein und setzte sich auf einen Stuhl. Eine Bedingung sah vor, dass der Neuankömmling sehr elegant war und ein Köfferchen bei sich hatte, das er von Zeit zu Zeit öffnete, um dessen Inhalt sehen zu lassen: qualitativ hochwertiges, gut geordnetes Material. Die andere Bedingung setzte einen sehr nachlässigen ‚Mitbewerber' ein. Er trug einen fleckigen Pullover und sah aus, als hätte er sich seit Tagen nicht rasiert. Anschließend sollten die Versuchspersonen verschiedene Formulare ausfüllen, unter anderem eine Skala zur Bestimmung des Selbstwertgefühls" (Ciccotti, 2011, S. 13 f.; Hervorh. im Orig.). Dabei stellte sich heraus, dass die Anwesenheit der ersten gepflegten und organisierten Person mit einem beträchtlichen Absinken des Selbstwertgefühls der Versuchspersonen verbunden war, während die Präsenz der ungepflegten Person eine Steigerung des Selbstwertgefühls bewirkte.
>
> *Kommentar*: Soziale Vergleiche spielen der Einschätzung der eigenen Personen eine große Rolle. Ob man sich groß, intelligent oder attraktiv findet, hat daher immer auch viel damit zu tun, mit wem man sich vergleicht und wie stark diesbezüglich der Kon-

trast ausfällt. Unrealistische Vergleichsmaßstäbe können ursächlich relevant für psychische Probleme sein. ◄

Berufsbezug

Stellen Sie sich vor, Sie haben in einer Einrichtung eine Führungsposition inne, und Sie haben einmal im Jahr die Aufgabe, die Mitarbeiter*innen Ihrer Abteilung zu bewerten. Natürlich könnte es auch hier Kontrasteffekte geben, die Ihre Bewertung beeinflussen. Haben Sie gerade einer mitarbeitenden Person eine Rückmeldung gegeben, könnte dies Ihr Urteil bei nachfolgenden mitarbeitenden Personen strenger ausfallen lassen, als wenn Sie im Vorfeld eine weniger gute mitarbeitende Person beurteilt hätten. Daher ist es ratsam, sich ein möglichst „objektives" Beurteilungsraster zu überlegen, das solche Verzerrungen einschränkt. ◄

4.1.6 Selbsterfüllende Prophezeiungen

Der Begriff *selbsterfüllende Prophezeiung* geht auf Merton (1957) zurück. Er bezeichnete hiermit die Eigendynamik gesellschaftlicher Voraussagen. So haben Wirtschafts- und Finanzkrisen immer wieder gezeigt, dass die Überzeugung, dass eine Bank vor dem Zusammenbruch steht, eine Dynamik bewirkt (alle Bankkund*innen versuchen panikhaft ihr gesamtes Geld abzuheben), die tatsächlich den Bankrott des betreffenden Kreditinstituts nach sich zieht. Ebenso kann die Angst vor dem Versagen in einer wichtigen Prüfung dazu führen, dass man sich nicht mehr adäquat vorbereiten kann und am Ende tatsächlich durch die Prüfung fällt oder nur eine schlechte Note erzielt (vgl. Bierhoff, 2006).

Exkurs: Schulische Leistungen und Bewertungen

In seinen Untersuchungen suchte Seaver (1973) „Schulen auf, um die Schulzeugnisse von Schüler*innen einzusehen, deren Bruder oder Schwester früher dieselbe Lehranstalt besucht hatte. Er erhob die Noten der jüngeren und der älteren Geschwister und verglich dann die Zeugnisse derjenigen, die vom selben Lehrer unterrichtet worden waren, mit denen der Geschwister, die verschiedene Lehrer gehabt hatten. Seaver kam zu dem Ergebnis, dass die Noten eines Schülers von den Noten seines Bruders oder seiner Schwester ‚beeinflusst' werden, aber nur, wenn die Kinder dieselbe Lehrkraft hatten. Das spricht dafür, dass Lehrer in gewissem Maße an die Erblichkeit von Intelligenz und Begabung glauben. Der Unterrichtende meint bei einem Kind dieselben Anlagen wahrzunehmen wie bei dessen Bruder oder dessen Schwester. Er behandelt es daraufhin ähnlich, was sich (im Guten oder Schlechten) in der Leistung des Schülers niederschlägt" (Ciccotti, 2011, S. 90 f.).

Es gibt aber durchaus auch positive Beeinflussungen durch selbsterfüllende Prophezeiungen: „Jamieson und Mitarbeiter*innen (1987) führten einen Feldversuch durch, bei dem sie Schülern zu Jahresbeginn eine neue Lehrkraft vorstellten. In einer Klasse erklärten die Forscher, die neue Lehrkraft sei sehr kompetent und intelligent. In einer anderen wurde den Kindern nichts gesagt (Kontrollgruppe). Die Forscher beobachteten das Verhalten der Schüler ohne deren Wissen, und nach drei Wochen konnten sie folgende Bilanz ziehen: Im Vergleich zur Kontrollgruppe hatten die Schüler, die sich von einer besonders kompetenten Lehrkraft unterrichtet glaubten, bessere Noten. Zudem urteilten sie, diese sei fähiger und ginge mehr auf sie ein. Den Forschern fiel überdies auf, dass in dieser Klasse weniger Radau herrschte und die Schüler dem Unterricht aufmerksamer folgten. Man könnte sagen, dass die Erwartungen der Schüler hinsichtlich ihrer neuen Lehrkraft ihre Schulleistungen beeinflussten" (a. a. O., S. 90).

Kommentar: Unsere Erwartungen lenken unsere Gedanken, Emotionen und Handlungen in entscheidender Weise und können zu deren Selbstbestätigung führen. Hierdurch werden unsere (ggf. problematischen) Überzeugungen wiederum noch gestärkt. Es kann sich ein Teufelskreis ergeben. ◄

Übung

Überlegen Sie sich 2–3 weitere Beispiele für selbsterfüllende Prophezeiungen. Überlegen Sie sich hierbei auch ein Beispiel aus Ihrem (zukünftigen) Berufsleben!

Bei selbsterfüllenden Prophezeiungen geht es primär um den Prozess einer *Erwartungsbestätigung*. Gemeint ist eine Erwartung, die ihre eigene Erfüllung selbst bedingt (vgl. Ludwig, 1991). Jussim (1990) verdeutlicht, dass nur falsche Erwartungen eine selbsterfüllende Prophezeiung auslösen können, da „diese auf *falschen Situationsdefinitionen* beruhen, die Verhaltensweisen hervorrufen, die das fälschlicherweise erwartete Ereignis tatsächlich eintreten lassen und somit zum Beweis dafür werden, dass die Erwartung zutreffend war" (Bierhoff, 2006, S. 285; Hervorh. im Orig.).

Wie genau kann man sich den Prozess der Erwartungsbestätigung falscher Erwartungen nun genau vorstellen? In Abb. 4.2 wird dies verdeutlicht.

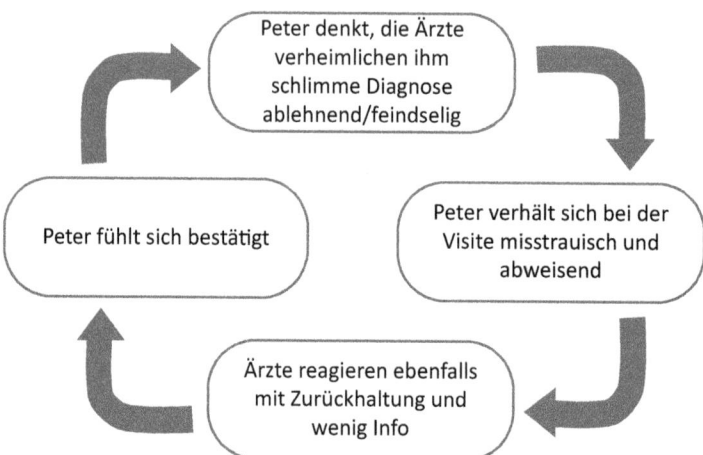

Abb. 4.2 Prozessmodell der Bestätigung einer (falschen) Erwartung

4.1 Personenwahrnehmung

Fallbeispiel Peter (Abb. 4.2)

Peter ist ein misstrauischer Mensch und sozial ängstlich. Er meidet nach Möglichkeit alle Situationen, in denen er mit größeren Menschengruppen konfrontiert ist. Seine Sorge ist, dass andere Menschen ein schlechtes Bild von ihm haben könnten, ihn ablehnen oder ihm sogar feindlich gegenüberstehen. Begibt er sich doch einmal unter Menschen, hat er immer wieder die Erfahrung gemacht, dass seine Erwartungen zutreffend sind, und so vermeidet er soziale Kontexte noch mehr. Dass sich Peters Erwartungen auch deshalb erfüllen, weil er anderen Menschen gegenüber sehr zurückhaltend und verschlossen ist, sodass diese wiederum ungern auf ihn zugehen, fließt nicht in seine Überlegungen mit ein. ◄

Übung

Zeichnen Sie zu den von Ihnen selbst in der vorherigen Übung gewählten Beispielen Prozessmodelle, wie sie in Abb. 4.2 dargestellt sind.

Zusammenfassung

Grundsätzlich existieren zwei Begriffsbestimmungen von sozialer Wahrnehmung. Zum einen kann soziale Wahrnehmung als *(soziale) Bedingtheit von Wahrnehmung* verstanden werden, zum anderen als *Wahrnehmung sozialer Tatbestände* (Personenwahrnehmung). Eine wichtige grundlegende Unterscheidung ist die zwischen einer daten- und konzeptgesteuerten Wahrnehmung. Während erstere vor allem auf der Auswertung von Sinnesmaterial fußt, ist die Anwendung von erfahrungsbasierten Kategorien der primäre Gegenstand der letzteren Form der Wahrnehmung.

In Bezug auf die Wahrnehmung anderer oder auch meiner eigenen Person im sozialen Raum spielen verschiedene Faktoren eine Rolle: Dazu zählen die Wahrnehmung von Sympathie und Antipathie, der Stellenwert nonverbaler Schemata (wie Mimik und Gestik), implizite Persönlichkeitstheorien, die suggerieren, dass bestimmte Persönlichkeitseigenschaften zusammengehören, Reihenfolgeneffekte (Primacy- vs. Renceny-Effekt) sowie das Wesen und der Stellenwert von sogenannten selbsterfüllenden Prophezeiungen.

Aufgaben

- Erläutern Sie das Rahmenmodell der sozialen Wahrnehmung und gehen Sie hierbei auf die verschiedenen Prozesse und Etappen des Wahrnehmungsprozesses ein.
- Erörtern Sie, was eine implizite Persönlichkeitstheorie ist und welche Bedeutung sie für Ihre (zukünftige) Berufstätigkeit haben könnte.

4.2 Soziale Kognition und stereotypes Denken

Soziale Kognitionen sind in unserem Alltag und Berufsleben allgegenwärtig. Sie beschreiben die Art und Weise, wie wir über uns selbst und über unsere Mitmenschen denken und urteilen, wie wir die uns zur Verfügung stehenden Informationen selektieren, einschätzen und abspeichern. Jeden Tag begegnen wir einer Vielzahl an Menschen. Wir sind umgeben von unseren Familien und Freund*innen, den Arbeitskolleg*innen oder auch den Personen, welche unsere Dienste nutzen, die wir beruflich anbieten. Viele Begegnungen finden mit Personen statt, auf die wir zum ersten Mal treffen. Über diese Personen haben wir oftmals keine oder nur sehr geringfügige Informationen. Trotzdem sind wir oft dazu angehalten, eine gewisse Beurteilung dieser Personen vorzunehmen.

▶ **Merke!** Nach Fiske (2004) untersucht der Forschungsansatz der sozialen Kognition „die Schritte im Strom der Gedanken, die sich Menschen über andere Menschen machen" (a. a. O., S. 122). Soziale Kognition stellt gewissermaßen einen Spezialfall der in Abschn. 4.1 besprochenen Personenwahrnehmung dar.

Auch im Kontext sozialer und erzieherischer Arbeit werden oft Einschätzungen über unbekannte Personen getroffen: Welche Wünsche hat der Nutzer unserer Dienstleistung? Wie kann ich sein oder ihr Verhalten verstehen? Welchen Belastungen fühlt sie sich gerade ausgesetzt? Wenn wir solche Bewertungen vornehmen (müssen), stellt sich die Frage, auf welche Informationen wir hierbei Bezug nehmen.

Soziale Kognition versucht hier zu erklären, welche Prozesse unseren Bewertungen zugrunde liegen, und hilft zu verstehen, wie wir unsere Wahrnehmung organisieren und nutzen können.

4.2.1 Soziale Kategorisierung

Insbesondere der im letztgenannten Beispiel ausgedrückte Fall einer *sozialen Kategorisierung* ist nun für diesen und auch viele der folgenden Abschnitte von zentraler Bedeutung.

▶ **Definition: Soziale Kategorisierung** Soziale Kategorisierung ist der „Prozess, bei dem man Informationen über die soziale Welt (speziell über soziale Gruppen) organisiert und Ähnlichkeiten innerhalb von Kategorien sowie Unterschiede zwischen Kategorien hervorhebt" (Jonas et al., 2007, S. 606).

Wenn Menschen Kategorien entwickeln, mittels derer sie andere beurteilen, hat dies einen Orientierungscharakter, der zu einer gewissen Vereinfachung der Alltagswirklichkeit führt. Er bewirkt, dass ich eine Person nicht in allen Einzelheiten erfassen und bewerten muss, um zu erkennen, dass es sich z. B. um eine Frau handelt, was mir wiederum Hinweise auf Eigenschaften dieser Person an die Hand gibt. Allerdings können mit solch

4.2 Soziale Kognition und stereotypes Denken

einer „abgekürzten" Form der Wahrnehmung anderer Personen auch bestimmte Übergeneralisierungen und Vorurteile verbunden sein.

Beispiel: Kulturbezogene Stereotype

„Bodenhausen (1988) ließ amerikanische Versuchspersonen die Schuld eines Angeklagten beurteilen. Für die Hälfte der Probanden hieß der Angeklagte Ramirez (in den Vereinigten Staaten bedeutet das Stereotyp bezüglich der hispanischen Bevölkerung höhere Kriminalität), für die andere Johnson. Auf der Grundlage von Zeugenaussagen zugunsten und zuungunsten der angeklagten Person sollten die Teilnehmenden dessen Schuld ermessen. Wie sich zeigte, befanden die Probanden Ramirez viel öfter für schuldig als Johnson" (Ciccotti, 2011, S. 165 f.).

Kommentar: Bereits aufgrund geringfügiger Hinweisreize wie Namen können umfassende Kategorisierungen von Personen und ihrer Eigenschaften stattfinden, die mitunter für diese Personen schwerwiegende Folgen haben können. In ähnlicher Weise werden Aufsätze, die mit dem Namen *Kevin* versehen sind, deutlich schlechter von Lehrer*innen beurteilt als identische Aufsätze mit z. B. dem Namen Maximilian (Kube, 2009). ◄

Wie Fischer und Wiswede (2009) aufzeigen, können insbesondere dichotome Wahrnehmungskategorien ein Problem darstellen. Dichotom heißt, dass hier von der rezipierenden Person nur zwei Ausprägungen als möglich erachtet werden. So könnte man Menschen in die Kategorien gut vs. böse, fleißig vs. faul oder auch motiviert vs. unmotiviert einordnen.

„Diese Dichotomisierung führt dazu, dass die Wahrnehmung der Umwelt verzerrt wird, und zwar

a) durch eine Überbetonung der Unterschiede zwischen den Reizen, die nach Maßgabe der Orientierungsdimensionen verschiedenen Klassen angehören (Kontrastbildung durch Dichotomisierung) und
b) durch Überbetonung der Ähnlichkeit zwischen den Reizen, die nach Maßgabe der Wahrnehmungskategorien derselben Klasse angehören (Assimilation bzw. Generalisierung)" (Fischer & Wiswede, 2009, S. 204).

Berufsbezug

Nehmen wir beispielsweise an, Sie betreuen eine Reihe von Klient*innen mit kognitiven Defiziten in verschiedenen Abstufungen. Auch hier könnten dichotome Wahrnehmungskategorien zu einer zweifelhaften Einschätzung der Personen führen. Denn durch das Ignorieren der Unterschiede in den Defiziten werden die individuellen Stärken und Schwächen der Personen nicht hinreichend berücksichtigt und so gegebenenfalls wertvolle Förderungspotenziale nicht ausgeschöpft. ◄

4.2.2 Grundbegriffe der sozialen Kognition

Bitte lesen Sie zunächst folgendes Beispiel:

Beispiel: Ein dramatischer Unfall

Ein Vater und sein Sohn wurden in einen Autounfall verwickelt, bei dem der Vater starb und der Sohn schwer verletzt wurde. Der Vater wurde am Unfallort für tot erklärt und sein Leichnam ins örtliche Leichenschauhaus gebracht. Der Sohn wurde mit einem Unfallwagen ins nächste Krankenhaus transportiert und sofort in den Operationssaal der Notfallabteilung gerollt. Es wurde ein Mitglied des Chirurgenteams gerufen. Als es eintraf und den Patienten sah, rief es aus: „Oh Gott, das ist mein Sohn!" (vgl. Pendry, 2007)
Wie erklären Sie sich diese Situation? ◄

Viele Menschen haben Schwierigkeiten bei der Beantwortung dieser Frage. Wie Pendry (2007) darlegt, konnten über 40 % ihrer Studierenden, denen sie die Frage gestellt hatte, diese gar nicht beantworten, während andere eine Vielzahl von relativ weit hergeholten Erklärungen abgaben (z. B. dass der Vater, der beim Umfall starb, ein katholischer Priester war und beim Ausruf der Begriff „Sohn" in einer anderen Bedeutung angewandt wurde). Hingegen ist die naheliegendste Erklärung, dass es sich bei beim Mitglied des Chirurgenteams um eine Chirurgin handelt, die Mutter des schwer verletzten Jungen. Das Beispiel zeigt somit, dass Menschen ihre Beurteilung von Situationen aufgrund von (erfahrungsbezogenen) kognitiven Schemata vornehmen und diese relativ starr anwenden.

4.2.2.1 Automatisches Denken und Kategorisierungen

Oft müssen wir Situationen sehr schnell erfassen, ohne dass wir lange Zeit zum Abwägen der uns zur Verfügung stehenden Situationen haben. Wenn Sie im Rahmen der Erziehungshilfe eine Familie zum ersten Mal aufsuchen, müssen Sie schnell erfassen, wer die anwesenden Personen in dem Haushalt sind. Sie werden ohne große Mühen die Rollen der Mutter, Vater und der Kinder zuordnen. Aber wer ist die andere ältere Frau, die auch zugegen ist? Eine Freundin der Mutter, ein anderes Familienmitglied oder gar jemand von einer Behörde (Jugendamt)?

▶ **Merke!** Mit Prozessen des automatischen Denkens ist gemeint, dass wir in größtenteils unbewusster Form Zuordnungen vornehmen. Unser Denken ist hierbei unwillkürlich, nicht zielgerichtet und läuft vollkommen mühelos ab.

Unser automatisches Denken verläuft jedoch keineswegs unkoordiniert. Wenn wir neue Situationen erfassen müssen, setzen wir die uns zur Verfügung stehenden Informationen vielmehr in Bezug zu unserem Vorwissen, zu den *Schemata*, die wir zur Beurteilung einer solchen Situation in unseren Köpfen abgespeichert haben. Es sind also unsere gesammelten *Erfahrungen* und *Einstellungen*, die unser Denken in solchen Kontexten leiten.

▶ **Definition: Schemata** Schemata sind mentale Strukturen, die unser Wissen über die Welt ordnen und vorverarbeitete Informationen über Objekte oder Menschen bestimmter Kategorien umfassen. Sie beeinflussen die Sinngehalte, die wir wahrnehmen, über die wir nachdenken und die wir abspeichern (vgl. Pendry, 2007).

Schemata sind also Kategorien, mittels derer wir unsere Erwartungen, Motivationen und unser Wissen ordnen. Sie sind mit System 1 des kognitiven Informationsverarbeitungsmodells nach Kahneman (2003) verbunden.

Über die in unserem Gedächtnis abgespeicherten Schemata findet eine *Kategorisierung* unserer Umwelt statt. Kategorisierung bedeutet, dass Objekte (einschließlich Menschen) aufgrund gemeinsamer Merkmale in diskrete, d. h. klar unterscheidbare Gruppen unterteilt werden. So haben wir Objekt- bzw. soziale Kategorien für Hunde, Möbel, Seen, Länder, Männer und Frauen, Filmstars usw.

Schemata sollten hierbei *nicht* als eine Liste von unzusammenhängenden Eigenschaften oder Kennzeichnungen verstanden werden. Vielmehr bilden sie eine kognitive Struktur, in der diese Eigenschaften auf eine spezifische Art und Weise organisiert bzw. miteinander semantisch verbunden sind. Wenn wir wissen, was ein Hund ist, dann haben wir eben nicht nur ein unverbundenes Wissen darüber abgespeichert, wie ein Hund prototypisch aussieht, sich anhört oder anfühlt sowie die Kenntnis, dass dieser vom Wolf abstammt und meist als der beste Freund des Menschen bezeichnet wird, sondern haben vielmehr einen Gesamteindruck, der all diese Komponenten in vernetzter Form beinhaltet.

▶ **Merke!** Schemata bilden eine kognitive Struktur, in der bestimmte Eigenschaften oder Kennzeichnungen in einem bestimmten Beziehungsgeflecht stehen.

Kategorisierungen haben die Funktion, eine Überlastung unserer Informationsverarbeitungsressourcen zu verhindern. Durch die Einordnung unserer Umwelt in diskrete Kategorien machen wir die Welt vorhersehbarer, bringen eine gewisse Ordnung in den Strom der Ereignisse und insbesondere in den Kontext unserer Begegnungen mit anderen Menschen. Ein Zustand, in dem wir keine Schemata hätten, über die wir Kategorisierungen vornehmen könnten, scheint schwer vorstellbar. Annäherungsweise könnte man sich so etwas wie eine diffuse Punktewolke vorstellen, die keinerlei Ordnungszusammenhang beinhaltet. Denn schon die Gliederung unserer Umwelt in Figur und Grund, in Personen und unbelebte Gegenstände und dergleichen, wie sie bereits im Kindesalter vorgenommen wird, beinhaltet Kategorisierungen.

4.2.2.2 Einstellungen
Bei Einstellungen einer Person handelt es sich um eine ganz bestimmte Form von Schemata.

▶ **Definition Einstellungen** Als Einstellungen werden für gewöhnlich Wahrnehmungsorientierungen und Reaktionsbereitschaften in der Beziehung zu einem besonderen Objekt bezeichnet. Es sind dauerhafte Handlungstendenzen, und sie betreffen Meinungsgegenstände, über die zwischen Individuen und Kulturen keine grundsätzliche Einigkeit besteht. Sie sind wertorientiert und haben eine affektive Aufladung (vgl. Wilson, 1988).

Um zu verstehen, was Einstellungen sind, ist es wichtig, sie von Meinungen zu unterscheiden. Während sich Meinungen auf Überzeugungen beziehen – also darauf, was eine Person über eine andere Person/einen Umstand/ein Objekt weiß – (das Studium der Erziehungswissenschaften ist anspruchsvoll), gehen Einstellungen insofern darüber hinaus, als dass hier auch eine (emotionale) Bewertung bzw. Intensität (gar nicht – sehr) enthalten ist. Ein Beispiel für eine Einstellung wäre: Das Studium der Erziehungswissenschaften macht viel Freude, insbesondere die psychologischen Grundlagen des Faches sind sehr interessant.

Einstellungen beinhalten grundsätzlich 3 Komponenten: eine kognitive, eine affektive und eine Verhaltenskomponente (vgl. Werth et al., 2020a).

- Die *kognitive* Komponente macht die Gedanken und Überzeugungen zum Einstellungsobjekt aus (Pädagogik ist ein tolles Studienfach).
- Die *affektive (emotionale)* Komponente bezieht sich auf die emotionalen Reaktionen auf ebendieses Objekt (es macht viel Freude, Pädagogik zu studieren).
- Schließlich beinhaltet die *Verhaltenskomponente* die Handlungen gegenüber dem Einstellungsobjekt (ich absolviere ein Studium der Pädagogik).

Obwohl Einstellungen grundsätzlich durch alle 3 Komponenten gekennzeichnet sind, besteht im Einzelfall eine größere Prägung durch eine der Komponenten. In diesem Sinne gibt es kognitiv basierte, affektiv basierte oder auch verhaltensbasierte Einstellungen.

▶ **Merke!** Einstellungen von Menschen können auf Kognitionen, Affekte bzw. Emotionen oder Verhaltensweisen zurückgehen.

Es lohnt sich, bereits hier kurz die Frage zu thematisieren, wie Einstellungen vom Grundsatz her geändert werden können. Es gilt, dass eine Einstellungsänderung umso eher erfolgt, je mehr die beeinflussende Kommunikation auf die jeweils wichtigste Einstellungskomponente abgestimmt ist (vgl. Werth et al., 2020a). So können affektiv basierte Einstellungen am ehesten verändert werden, wenn bestimmte Emotionen zum Einstellungsobjekt angeregt werden (z. B. „Ich mach's mit!" – Kampagne zur Kondomverwendung/Aids-Prävention). Dagegen können kognitiv basierte Einstellungen am ehesten durch starke Argumente beeinflusst werden (Erziehungswissenschaften zu studieren lohnt sich trotz eher mittelmäßiger Verdienstaussichten, da der Beruf eine Vielzahl anderer Gratifikationsmechanismen bereithält).

Übung

Sie betreuen einen Klienten in der Drogenhilfe mit einer starken Suchtproblematik (Cannabis, Amphetamine). Dieser idealisiert sehr häufig die Drogen; sie würden das

4.2 Soziale Kognition und stereotypes Denken

Bewusstsein erweitern und sein Denken und Empfinden verbessern (affektive Komponente). Zugleich sei es eine Tatsache, dass Cannabiskonsum im Vergleich zum Alkoholkonsum viel weniger gefährlich sei. Es mache, wenn überhaupt, nur psychisch abhängig und das – so denke er – sei nur bei „schwachen Gemütern" der Fall, zu denen er nicht zähle (kognitive Komponente). Es sei daher auch kein Problem, wenn er weiterhin seine ebenfalls stark Drogen konsumierenden Bekannten treffe und weiterhin den Elektro-Club gehe, in dem viele Drogen genommen werden (verhaltensbezogene Komponente). Welche Möglichkeiten sehen Sie, Veränderungen bei den verschiedenen Komponenten anzustoßen? Wie würden Sie vorgehen?

4.2.2.3 Vorurteile und stereotypes Denken

Kategorisierungen dienen einer Komplexitätsreduktion und Vereinfachung unserer Umwelt mithilfe von Schemata. Wenn nun aufgrund einer geringen Anzahl von Informationen über eine Person (i. d. R. die Zugehörigkeit zu einer sozialen Gruppe) umfassende Schemata aktiviert werden, die die Beurteilung und Behandlung ebendieser Personen leiten, entsteht das, was wir gemeinhin als Vorurteil bzw. stereotypes Denken bezeichnen. Die Art der Kategorisierung (positiv/negativ) spiegelt dabei unsere Einstellung gegenüber der zu beurteilenden Personengruppe wider. Je nachdem, wie wir gegenüber einer bestimmten Personengruppe eingestellt sind, werden wir bestimmte vorgefertigte (positiv/negativ besetzte) Eigenschaften zur Beurteilung heranziehen.

▶ **Definition: Vorteile** Vorurteile sind Einstellungen gegenüber Mitgliedern einer Fremdgruppe, die allein auf den Merkmalen basieren, die sie zu Mitgliedern ebendieser Gruppe macht (vgl. Werth et al., 2020b).

4.2.2.4 Allgegenwärtigkeit stereotyper Denkmuster

Kein Mensch ist ohne Vorurteile: Frauen haben einen schlechteren Orientierungssinn, Männer haben Schwierigkeiten beim Multitasking. Blondinen sind weniger intelligent, Brillenträger*innen die schlaueren Menschen. Auch wenn wir selbst durchaus wissen, dass es sich um unangemessene Verallgemeinerungen oder Klischees handelt, fällt es uns schwer, uns nicht von solchen Vorstellungen beeinflussen zu lassen.

Zunächst gilt, dass Vorurteile im Sinne von Kategorisierungen auf Basis der uns zur Verfügung stehenden Schemata durchaus nützlich sind. Sie ermöglichen Ordnung und Vorhersehbarkeit in einer potenziell chaotischen sozialen Welt. So müssen wir über Dinge, die mit einer hohen Wahrscheinlichkeit auf die Mehrzahl der Mitglieder einer Gruppe zutreffen, nicht lange nachdenken (sprechen wir das Personal in einem Elektronikfachgeschäft an, werden wir davon ausgehen, dass dieses mit Begriffen aus der Computertechnik vertraut sein wird, und müssen uns hierüber nicht mehr verständigen). Der Abruf des Vor-Urteils ermöglicht hier also die Einordnung von Personen bzw. ihres Kenntnisstandes. Solche schnellen Kategorisierungen sind insbesondere dann hilfreich, wenn wir unter Zeitdruck stehen oder ein komplexes Urteil entwickeln müssen, d. h. unsere Informationsverarbeitungsressourcen beschränkt sind.

Der Grund dafür, dass wir trotzdem ein negatives Bild von Vorurteilen haben, liegt darin, dass diese neben ihren positiven Effekten auch gravierende negative Folgen haben können. Blickt man auf die Weltgeschichte, lässt sich eine Vielzahl von Ereignissen benennen, die uns die verheerenden Auswirkungen von Vorurteilen vor Augen führen. Man denke z. B. an die Judenverfolgung im Dritten Reich, die Verfolgung der Armenier im Osmanischen Reich oder auch den Völkermord an den Tutsi in Ruanda (vgl. z. B. Bohnert, 2008). Ebenso können Vorurteile im Alltag zu sozialer Ungerechtigkeit und Ausgrenzung (Schule, Beruf, Wohnungsmarkt) der betroffenen Personengruppen (z. B. Personen mit Migrationshintergrund, Übergewichtige, Menschen mit Behinderung) führen, was mitunter ungerechtfertigte materielle Benachteiligungen, gesundheitliche (inkl. psychische) Störungen und Krankheiten zur Folge hat (vgl. Werth et al., 2020b).

Berufsbezug

Einerseits ist es nicht unwahrscheinlich, dass auch Fachkräfte im sozialen und pädagogischen Bereich Vorurteile ihrer Klientel gegenüber haben können. Stellen Sie sich vor, dass Sie eine Familie in der Beratung haben, die einen sehr verwahrlosten Eindruck macht, und Sie haben die Information erhalten, dass die 6 Kinder der Familie von unterschiedlichen Vätern stammen. Dies kann bestimmte (ggf. völlig ungerechtfertigte!) Kategorisierungen auslösen, die evtl. einer adäquaten Betreuung dieser Familie entgegenstehen.

Andererseits kann es auch „positive" Vorurteile geben, wenn z. B. die Gesellschaft ein sehr idealisiertes Bild bestimmter Berufsgruppen zeichnen (Jurist*innen, Lehrer*innen, Psychotherapeut*innen), das der Realität in vielen Fällen sicher nicht gerecht wird, und so eine „kritisch-gesunde" Reflexion von Entscheidungen von Personen aus diesen Berufsfeldern ggf. unterbleibt. ◄

4.2.2.5 Komponenten von Vorurteilen

Da Vorurteile eine besondere Form von Einstellungen sind, weisen auch sie eine kognitive, affektive und verhaltensbezogene Komponente auf. Die kognitive Komponente kann als Stereotyp bezeichnet werden.

▶ **Definition: Stereotype** Stereotype sind kognitive Schemata, die die in einem bestimmten Kontext verbreiteten Überzeugungen darüber beinhalten, welche Merkmale für eine bestimmte Gruppe (Kategorie) konstitutiv sind. Sie beziehen sich auf die Mitglieder einer sozialen Gruppe, z. B. Frauen, Männer, Migranten, Menschen in einem bestimmten Wohnquartier (vgl. Werth et al., 2020b).

Die affektive Komponente des Vorurteils bezeichnen Werth und Kolleg*innen (2020b) als Stereotypakzeptierung. Hiermit ist die Empfindung gegenüber der Personengruppe gemeint, d. h. es wird eine zusätzliche Bewertung vorgenommen. Ein Stereotyp allein ist somit noch kein Vorurteil.

Die verhaltensbezogene Komponente lässt sich schließlich als Diskriminierung bezeichnen, was das ungerechtfertigt negative oder schädliche Verhalten gegenüber Perso-

4.2 Soziale Kognition und stereotypes Denken

Tab. 4.1 Begriffsüberblick zur sozialen Kognition

Begriff	Erläuterung
Schema	Allgemeinstes der hier vorgestellten Konzepte; bestimmte mentale Strukturen, mittels derer wir die Welt ordnen.
Kategorie	Klassen, in die wir die Dinge oder Personen unserer Umwelt einteilen; Schema und Kategorie sind untrennbar miteinander verbunden: Die Welt mittels Schemata zu ordnen, bedeutet die Erfahrung der Wirklichkeit als etwas, das aus verschiedenen Klassen oder Gruppen (sprich: Kategorien) besteht.
Einstellungen	Variante von Schemata; während es durchaus instabile Schemata gibt, also solche, die einem stetigen Wandel unterliegen, handelt es sich bei Einstellungen um dauerhafte Handlungstendenzen und Erwartungen (gegenüber Gegenständen oder Personen). Sie sind wertorientiert und haben eine affektive Auflagung.
Vorurteile	Bestimmte Klasse von (abwertenden) Einstellungen oder Antipathien gegenüber bestimmten sozialen Gruppen oder ihren Mitgliedern.
Stereotype	Kognitive Komponente eines Vorurteils; gedankliche Strukturen, die unser Wissen, unsere Überzeugungen und Erwartungen über eine bestimmte Personengruppe enthalten, jedoch ohne Bewertung.

nen einer bestimmten Gruppe meint. Ob unser Handeln jedoch letztendlich von Vorurteilen beeinflusst wird, hängt zudem von der Stereotypaktivierung ab.

Zum Abschluss dieses Abschnitts sollen die logischen Beziehungen zwischen den hier maßgeblichen Begriffen im Überblick gezeigt werden (Tab. 4.1).

4.2.3 Einfluss von stereotypen Denkmustern

Stereotype Informationen (z. B. über die soziale Herkunft einer Person) können die Interpretation von Informationen stark beeinflussen (vgl. Werth et al., 2020b).

> **Exkurs: Einfluss des Wissens über soziale Herkunft auf die Personenwahrnehmung**
>
> In einer Studie von Darley und Gross (1983) wurde untersucht, wie stark Stereotypen sozialer Herkunft einen Einfluss auf unsere Wahrnehmung von Personen haben. Dafür sollten zwei Teilnehmergruppen ihr Urteil über die Leistung eines ihnen unbekannten 9-jährigen Mädchens namens Hannah abgeben. Die eine Hälfte der Teilnehmenden wurde darüber informiert, dass Hannah aus gehobenen sozialen Verhältnissen stamme, während den anderen Teilnehmenden gesagt wurde, sie stamme aus einer eher sozial schwachen Gegend. Alle Versuchspersonen schauten daraufhin ein Video, in dem das Kind einen akademischen Leistungstest absolvierte. Trotz der Tatsache, dass alle Teilnehmenden dasselbe Video anschauten, schätzten sie die Intelligenz von Hannah in Abhängigkeit von der sozialen Herkunft völlig unterschiedlich ein. Bei einer vermeintlich gehobenen Herkunft wurden ihre schulischen Fähigkeiten deutlich höher eingeschätzt als bei der Herkunft aus einer vermeintlich weniger privilegierten Schicht. ◄

Der Einfluss von stereotypen Denkmustern kann sich sowohl auf unser Erinnerungsvermögen, also unsere Gedächtnisleistung, beziehen als auch auf unsere Verhaltensweisen. Zudem ist auch das Ausmaß der Beeinflussung von bestimmten Faktoren abhängig.

4.2.3.1 Beeinflussung der Gedächtnisleistungen

Aus der kognitiven Psychologie ist bekannt, dass Schemata zur Organisation, zum Abruf und zur Wiedererkennung von bestimmten Informationen beitragen. So fördert die Aktivierung von (stereotypen) Schemata nachweislich den Abruf von Informationen, die für uns mit ebendiesem Schema übereinstimmen.

Ein Beispiel liefert hier die Studie von Cohen (1981).

> **Exkurs: Studie von Cohen (1981)**
>
> In einer Studie sahen die Versuchspersonen die Videoaufnahme von einer Frau. Vorab hatte man der Hälfte der Versuchsteilnehmenden gesagt, dass die Frau eine Bibliothekarin sei, der anderen Hälfte, sie sei eine Kellnerin. Die Frau wurde im Video so dargestellt, dass sie einige Aspekte aufwies, die im Zusammenhang mit verbreiteten Stereotypen über Bibliothekarinnen stehen (Brillenträgerin, trinkt gerne Wein, hört klassische Musik), jedoch nicht als stereotype Kennzeichnungen von Kellnerinnen gelten. Allerdings gab es auch einige Aspekte, die in gegenteiliger Richtung verfasst waren (die Frau trank in einer Szene z. B. auch Bier, was wohl eher als prototypisch für Kellnerinnen angesehen wird). Wenn die Versuchspersonen gebeten wurden, sich daran zu erinnern, was sie gesehen hatten, und weiter gefragt wurden: „Was hat die Frau getrunken?" bzw. „Welche Musik hat sie sich angehört?", so erinnerten sich diejenigen, die glaubten, eine Bibliothekarin beobachtet zu haben, besonders gut daran, dass diese klassische Musik gehört hatte, glaubten aber, dass sie eher Wein anstatt Bier getrunken habe (vgl. Fischer & Wiswede, 2009, S. 233).
>
> Die Studie zeigt die Tendenz der Versuchspersonen, sich vor allem an die Informationen zu erinnern, die sie aufgrund der Vorabinformationen zur Situation erwartet hatten, d. h. die Tendenz zur Bestätigung ihrer Erwartungen. Hatten die Versuchspersonen die Vorabinformation, es handele sich bei der Frau um eine Bibliothekarin, erinnerten sie sich vor allem an Eigenschaften, die gemeinhin mit dem Stereotyp einer Bibliothekarin assoziiert sind. Es zeigt sich somit nicht nur die konfirmatorische Erinnerungstendenz der Versuchsteilnehmenden, sondern auch deren Beeinflussung durch stereotype Schemata. Informationen, die mit dem jeweiligen Stereotyp der Gruppe (Bibliothekarin vs. Kellnerin) konsistent waren, konnten besser rekapituliert werden. ◂

Dass wir uns besser an stereotypbezogene Informationen erinnern können, liegt daran, dass diese besser zu dem passen, was gemäß unserer persönlichen Erwartung auf eine Person zutrifft. Die Informationen sind somit konsistent. Oder anders ausgedrückt. „Unsere Vorwissensstruktur (Schemata) hilft uns dabei, mehrere Mosaiksteinchen neuer Infor-

4.2 Soziale Kognition und stereotypes Denken

mationen zusammenzusetzen und sie mit bestehenden Überzeugungen zu verbinden." (Pendry, 2007, S. 122)

Wenn Versuchspersonen beispielsweise darum gebeten werden, eine Reihe von Personenmerkmalen (fürsorglich, ehrlich etc.) zu lernen und später wieder abzurufen, zeigt sich, dass dies besser gelingt, wenn ihnen zusätzlich eine Information gegeben wird, die eine Bündelung dieser Eigenschaften unter einem stereotypen Schema ermöglicht. Das heißt, wenn den Versuchspersonen gesagt wird, dass diese Eigenschaften beispielsweise auf einen Arzt zutreffen (vgl. Macrae et al., 1994; Pendry, 2007).

Es gibt jedoch auch gegenteilige Fälle, in denen die mit unserem Vorwissen inkonsistenten Informationen besser verarbeitet werden. Dies liegt vor, wenn bestimmte Beobachtungen in auffälliger Weise nicht mit unseren Erwartungen in Einklang stehen. Haben wir beispielsweise Vorurteile gegenüber Personen mit Migrationshintergrund, werden aber in einer Notsituation von einer Personengruppe gerettet, die u. a. aus Menschen mit Migrationshintergrund besteht, werden wir uns an diese wahrscheinlich besser erinnern als an die Beteiligten ohne Migrationshintergrund.

Entscheidend dafür, sich eher an eine inkonsistente Information zu erinnern, ist der Wille zur Auflösung des kognitiven Konflikts (Person verhält sich inkonsistent zum Stereotyp). Dies wird als Auflösung von Inkonsistenz bezeichnet.

▶ **Merke!** An welche Information wir uns besser erinnern, hängt von Aufmerksamkeits- und Motivationsprozessen ab. Sind Personen nicht dazu motiviert, kognitive Konflikte aufzulösen, oder durch andere geistige Aktivitäten abgelenkt, erinnern sie sich – im Sinne konfirmatorischer Erinnerungstendenzen (vgl. Kap. 2) – eher an die Informationen, die mit dem stereotypen Muster konsistent sind (vgl. Pendry, 2007).

Berufsbezug

Kommen wir zurück zum Beispiel der zu betreuenden Familie im Kasten „Berufsbezug" in Abschn. 4.2.2 (chaotischer Haushalt, viele Kinder von verschiedenen Partnern). Wenn sich herausstellt, dass die Mutter der Kinder eine sehr intelligente Frau ist und einen Doktor in Physik gemacht hat, aber aufgrund eines Schicksalsschlages „aus dem Tritt gekommen" ist, werden Sie sich an diese Frau und diese Familie wahrscheinlich viel besser erinnern, als wenn bestimmte stereotype Annahmen bzw. Vorurteile sich tatsächlich bewahrheitet hätten. ◄

4.2.3.2 Beeinflussung von Verhaltensweisen

Durch eine Reihe von Studien konnte aufgezeigt werden, dass stereotypes Denken nicht nur unsere Gedächtnisleistungen beeinflusst, sondern ebenso ganz konkrete Verhaltensänderungen zur Folge haben kann. Bargh et al. (1996) wiesen beispielsweise nach, dass Verhaltensweisen in Abhängigkeit von der Präsentation bestimmter stereotyperelevanter Wörter (Primes) verändert oder überhaupt erst hervorgerufen werden können.

> **Exkurs: Studie zur Verhaltensänderung durch Priming mit Falten (Bargh et al., 1996)**
>
> Die Autoren ließen die Teilnehmenden an ihrer Studie, die angeblich sprachliche Kompetenz untersuchte, aus vorgegebenen Wörtern Sätze bilden. Insgesamt 30-mal mussten die Versuchspersonen aus einer Liste von 5 Wörtern so rasch wie möglich einen grammatikalisch korrekten Satz bilden. Faktisch wurde diese Aufgabe aber als Priming-Bedingung genutzt. Der einen Hälfte der Teilnehmenden wurden Wörter vorgelegt, die auf einen „Alten-Stereotyp" bezogen waren (z. B. alt, grau, vergesslich, hilflos, abhängig), der anderen Gruppe wurden neutrale Wörter präsentiert. Der Begriff „Langsamkeit" wurde in der Stereotyp-Gruppe nicht präsentiert. Nach Abschluss der Aufgabenbearbeitung und Verabschiedung wurde nun – als eigentliche Zielvariable – die Zeit gemessen, die die Versuchspersonen vom Laborraum bis zum Aufzug benötigten.
>
> Hierbei stellte sich heraus, dass die Versuchsteilnehmenden in der Priming-Bedingung „alter Mensch" im Vergleich zur Kontrollgruppe eine längere Zeit für diesen Weg brauchten. Die Art des Primings beeinflusste somit in signifikanter Weise die Gehgeschwindigkeit. ◄

Wörter, die für Personenmerkmale stehen und stark mit einem bestimmten Schema verbunden sind, können also als Anreize zur Aktivierung von Verhaltensweisen fungieren, die ebenfalls mit diesem Schema verbunden sind. Das Schema wird aktiviert.

> **Exkurs: Verhaltensänderung durch Prime „Professor" (Dijksterhuis & van Knippenberg, 1998)**
>
> In der Untersuchung erhielten die Versuchspersonen in der einen Gruppe den Prime „Professor", in der anderen Gruppe wiederum einen neutralen Reiz – jeweils in Form eines Bildes. Dabei zeigte sich, dass die Gruppe, die ein Bild eines Professors betrachtet hatte, bessere Leistungen bei einer darauffolgenden Denksportaufgabe erbrachte als die Kontrollgruppe. ◄

Ein allgemeines Erklärungsmodell für die Aktivierung von Verhaltensweisen, die mit einem aktivierten Schema in Verbindung stehen, liefern Dijksterhuis & Bargh (2001). Ihres Erachtens nach aktiviert ein Stereotyp die mit ihm assoziierten Personenmerkmale, was wiederum zur Aktivierung der hiermit assoziierten konkreten Verhaltensrepräsentationen führt. Sind solche verhaltensbezogenen (behavioralen) Schemata aktiviert, greifen sie in die Steuerung und Ausführung unserer motorischen Programme ein, die die Grundlage unseres Verhaltens in einer Situation sind.

> **Berufsbezug**
>
> Solche „Priming-Effekte" können durchaus im Berufskontext zum Wohle der Klienten eingesetzt werden, denn hierdurch kann unter geeigneten Umständen eine Motivations-

4.2 Soziale Kognition und stereotypes Denken

und Handlungsförderung erreicht werden. Ein Beispiel wäre ein Gegenstand oder ein Bild, das für eine Klientin mit einem wichtigen Lebensziel verbunden sein könnte. So könnte eine junge Klientin, die hoch verschuldet war, durch einen Schnuller an ihr Ziel, die Gründung einer Familie, erinnert werden, was sie dazu veranlassen könnte, sehr diszipliniert an der Rückzahlung ihrer Schulden zu arbeiten. ◄

Übung

Überlegen Sie sich weitere Beispiele und Möglichkeiten, „Priming-Effekte" sinnvoll in Ihrer (zukünftigen) Berufstätigkeit einzusetzen.

4.2.3.3 Bedingungen für das Ausmaß der Beeinflussung

Auch wenn niemand frei ist von Stereotypen und Vorurteilen, unterscheiden sich Personen darin, wie stark sie in ihrem Verhalten von stereotypem Denken geleitet sind. Zudem kann ein und dieselbe Person in verschiedenen Situationen mal mehr, mal weniger diskriminierendes Verhalten gegenüber anderen Menschen zeigen. Es stellt sich daher die Frage, wie es zu diesen Unterschieden kommt. Ein Modell, das hier eine Orientierung geben kann, stammt von Werth und Kolleg*innen (2020b) (vgl. Abb. 4.3).

Für den Einfluss von Vorurteilen auf unser Denken und Handeln ist die kognitive Stereotypaktivierung besonders relevant. Die darauffolgende Anwendung der aktivierten Stereotype kann durch automatische oder kontrollierte Prozesse erfolgen. Ob es zu einer kontrollierten Stereotypanwendung kommt, hängt davon ab, wie stark die affektive Komponente *(Vorurteilslevel)* ausgeprägt ist.

Ob stereotypes Denken aktiviert und angewendet wird, hängt zudem von einer Reihe von Faktoren ab (vgl. Werth et al., 2020b):

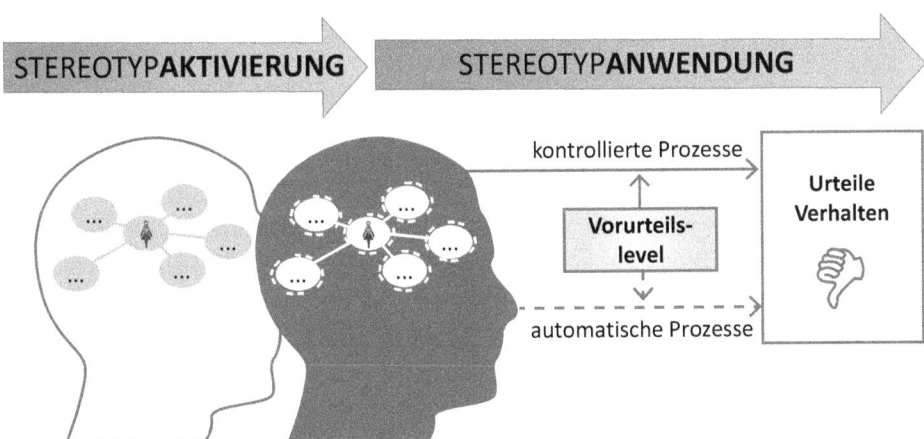

Abb. 4.3 Aktivierung der kognitiven Komponente eines Vorurteils (Stereotyp) in Abhängigkeit vom Vorurteilslevel. (In Anlehnung an Werth et al., 2020a)

- *Motivationale Aspekte:* Die Motivation, vorurteilsfrei zu handeln, kann eine geringere Aktivierung negativer und eine höhere Aktivierung positiver Stereotypattribute bewirken.
- *Semantisches Netzwerk*: Für das Ausmaß des Einflusses stereotypen Denkens auf konkretes Handeln ist es entscheidend, wie stark bestimmte Konzepte im „semantischen Netzwerk" einer Person miteinander verknüpft sind. Inwiefern also das Stereotyp „alter Mensch" wirklich zu einem langsameren Gehen führt, hängt davon ab, wie stark diese beiden Konzepte bei einer Person miteinander assoziiert sind.
- *Ziele:* Auch die Art der *Ziele*, die sich Menschen setzen, bestimmt die Stärke der Stereotypaktivierung. Beispielsweise zeigen Personen, die gewisse „Gleichheitsziele" bzw. eine egalitäre Weltsicht verfolgen, eine geringere Stereotypaktivierung als Personen, die solche Ziele nicht verfolgen.
- *Kognitive Kapazitäten*: Gibt man Versuchspersonen den Auftrag, sich z. B. eine 8-stellige Zahl zu merken, und setzt sie potenziell stereotypaktivierenden Reizen (wie Personen der anderen Geschlechts oder anderer Herkunftsländer) aus, verringert dies zunächst die Stereotyp*aktivierung* gegenüber weniger kognitiv belasteten Personen. Allerdings verhält es sich bei der Stereotyp*anwendung* genau anders herum: Ist ein Stereotyp erst einmal aktiviert und die betroffene Person ist kognitiv durch bestimmte Aufgaben belastet, ist eine verstärkte Anwendung stereotypen Denkens die Folge.
- Letztlich kommen Stereotype unter *Zeitdruck* stärker zur Anwendung, was auf eine verringerte kognitive Kontrolle zurückgeführt werden kann.

Übung

Überlegen Sie sich in Bezug auf alle aufgeführten Einflussfaktoren (Vorurteilslevel, Motivation, Assoziationsstärke, Ziele, kognitive Kapazität und Zeitdruck) Beispiele aus Ihrer (zukünftigen) Berufspraxis, in denen diese relevant sein bzw. zum Tragen kommen könnten.

4.2.4 Überwindung stereotypen Denkens

Wie bereits erörtert wurde, erfolgt die Stereotypaktivierung in den meisten Fällen automatisch, auch wenn die Stärke ihrer Ausprägung beispielsweise von unserem Vorurteilslevel oder unseren Zielen abhängt. Bestimmte Faktoren können jedoch als generelle Voraussetzungen dafür angesehen werden, dass ein aktivierter Stereotyp *nicht* zur Anwendung kommt (vgl. Devine & Monteith, 1999).

▶ **Merke!** Grundlegende Voraussetzungen zur Überwindung stereotypen Denkens (vgl. Devine & Monteith, 1999):

- Bewusstsein über potenziellen Einfluss des Stereotyps
- Vorhandensein ausreichender kognitiver Ressourcen für die Ausübung mentaler Kontrolle
- Motivation, nicht stereotyp zu reagieren

Wie die Überwindung stereotyper Denkweisen im Detail aussieht bzw. welches Vorgehen eher gegensätzlich wirkt, erfahren Sie im Folgenden.

4.2.4.1 Unterdrückung von Stereotypen und Rebound-Effekte

Eine Strategie zur Überwindung stereotypen Denkens könnte darin bestehen, stereotype Denkmuster zu unterdrücken. Das heißt, immer wenn wir Reizen ausgesetzt sind, die stereotypes Denken auslösen können, würden wir versuchen, die Anwendung von Stereotypen bewusst zu stoppen. Aber ist dies eine aussichtsreiche Strategie?

Übung

Probieren Sie bitte Folgendes aus und überlegen Sie, inwieweit es sich um zielführende Strategien handelt.

1. Denken Sie *nicht* an einen Eisbären!
2. Sie kommen erst sehr spät ins Bett und versuchen nun ganz angestrengt, möglichst schnell einzuschlafen, da Sie am nächsten Tag sehr früh aufstehen und eine wichtige Prüfung absolvieren müssen.

Wie sich nicht nur in der Alltagsbeobachtung (wie in der Übung) zeigt, sondern auch in einer Vielzahl von Studien, insbesondere von Wegner (1994), führen Unterdrückungsstrategien – unabhängig davon, ob es sich um die Unterdrückung von Stereotypen handelt – nicht zum erwünschten Ergebnis, sondern bewirken eher das Gegenteil: Der zu unterdrückende Gedanke tritt ins Bewusstsein, und das teilweise sogar stärker, als wenn wir nicht versucht hätten, ihn zu unterdrücken. Aber warum ist das so?

Wegner (1994) erklärt diese paradoxen Effekte am Wechselspiel zweier grundlegender mentaler Prozesse: Zum einen gibt es den absichtlichen operativen Prozess (IOP = „intentional operating process"). Wenn wir nicht an einen Eisbären denken wollen, würden wir mittels dieses Prozesses nach Ablenkreizen suchen, d. h. nach allen Dingen, die kein Eisbär sind. Zum anderen müssen wir nun auch prüfen, ob wir mit unserem Versuch, nicht an einen Eisbären zu denken, wirklich erfolgreich waren. Daher gibt es einen zweiten Überwachungsprozess (IMP = „ironic monitoring process"), mit dessen Hilfe wir nach dem ungewollten Reiz in unserem Bewusstsein suchen. Während der IOP ein kognitiv anspruchsvoller Prozess ist, da wir hier willentlich und kontrolliert nach ablenkenden Gegenständen suchen, ist der IMP wahrscheinlich ein automatischer (kognitiv wenig beanspruchender) Prozess. Was nun passiert, ist Folgendes: Weil der IMP weitestgehend ohne kognitive Ressourcen auskommen kann, kann er ständig nach Anzeichen für eine misslungene Unterdrückung des Zielreizes (Eisbär) suchen. Dadurch wird nun aber gerade der zu unterdrückende Gedanke leichter zugänglich und tritt ins Bewusstsein, und wir haben den Eisbären mental vor uns. Wahrscheinlich handelt es sich auch hier um einen *Priming-Effekt* (vgl. Pendry, 2007).

▶ **Definition: Rebound-Effekte (oder Bumerang-Effekte)** Die Unterdrückung von Stereotypen wird unter bestimmten Bedingungen (vor allem kognitiver Beanspruchung) das Gegenteil des gewünschten Effekts bewirken: Statt einer Ausmerzung des stereotypen Denkmusters wird dieses sogar stärker aktiviert.

4.2.4.2 Von kategoriebasierter zu individualisierter Verarbeitung

Welche alternativen Möglichkeiten bestehen also zur Minimierung des Einflusses von Stereotypen auf unser Denken und Handeln, wenn die Unterdrückung der Denkmuster nicht funktioniert? Es ist nötig, sich hierfür noch einmal mit dem Prozess der Eindrucksbildung auseinanderzusetzen.

Nach Fiske und Neubergs (1990) verlassen wir uns bei der Eindrucksbildung auf zwei Informationsquellen: Zum einen auf das Wissen über die Zugehörigkeit der betreffenden Person zu einer Kategorie (z. B. männlich vs. weiblich; jung vs. alt) und zum anderen auf Einzelheiten über persönliche, individuelle Charakteristika (z. B. ehrlich, vergesslich). Wovon hängt es ab, welche dieser beiden Informationsquellen wir primär nutzen?

Um diese Frage zu beantworten, haben Fiske und Neubergs (1990) das *Kontinuumsmodell der Eindrucksbildung* entwickelt. Das Modell nimmt an, dass unsere Einschätzung anderer Personen auf Basis eines Kontinuums erfolgt, das von der kategoriebasierten Bewertung auf der einen Seite bis zur individualisierten Reaktion auf der anderen Seite reicht (wobei kategoriebasierte Bewertung den Einsatz stereotyper Denkweisen meint). Die Autoren gehen erstens davon aus, dass kategoriebasierte Bewertungen grundsätzlich einen Vorrang in der Verarbeitung von Informationen haben und dass zweitens eine Verschiebung entlang des Kontinuums durch Interpretations-, Motivations- und Aufmerksamkeitsfaktoren erfolgt. Das bedeutet also, dass eine höhere Aufmerksamkeit und Motivation des Beurteilenden, die andere Person kennenzulernen/sich mit ihr auseinanderzusetzen, dazu führt, dass die Eindrucksbildung eher individuell als kategoriebasiert erfolgt.

Es wird angenommen, dass die ursprüngliche Kategorisierung, d. h. unser erster Eindruck von einer Person, relativ spontan und unwillkürlich erfolgt. Ob daraufhin eine Verschiebung in Richtung einer individualisierten Verarbeitung stattfindet, hängt vor allem von 3 Bedingungen ab.

▶ **Merke!** Ziele bzw. Bedingungen, die eine individualisierte Verarbeitung auslösen:

- Abhängigkeit des Erfolgs von Zielperson
- Verantwortlichkeit des Wahrnehmenden
- auf Genauigkeit ausgerichtete Instruktionen

4.2 Soziale Kognition und stereotypes Denken

Diese 3 Bedingungen sind natürlich nur in speziellen Situationen erfüllt (z. B. Arbeits- oder familiärer Kontext) und nicht unbedingt in alltäglichen Situationen des Privatlebens (Begegnungen mit anderen Personen).

Für den Kontext der Pädagogik und Sozialen Arbeit ist es also zur Verringerung einer stereotypen, kategoriebasierten Wahrnehmung der zu betreuenden Personen wichtig, dass Sie sich selbst darüber im Klaren sind, dass der eigene berufliche Erfolg davon abhängig ist, wie gut Sie die Nutzer Ihrer Dienste in ihrer Entwicklung/Alltagsbewältigung etc. tatsächlich unterstützen. Ebenso verringert die Reflexion der eigenen Verantwortlichkeit für die zu betreuenden Personen stereotype Denk- und Handlungsmuster. Im Bewusstsein, dass man seine Reaktionen und Handlungsweisen (potenziell) gegenüber Dritten (z. B. Vorgesetzten) rechtfertigen muss, wird man sich weniger von seinen Vorurteilen leiten lassen. Im gleichen Maße ist es wichtig, dass im Arbeitskontext genaue Anweisungen vorliegen. Durch die Befolgung genauer Instruktionen wird so die Orientierung an stereotypen Denkmustern verhindert.

Übung

Herr Müller ist Sozialarbeiter (Allgemeiner Sozialer Dienst) und betreut die türkischstämmige Familie Erbil in der Familienhilfe. Familie Erbil hat 5 Kinder, die Eltern verfügen über keinen anerkannten Schulabschluss oder eine Ausbildung. Deutsche Sprachkenntnisse sind – obwohl sie seit 17 Jahren in Deutschland leben – nur elementar vorhanden. Überlegen Sie, inwieweit es von den genannten Bedingungen abhängig ist, dass eine Verschiebung der Beurteilung in Richtung individualisierter Verarbeitung stattfindet.

4.2.4.3 Modelle der Änderung stereotyper Schemata

Da es, wie erläutert, möglich ist, die Effekte eines Stereotyps zu minimieren, sobald dieses einmal aktiviert wurde, um so von einer kategoriebasierten zu einer stärker individualisierten Verarbeitung zu gelangen, stellt sich die Frage, ob man nicht auch eine Ebene früher ansetzen kann. Können wir – statt die *Auswirkungen* unserer stereotypen Schemata zu begrenzen – nicht auch versuchen, *unsere kognitiven Strukturen selbst* zu verändern (vgl. Pendry, 2007)?

Führen wir uns dafür zunächst erneut die Funktion von Schemata vor Augen. Sie stellen einen kognitiv wenig aufwendigen Prozess dar, mit dem Ordnung und Vorhersagbarkeit in einer an sich chaotischen Umwelt erreicht werden. Es besteht daher eine starke Tendenz, an bestehenden Schemata festzuhalten, obgleich wir Erfahrungen gesammelt haben mögen, die diesen widersprechen. Dennoch ist es möglich, dass sich Schemata aufgrund bestimmter Erfahrungsmuster oder -anlässe ändern. Voraussetzung dafür ist, zu der Überzeugung zu gelangen, dass wir uns auf unsere bestehenden Schemata nicht mehr verlassen können, weil sie wiederholt zu Fehleinschätzungen mit womöglich persönlich bedeutsamen Konsequenzen geführt haben. Werden Schemata klar und eindeutig widerlegt und es stehen alternative Bewertungen zur Verfügung, werden die meisten Menschen ihre „Denkgewohnheiten überdenken".

In der Sozialpsychologie werden hierfür 3 Modelle unterschieden (vgl. Hewstone, 1994; Weber & Crocker, 1983):

- Das *Buchhaltungsmodell* besagt, dass die Veränderung von Schemata kontinuierlich erfolgt. Jede neue Erfahrung, die nicht mit dem bestehenden Schema konsistent ist, wird hierbei „in Rechnung gestellt" und verändert in der Summe die Beschaffenheit des Schemas selbst über die Zeit.
- Das *Konversionsmodell* beinhaltet dagegen die Hypothese, dass es im Zuge einer bestimmten intensiven Erfahrung, also einer großen Menge nicht konsistenter Informationen, zu einer sprungartigen grundlegenden Änderung des stereotypen Schemas kommen kann.
- Schließlich beschreibt das *Subtypisierungsmodell* einen Prozess, bei dem aufgrund von Erfahrungen immer mehr Unterkategorien für Personen gebildet werden, die dem bestehenden stereotypen Schema widersprechen.

Es liegt an den Bedingungen des konkreten Einzelfalls, an den Erlebnissen und der persönlichen sowie beruflichen Lebensgeschichte einer Perons, ob und welches Modell zum Zuge kommt.

> **Übung**
>
> Herr Mayer hat Vorurteile gegenüber türkischen Migranten. Diese sind in seinen Augen weniger sozial eingestellt sowie um Bildung und berufliche Erfolge bemüht als Deutsche. Überlegen Sie, welches Modell zur Änderung stereotyper Denkweisen vorliegt, wenn Herr Mayer seine Einstellung aufgrund folgender Ereignisse ändert:
>
> 1. Herr Mayer hat einen Autounfall und wird schwer verletzt. Er wird von einem jungen türkischen Mann aus dem brennenden Auto befreit, wobei sich dieser junge Mann selbst in Gefahr bringt.
> 2. Herr Mayers Friseur ist ein netter türkischstämmiger Mann, der seine Arbeit geflissentlich und sehr professionell erledigt. Herr Mayer tut dies als Ausnahme von seiner o. g. Überzeugung ab. Nun hat er es aber auch in seinem Beruf (Lehrer) immer wieder mit türkischen bzw. türkischstämmigen Personen zu tun, die sehr bildungsorientiert sind. Herr Mayer sieht diese zunächst auch als Ausnahmen an, kommt aber zunehmend ins Zweifeln, ob seine Überzeugungen bezüglich türkischer Migranten korrekt sind.
> 3. Herr Mayer sammelt im Laufe der Zeit immer wieder die Erfahrung, dass es türkische Mitbürger gibt, die sich nicht so verhalten, wie er es erwartet hätte. Nach und nach stellt er seine Grundüberzeugung bezüglich türkischer bzw. türkischstämmiger Personen infrage.

4.2 Soziale Kognition und stereotypes Denken

Zusammenfassung

Soziale Kognitionen sind in unserem Alltag und Berufsleben allgegenwärtig und erleichtern uns die Bewertung der Umwelt und anderer Personen. Schemata, mithilfe derer wir die Personen und Objekte unserer Umwelt kategorisieren, helfen uns, uns in ihr zurechtzufinden. Die entsprechenden Prozesse laufen in der Regel automatisch ab. Sobald wir unsere Umwelt jedoch ausschließlich auf Basis kategorisierter Schemata und weniger Hinweisreize wahrnehmen und vor allem beurteilen, sind Vorurteile und stereotype Denkweisen die Folge. Sie verhindern, dass Personen in ihrer Individualität und ihren speziellen Bedürfnissen erfasst werden können, und führen ggf. zu Diskriminierung.

Die in uns verankerten Stereotype können sowohl unsere Gedächtnisleistungen als auch unsere konkreten Verhaltensweisen stark beeinflussen. Es bestehen hierbei jedoch auch Möglichkeiten, solche Verhaltensbeeinflussungen in positiver Hinsicht (im beruflichen Kontext) zu nutzen. Gleichzeitig liegt eine Reihe von Bedingungen vor, die bestimmt, wie stark das Ausmaß der Beeinflussung durch stereotype Denkstrukturen ist. Hierzu gehören das Vorurteilslevel, unsere gegenwärtige und langfristige Motivation zu nicht stereotypem Denken, die Assoziationsstärke zwischen unseren kognitiven und verhaltensbezogenen Konzepten, unsere Absichten und Ziele in einer bestimmten Situation, die uns zur Verfügung stehende kognitive Kapazität sowie ein womöglich existierender Zeitdruck.

Eine Überwindung stereotypen Denkens in Form einer bloßen Unterdrückung solcher Denkmuster ist zum Scheitern verurteilt. Vielmehr werden die unterdrückten Schemata dadurch sogar stärker aktiviert und damit leichter zur Beurteilung anderer Personen zugänglich. Es ist jedoch möglich, von einer kategoriebasierten Beurteilung anderer Personen zu einer individualisierten Verarbeitung zu kommen (Kontinuum der Eindrucksbildung). Entscheidend hierfür sind im beruflichen Kontext eine Reihe von Bedingungen wie die Reflexion der Abhängigkeit des eigenen Erfolgs von Zielpersonen sowie die Verantwortlichkeit des Wahrnehmenden und auf Genauigkeit ausgerichtete Instruktionen.

Schließlich können sich im Zuge von Erfahrungen auch die kognitiven Schemata selbst ändern. Erklärungen dafür liefern das Buchhaltungsmodell, das Konversionsmodell und das Subtypisierungsmodell.

Aufgaben

- Beschreiben Sie den Einfluss stereotyper Denkmuster auf Gedächtnisleistungen und Verhaltensweisen.
- Warum ist die Unterdrückung von Stereotypen keine geeignete Strategie zur Überwindung einer vorurteilsbehafteten Denkweise?
- Welche Möglichkeiten sehen Sie, in Ihrer (zukünftigen) Arbeitsalltagswirklichkeit von einer kategoriebasierten zu einer individualisierten Betrachtung der Klient*innen zu gelangen?

4.3 Attributionstheorie, Selbstwert und Kultur

Im Alltag und Berufsleben stellen wir uns stets die Frage, warum andere Menschen sich auf eine bestimmte Art und Weise verhalten. Warum hat Klaus seinen Freund vor Sabine schlechtgemacht? Wieso bemüht Frau Meyer sich nicht, ihre Kinder rechtzeitig zur Schule zu bringen? Ebenso sind wir darum bemüht, unsere eigenen Taten, unsere Erfolge oder auch unser Scheitern uns selbst verständlich zu machen. Warum haben wir die Anforderungen für die vereinbarte Leistungszulage in unserem Beruf verfehlt? Woran liegt es, dass wir bei allen Aufgaben, die etwas mit Mathematik zu tun haben, immer gut abschneiden?

Natürlich könnten wir bei diesen subjektiven Erklärungen z. B. auf implizite Persönlichkeitstheorien oder auch nonverbale Signale zurückgreifen, wie Sie in Abschn. 4.1 besprochen wurden. Aber hiermit lassen sich bestimmte Handlungen nicht hinreichend erklären. Es müssen komplexere und detailliertere Vermutungen über das Wesen und die Motive anderer Menschen angestellt werden. Diesen Prozess der subjektiven Erklärung von Handlungen anderer Menschen oder auch eigener Handlungen hat die *Attributionstheorie* zum Gegenstand.

▶ **Definition: Attributionstheorie** Die Attributionstheorie liefert eine Reihe von Ideen dazu, wie bestimmte „Arten von Schlussfolgerungen über die Ursachen von Handlungen in einer gewöhnlichen Situation zustande kommen, in der wir die Handlungen eines menschlichen Wesens beobachten oder etwas über sie hören […]. Sie beschäftigt sich mit unseren Erklärungen für unser eigenes Verhalten, aber auch für das Verhalten anderer Menschen" (Parkinson, 2007, S. 75).

Nach Ansicht der Attributionstheoretiker sind alle Menschen Amateurpsycholog*innen, die mittels psychologischer Termini (Wünsche, Überzeugungen etc.) das Verhalten anderer Personen und ihrer selbst zu erklären versuchen.

Fritz Heider (1958) wird als Begründer der Attributionstheorie angesehen. Seiner Ansicht nach beschäftigen sich Menschen vor allem deshalb damit, die persönlichen Dispositionen anderer Personen (Fähigkeiten, Persönlichkeitsmerkmale) herauszufinden, um das Verhalten ebendieser Personen erklären zu können. Mittels kurzer Videos, in denen ein Zusammenspiel geometrischer Formen gezeigt wird, konnte er nachweisen, dass Menschen im Allgemeinen die natürliche Neigung haben, hinter allen menschlichen Handlungen Motive und Dispositionen zu sehen.

Übung

Schauen Sie sich folgendes Video an: https://www.youtube.com/watch?v=n9T-WwG4SFWQ (26.05.2016). Es trägt den Titel „Experimental study of apparent behavior. Fritz Heider & Marianne Simmel. 1944".
Wie würden Sie das, was Sie hier gesehen haben, beschreiben?

Genau genommen haben Sie in dem Video lediglich eine Bewegung geometrischer Formen gesehen. Jegliches planvolle Zusammenspiel, jegliche Intentionen und Emotionen (dass z. B. das große Dreieck aggressiv ist und den kleinen verängstigten Kreis, der versucht, sich zu verstecken, fangen will und dergleichen) sind hierbei lediglich in Ihrem Kopf erzeugt worden. Dennoch handelt es sich bei solchen „Personifizierungen" um eine sinnvolle Strategie. Sie schafft eine gewisse Ordnung, eine Kohärenz und Vorhersagen über die Zukunft, was es uns in vielen Situationen ermöglicht, unsere Umwelt auf eine für uns sinnstiftende Art und Weise zu interpretieren.

▶ **Merke!** Die Attributionstheorie

- versucht zu erfassen, wie die Schlussfolgerungen über die Ursachen von Handlungen zustande kommen, und
- hat *nicht* das Ziel zu ermitteln, warum die Handelnden das tun, was sie tun, sondern wie und zu welchen Schlussfolgerungen Beobachtende kommen, warum die Handelnden das tun, was sie tun.

Typischerweise gibt es in attributionstheoretischen Erklärungsmodellen drei Phänomene, die bei den subjektiven Ursachenzuschreibungen herangezogen werden:

- So gibt es einen *Beobachter*, der das Verhalten eines *Handelnden* gegenüber einem anderen Menschen oder einem Gegenstand (hier *Entität* genannt) zu erklären versucht. Wenn der Handelnde und der Beobachter ein und dieselbe Person ist, spricht man von einer Selbstattribution (vgl. Parkinson, 2007).
- Des Weiteren stehen Attributionsprozesse mit unserem Selbstkonzept bzw. Selbstwertempfinden in Verbindung (vgl. Miller & Ross, 1975; Aronson et al., 2008),
- und sie weisen eine aufschlussreiche Abhängigkeit von der Kultur auf, in der wir sozialisiert wurden (vgl. Markus & Kitayama, 1991; Miller, 1984; Morris & Peng, 1994).

4.3.1 Die Kovariationstheorie

Wie genau verläuft nun der Prozess der Erklärung des Verhaltens anderer Menschen? Wenn es mehrere mögliche Ursachen für das fragliche Verhalten gibt, wie genau wägen wir diese gegeneinander ab? Die Kovariationstheorie nach Harold Kelley (1967) versucht dies verständlich zu machen.

4.3.1.1 Grundannahmen

Beispiel: Überforderte Kollegin

Nehmen wir an, Sie haben in einer Beratungsstelle ein monatliches Meeting mit Ihrer Teamleitung und Ihren Kolleg*innen. Auf die Frage nach dem Befinden äußert sich Ihre Kollegin Beate dahingehend, dass die Arbeit sie sehr überfordere. Wie erklären Sie sich die Aussage von Beate? Logisch betrachtet, scheint es hierfür 3 Möglichkeiten zu geben:

1. Beate fühlt sich allgemein bei Belastungen überfordert.
2. Die Arbeit ist derzeit tatsächlich sehr anstrengend.
3. Beate möchte mit ihrer Kritik auf eine Verringerung ihres Beratungsumfangs hinwirken und sagt dies absichtlich in einer Situation, bei der die Teamleitung anwesend ist. ◄

Die Kovariationstheorie beruht auf der Annahme, dass ein Handelnder (Beate) in einer bestimmten Situation (Meeting unter Anwesenheit der Teamleitung) in einer bestimmten Art und Weise auf ein Objekt (Arbeitsbelastung) reagiert (diese Reaktion nennt man *Effekt*). Dabei möchte eine beobachtende Person (das sind Sie) wissen, ob das, was geschehen ist, durch Eigenschaften

- des Handelnden (Personalattribution),
- des Objektes (Entitätsattribution),
- der Situation (Kontextattribution)
- oder durch eine Kombination dieser 3 Faktoren zustande gekommen ist.

▶ **Definition: Kovariationstheorie** Die Kovariationstheorie geht davon aus, dass Beobachter ihre Urteile anhand von Kovariationen zwischen Effekten und ihren möglichen Ursachen fällen. „Der Effekt wird auf die Bedingung attribuiert, die vorhanden ist, wenn der Effekt auftritt, und die nicht vorhanden ist, wenn der Effekt nicht auftritt" (Kelley, 1967, S. 194).

Um zu einer Entscheidung zu kommen, welche der Bedingungen den Effekt ausgelöst hat, würden die Beobachter nach Ansicht Kelleys nun systematisch zusätzliche Informationen einholen (vgl. Pendry, 2007).

4.3.1.2 Informationsquellen (Konsistenz, Konsensus, Distinktheit)

Unsere Schlussfolgerungen über die Ursachen eines Verhaltens (eines Effekts) basieren also darauf, ob wir herausfinden, dass das Auftreten dieses Effekts damit zusammenhängt, dass ganz bestimmte Faktoren vorliegen (z. B. die Anwesenheit der Teamleitung), andere dagegen nicht. Nach Kelley gibt es drei verschiedene Informationsquellen, die wir bei unserem Prozess der Ursachenabwägung berücksichtigen müssen. Hierbei handelt es sich um Konsistenz-, Konsensus- und Distinktheitsinformationen (kurz: KKD-Informationen).

▶ **Definition: Konsistenz-, Konsensus- und Distinktheitsinformationen (KKD-Informationen)**

- Distinktheit: Informationen dazu, ob sich eine Person unter ähnlichen Umständen *über unterschiedliche Gegenstände hinweg* gleich verhält.
- Konsistenz: Informationen dazu, wie stabil das Verhalten einer Person in Bezug auf einen Gegenstand *über verschiedene Situationen hinweg* ist.
- Konsensus: Informationen darüber, ob das fragliche Verhalten bezüglich der Entität *über verschiedene Personen hinweg* variiert (vgl. Parkinson, 2007)

4.3 Attributionstheorie, Selbstwert und Kultur

Tab. 4.2 Attributionale Implikationen aus 3 Informationsquellen

Konsensus	Konsistenz	Distinktheit	Attribution
gering (Außer Beate sagt niemand, dass er überfordert ist)	**hoch** (Beate sagt in verschiedenen Situationen, dass sie überfordert ist)	**gering** (Beate bezeichnet viele Dinge als überfordernd)	**Personattribution** Effekt kovariiert mit der Person (es hat mit Beate selbst zu tun)
gering (Außer Beate sagt niemand, dass er überfordert ist)	**gering** (Beate sagt nur in der Teamsitzung, dass sie überfordert ist)	**hoch** (Beate sagt nicht von anderen Dingen, dass sie sie überfordern)	**Kontextattribution** Effekt kovariiert mit der Situation (es hat mit der Teamsitzung zu tun)
hoch (Alle anderen sagen auch, dass sie überfordert sind)	**hoch** (Beate sagt in verschiedenen Situationen, dass sie überfordert ist)	**hoch** (Beate sagt nicht von anderen Dingen, dass sie sie überfordern)	**Entitätsattribution** Effekt kovariiert mit dem Objekt (es hat mit der Arbeitssituation zu tun)

Bezogen auf das Beispiel der überforderten Kollegin müsste man also zunächst wissen, ob Beate ihre Überforderung nur in Bezug auf ihre derzeitige Arbeitssituation zum Ausdruck bringt (hohe Distinktheit), oder ob sie generell davon spricht, sehr überlastet zu sein (geringe Distinktheit). Zweitens wäre es interessant zu wissen, ob Beate nur vor der Teamleitung sagt, dass die Arbeit sie überfordere (geringe Konsistenz), oder ob sie eine solche Bemerkung in einer Vielzahl von Situationen (mit unterschiedlichen Zuhörern) macht (hohe Konsistenz). Schließlich müsste man wissen, ob auch die anderen Kolleg*innen die derzeitige Arbeitssituation belastend empfinden (hoher Konsensus), oder ob dies nur Beate sagt (geringer Konsensus).

Die Kovariationstheorie geht nun davon aus, dass die notwendigen Informationen in systematischer Weise zusammengetragen werden, um damit das beobachtete Verhalten (von Beate) zu erklären. Die zentralen logisch möglichen kausalen Schlussfolgerungen, die in diesem Beispiel daraus resultieren, sind in Tab. 4.2 dargestellt (auch andere Formen sind möglich, aber für den hiesigen Kontext eher irrelevant).

Nehmen wir an, auch alle Kolleg*innen sagen, dass sie gegenwärtig sehr belastet seien (hoher Konsensus), und Sie wissen, dass Beate ihre Überforderung in verschiedenen Kontexten zum Ausdruck bringt (hohe Konsistenz) und sie dies nicht auch von vielen anderen Dingen sagt (hohe Distinktheit), dann variiert der Effekt mit dem Objekt, was genau genommen nur den Schluss zulässt, dass es tatsächlich an der Arbeitssituation liegt, dass Beate sich derzeit überfordert fühlt.

> **Berufsbezug**
>
> Wenn Sie systematisch ergründen wollen, warum sich z. B. eine Klientin in einer Situation sehr auffällig verhalten hat (während sie sonst immer sehr ängstlich und vorsichtig agiert hat, ist sie plötzlich sehr gesprächig und extravertiert, als Sie mit ihr an einem bestimmten Tag die Pläne für die nähere Zukunft besprechen), dann liefert die Kovariationstheorie eine Grundlage für eine solche systematische Klärung der Hintergründe.

Lag es vielleicht an der Situation (der Freund der Klientin war anwesend, was sonst nicht der Fall war), an dem speziellen Gesprächsthema an diesem Tag (Zukunftspläne), oder hat es etwas mit der Klientin selbst zu tun (z. B., weil sie unter einer bipolaren Störung leidet, bei der sich depressive und manische Phasen abwechseln)? Um diesbezüglich zu einer Entscheidung zu kommen, müssten Sie Informationen, die Sie zur Ihrer Klientin haben (d. h. bezüglich Konsensus, Konsistenz und Distinktheit ihres Verhaltens), systematisch analysieren. ◀

Übung

Wie beurteilen Sie die Kovariationstheorie? Gehen Sie in genau der beschriebenen Art und Weise vor (bzw. können Sie dies überhaupt), d. h. dass Sie Konsensus-, Konsistenz- und Distinktheitsinformationen überprüfen, wenn Sie das Verhalten anderer Menschen beurteilen? Wenn nicht, inwiefern nutzen Sie andere Strategien?

4.3.1.3 Kritische Betrachtungen

An der Theorie wird kritisiert, dass Menschen nur selten in logisch-stringenter Weise Informationen einholen. In vielen Fällen sind diese Informationen gar nicht zugänglich, was bereits Kelley (1972) selbst anmerkt. Als Kollege von Beate wissen wir beispielsweise vielleicht überhaupt nicht, ob diese sich in bestimmten Bereichen ihres Privatlebens auch überfordert fühlt. Des Weiteren wäre eine solche systematische Erhebung in vielen Situationen wohl viel zu zeitaufwendig (vgl. Parkinson, 2007).

Es konnte aufgezeigt werden, dass selbst wenn solche KKD-Informationen (in einem experimentellen Kontext) leicht verfügbar sind, sie von den Versuchspersonen kaum so systematisch erhoben werden (vgl. Lalljee et al., 1984).

Offenbar erklären sich Menschen das Verhalten ihrer Mitmenschen viel weniger datengesteuert als in der Kovariationstheorie behauptet. So trifft das Modell zwar eine Aussage darüber, wer/was als Ursache angenommen wird, aber es findet keine genauere Erklärung der Beweggründe statt. Es werden also Wissensbestände (Was für ein Mensch ist Beate? Was denke ich bezüglich der Frage, welche Persönlichkeitsmerkmale und Gewohnheiten sie hat?) stark vernachlässigt.

▶ **Merke!** Die Kovariationstheorie überbewertet den Stellenwert einer datengeleiteten Bottom-up-Wahrnehmung, die im Alltag kognitiv viel zu aufwendig wäre. Sie berücksichtigt dagegen kaum eine erwartungsbasierte konzeptgesteuerte Wahrnehmung (erfahrungsbezogen, hypothesengeleitet, geringer kognitiver Aufwand).

4.3.2 Attribution von Erfolg und Misserfolg

Von besonderem Stellenwert sind Attributionsprozesse, wenn wir persönliche Erfolge und Misserfolge bilanzieren müssen. Erhalten wir eine gute Note in der Schule, erreichen wir

4.3 Attributionstheorie, Selbstwert und Kultur

bestimmte berufliche Erfolge oder auch Misserfolge, dann stehen wir vor der Aufgabe, uns unser eigenes Abschneiden zu erklären. Lag es an der einfachen Aufgabenstellung, an unserer geistigen Fähigkeit oder doch an der vielen Anstrengung, die wir investiert haben?

4.3.2.1 Ursachendimensionen und Ursachenarten

Eine Theorie, die versucht, unseren Abwägungsprozess in systematischer Weise abzubilden, ist eine Variante der Attributionstheorie, die von Bernard Weiner (1979, 1985) formuliert wurde. Seiner Ansicht nach haben unsere kausalen Schlussfolgerungen bezüglich unserer Erfolge und Misserfolge – vermittelt über unsere Motivationen, Emotionen und Erwartungen – einen starken Einfluss auf unser zukünftiges Verhalten. Nach seiner Schematisierung haben wir folgende Erklärungsmöglichkeiten bzw. -dimensionen:

- Wir können eine Leistung *intern oder extern* attribuieren (hat es an uns selbst, also z. B. unseren Fähigkeiten oder unserer Anstrengung, gelegen, oder geht die Leistung auf die Situation zurück, weil die Aufgabe z. B. sehr leicht war oder wir einfach Glück hatten?).
- Zudem müssen wir überlegen – unabhängig davon, ob die Ursache intern oder extern ist, ob es sich um eine *stabile oder stark schwankende* Leistung handelt (bekommen wir ständig viel Anerkennung für unsere beruflichen Leistungen oder war dies lediglich in dieser ganz konkreten Situation der Fall?).
- Schließlich müssen wir berücksichtigen, ob es sich bei unserer erbrachten Leistung um etwas handelt, worauf wir wirklich *einen kontrollierenden Einfluss* hatten (z. B. Anstrengung oder den Rat anderer Personen) oder ob es sich vielmehr um ein Zufallsprodukt handelt (die Familie, für deren Betreuung wir gelobt wurden, war von vornherein sehr stark motiviert, sodass wir „leichtes Spiel" hatten).

▶ **Merke!** Die Ursachenzuschreibung erfolgt im Hinblick auf drei zentrale Dimensionen: Lokation (intern/extern), Stabilität (stabil/instabil) und Kontrollierbarkeit (kontrollierbar/nicht kontrollierbar).

Die verschiedenen Ursachendimensionen sind in Tab. 4.3 zusammengestellt.

Tab. 4.3 Ursachendimensionen und attribuierbare Ursachenarten. (Vgl. Weiner, 1979, 1985)

	Interne Ursache		Externe Ursache	
	Stabil	Instabil	Stabil	Instabil
Kontrollierbar	Können (Wissen, Fertigkeit)	Anstrengung	Soziale Kontakte, Vermögen	Situative Ressourcen (z. B. Rat)
Nicht kontrollierbar	Begabung/ Intelligenz	Energie	Schwierigkeit der Aufgabe	Glück/Zufall

> **Berufsbezug**
>
> Auch Ihre Klient*innen werden sich ihre Erfolge und Misserfolge subjektiv zu erklären versuchen. Klient*innen können ein und dasselbe Erfolgserlebnis (z. B. 8-wöchige Abstinenz oder Fortschritte bei der selbstständigen Haushaltsführung) auf ganz unterschiedliche Gründe zurückführen wie Begabung, ihre persönliche Anstrengung, Aufgabenschwierigkeit oder auch Zufall. Die tatsächlichen Ursachen spielen hierbei nicht immer eine Rolle und können auch gar nicht immer abschließend geklärt werden. Für die zukünftige Handlungsmotivation spielt die Erklärung aber eine große Rolle, denn wenn es in meinen Augen nur Zufall war, dass ich diesen Erfolg erzielt habe, werde ich mich wohl zukünftig viel weniger bemühen, hieran anzuknüpfen, als wenn ich davon ausgehe, dass es meine persönliche Anstrengung war, die zum Erfolg geführt hat.
>
> Zugleich können Sie durch Ihre Rückmeldungen Ursachenzuschreibungen bei Ihren Klient*innen initiieren oder verstärken, indem Sie „Deutungsangebote" unterbreiten. Wenn Sie Klient*innen dafür loben, dass diese sich so stark für das Ergebnis eingesetzt haben, wird eine Attribution auf Anstrengung viel wahrscheinlicher. ◄

4.3.2.2 Kontrollierbarkeit und erlernte Hilflosigkeit

Eine zentrale Bedeutung kommt nach Weiner (1979, 1985) der Kontrollierbarkeitsdimension zu. Attribuieren wir einen Erfolg auf unsere starke Anstrengung (kontrollierbar), werden wir auch in zukünftigen Leistungssituationen bemüht sein, gute Ergebnisse zu erzielen. Führen wir dagegen z. B. einen Misserfolg auf eine fehlende Begabung zurück (nicht kontrollierbar), werden wir in zukünftigen vergleichbaren Situationen kaum motiviert sein zu handeln, da wir glauben, selbst keinen Einfluss zu haben („Ich kann nun mal keine Mathe, daher werde ich sowieso keine gute Leistung erzielen" oder „Mathe kann ich sowieso, hierfür muss ich mich nicht besonders anstrengen/vorbereiten").

Ein besonders schwieriges Attributionsmuster liegt daher vor, wenn Leistungen stets auf nicht kontrollierbare Aspekte zurückgeführt werden, sodass Erfolge mit Glück/Zufall und Misserfolge mit mangelnder Begabung erklärt werden. Bei der Verstetigung eines solchen Musters kann sich ein Gemütszustand herausbilden, den man als *erlernte Hilflosigkeit* bezeichnet (vgl. Seligman, 1975; vgl. Kap. 3). Dies meint die Überzeugung, dass man mittels seiner eigenen Handlungen keine sichtbaren Ergebnisse mehr erzielen kann, also keine Kontrolle mehr über den Strom der Ereignisse hat. Sie ist gewissermaßen das Gegenteil einer *Selbstwirksamkeitsüberzeugung* (vgl. auch Kap. 5), die Bandura (1997) folgendermaßen definiert: „Glaube an die eigenen Fähigkeiten, den Verlauf und die Ausführung der eigenen Handlungen so zu steuern, dass ein bestimmtes Ergebnis erzielt wird" (Bandura, 1997, S. 3).

Genau diesen Glauben haben Menschen im Zustand einer erlernten Hilflosigkeit verloren. Abramson et al. (1978) haben dafür argumentiert, dass es dieser durch ungünstige Attributionsmuster bewirkte Gemütszustand ist, der eine schwerwiegende Depression nach sich ziehen kann.

▶ **Merke!** Das ungünstigste Attributionsmuster besteht darin, Erfolge auf Zufall und Misserfolge auf mangelnde Begabung zurückzuführen. Wenn dies zum dominierenden Muster wird, kann ein Gefühl der Hilflosigkeit die Folge sein.

Entgegen der Wahrnehmung eines (unbegründeten) Kontrollverlustes kann es aber auch zu *Kontrollillusionen* kommen, bei denen wir den Eindruck haben, bestimmte Ereignisse kontrollieren zu können, obwohl dies faktisch ausgeschlossen ist.

Exkurs: Studien zu Kontrollillusionen

Ein interessantes Phänomen ist, dass die meisten Lottospieler*innen lieber selbst ihre Zahlen ankreuzen, als dies einem Automaten zu überlassen. Offensichtlich haben sie den Eindruck, dass es wahrscheinlicher sei, dass ihre „Glückszahlen" (Geburtsdaten etc.) gezogen werden als beliebige Zufallszahlen, obgleich dies statistisch unsinnig ist. Um dies abzuklären, hat Langer (1975) ein aufschlussreiches Experiment durchgeführt:

Dabei bot er „Personen an ihrem Arbeitsplatz ein Los für einen Dollar zum Kauf an. Damit konnten sie an einer Lotterie teilnehmen. Die Forscherin ließ entweder die Teilnehmenden das Los selbst auswählen oder teilte es ihnen zu. Etwas später kam sie zurück und erklärte jeder Versuchsperson, dass eine Person in einem benachbarten Büro sehr gerne an der Lotterie teilnehmen würde, sie aber kein Los mehr zu verkaufen habe. Langer fügte hinzu, diese Person sei bereit, irgendjemandem sein Los abzukaufen. Dann fragte sie: ‚Zu welchem Preis würden Sie es verkaufen?'

Den Ergebnissen zufolge verkauften diejenigen, die ihr Los hatten selbst ziehen können, es seltener und, falls doch, mehr als viermal so teuer wie diejenigen, denen ihr Los zugeteilt worden war. Die Versuchspersonen hielten also das selbst gewählte Los für wertvoller, sicherlich weil sie die Chance, dass es das Gewinnerlos war, für größer hielten als bei einem zufällig zugeteilten Los" (Ciccotti, 2011, S. 80).

Ebenso haben andere Untersuchungen gezeigt, dass die meisten Menschen die Wahrscheinlichkeit eines Autounfalls grundsätzlich für wahrscheinlicher halten, wenn eine andere Person am Steuer sitzt als sie selbst (McKenna, 1993). Dies heißt im Umkehrschluss, dass man der Kontrollillusion aufsitzt, durch die bei eigener Führung des Fahrzeugs gegebenen Steuerungsmöglichkeiten auch zugleich die Unfallwahrscheinlichkeit mindern zu können. ◀

Übung

Welchen Stellenwert haben Attributionsprozesse in Ihrem (zukünftigen) Berufsalltag? Wie gehen Sie mit ungünstigen Attributionsmustern Ihrer Klient*innen um?

4.3.3 Attributionsverzerrungen

In der Regel erheben wir Informationen nicht nach Maßgabe der von Kelley postulierten Kovariationstheorie (vgl. in Abschn. 4.3.1) in systematischer Weise, um zu einer Ursachenerklärung eines bestimmten Verhaltens zu kommen, sondern nutzen andere Quellen wie Erfahrungen oder Heuristiken, um zu einem Urteil zu kommen. Eine solche „abkürzende" Vorgehensweise spart kognitive Ressourcen, ist zugleich aber auch irrtumsanfällig. Es kann zu sogenannten *Attributionsverzerrungen* kommen.

4.3.3.1 Die Korrespondenzverzerrung als fundamentaler Attributionsfehler

Eine sehr verbreitete Alltagstheorie über das Verhalten von Menschen besagt, dass Menschen auf eine bestimmte Weise handeln, weil sie eine ganz bestimmte Persönlichkeit aufweisen und nicht, weil sie sich in einer ganz bestimmten Situation befinden. Demzufolge hätten Bürgerrechtler*innen bzw. Menschenrechtsaktivist*innen wie Gandhi, Martin Luther King oder Rosa Parks sich deshalb für ihre Ideale eingesetzt, weil sie als Persönlichkeiten hierzu prädestiniert waren. Und Despoten wie Nero, Hitler oder Stalin hätten ihre schlimmen Taten vor allem aufgrund ihrer grausamen Charakterzüge vollbracht.

Tatsächlich wurde empirisch jedoch vielfach nachgewiesen, dass die Handlungen Einzelner keineswegs nur mit inneren Dispositionen und Charaktereigenschaften erklärbar sind, sondern auch durch situative Einflüsse auf das Verhalten ebendieser Personen (vgl. Gawronski, 2003; Jones, 1979; Vonk, 1999).

▶ **Definition: Korrespondenzverzerrung** Die Korrespondenzverzerrung bezeichnet die Tendenz anzunehmen, dass das Verhalten von Menschen mit ihrer Persönlichkeit korrespondiert (d. h. ein Spiegelbild dieser Persönlichkeit ist). Da die Korrespondenzverzerrung allgegenwärtig stattfindet, wird sie häufig auch als *fundamentaler Attributionsfehler* bezeichnet (vgl. Fiske & Taylor, 1991; Ross et al., 1977a, b; Aronson et al., 2008).

Es gibt eine Vielzahl von Experimenten, in denen die Korrespondenzverzerrung unter kontrollierten Bedingungen nachgewiesen wurde. Ein Beispiel soll im Folgenden erläutert werden (vgl. auch Abb. 4.4).

> **Exkurs: Studie von Ross et al. (1977a, b)**
>
> Die sozialen Rollen, die Menschen in bestimmten Situationen einnehmen, haben einen entscheidenden Einfluss darauf, wie sie miteinander interagieren. Dies wird besonders evident, wenn eine Person mehr Kontrolle oder Macht besitzt als die andere (z. B. in einer mündlichen Prüfung). Der Prüfling muss in dieser Situation Fragen der prüfenden Person beantworten und kann andere Wissensbereiche nicht oder kaum einbringen. Ross, Amabile und Steinmetz haben vor diesem Hintergrund die These formuliert, dass Menschen aufgrund der Korrespondenzverzerrung die verschiedenen Vor- und Nachteile von sozialen Rollen aus dem Blick verlieren und stattdessen bestimmte

4.3 Attributionstheorie, Selbstwert und Kultur

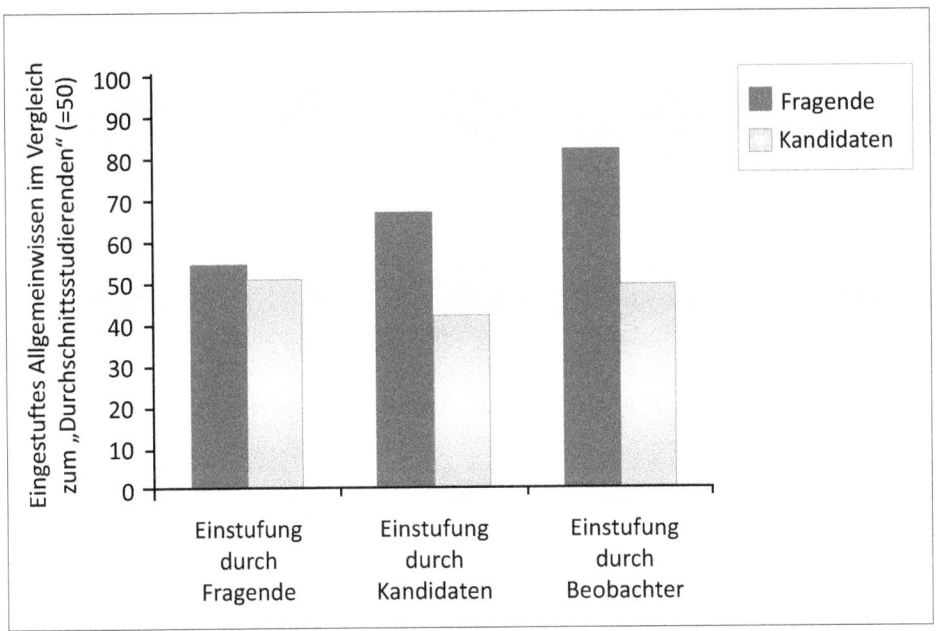

Abb. 4.4 Mittlere Einstufung des Allgemeinwissens. (In Anlehnung an Parkinson, 2007, S. 94)

Verhaltensweisen stabil als Ausdruck der Persönlichkeit interpretieren. Menschen mit stärkerer sozialer Kontrolle (Prüfer*in) würden in diesem Sinne als klüger und fähiger wahrgenommen werden, als sie es vielleicht wirklich sind. Um dies zu testen, haben die Forscher*innen ein Quiz simuliert, wobei den Versuchsteilnehmenden per Zufall die Rolle der interviewenden Person oder der zu befragenden Person zugeteilt wurde. Die Interviewenden durften sich in der Experimentalbedingung die Fragen aus dem Bereich des Allgemeinwissens völlig frei ausdenken, um ihnen hiermit die Möglichkeit zu eröffnen, ihr eigenes Wissen zu präsentieren. Zusätzlich wurde jedes Quiz von einem Versuchspersonen-Beobachter-Paar betrachtet, die nicht darüber in Kenntnis gesetzt wurden, dass es sich um eine Simulation (mit Zufallsrollenzuweisung) handelt. Nach Beendigung des Quiz mussten die Interviewenden, die befragten Personen und Beobachter*innen unabhängig voneinander das Allgemeinwissen der interviewenden Person und der befragten Person auf einer 100-Punkte-Skala einschätzen.

Ergebnisse: Im Durchschnitt beantworteten die befragten Personen nur 4 von 10 Fragen korrekt. Sie stuften ihr eigenes Allgemeinwissen deutlich schlechter ein als das der Interviewenden. Diese Tendenz ist in Bezug auf die Beobachter*innen sogar noch deutlich stärker ausgeprägt. Hingegen schätzen die Interviewenden selbst ihr Allgemeinwissen nicht höher ein als das der von ihnen Begfragten. Ein nach dem Experiment durchgeführter Allgemeinwissenstest ergab, dass keine Unterschiede im Allgemeinwissen zwischen Interviewenden und Interviewten bestehen (Abb. 4.4).

Diskussion: Die Studie konnte zeigen, dass der situative Vorteil, dass die Interviewenden sich selbst Fragen ausdenken konnten, von den Versuchspersonen im Sinne der

Korrespondenzverzerrung nicht berücksichtigt wurde. Stattdessen wurde zur Beurteilung des Allgemeinwissens auf unterschiedliche Personeneigenschaften der jeweiligen Rollen attribuiert, obwohl die Zuteilung zu den Rollen vollkommen willkürlich gehandhabt wurde. Jede Person in der Kandidatenrolle hätte also genauso gut in der Rolle der interviewenden Person sein können und hätte dann Fragen zu ihren Interessengebieten gestellt, die die befragte Person dann auch wiederum nur teilweise hätte beantworten können (vgl. Parkinson, 2007). ◄

4.3.3.1.1 Ursachen der Korrespondenzverzerrung

Wenn die Frage im Raum steht, warum Menschen der Korrespondenzverzerrung anheimfallen, hat dies vor allem mit Aufmerksamkeitsprozessen (vgl. Kap. 2) zu tun. Wenn wir das Verhalten eines anderen Menschen erklären wollen, richten wir unsere Aufmerksamkeit für gewöhnlich auf diese Person und nicht auf ihre Umgebung (vgl. Baron & Misovich, 1993). In vielen Fällen sind uns die „situativen Zwänge" anderer Personen auch grundsätzlich gar nicht zugänglich oder schwer zu interpretieren (vgl. Gilbert & Malone, 1995). Wollen wir uns erklären, warum eine ratsuchende Person zu spät zu einem Termin erscheint, ist uns die Information, dass diese einen Wasserschaden in der Wohnung hatte, gar nicht zugänglich, solange diese Person diese Information nicht preisgibt. Selbst wenn wir die Situation einer Person besser kennen, wissen wir noch nicht genau, was das für diese Person selbst bedeutet und wie belastet sie hierdurch ist.

Da eine Person klar sichtbar für uns ist, während ihre spezielle (subjektive) Situation dies für uns nicht ist, sehen wir ihr Verhalten eher als Ausdruck von Persönlichkeitsmerkmalen anstatt als Folge bestimmter situativer Merkmale (vgl. Aronson et al., 2008).

Übung

Überlegen Sie sich Beispiele aus dem Berufsalltag (Kollegium, Beziehung zu Klient*innen), in denen die Korrespondenzverzerrung eine Rolle spielen bzw. zu Problemen führen könnte. Welche Möglichkeiten des Umgangs mit dieser Verzerrung sehen Sie?

4.3.3.1.2 Kulturabhängigkeit der Korrespondenzverzerrung

Interessanterweise hat man festgestellt, dass die Stärke der Korrespondenzverzerrung kulturabhängig ist. In *individualistischen* Kulturen, die in der westlichen Welt eher vorherrschen, findet man eine stärkere Ausprägung der Korrespondenzverzerrung als in sogenannten *kollektivistischen* Kulturen, die eher im östlichen Raum (z. B. Japan oder China) angesiedelt sind. Dies liegt daran, dass die westlichen Kulturen die Autonomie des Individuums stärker betonen. Eine Person wird daher eher als unabhängig und eigenständig wahrgenommen, sodass ihr Verhalten stärker als Ausdruck ihrer Persönlichkeit aufgefasst wird (vgl. Markus & Kitayama, 1991). In östlichen Kulturen hingegen liegt der Fokus stärker auf der Autonomie der Gruppe. Die Einzelperson definiert sich eher über die Gruppe, der sie angehört, als über ihre persönlichen Eigenschaften, sodass auch ihr Verhalten eher den Umständen als den persönlichen Eigenschaften zugeschrieben wird.

Verschiedenste Studien deuten darauf hin, dass die Sozialisation in den verschiedenen Kulturen die Ursache für diese persönlichkeitsbezogenen Attributionen/Attributionsverzerrungen ist (vgl. Miller, 1984; Morris & Peng, 1994; Aronson et al., 2008).

Berufsbezug

Ihr Berufsfeld stellt Sie vor die schwierige Aufgabe, die Hintergründe von (problematischen) Situationen und Beweggründe von Personen für bestimmte Handlungen und Entscheidungen zu verstehen. In Ihrer Arbeit werden Sie mit hoher Wahrscheinlichkeit Menschen mit ganz unterschiedlichen kulturellen Wurzeln kennenlernen. Daher kann es ein wichtiger Aspekt zum Verständnis von Geschehnissen und Entscheidungen sein, die – kulturell beeinflussten – Selbsterklärungsversuche (Attributionen) der Personen bestmöglich nachvollziehen zu können. ◄

4.3.3.2 Akteur-Beobachter-Divergenz

Eine besondere Variante der Korrespondenzverzerrung ist die sogenannte Akteur-Beobachter-Divergenz (vgl. Jones & Nisbett, 1972). Sie besagt, dass wir uns selbst gewissermaßen von der persönlichkeitsbezogenen Ursachenerklärung ausnehmen und stattdessen eher die situativen Zwänge fokussieren, denen wir ausgesetzt sind.

▷ **Definition: Akteur-Beobachter-Divergenz**

„Während wir sehr wahrscheinlich internale Ursachen für das Verhalten anderer Leute finden, neigen wir dazu, unser eigenes Verhalten mit äußeren Ursachen zu erklären, also mit der Situation. Daraus entsteht ein interessantes Attributionsdilemma: Dasselbe Verhalten kann internale Attributionen bei Menschen auslösen, die es beobachten, und externale Attributionen bei Menschen, die es ausführen." (Aronson et al., 2008, S. 115)

Sehen wir im Supermarkt eine Frau, die ihr Kind anschreit, werden wir dieses Verhalten vielleicht damit erklären, dass sie eine schlechte Mutter ist, die sich nicht unter Kontrolle hat. Wenn sie hingegen selbst ihr Verhalten reflektiert, wird sie vielmehr an ihre Angst und den Stress denken, seitdem sie arbeitslos geworden ist (vgl. Aronson et al., 2008).

Es stellt sich die Frage, warum wir mit zweierlei Maß messen, wenn wir auf der einen Seite uns selbst und auf der anderen Seite andere Personen in ihrem Verhalten beurteilen. Nach derzeitigem Stand der Forschung gibt es hierfür zwei primäre Ursachen: Erstens haben die Agierenden selbst einen viel stärkeren Zugang zu Informationen über Aspekte, die das Auftreten der fraglichen Handlung bedingen (vgl. Jones & Nisbett, 1972; Malle & Knobe, 1997). Dass die Mutter arbeitslos geworden ist, weiß nur sie in der Situation und nicht der Beobachter. Vielleicht ist sie auch eine Person, die so gut wie nie ihre Kinder anschreit, aber gerade diese Situation, in der sich ihr Kind sehr aggressiv verhalten hat, brachte das „Fass zum Überlaufen". Dagegen hat die beobachtende Person im Supermarkt nur eine sehr beschränkte Menge an Informationen und weiß im Grunde nichts über das Verhalten der Frau in anderen Kontexten. Er wird daher (als Heuristik) das Verhalten der Frau eher als charakteristisch für diese ansehen, als dies womöglich wirklich der Fall ist.

Zweitens spielt auch die unterschiedliche Aufmerksamkeitsfokussierung von agierender Person und beobachtender Person eine Rolle. Beobachten wir das Verhalten anderer Menschen, haben wir dabei primär die andere Person und nicht deren (für uns in großen Teilen „unsichtbare") Situation im Blick. Wenn wir dagegen unser eigenes Verhalten reflektieren, ist unsere Aufmerksamkeit stärker „nach außen" gerichtet (vgl. Malle & Knobe, 1997; Taylor & Fiske, 1978; Parkinson, 2007).

> „Niemand ist so egoistisch oder selbstsüchtig, dass er mit einem großen Spiegel in der Hand durchs Leben ginge, um sich selbst ständig zu beobachten. Wir schauen nach außen; was uns perzeptuell [wahrnehmungsbezogen; Ergänzung d. Verf.] wichtig ist, sind andere Menschen, Gegenstände und sogar Ereignisse, sie sich abspielen. Auf uns selbst richten wir nicht so viel Aufmerksamkeit. Folglich sind der Akteur und der Beobachter, wenn sie darüber nachdenken, was ein bestimmtes Verhalten verursacht hat, davon beeinflusst, welche Information die auffälligste ist: der Akteur für den Beobachter und die Situation für den Akteur." (Aronson et al., 2008, S. 115)

4.3.3.3 Selbst und selbstwertdienliche Attributionsverzerrungen

Neben den besprochenen Verzerrungen, die vor allem etwas mit Aufmerksamkeitsprozessen zu tun haben, gibt es auch bestimmte Formen von Attributionen, die eher dazu dienen, sich selbst in ein positives Licht zu rücken oder unser inneres (emotionales) Gleichgewicht zu halten (vgl. Johnson et al., 1964; Miller & Ross, 1975).

Selbst – Selbstkonzept – Selbstwert

Worauf beziehen wir uns also, wenn wir selbst im Mittelpunkt unseres Attributionsinteresses stehen? Das Selbst besteht nach der klassischen Ansicht, wie sie vor allem William James (1890) vertrat, aus zwei verschiedenen Facetten. Es ist einerseits die Menge der Gedanken und Vorstellungen über unsere eigene Person (empirisches Ich; erkanntes Subjekt, „Me"). Zugleich verarbeitet das Selbst aktiv Informationen und ist damit ein erkennendes Subjekt (reines Ich, „I"). In der heutigen Terminologie wird das erkannte Subjekt oder „Me" als *Selbstkonzept* bezeichnet, das erkennende Selbst hingegen als *Selbstaufmerksamkeit*. Beide Aspekte vereinigen sich zu einem kohärenten Identitätsgefühl (vgl. Aronson et al., 2008). In unseren Selbstbeschreibungen beziehen wir uns typischerweise auf *Eigenschaften* (hilfsbereit, nachsichtig, einfühlsam), aber auch auf *Gruppen*, denen wir angehören (Vereine, Studierende, Grüner, Werder Bremen-Fan).

Das *Selbstkonzept* kann als ein kognitives Schema betrachtet werden, das Informationen über uns selbst und die unserer Umwelt verarbeitet und organisiert (vgl. Dunning & Hayes, 1996; Symons & Johnson, 1997). Einer der entscheidenden motivationalen Beweggründe für unsere Handlungen ist das Bedürfnis, ein stabiles und positives Selbstkonzept zu haben bzw. aufrechtzuhalten (vgl. Werth et al., 2020a).

Ein in diesem Kontext besonders wichtiger Begriff ist das *Selbstwertgefühl*, das aus einer (emotional eingefärbten) Bewertung unseres Selbstkonzeptes resultiert: „Entsprechend ist unser Selbstwertgefühl (…), d. h. der Wert, den wir uns selbst und unseren Fähigkeiten subjektiv zumessen, in emotionaler Hinsicht von enormer Bedeutung (…). Das

4.3 Attributionstheorie, Selbstwert und Kultur

Selbstwertgefühl resultiert aus den positiven oder negativen Bewertungen einzelner Inhalte unseres Selbstkonzepts (z. B. ‚Es ist gut, dass ich sportlich bin' oder ‚Es ist schlecht, dass ich nicht attraktiv bin')" (Werth & Mayer, 2008, S. 165 f.).

Das Selbst reguliert in entscheidender Weise unser emotionales Erleben und unsere Motivation (vgl. Campbell, 1990; Dijksterhuis, 2004; Pelham, 1991). Dies wird vor allem in Situationen deutlich, in denen wir uns von anderen Menschen angegriffen fühlen, wir negatives Feedback erhalten oder einen Misserfolg erleben und hierdurch die positive Sicht auf unsere eigene Person bedroht ist. In solchen Fällen verfolgen wir verschiedene (attributionstheoretisch analysierbare) kognitive Strategien, um unser positives Selbstwertgefühl aufrechtzuerhalten. So werden z. B. Informationen, die eine positive Sicht der eigenen Person stärken, selektiv wahrgenommen und den Selbstwert bedrohende Aspekte ausgeblendet.

Es kann aber durchaus auch positive Effekte haben, wenn wir unsere Aufmerksamkeit auf einen Vergleich unseres jetzigen Selbstbildes mit einem früheren anstrengen und hierbei Verbesserungen feststellen (vgl. Wilson & Ross, 2000). Dagegen kann es bei Diskrepanzen zwischen aktuellem Selbstbild und unserer Idealvorstellung unserer selbst bzw. dem Bild, was wir sein sollten, zu negativen Gemütszuständen wie depressiven Verstimmungen kommen (vgl. Higgins, 1987; Werth et al., 2020a).

Zwei Arten von selbstwertdienlichen Attributionsverzerrungen
Eine besondere Form des Selbstwertschutzes wird über attributionale Prozesse bewerkstelligt.

▶ **Definition: Selbstwertdienliche Attributionsverzerrungen**

„Selbstwertdienliche Attributionsverzerrungen sind anscheinend eine *motivierte* Verdrehung dessen, was geschehen ist; sie dienen damit persönlichen Interessen. Statt neutrale Beobachtende sozialer Ereignisse zu sein, können wir die Ereignisse manchmal so interpretieren, dass sie uns gefallen (…); dies ermöglicht es uns, nach einem Ereignis ein besseres Gefühl zu haben" (Parkinson, 2007, S. 101; Hervorh. im Orig.).

In diesem Kontext lassen sich zwei Verzerrungsarten unterscheiden:

- Erstens gibt es *selbstwertsteigernde Verzerrungen*. Hat man z. B. eine Prüfung sehr erfolgreich absolviert, wird man dies vielleicht auf eine angeborene, besondere Fähigkeit zurückführen („ich bin in Mathematik sehr begabt").
- Bei einem schlechten Abschneiden in einer Prüfung wird man hingegen eher zu dem Schluss kommen, dass dies an der schwierigen Aufgabenstellung lag oder am hohen Lärmpegel (Gerascheln, Toilettengänge der Mitstudierenden etc.) während der Klausur. Hierbei handelt es sich um *selbstwertschützende Attributionen* (vgl. Parkinson, 2007).

In beiden Fällen werden die Ursachendimensionen der Attribution zugunsten des Selbstwertes der eigenen Person interpretiert.

> **Exkurs: Studie von Johnson et al. (1964)**
>
> Als Versuchspersonen wurden Studierende der Pädagogischen Psychologie herangezogen. Über eine Gegensprechanlage sollten sie Kindern, die sie nicht sehen oder hören konnten, vermitteln, wie man Zahlen miteinander multipliziert. In einem ersten Durchgang war es die Multiplikation mit 10, in einem zweiten Durchgang die Multiplikation mit 20. Nach jedem Durchgang bekamen die als „Lehrkraft" fungierenden Versuchspersonen die Arbeitsblätter der Schüler*innen, sodass sie ihren eigenen Lehrerfolg anhand der Antworten der Schüler*innen beurteilen konnten. In Wirklichkeit waren die Arbeitsblätter von den Versuchsleitenden erstellt worden, und zwar so, dass ein Schüler in der einen Bedingung durchgängig schlechte Leistungen erzielte (= „Vermittlung der Multiplikation ist gescheitert"), oder er hatte nur im ersten Durchgang schlechte Ergebnisse, dann im zweiten aber gute Werte (= „Vermittlung der Multiplikation ist gelungen").
>
> Interessant ist, dass die Versuchspersonen eine Leistungssteigerung auf ihre Fähigkeiten als Lehrkraft attribuierten, während sie im Fall des Scheiterns dies mit den mangelnden Fähigkeiten des Schülers bzw. der Schülerin erklärten, anstatt mit ihren vielleicht ineffektiven Lehrmethoden (vgl. Parkinson, 2007). ◂

Während Ergebnisse von Experimenten wie diesem für gewöhnlich mit der motivationalen Strategie erklärt werden, seinen Selbstwert aufrechtzuhalten, sind andere Autor*innen der Ansicht, dass hier auch kognitive Aspekte eine Rolle spielen (vgl. Miller & Ross, 1975). Ihrer Ansicht nach wäre es unlogisch, die Leistungssteigerung auf den Schüler zu attribuieren, denn dieser hatte im 1. Durchgang schlechte Leistungen erbracht, sodass es schon mit dem Lehrkonzept der Versuchspersonen zu tun haben muss, dass er sich verbessert hat. Wenn sich andere Schüler*innen hingegen trotz derselben Erklärungsversuche nicht verbesserten, scheint es ebenso logisch zu sein, dies auf den Schüler und nicht auf die mangelnden Kompetenzen der Lehrperson zu attribuieren. Obwohl somit eine kognitive Erklärung möglich erscheint, widerspricht sie nicht zwangsläufig dem zugleich vorliegenden Bedürfnis, selbstwertdienlich zu attribuieren. In den meisten Fällen sind kognitive und motivationale Prozesse praktisch untrennbar miteinander verwoben (vgl. Parkinson, 2007).

Soziale Vergleiche als Selbstwertsteigerungsstrategie
Auch soziale Vergleiche dienen häufig der Selbstvalidierung und können zur Erhöhung des Selbstwertgefühls strategisch eingesetzt werden. Bei Vergleichen mit Personen, die weniger sportlich, glücklich oder erfolgreich sind, handelt es sich um eine *abwärts gerichtete Validierung*, die zu einer *Selbstwerterhöhung* führt (vgl. Aspinwall & Taylor, 1993; Wheeler & Kunitate, 1992). So vergleichen sich an Krebs erkrankte Personen, Opfer von Verbrechen oder Ähnlichem häufig mit Mitpatient*innen, denen es noch schlechter geht als ihnen selbst, was zu einer Verbesserung ihres Befindens beiträgt (vgl. Wood et al., 1985; Werth et al., 2020a).

Dagegen werden bei *aufwärts gerichteten* Vergleichen Personen zur Selbstvalidierung herangezogen, die uns in bestimmter Hinsicht überlegen sind (vgl. Blanton et al., 1999).

4.3 Attributionstheorie, Selbstwert und Kultur

In bestimmten Fällen kann dies sinnvoll sein, um eine *Selbstmotivation* zu bewirken, indem man sich bestimmte Ziele setzt und an sich arbeitet (vgl. Taylor & Lobel, 1989). Jedoch ist dies nur möglich, wenn der von der Vergleichsperson gesetzte Standard wirklich auch erreichbar ist. Wenn dies nicht der Fall ist, kann es dagegen zu einer Demotivation kommen (vgl. Lockwood & Kunda, 1997; Tesser, 1988; Werth et al., 2020a).

> **Übung**
>
> Unter welchen Umständen kann ein aufwärts gerichteter Vergleich mit Kolleg*innen für Ihren Selbstwert problematisch/demotivierend sein? Inwiefern kann ein abwärts gerichteter Vergleich mit Kolleg*innen – trotz seiner selbstwerterhöhenden Wirkung – mit ungünstigen Konsequenzen für Ihre beruflichen Leistungen verbunden sein?

> **Zusammenfassung**
>
> Die Attributionstheorie hat den Prozess der subjektiven Erklärung von Handlungen anderer Menschen oder auch eigener Handlungen zum Gegenstand. Demnach sind alle Menschen Amateurpsycholog*innen, die mittels psychologischer Termini (Wünsche, Überzeugungen etc.) das Verhalten anderer Personen und ihrer selbst zu erklären versuchen. Sie haben in diesem Abschnitt eine Reihe verschiedener attributionstheoretischer Ansätze kennengelernt.
>
> Die Kovariationstheorie nach Kelley beschreibt, wie wir verschiedene mögliche Ursachen für ein zu erklärendes Verhalten gegeneinander abwägen. Liegt es an der Person, dem Gegenstand des Geschehens oder an der speziellen Situation? Seiner Ansicht nach beobachten und beurteilen wir hierbei Informationen, die 3 verschiedenen Dimensionen entstammen: Konsistenz, Konsensus und Disktinktheit. Allerdings bleibt eine solche komplexe Abwägung ein Idealmodell, das in der Alltagswirklichkeit kaum zur Anwendung kommt.
>
> Die Attributionstheorie nach Weiner versucht, unsere kausalen Schlussfolgerungen bezüglich unserer Erfolge und Misserfolge verständlich zu machen. Nach seiner Schematisierung haben wir folgende Erklärungsmöglichkeiten bzw. -dimensionen: Wir können eine Leistung intern oder extern, stabil oder variabel, kontrollierbar oder unkontrollierbar attribuieren. Der wahrgenommenen Kontrollierbarkeit kommt hierbei eine besondere Bedeutung zu, denn sie hat – vermittelt über unsere Motivation, Emotionen und Erwartungen – einen starken Einfluss auf unser zukünftiges Verhalten.
>
> Schließlich sind in diesem Kontext auch verschiedene Formen von Attributionsverzerrungen möglich, z. B. die Korrespondenzverzerrung (Überschätzung der Korrespondenz des Verhaltens mit Persönlichkeitsmerkmalen bei gleichzeitiger Unterschätzung der situativen Bedingungen eines Verhaltens), die Akteur-Beobachter-Divergenz oder auch verschiedene Formen selbstwertdienlicher Attributionsverzerrungen.

> Hier müssen die Begrifflichkeiten des Selbst, Selbstkonzepts und Selbstwerts differenziert werden. Der Selbstwert hängt hierbei von diversen Einflussfaktoren wie z. B. sozialen Vergleichen ab. Eine besondere Form stellen kulturelle Bedingungen dar, die selbstwertrelevante Attributionsprozesse modulieren können.

Aufgaben

- Erläutern Sie die Grundannahmen und die Abwägungsprozesse bezüglich der Beurteilung von Handlungen nach Maßgabe der Kovariationstheorie. Wieso werden Menschen im Alltag kaum eine so systematische Ursachenabklärung betreiben?
- Warum hat die Kontrollierbarkeitsdimension im Attributionsmodell von Weiner eine besondere Bedeutung? Erläutern Sie, wie solche gedanklichen Abwägungsprozesse mit unseren Motivationen, Emotionen und Erwartungen in Verbindung stehen.

4.4 Prosoziales Verhalten

Der Wunsch zu helfen kann als ein zentrales Motiv des beruflichen Selbstverständnisses von Pädagog*innen und Sozialarbeiter*innen aufgefasst werden. In der Sozialpsychologie werden die grundlegenden Motive prosozialen Verhaltens genauer untersucht: Warum helfen Menschen anderen Menschen? Gibt es altruistische Handlungen? Wie sieht ein produktives Hilfeverhalten aus, und welche Stolpersteine kann es hier geben?

4.4.1 Prosoziales Verhalten und Altruismus

Prosoziale Handlungen sind Verhaltensweisen, die das Ziel verfolgen, einem anderen Menschen Vorteile zu verschaffen (vgl. Penner et al., 2005) und ihnen bei der Bewältigung bestimmter Problemlagen zu helfen. Im Kontext eines solchen Hilfehandelns kann man nach Brückner (2011) oder auch Bierhoff (2007) drei Ebenen unterscheiden (vgl. Abb. 4.5):

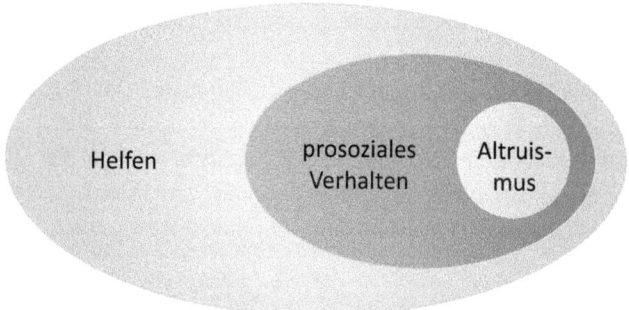

Abb. 4.5 Beziehung zwischen zentralen Begrifflichkeiten

4.4 Prosoziales Verhalten

▶ **Definition Die drei Ebenen des Hilfeverhaltens**

„1. Helfen und Unterstützung für andere Menschen: Der umfassende und vielfältige Bereich der Alltagskultur des Helfens schließt auch die rollengebundene Hilfsbereitschaft als Kennzeichen aller arbeitsteiligen Kulturen mit ein, etwa angesichts der Tradition des medizinischen Heilwissens.

2. *Prosoziales Verhalten:* Der Begriff des prosozialen Verhaltens im engeren Sinn umfasst zum einen den wissenschaftlich beobachtbaren Ausschnitt des Hilfehandelns und zum anderen auch indirekte Hilfe, Empathie, Zuwendung und Unterstützung, mitmenschliche Verbundenheit und Kooperation.

3. *Altruismus:* Der Spezialfall des altruistischen Handelns bezieht sich auf Hilfe, die sich nicht von der Aussicht auf eigene Vorteile leiten lässt. Altruismus ist insofern ein Sonderfall des Helfens und des prosozialen Verhaltens, weil er auf uneigennützigen, selbstlosen Motiven beruht" (Brückner, 2011, S. 104).

Der Begriff „prosoziales Verhalten" ist enger gefasst als der Begriff „Helfen", weil Helfen nicht unbedingt prosozial ist, sofern es aus einer (beruflichen) Pflicht entspringt. Beim Altruismus gibt es die zusätzliche Einschränkung, „dass es das oberste Ziel des Helfenden ist, einer anderen Person zu nützen. Das oberste Ziel des prosozialen Verhaltens könnte aber auch sein, soziale Anerkennung zu erhalten oder die eigene Belastung zu verringern, wenn man Zeuge der Notsituation einer anderen Person wird" (Bierhoff, 2007, S. 299).

Übung

Überlegen Sie sich Beispiele für alle drei Ebenen des Hilfeverhaltens. Ist es nach den genannten Begriffsbestimmungen ausgeschlossen, dass man sich als Fachkraft im pädagogischen oder sozialen Bereich prosozial oder sogar altruistisch verhält, weil das geleistete Hilfeverhalten im Rahmen einer beruflichen Tätigkeit erbracht wird?

4.4.2 Hintergründe, Bedingungen und Differenzen im Hilfeverhalten

Warum helfen wir anderen Menschen? Hierfür gibt es unterschiedliche Erklärungsansätze.

4.4.2.1 Evolutionspsychologische Hintergründe

Nach Darwins Evolutionstheorie (1859) bzw. ihrer späteren Erweiterungen bzw. Reformulierungen (z. B. Dawkins, 1976) setzen sich Gene durch, die das Überleben des Individuums fördern, und werden mit hoher Wahrscheinlichkeit an die nächste Generation weitergegeben. Die auf diesen Annahmen fußende Evolutionspsychologie geht davon aus, dass auch soziale Verhaltensweisen mit Rückgriff auf genetische Faktoren erklärt werden können, die sich im Verlauf von vielen Jahrtausenden auf der Basis des Prinzips der natürlichen Selektion herausgebildet haben (vgl. Buss, 2005; Pinker, 2002).

Die Evolutionspsychologen gehen von 3 zentralen (genetisch verankerten) Faktoren aus, warum Menschen anderen Menschen helfen: Verwandtenselektion, Reziprozitätsnorm und die Fähigkeit, soziale Normen zu erlernen und anzuwenden (vgl. Aronson et al., 2008).

Die *Verwandtenselektion* besagt, dass Blutsverwandten eher geholfen wird. Dabei gilt, je enger die genetische Beziehung zu einer Person ist, desto größer ist die Sorge um das Wohlbefinden dieser Person ausgeprägt. Hierbei handelt es sich um eine intuitiv befolgte Regel, weniger um ein bewusstes Abwägen. In einer Studie wurde anhand eines Szenarios (schwerer Verkehrsunfall) aufgezeigt, dass Versuchspersonen eher bereit sind, ihrem Bruder oder ihrer Schwester zu helfen, der/die den Verkehrsunfall selbst verschuldet hat, als einem Bekannten, der unschuldig in diese Situation geraten ist (vgl. Greitemeyer et al., 2003). Allerdings gibt es auch Befunde, die aufzeigen, dass wir auch Personen, die uns ähnlich sind bzw. zu denen wir mehr Kontakt haben, eher helfen als Fremden, obwohl in beiden Fällen keine Blutsverwandtschaft vorliegt (vgl. Burnstein et al., 1994; vgl. Werth et al., 2020b). Mit dieser evolutionär angelegten Verwandtenselektion steht im Zusammenhang, dass Personen eher geholfen und vertraut wird, die einem selbst ähnlich sind – ein Phänomen, das man selbst im Tierreich beobachten kann.

> **Exkurs: Studien zu Ähnlichkeit, Vertrauen und Hilfe**
>
> „DeBruine (2002) bat Studierende, im Internet an einem Spiel mit einer weiteren beteiligten Person teilzunehmen, von dem sie nur ein Foto zu sehen bekamen. In Wirklichkeit gab es die konkurrierende Person gar nicht und ihre Reaktionen waren im Rechner vorprogrammiert, was die Studierenden natürlich nicht wussten. Bei dem Spiel sollte die Versuchsperson zwischen sich und der anderen beteiligten Person Geld aufteilen oder dieser vertrauen, wenn diese eine beträchtliche Summe aufteilte. Die Hälfte der Studierenden spielte mit einer Person, deren Foto durch eine Verschmelzung ihres eigenen Gesichts mit dem Gesicht einer unbekannten Person entstanden war. Dazu hatte der Forscher zunächst jeden Studierenden unmittelbar vor dem Experiment unter einem Vorwand fotografiert. Dann erfolgte die Fusion durch eine Morphing-Software. Die andere Hälfte der Teilnehmenden spielte mit einer Person, deren Foto das Ergebnis der Verschmelzung zweier unbekannter Gesichter war. Wie DeBruine feststellte, vertrauten die Teilnehmenden einer mitspielenden Person, der zahlreiche Gesichtsmerkmale mit ihnen teilte, in mehr als zwei von drei Fällen. Dagegen schenkten diejenigen, deren Partner*in ein unbekanntes Gesicht hatte, ihm nur in der Hälfte der Fälle ihr Vertrauen.
>
> Später untersuchte DeBruine, ob der Vertrauensvorschuss nicht einfach auf die Vertrautheit des Gesichts zurückzuführen war. Er wiederholte daher das Experiment, diesmal aber mit Morphings von Prominentenfotos (Ben Affleck, Sarah Michelle Gellar) mit Bildern von unbekannten Personen. Wie die Ergebnisse zeigten, trat nur dann Vertrauen zu der mitspielenden Person auf, wenn Gesichtsähnlichkeit bestand, und nicht bloß, wenn das Gesicht bekannt war." (Ciccotti, 2011, S. 116 f.)

Kommentar: Die Ähnlichkeit von Personen mit einem selbst ist ein entscheidender Faktor für entgegengebrachtes Vertrauen und Hilfe. Es handelt sich um ein Phänomen, das erbliche bzw. evolutionär geprägte Ursachen haben dürfte. ◄

4.4 Prosoziales Verhalten

Die *Reziprozitätsnorm* meint unsere Erwartung, dass Personen, denen wir geholfen haben, uns in Zukunft auch helfen werden. Im Hintergrund steht hier die Überzeugung, dass in der menschlichen Entwicklungsgeschichte eine völlig egoistisch agierende Gruppe eine geringere Überlebenswahrscheinlichkeit hätte als kooperationsbereite Personen. Demnach hätten die Menschen eine höhere Überlebenswahrscheinlichkeit, die ihren Mitmenschen gegenüber ein Einverständnis zur gegenseitigen Hilfe entwickelten (vgl. Aronson et al., 2008).

▶ **Merke!** Die Reziprozitätsnorm besagt, dass wir davon ausgehen, dass uns Personen helfen werden, denen wir in der Vergangenheit geholfen haben.

Ebenso besteht die Annahme, dass diejenigen, die die Bräuche und Werte einer Gesellschaft (*soziale Normen*) am besten *lernen*, einen Überlebensvorteil hätten. Hierzu gehört neben den verschiedensten Kulturtechniken (z. B. Werkzeuggebrauch) und überlebenswichtigen Wissensbeständen (z. B. giftige vs. genießbare Pflanzen) auch das Wissen darum, wie man am besten zusammenarbeitet. Demnach würde gelten, dass Menschen darauf programmiert sind, soziale Normen zu lernen und anderen zu helfen (vgl. Hoffman, 1981; Simon, 1990; Aronson et al., 2008).

4.4.2.2 Gefühle und Empathie als Beweggründe

Wenn wir jedoch für eine fremde ältere Dame in der Straßenbahn aufstehen oder einem unbekannten Kind helfen, das von einem Mann belästigt zu werden scheint, dann kann man solche Handlungen kaum auf genetische Ursachen zurückführen, wie bei den Begründungen oben.

Unabhängig von evolutionspsychologischen Hintergründen fällt es vielen von uns schwer, untätig zu bleiben, wenn wir das Leid anderer Menschen sehen. Wir bekommen den starken Drang zu helfen, weil wir uns in die Perspektive des anderen hineinversetzen können.

„Empfangen wir Notsignale von anderen, löst dies in uns häufig Gefühle aus, die wiederum das Bedürfnis, das Leid des anderen zu beenden, bewirken. Grundlegend hierfür ist unsere (angeborene) Disposition zur Kommunikation von Gefühlen: Wir alle *senden* – häufig unbewusst und auch unbeabsichtigt – Informationen über unseren Gefühlszustand und sind zudem in der Lage, von anderen gesendete affektive Signale zu *entschlüsseln*" (Werth et al., 2020b, S. 428; Hervorh. im Orig.).

In Situationen, in denen wir Zeuge der Not anderer werden, spielen zwei emotionale Reaktionen eine entscheidende Rolle für das Aufkommen von Hilfeverhalten: erstens eine auf die andere Person gerichtete Empathie (sich in den Zustand/die Situation der anderen Person hineinzuversetzen und ihre Perspektive zu übernehmen), zweitens ein selbstzentriertes persönliches Unbehagen (man sieht sich aufgrund gesellschaftlicher Normen dem Druck ausgesetzt, helfen zu müssen), das mit Angst oder Unruhe verbunden sein kann (vgl. Batson et al., 1991). Beide emotionalen Reaktionen sind qualitativ sehr verschieden und können ein jeweils anders motiviertes Hilfeverhalten auslösen: Steht das persönliche Unbehagen im Mittelpunkt, wird mit dem Hilfeverhalten vor allem versucht, die eigene Gefühlslage zu verbessern, sodass hier genau genommen gar keine Prosozialität vorliegt, sondern ein egoistisch motiviertes Verhalten. Helfen wir, weil wir uns mittels unserer empathischen Fähigkeiten in die Lage der anderen Person hineinversetzen, steht die Gefühlslage des Hilfesuchenden im Mittelpunkt und nicht unsere eigene (vgl. Werth et al., 2020b).

▶ **Merke!** Es gibt zwei emotionale Reaktionen, die Hilfeverhalten begründen können:

3. Empathie für die andere Person,
4. persönliches Unbehagen/Eindruck, helfen zu müssen

In diesem Kontext wurde die sogenannte *Empathie-Altruismus-Hypothese* formuliert (vgl. Batson et al., 1991). Sie besagt, dass durch den Anblick der Not des Opfers bei potenziellen Helfer*innen ein empathischer Vorgang ausgelöst werden kann, der zu einer altruistischen Reaktion führt. Hierbei würde die Linderung der Not des anderen und nicht Kosten-Nutzen-Überlegungen im Mittelpunkt stehen.

Exkurs: Studie zur Empathie-Altruismus-Hypothese (vgl. Batson et al., 1991)

Die Autoren postulieren, dass sich egoistisch und altruistisch motivierte Personen nicht im Hinblick auf ihre Hilfsbereitschaft unterscheiden, solange sie einer bestimmten Hilfesituation nicht ausweichen können. Daher haben Batson et al. ein experimentelles Design geschaffen, bei dem es für die beteiligten Personen mehr oder weniger leicht ist, einer Hilfesituation auszuweichen. In dem experimentellen Design sollten die Versuchspersonen eine Studentin namens Elaine beobachten, die vermeintlich an einem Lernexperiment teilnahm. Ihnen wurde gesagt, dass Elaine in zufälliger Abfolge Elektroschocks erhalten würde, um Lernen unter belastenden Bedingungen zu untersuchen. Immer nach dem Ende eines zweiten Versuchsdurchgangs wurde es so arrangiert, dass Elaine einen sehr angeschlagenen Eindruck machte, woraufhin die versuchsleitende Person die Versuchspersonen fragte, ob sie anstelle von Elaine das Experiment fortführen wollen würden. Dabei wurde in einer Bedingung gesagt, dass die Versuchsteilnehmenden jederzeit das Labor verlassen könnten (einfache Fluchtmöglichkeit). In der anderen Bedingung glaubten die Versuchspersonen, dass sie bleiben müssten und – wenn sie nicht tauschen würden – noch 8 weitere Durchgänge anschauen müssten, bei denen Elaine Elektroschocks erhalten würde (schwierige Fluchtmöglichkeit). Zusätzlich wurde versucht, eine altruistische Motivation mit hoher Empathie zu induzieren, indem man der Hälfte der Versuchspersonen in beiden Bedingungen sagte, dass Elaine ganz ähnliche Interessen und Werte wie diese selbst aufweise. In Bezug auf die egoistische Motivation mit geringer Empathie wurde der anderen Hälfte in beiden Bedingungen gesagt, dass Elaine in Bezug auf Interessen und Werten den Versuchsteilnehmenden unähnlich sei. So ergeben sich insgesamt vier Bedingungen:

4.4 Prosoziales Verhalten

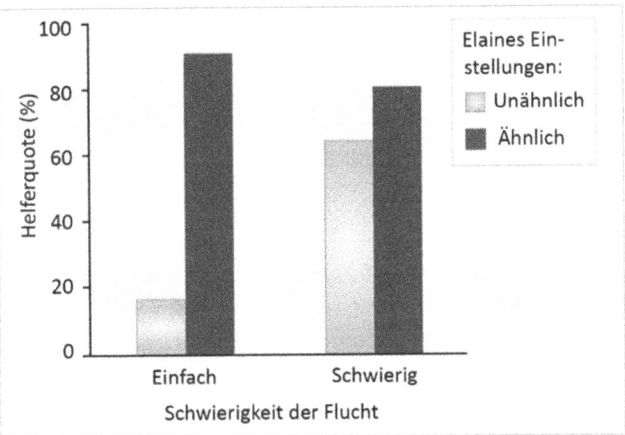

Abb. 4.6 Prozentsatz der Teilnehmenden, die Elaine halfen, in Abhängigkeit von der Einstellungsähnlichkeit und der Schwierigkeit, der Situation zu entfliehen. (In Anlehnung an Bierhoff, 2007, S. 318)

- einfache Fluchtmöglichkeit + ähnliche Interessen
- einfache Fluchtmöglichkeit + unähnliche Interessen
- schwierige Fluchtmöglichkeit + ähnliche Interessen
- schwierige Fluchtmöglichkeit + unähnliche Interessen

Die Hypothese war also, dass es deutliche Unterschiede zwischen Personen der beiden Motivationslagen geben sollte, wenn es für sie leicht ist, der Hilfesituation auszuweichen. Altruistisch motivierte Personen würden durch die „einfache Fluchtoption" nicht von ihrer Hilfe abgehalten, da eine Flucht ein Gefühl des Mitleids oder der Schuld bei ihnen hinterlassen würde. Egoistisch motivierte Personen würden dagegen entfliehen, ohne zu helfen, weil dies allein schon das unangenehme Gefühl des persönlichen Gestresstseins abbauen kann.

Die Ergebnisse (vgl. Abb. 4.6) bestätigen die Hypothesen. Die altruistisch motivierten bzw. zur Empathie veranlassten Personen halfen Elaine, auch wenn eine Flucht sehr einfach gewesen wäre, während die egoistisch motivierten Personen in einem vergleichbaren Ausmaß nur halfen, wenn für sie die Flucht nur schwierig möglich ist (vgl. Bierhoff, 2007).

Kommentar: Die Motivationslage (altruistisch vs. egoistisch) ist eine entscheidende Determinante für das Hilfeverhalten. ◄

Natürlich ist nicht auszuschließen, dass auch bei Personen, bei denen die Empathie für andere im Mittelpunkt des Helfens steht, gewisse „egoistische Motive" im Hintergrund mitwirken, sodass beide emotionalen Reaktionen doch nicht so stark voneinander getrennt sind, wie zuvor behauptet wurde. So könnte hinter dem Motiv, einer anderen Person zu helfen, ihre Traurigkeit zu mindern, zumindest *auch* die Absicht liegen, eine eigene Traurigkeit zu verhindern oder zu lindern. Hierzu ist anzumerken, dass die Möglichkeit, einen wahren Altruismus anzuerkennen, mit den Kriterien steht und fällt, die wir an ein solches Konzept anlegen. Vielleicht mag es eine *völlige Selbstlosigkeit* in der Tat nicht geben, aber sie ist wohl auch etwas, bei der die Messlatte so weit nach oben gelegt wird, dass es sie gar nicht geben *kann*.

Berufsbezug

Natürlich mag es im Kontext der Pädagogik oder Sozialen Arbeit „wahre Altruisten" geben, die sich voll und ganz für andere Personen einsetzen möchten. Ein *selbstloses Aufopfern* für andere ist dabei allerdings wenig hilfreich, da dieses die eigenen Kräfte aufzehrt und die Wahrscheinlichkeit für ein Burn-out erhöht (Lloyd et al., 2002). Es ist daher ebenso wichtig, die eigenen Bedürfnisse und Grenzen zu berücksichtigen. Denn nur wenn es Ihnen selbst gut geht, können Sie mit vollem Einsatz anderen helfen. ◄

4.4.2.3 Altruistische Persönlichkeiten? Warum manche helfen und andere nicht

Es gibt viele Belege dafür, dass Menschen sich in ihrer Bereitschaft, anderen zu helfen, unterscheiden. Obgleich immer auch situative Zwänge Menschen zu ihren Handlungen antreiben, gibt es allem Anschein nach so etwas wie *altruistische Persönlichkeiten*, d. h. Personen, die Eigenschaften aufweisen, anderen Menschen in vielfältigen Situationen zu helfen (vgl. Aronson et al., 2008). Die hierfür relevanten Persönlichkeitsmerkmale sind Empathie, soziale Verantwortung, eine internale Kontrollüberzeugung sowie der Glaube an eine gerechte Welt (vgl. Bierhoff, 2007).

Der Aspekt der *Empathie* wurde bereits besprochen. Sie ist der „offensichtlichste prosoziale Persönlichkeitszug. Es handelt sich um die Neigung, eine emotionale Reaktion zu erleben, die im Einklang mit dem emotionalen Zustand einer anderen Person steht. Empathie beruht darauf, dass man die Perspektive der anderen Person einnimmt" (Bierhoff, 2007, S. 313).

Mit *sozialer Verantwortung* ist die Erfüllung moralischer Erwartungen anderer und die Einhaltung sozialer Vorschriften gemeint. Studien konnten einen recht robusten Zusammenhang zwischen sozialer Verantwortung und prosozialem Verhalten feststellen (vgl. Staub, 1974; Bierhoff, 2002).

Eine weitere Facette der Persönlichkeit, die prosoziales Verhalten begünstigt, ist das Vorhandensein von *internalen Kontrollüberzeugungen* (vgl. Rotter, 1966). Hiermit ist gemeint, dass man seine Handlungsergebnisse primär internal attribuiert, also auf z. B. Anstrengung und nicht auf bloßes Glück oder das Schicksal. Menschen, die solchen Aussagen zustimmen, glauben, dass ihre Welt vorhersagbar und durch ihre eigenen Handlungen kontrollierbar ist. Diese Überzeugungen tragen möglicherweise zu ihrer Bereitschaft bei, Opfern Hilfe anzubieten. Empirisch korrelieren soziale Verantwortung und internale Kontrollüberzeugung positiv miteinander. Sowohl soziale Verantwortung als auch internale

Kontrollüberzeugung prädisponieren Menschen dafür, eine eindeutige Verbindung zwischen ihrem eigenen Verhalten und dessen Auswirkungen zu sehen (vgl. Bierhoff, 2007).

Des Weiteren steht mit prosozialem Verhalten eine Überzeugung in Verbindung, die man als *Glaube an eine gerechte Welt* bezeichnet (vgl. Lerner, 1980). Dies ist die verallgemeinerte Erwartung, dass Menschen das bekommen, was sie verdienen, bzw. das verdienen, was sie bekommen.

> **Exkurs: Glaube an eine gerechte Welt**
>
> Lerner (1980) forderte seine Versuchspersonen auf, „durch einen Einwegspiegel hindurch die Arbeit zweier Personen zu beurteilen. Es handelte sich um zwei Männer (in Wahrheit Komplizen des Versuchsleiters), die qualitativ und quantitativ exakt dasselbe taten. Die beobachtende Person erfuhr, dass das Labor nicht genügend Geld habe, um beide Männer zu bezahlen, und dass man ausgelost habe, welcher leer ausgehen sollte. Der ahnungslosen beobachtenden Person wurde, bevor diese ihr Urteil abgab, gezeigt, welcher der beiden Männer leer ausgehen würde. Wie sich herausstellte, wurde die Arbeit des Pechvogels (der keinen Lohn erhalten sollte) als schlechter wahrgenommen als die des anderen, obwohl objektiv keine Unterschiede bestanden. Der vom Zufall auserkorene Glückspilz musste sein glückliches Los einfach verdient haben. […]
>
> Zuckerman (1975) rief Studierende an und bat sie um ihre Einwilligung, einen ganzen Abend lang einem Blinden vorzulesen. Bei der Hälfte der Angerufenen richtete der Forscher es so ein, dass diese Anfrage in eine prüfungsfreie Zeit fiel, in der die Studierenden also über viel Freizeit verfügten. Die andere Hälfte sprach er mitten in den Prüfungen an, als die Versuchspersonen zeitlich sehr ausgelastet waren. Es stellte sich heraus, dass die Studierenden die Bitte viel häufiger erfüllten (einem Blinden den ganzen Abend lang vorzulesen), wenn sie mitten in den Prüfungen steckten, als wenn sie wenig in Anspruch genommen waren. Zuckerman schloss daraus, dass die Hilfsbereitschaft in den Augen der Studierenden die Funktion hatte, während der Prüfungen das Schicksal zu ihren Gunsten zu beeinflussen" (Ciccotti, 2011, S. 96 f.).
>
> *Kommentar*: Die persönliche Ausprägung eines Glaubens an eine gerechte Welt beeinflusst unsere Hilfsbereitschaft. Bei einer starken Überzeugung, dass die Welt gerecht verfasst ist und daher jeder bekommt, was er verdient, und verdient, was er bekommt, kann es zu einer Abnahme des Hilfeverhaltens kommen. ◀

Es wurde festgestellt, dass der Glaube an eine gerechte Welt nur dann stark mit prosozialem Verhalten in Verbindung steht, wenn das hilfreiche Verhalten das Problem einer Person vollständig lösen kann (z. B. einer Person den Weg zu einem schwer auffindbaren Ziel zeigen). Wenn dies nicht möglich ist (bei z. B. einer Spendensammlung für eine Person, die eine Million Euro zusammenbringen müsste, damit diese ein komplexes Heilverfahren ihrer Krankheit erhalten kann), gibt es den gegenteiligen Effekt. Personen mit dem Glauben an eine gerechte Welt helfen unter diesen Umständen weniger als Personen, die diese Überzeugung nicht haben (vgl. Miller, 1977). Es ist belegt, dass Personen mit dem

Glauben an eine gerechte Welt in solchen Fällen die Opfer abwerten (es habe seine Notlage beispielsweise selbst provoziert), um hiermit ihren Glauben aufrecht halten zu können (vgl. Bierhoff, 2007).

▶ **Merke!** Es gibt vier relevante personenbezogene Merkmale, die die Bereitschaft zu helfen determinieren:

5. Empathie
6. soziale Verantwortung
7. internale Kontrollüberzeugungen
8. der Glaube an eine gerechte Welt

Übung Haben Sie eine prosoziale Persönlichkeit?

„Zur prosozialen Persönlichkeit gehören soziale Verantwortung, Empathie, eine internale Kontrollüberzeugung und ein Glaube an eine gerechte Welt. Um diesen Test durchzuführen, verwendet man eine sechsstufige Skala mit Punkten von 1 (lehne stark ab) bis 6 (stimme stark zu).

Soziale Verantwortung wird mithilfe der Skala der sozialen Verantwortung (…) erfasst; dazu gehören Items wie:

9. Ich würde einen Freund nicht im Stich lassen, wenn er von mir Hilfe erwartet.
10. In der Schule hatte ich nicht immer die besten Betragensnoten. (negativ)
11. Wenn man mir eine Aufgabe stellt, erledige ich sie selbst dann, wenn ich mir interessantere Aufgaben vorstellen könnte. […]

Empathie wird mithilfe von Items gemessen wie:

12. Ich bin oft von Ereignissen, die ich sehe, berührt.
13. Ich versuche manchmal, meine Freunde besser zu verstehen, indem ich mir vorstelle, wie sich die Dinge aus ihrer Perspektive betrachten lassen.
14. Ich würde mich selbst als eine ziemlich warmherzige Person beschreiben. […]

Die *internale Kontrollüberzeugung* wird durch Aussagen erfasst wie:

1. Statt auf das Schicksal zu vertrauen, habe ich es immer vorgezogen, klare Entscheidungen zu fällen.
2. Was mit mir geschieht, hängt von meinem eigenen Handeln ab.
3. So etwas wie Glück gibt es nicht. […]

Der *Glaube an eine gerechte Welt* wird durch die folgenden Aussagen erfasst (…):

4.4 Prosoziales Verhalten

1. Ich finde, dass es auf der Welt im Allgemeinen gerecht zugeht.
2. Ich glaube, dass die Leute im Großen und Ganzen das bekommen, was ihnen gerechterweise zusteht.
3. Ich bin sicher, dass immer wieder die Gerechtigkeit in der Welt die Oberhand gewinnt" (Bierhoff, 2007, S. 314). ◄

Das Vorhandensein und wahrscheinlich auch das Zusammenspiel dieser verschiedenen Persönlichkeitsfacetten begünstigt ein prosoziales bzw. altruistisches Verhalten.

4.4.3 Wenn Hilfe unterbleibt oder scheitert: Ein psychologisches Modell zum Urteilsprozess und den Einflussfaktoren von Hilfeverhalten

Wenn in einigen Fällen anderen Menschen nicht geholfen wird, liegt es sicher nicht daran, dass nur egoistisch motivierte Personen oder Personen mit einer gering ausgeprägten prosozialen Persönlichkeitsstruktur anwesend waren. Es muss auch situative Gründe geben, warum wir in bestimmten Fällen helfen und in anderen nicht.

Ob Menschen helfen oder nicht, hängt sehr stark davon ab, wie sie eine Situation beurteilen, und dies wiederum hängt von einer Vielzahl von Faktoren ab, die prosoziales Verhalten begünstigen oder hemmen können. Hierzu haben Latané und Darley (1970) sowie Piliavin et al. (1981) die einzelnen Stufen des Urteilsprozesses sowie deren subjektive Einflussfaktoren beschrieben. Werth und Kolleg*innen (2020b) haben eine hilfreiche Integration dieser beiden Modelle vorgenommen, die im Folgenden vorgestellt werden soll.

4.4.3.1 Stufe 1: Auf einen möglichen Notfall aufmerksam werden

Damit wir auf einen Vorfall reagieren und helfen können, müssen wir diesen überhaupt erst einmal bemerken. Ob dies möglich ist, hängt zunächst von der *Auffälligkeit des Ereignisses* ab, d. h. ob es z. B. laute Geräusche wie einen Hilfeschrei gab.

Des Weiteren müssen wir die *kognitiven Ressourcen* besitzen, um eine Notsituation zu erkennen. Sind wir gerade abgelenkt, weil wir in Gedanken versunken oder einer Reizüberflutung ausgesetzt sind (z. B. im großstädtischen Raum), verringert sich die Entdeckungswahrscheinlichkeit (vgl. Milgram, 1970; Steblay, 1987). Auch Zeitdruck schränkt die eigenen kognitiven Kapazitäten und damit die Wahrscheinlichkeit, eine Notsituation zu entdecken, deutlich ein (vgl. Darley & Batson, 1973).

Weiterhin wurde festgestellt, dass Menschen in negativer *Stimmung* stärker auf sich selbst konzentriert sind (vgl. Pyszczynski & Greenberg, 1987) und deshalb die Bedürfnisse anderer Menschen weniger wahrnehmen als Personen, die eine gute Stimmungslage aufweisen (vgl. Salovey et al., 1991).

▶ **Merke!** Um helfen zu können, müssen wir auf den Notfall überhaupt erst einmal aufmerksam werden. Ob dies erfolgt, hängt von der Auffälligkeit des Ereignisses, unseren kognitiven Ressourcen und unserer Stimmung ab.

4.4.3.2 Stufe 2: Einen Vorfall als Notfall interpretieren

Wenn wir einen Vorfall bemerken und z. B. einen Menschen in einem See um Hilfe rufen hören oder jemanden bewusstlos auf der Straße liegen sehen, müssen wir entscheiden, ob es sich wirklich um eine Notfallsituation handelt. Treiben im ersten Fall vielleicht nur Jugendliche einen Scherz, und ist es im zweiten Fall vielleicht nur ein betrunkener Mann, der seinen Rausch ausschläft?

> **Übung**
>
> Als Fachkraft könnten Sie vor der Situation stehen, dass ein Kind wiederholt eine Vielzahl blauer Flecken aufweist, wobei das Kind selbst behauptet, dass dies durch sein eigenes Missgeschick geschehen sei. Sollten Sie dem Kind glauben (kein Notfall), oder sollten Sie davon ausgehen, dass eine Misshandlung und damit eine Kindeswohlgefährdung vorliegen, die Ihr unverzügliches Eingreifen erfordert? Woran orientieren Sie sich bei der Frage, ob ein Notfall vorliegt oder nicht?

Unsere Fähigkeit zur adäquaten Interpretation der Situation hängt natürlich davon ab, wie viel Informationen uns in der Entscheidungsphase zugänglich sind. Studien haben beispielsweise aufgezeigt, dass Personen eher unsicher sind, ob sie helfen sollen, wenn ein Unfall nur gehört, statt gehört *und* gesehen wird. Sie kommen in diesem Fall eher (womöglich ungerechtfertigt) zu der Entscheidung, dass es sich nicht um einen Notfall handelt (vgl. Clark & Word, 1972; Solomon et al., 1978).

Ein Problem in diesem Kontext kann die *pluralistische Ignoranz* sein (vgl. Clark & Word, 1972; Solomon et al., 1978). So zeigen Untersuchungen, dass wir uns bei der Beantwortung der Frage, ob es sich um einen Notfall handelt, sehr an dem Verhalten anderer Menschen orientieren (vgl. Cialdini & Trost, 1998; Deutsch & Gerad, 1955). Sehen wir also z. B. die bewusstlose Person auf der Straße liegen, würden wir danach schauen, wie andere Passierende auf diesen Vorfall reagieren. Wenn niemand eingreift, liegt die (vermeintliche) Schlussfolgerung nahe, dass es sich um keinen Notfall handelt. Weisen jedoch alle Passanten dieselbe zögernde Tendenz auf, kann es durch diese wechselseitige Absicherung des Nicht-Eingreifens zur Ignoranz einer gefährlichen Situation kommen.

▶ **Merke!** Unter pluralistischer Ignoranz verstehen wir den Effekt, dass wir uns am Verhalten anderer Menschen orientieren, wenn wir eine mehrdeutige Situation einschätzen müssen. Wenn gegenseitig festgestellt wird, dass niemand hilft, kommt es zur (ggf. fatalen) Einschätzung, dass es sich nicht um einen Notfall handelt.

> **Übung**
>
> Inwiefern könnte es im in der vorherigen Übung geschilderten Fall einer potenziellen Kindeswohlgefährdung eine pluralistische Ignoranz der Beteiligten geben? Wie würden Sie hiermit umgehen?

In bestimmten Fällen kann sich die Orientierung an anderen Personen aber auch positiv auswirken. Dies kommt dann zum Tragen, wenn wir uns an prosozial motivierten Personen als Modell orientieren. „Das Handeln dieser Modelle reduziert Mehrdeutigkeit, da es Hilfeverhalten als richtiges Verhalten impliziert. So spenden Leute eher Geld in der Fußgängerzone (…) bzw. sind eher zum Blutspenden bereit (…), wenn sie andere sehen, die dies auch tun." (Werth et al., 2020b, S. 409).

4.4.3.3 Stufe 3: Verantwortung übernehmen

Aus der oben beschriebenen pluralistischen Ignoranz kann sich eine gewisse *Verantwortungsdiffusion* entwickeln. Wenn eine Gruppe von Menschen einen Vorfall nur beobachtet, besteht die Tendenz der einzelnen Person, sich zu sagen: „Warum soll gerade ich helfen? Warum kann das kein anderer übernehmen?" Aus diesem Grund ist die Wahrscheinlichkeit von Hilfeverhalten tatsächlich höher, wenn es nur *einen* statt *mehrere* potenzieller Helfer*innen gibt (vgl. Latané, 1981; Schwartz & Gottlieb, 1976). Diese Tendenz wird auch als *Bystander-Effekt* bezeichnet (vgl. Latané & Darley, 1970; Latané & Nida, 1981).

▶ **Definition: Bystander-Effekt**

„‚Bystander'- oder Zuschauer-Effekt wird das Phänomen genannt, dass die Wahrscheinlichkeit, dass dem Opfer bei einem Notfall geholfen wird, umso geringer ist, je größer die Anzahl der Zuschauer ist" (Aronson et al., 2008, S. 367).

Somit ist nicht nur die Möglichkeit, helfen zu können, von zentraler Bedeutung, sondern auch, inwieweit sich potenzielle Helfer*innen verantwortlich fühlen. Werth und Kolleg*innen (2020b) listen nun in exemplarischer Form eine Reihe von Bedingungen auf, die den Bystander-Effekt verringern können, indem sie das individuelle Verantwortungsbewusstsein erhöhen:

- *Niemand anders kann helfen*: Wenn die einzelne Person zur Überzeugung kommt, dass die anderen nicht helfen können, verringert sich der Bystander-Effekt. Hierdurch verhält sich das Individuum so, als wäre es der einzige Beobachter des Geschehens (vgl. Korte, 1971).
- *Die Kohäsion der potenziellen Helfer*innen ist hoch*: Wenn in einer Gruppe ein starker Zusammenhalt vorherrscht, fühlen sich die Mitglieder sozialen Normen gegenüber eher verpflichtet, als wenn der Zusammenhalt nur gering ausgeprägt ist. Daher gilt, dass der Bystander-Effekt in hoch kohäsiven Gruppen mit prosozialen Vorstellungen geringer ausfällt (vgl. Rutkowski et al., 1983).
- *Die Kosten für Nicht-Helfen sind extrem hoch*: Wenn wir Situationen wahrnehmen, die offensichtlich mit einer starken psychischen oder körperlichen Schädigung eines Menschen verbunden sind (ein Mädchen wird von einem älteren Mann attackiert), ist den beobachtenden Personen des Geschehens klar, dass ein Nicht-Eingreifen mit hohen „Kosten" für das Opfer verbunden ist. Man würde sich hierdurch sehr schuldig fühlen, wenn man nicht hilft. Die Folge ist eine erhöhte Bereitschaft der einzelnen Person,

einzugreifen, und das unabhängig davon, ob andere Personen anwesend sind (vgl. Fischer et al., 2006).
- *Der Schaden hat hohe Relevanz für Helfer*innen*: Liegt für potenzielle Helfer*innen eine Situation vor, die eine Konsequenz für diese selbst hat, indem sie sich bei einem Nicht-Eingreifen selbst schaden, ist das Gefühl der persönlichen Verantwortung größer und der Bystander-Effekt dementsprechend kleiner (vgl. Chekroun & Brauer, 2002).
- *Zuteilung von Verantwortung*: Verschiedene Untersuchungen deuten darauf hin, dass durch die persönliche Ansprache einer potenziell helfenden Person (z. B. durch Blickkontakt) die Bereitschaft zur Übernahme von Verantwortung steigt (vgl. Jason et al., 1984; Solomon et al., 1981).

> **Exkurs: Untersuchung von Valentine (1980)**

Einer Frau, deren Arm sich in einer Schlinge befand, was den Passanten eine offensichtliche Verletzung suggerieren sollte, verlor in der Untersuchung eine Menge Kleingeld, das ihr aus dem Portemonnaie auf die Straße fiel. Zunächst konnte festgestellt werden, dass die Bereitschaft, ihr zu helfen, geringer war, wenn mehrere Personen anwesend waren (Bystander-Effekt). Der Effekt verschwand jedoch, wenn die Frau Blickkontakt mit der potenziell hilfeleistenden Person aufnahm. ◄

4.4.3.4 Stufe 4: Das Wissen, wie Hilfe zu leisten ist

Auch wenn es zu einer Verantwortungsübernahme jeder einzelnen Person kommt, ist damit noch nicht eine (adäquate) Hilfeleistung realisiert. Es ist nunmehr entscheidend, ob sich potenzielle Helfer*innen kompetent genug fühlen, um einzugreifen. Ist dies nicht der Fall, kann es auch an dieser Stelle noch dazu kommen, dass keine Hilfe geleistet wird.

Bleiben wir beim Beispiel einer bewusstlosen Person auf der Straße: Eine Person kommt als erstes an den Unfallort, kennt sich aber mit Wiederbelebungsmaßnahmen (Mund-zu-Mund-Beatmung, Herzdruckmassage etc.) nicht aus, weil sie noch keinen Erste-Hilfe-Kurs absolviert hat oder dieser bereits lange Zeit zurückliegt. Sie wird wahrscheinlich unsicher sein, ob und wie sie hier genau helfen kann. Es könnte die Angst im Raum stehen, dass sie – mit vielleicht nicht korrekt ausgeführten Wiederbelebungsmaßnahmen – dem Opfer mehr schadet als nutzt. Diese Ängste sind noch stärker ausgeprägt, wenn andere Personen anwesend sind, die die vielleicht unzulänglichen Hilfeversuche beobachten und bewerten könnten. Sie werden deshalb als Bewertungsangst bezeichnet (vgl. Baumeister, 1982).

Maßgeblich in dieser Phase ist somit das *subjektive Kompetenzgefühl* der potenziell helfenden Person. Wenn sich Personen kompetent fühlen, schreiten sie schneller ein und werden durch die Anwesenheit anderer weniger gehemmt. So leisten Personen mit Erste-Hilfe- oder Rettungsschwimmer*innen-Ausbildung mit größerer Wahrscheinlichkeit produktive Hilfe als Personen ohne solche Kompetenzen (vgl. Shotland & Heinold, 1985). Es kommt dabei weniger auf die tatsächlichen Kompetenzen an als vielmehr auf das subjektive Erleben der eigenen Kompetenzen (vgl. Schwartz & David, 1976).

Berufsbezug

Hier zeigt sich, wie wichtig es ist, dass Sie eine fundierte Ausbildung in theoretischer und praktischer Hinsicht durchlaufen, denn je kompetenter Sie sich in Ihrem Beruf fühlen, desto besser und tatkräftiger werden Sie andere Menschen im Rahmen Ihrer Berufsausübung unterstützen können. ◄

4.4.3.5 Stufe 5: Handlungsinitiierung

Selbst wenn alle Vorbedingungen (Bewusstheit, Interpretation, Verantwortungs- und Kompetenzgefühl) erfüllt sind, ist hiermit noch nicht zwangsläufig gewährleistet, dass eine Person auch wirklich in das Geschehen eingreift. Was die potenziell helfende Person an dieser Stelle noch abwägen wird, ist die Frage, ob ihr Eingreifen für sie negative Konsequenzen haben könnte.

„So mag sich der potenzielle Helfer aufgrund des erst vor kurzem besuchten Erste-Hilfe-Kurses durchaus in der Lage fühlen, eine zusammengesunkene Person auf der Straße in die stabile Seitenlage zu bringen. Handelt es sich dabei um eine ungepflegte Person, könnte uns allein ein gewisser Ekel davon abhalten einzugreifen – auch wenn uns das selbst als nicht ‚politisch korrekt' erscheint. Aber auch die Besorgnis, dass die Person ungehalten auf unseren Hilfeversuch reagieren und uns womöglich verletzten könnte, kann hemmend auf unser Hilfeverhalten wirken" (Werth & Mayer, 2008, S. 506).

Jedoch kann natürlich auch die unterlassene Hilfeleistung mit Kosten für die beobachtende Person eines solchen Geschehens verbunden sein. Dies sind bei Schädigung oder Tod des Opfers z. B. Schuldgefühle der potenziell helfenden Person oder sogar strafrechtliche Konsequenzen.

Es gibt Forscher*innen, die eine solche Kosten-Nutzen-Abwägung des Helfenden systematisiert haben (vgl. Piliavin et al., 1981). Die Prämisse dabei ist, dass der Mensch im Allgemeinen ein hedonistisches Bedürfnis nach *Gewinnmaximierung* hat und wir anhand dessen sein Hilfeverhalten vorhersagen könnten. Nur wenn die Vorteile überwiegen, erfolgt eine Hilfeleistung. Werden dagegen die Kosten und Nachteile als zu hoch eingeschätzt (hoher Zeitaufwand, Gefahr für die eigene Unversehrtheit …), nähme die Wahrscheinlichkeit einer tatsächlichen Hilfeleistung ab (vgl. Dovidio et al., 1991; Piliavin et al., 1975).

Übung

Wie beurteilen Sie die unterstellte Prämisse, dass Menschen (bewusst oder unbewusst) eine Kosten-Nutzen-Rechnung im Fall der Entscheidung über ein Hilfeverhalten erstellen? Könnten Sie sich Situationen vorstellen, in denen trotz einer negativen „Bilanzierung" mit hoher Wahrscheinlichkeit Hilfe geleistet wird?

Darüber hinaus lässt sich auch zwischen direkter und indirekter Hilfe unterschieden (vgl. Piliavin et al., 1981):

- Eine *direkte Hilfe* (jemandem auf der Straße wieder aufhelfen) ist laut Befundlage wahrscheinlicher, wenn die Hilfekosten gering und die Kosten für eine unterlassene Hilfeleistung hoch sind (soziale Abwertung durch Passanten, besonders schwere Gefahrensituation etc.).
- Dagegen ist *indirekte Hilfe* (medizinischen Notdienst rufen) dann wahrscheinlich, wenn die Kosten für eine direkte Hilfe hoch sind (eigene Gefährdung). Indirekte Hilfe tritt selten auf, wenn die Kosten gering sind.

> „Befindet sich der potenzielle Helfer in dem Dilemma, dass sowohl die Kosten für die direkte Hilfe als auch die Kosten für die unterlassene Hilfe hoch sind, wird er indirekt helfen oder aber die Situation als weniger gefährlich umdefinieren, das Opfer schlechtmachen bzw. die Verantwortung zu handeln auf andere ‚diffundieren lassen' […] – und damit letztendlich subjektiv die Kosten für unterlassene Hilfeleistung senken" (Werth & Mayer, 2008, S. 508).

Zusammenfassung

In diesem Abschnitt wurden zunächst die Hintergründe, Bedingungen und Differenzen im Hilfeverhalten erläutert. Hierbei wurde aufgezeigt, dass es durchaus evolutionspsychologisch Erklärungen dafür gibt, sich prosozial zu verhalten. Wichtige Aspekte sind hier die Verwandtenselektion, die Fähigkeit, soziale Normen zu erlernen und anzuwenden, sowie die Reziprozitätsnorm. Aber auch Gefühle und Empathie können als Auslöser für Hilfeverhalten fungieren: Wir empfinden einerseits Mitgefühl mit den Hilfesuchenden, indem wir uns in ihre Lage versetzen, und sind bestrebt, ihnen um ihrer selbst willen zu helfen, andererseits aber möchten wir mit unserem Hilfeverhalten auch eigene negative Emotionszustände wie Schuldgefühle vermeiden. Aufgrund von Untersuchungen wissen wir, dass es bestimmte Formen altruistischen Verhaltens durchaus gibt, obgleich vermutlich keine – im strengen Sinne – völlige „Selbstlosigkeit" existiert. Zudem gibt es eine Reihe weiterer Persönlichkeitsfaktoren wie die Bereitschaft zur Übernahme sozialer Verantwortung, eine internale Kontrollüberzeugung oder den Glauben an eine gerechte Welt, die prosoziales Verhalten begünstigen.

Sie haben ein psychologisches Modell zum Urteilsprozess und den Einflussfaktoren von Hilfeverhalten kennengelernt, das auf der Basis von 5 aufeinanderfolgenden Stufen aufzeigt, warum es womöglich zu keinem Hilfeverhalten kommt bzw. was getan werden muss, damit ein solches doch gezeigt wird. Hierzu gehören das Aufmerksamwerden auf einen Notfall, diesen als einen solchen zu interpretieren, die Bereitschaft, Verantwortung zu übernehmen, das Vorhandensein bzw. der Erwerb des für die Hilfeleistung relevanten Wissens sowie der Prozess der eigentlichen Handlungsinitiierung.

Aufgaben

- Erörtern Sie evolutions- und emotionspsychologische Hintergründe prosozialen Verhaltens. Gibt es so etwas wie altruistische Persönlichkeiten?
- Erläutern Sie die verschiedenen Gründe, warum ein Hilfeverhalten scheitern kann.

Für einen guten Überblick

Werth, L, Denzler, M. & Mayer, J. (2020). *Sozialpsychologie – Das Individuum im sozialen Kontext* (2., vollständig überarbeitete Auflage). Springer.

Werth, L., Seibt, B. & Mayer, J. (2020a). *Sozialpsychologie – Der Mensch in sozialen Beziehungen* (2., vollständig überarbeitete Auflage). Springer.

Psychische Gesundheit   5

Welche Motive, Gedanken und Erfahrungen steuern unser Verhalten? Und welche davon sind Schutzfaktoren, die dem Menschen helfen, das Leben und seine Krisen konstruktiv zu bewältigen? Lassen sich typische Persönlichkeitsmerkmale und Umweltmerkmale nachweisen, die zu psychischer und physischer Gesundheit beitragen? Das sind wichtige Fragen in der Psychologie, die damit einen Fokus auf die Erforschung und Förderung der Ressourcen des Menschen legt. Kennt man wichtige gesundheitsfördernde Ressourcen, kann man diese gezielt durch Präventionsprogramme fördern und damit einen wichtigen Beitrag zur psychischen Gesundheit des Menschen liefern.

Dieses Kapitel beantwortet diese Fragen und stellt im Rahmen des Resilienzkonzepts einige wesentliche Schutzfaktoren vor. Dabei werden exemplarisch zwei Schutzfaktoren ausführlicher dargestellt: der Schutzfaktor „hohe Sozialkompetenz", der eine personale Ressource darstellt, und der Schutzfaktor „günstiger Erziehungsstil", der eine familiäre Ressource ist. Kenntnis und Anwendung von beiden sind für psychosoziale Berufsgruppen bedeutsam.

Die Aneignung und Anwendung, speziell von Sozialkompetenz und einem günstigen Erziehungsstil, sind für die Bewältigung des Lebens hilfreich und dürften Ihr Berufsleben und Ihr privates Leben günstig beeinflussen!

5.1 Stress und Stressbewältigung

Wie häufig benutzen Sie den Begriff „Stress"? Er ist ein Modebegriff geworden, der beliebig für jeden Gefühlszustand und jede Situation benutzt wird. Jede neue Herausforderung kann Stress auslösen, der bewältigt werden muss. Es müssen Anpassungsstrategien entwickelt werden. Stehen dem Individuum keine hilfreichen Bewältigungsmöglichkeiten zur Verfügung, entsteht weiterer Stress. Dieser wiederum ist ein Risikofaktor für die Gesundheit und für die weitere Entwicklung.

> **Fallbeispiel: Eine gestresste Mitarbeiterin der Familienhilfe**

Die 32-jährige Monika arbeitet als Sozialarbeiterin in der aufsuchenden Familienhilfe bei einem freien Träger und wird von Klient*innen und Kolleg*innen sehr geschätzt; sie wird als ehrgeizig und engagiert wahrgenommen. Trotzdem hat sie permanent Selbstzweifel, die sie nachts nicht einschlafen lassen. In den letzten Monaten hat sie immer häufiger Magenschmerzen und Kopfschmerzen bekommen. Gerade in Zeiten großer Arbeitsbelastung nehmen ihre Zweifel stark zu. Die Berichte über ihre Arbeit mit den Familien überarbeitet sie immer wieder aufs Neue, weil sie Zweifel hat, alles Wichtige korrekt dargelegt zu haben. Sie kann sich von der Arbeit gedanklich auch in ihrer Freizeit kaum freimachen, selbst wenn sie sich – zu Hause angekommen – um schnellstmögliche Entspannung bemüht. Aufgrund ihres Stresses unterhält sie kaum soziale Beziehungen und ist – trotz ihres Wunsches nach einer Liebesbeziehung und einer Familie – alleinstehend. Wenn sie sich sehr belastet fühlt, nehmen auch die Magenschmerzen und Kopfschmerzen deutlich zu und halten länger an. ◀

Stress kann einen gewaltigen Einfluss auf unser psychisches und körperliches Wohlbefinden nehmen. So ist nachgewiesen, dass Menschen bei Schicksalsschlägen und starken Belastungen einem erhöhten Sterberisiko unterliegen (Morse et al., 1991). Dies gilt auch für Naturkatastrophen (Leor et al., 1996) oder bei terroristischen Überfällen und sogar auch dann, wenn man selbst nicht unmittelbar von diesen Ereignissen betroffen ist (Schlenger et al., 2002).
Was ist Stress in wissenschaftlicher Hinsicht?

5.1.1 Stress als Bewältigung von Lebensveränderungen

Stress ist ganz allgemein eine physische und psychische Reaktion auf Lebensereignisse. Grundsätzlich gilt, dass die unterschiedlichsten Situationen und Ereignisse Stress auslösen können. Hans Selye (1976), der Vater der Stressforschung, unterscheidet zwischen *Eustress* (positiver Stress, der positive Gefühle hinterlässt) und *Disstress* (Reaktion auf Reize, die negativ, bedrohlich und überfordernd erscheinen). Eustress liegt z. B. vor, wenn man sich auf die eigene große Geburtstags- oder Hochzeitsfeier vorbereitet, auf die man sich sehr freut. Disstress liegt z. B. vor, wenn eine geliebte Person an einer schweren Erkrankung leidet und man sich um ihre Versorgung/Pflege bemüht. Was als Eustress oder Disstress empfunden wird, hängt wesentlich von der eigenen Bewertung ab. Aber nicht nur zahlreiche Faktoren der Umwelt, zu denen z. B. Armut, Rassismus oder das Wohnen an einer lauten Straße gehören, sind verantwortlich für Stresserleben (Clark et al., 1999; Gibbons et al., 2004); auch Persönlichkeitsmerkmale wie eine Neigung zu negativer Stimmung können Stress und Gesundheitsprobleme bewirken.

> **Übung**
>
> Welche privaten und beruflichen Situationen sind bei Ihnen mit Eustress und Disstress verbunden? Gibt es hier manchmal „fließende Übergänge"? Wovon hängt es ab, dass vergleichbare Situationen manchmal mit positivem, manchmal mit negativem Stress verbunden sind?

5.1.2 Stress als Folge subjektiver Interpretationen von Ereignissen

Das bekannteste Stress- und Bewältigungskonzept stammt von Lazarus (1991, 1999). Es ist ein *kognitives Modell*, weil es nicht die objektive Beschaffenheit der Situation als bedeutsam für die Reaktion der betroffenen Person ansieht, sondern die kognitive Bewertung der Situation in den Mittelpunkt stellt. So kann ein und dasselbe Ereignis von verschiedenen Personen völlig unterschiedlich wahrgenommen und bewertet werden. Die Bewertung erfolgt dabei in 2 Schritten: In einem ersten Schritt bewerten Menschen ein kritisches Ereignis, das sie grundsätzlich als gefährlich einstufen, auf 3 Stufen der Bedrohlichkeit: entweder als

- Herausforderung
- Bedrohung oder
- Verlust bzw. Schaden.

> **Beispiel: Herausfordernd, bedrohlich oder verlustreich?**
>
> Der Auszug aus dem Elternhaus wird von dem 20-jährigen Lukas als Herausforderung bewertet. In diesem Fall wird die Folge aktives Handeln sein. Bewertet er ihn dagegen als bedrohlichen Vorgang, der mit zahlreichen Schwierigkeiten verbunden ist, ist die Folge Angst. Bei der Bewertung des Auszugs als Verlust, entsteht Trauer. Je nach Bewertung fallen auch die Bewältigungsstrategien unterschiedlich aus. ◄

Je nach Bewertung erfolgen unterschiedliche Bewältigungsstrategien. In einem 2. Bewertungsschritt werden die eigenen Ressourcen überprüft: Stehen Strategien zur Verfügung, um die Situation zu bewältigen? Wird die Frage bejaht, werden daraufhin angemessene Strategien zur Lösung eingesetzt; wird die Frage verneint, entsteht Stress. Ist die Stressbewältigung erfolgt, kommt es zu einer Neubewertung der Situation: War die Stressbewältigung erfolgreich, wird die angewendete Strategie als gut bewertet und in der Zukunft bei Stresssituationen häufiger benutzt (vgl. Abb. 5.1).

Menschen unterscheiden sich sowohl in ihrer subjektiven Sichtweise als auch im erfolgreichen Lösen von problematischen Lebenssituationen. Das aktuelle Stressmodell geht davon aus, dass nicht das objektive Vorhandensein von Stressoren entscheidend für den erlebten Stress ist, sondern vielmehr unsere subjektive Interpretation des Geschehens.

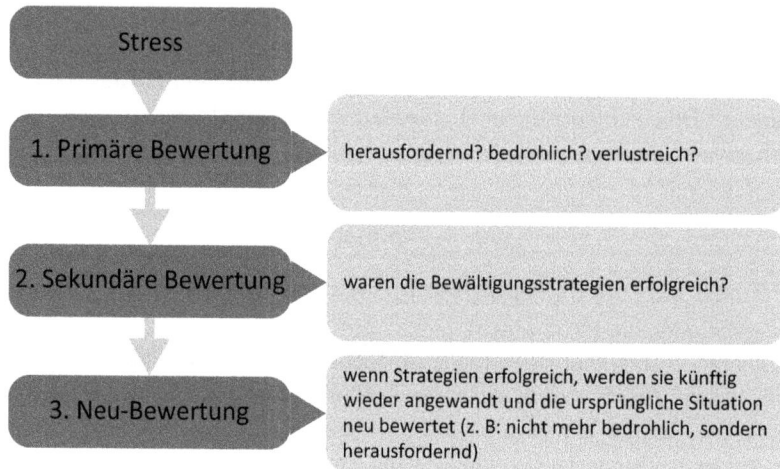

Abb. 5.1 Stressbewältigung nach Lazarus (1991, 1999)

▶ **Definition: Stress** Nach dem Transaktionalen Stressmodell (Lazarus & Folkman, 1984) entsteht Stress, wenn die Umwelt Anforderungen an das Individuum stellt, die vom Individuum in Hinblick auf sein Wohlergehen als bedeutsam bewertet werden. Nach Einschätzung des Individuums beanspruchen oder überfordern aber die Anforderungen die eigenen Bewältigungsmöglichkeiten (Lazarus & Folkman, 1986). In der Folge entstehen negative Gefühle und körperliche Belastungsreaktionen, die als Stress bezeichnet werden.

Überforderungssituationen sind insbesondere:

- Unkontrollierbare Situationen: Ich erlebe Hilflosigkeit z. B. durch den Verlust des Arbeitsplatzes, den Tod einer nahen Person oder das plötzliche Auftreten einer schweren Krankheit.
- Unvorhersehbarkeit: Ich kann mich innerlich nicht vorbereiten.
- Überlastung: Die Grenzen der Belastungsfähigkeit werden überschritten: Ich muss mehrere Examensklausuren in kurzer Zeit bewältigen. Ich erlebe mehrere Schicksalsschläge in rascher Abfolge.

▶ **Definition: Bewältigung** Bewältigung ist das Bemühen, mit einer internen oder externen Anforderung, die die Mittel einer Person beanspruchen oder überfordern, fertig zu werden (Lazarus, 1999).

Lazarus (1991, 1999) unterscheidet 3 Arten der Stressbewältigung:

- *Problemorientiertes Bewältigen*: Das Individuum versucht durch Informationssuche, direkte Handlungen oder auch durch Unterlassen von Handlungen, Problemsituationen zu überwinden oder sich den Gegebenheiten anzupassen. Diese Bewältigungsstrategien sind auf die Situation ausgerichtet und damit problemorientiert.

- Beispiel: Die Ärztin teilt dem Patienten mit, dass sein Cholesterinspiegel sehr hoch sei. Der Patient recherchiert anschließend im Internet, was das bedeutet und was man dagegen tun kann. Er geht in die Bücherei und leiht sich entsprechende Bücher aus.
- *Emotionsorientiertes Bewältigen:* Das emotionsorientierte Bewältigen wird auch „intrapsychisches Bewältigen" genannt. Hierbei wird in erster Linie versucht, die durch die Situation entstandene emotionale Erregung abzubauen, ohne sich mit der Ursache auseinanderzusetzen. Es kann sich in einer resignativen Haltung oder in einem Gefühlsausbruch äußern.
  - Beispiel: Die Mutter kommt nach Hause und stellt fest, dass ihre Kinder die Küche für die Vorbereitung einer Party durcheinandergebracht haben. Sie bekommt einen Wutanfall, schimpft laut und knallt vor Ärger das beschmutzte Geschirr so heftig in die Spülmaschine, dass zwei Gläser zerbrechen.
- *Bewertungsorientiertes Bewältigen:* Die Stresssituation wird neu bewertet. Die betroffene Person bewertet ihr Verhältnis zur Umwelt kognitiv neu, um so adäquat damit umzugehen. Das Hauptziel beim bewertungsorientierten Bewältigen liegt darin, der Belastung positive Seiten abzugewinnen und auf diese Weise die eigene Stimmung zu heben. Die Belastung wird eher als Herausforderung statt als Bedrohung gesehen.
  - Beispiel: Die schwerkranke Patientin sagt: „Seit meine Lebenszeit eng begrenzt ist, lebe ich viel intensiver. Ich nehme die Natur, die Vögel, die kleinen Alltagsdinge wahr und freue mich daran. Früher habe ich das alles nicht registriert, ich war immer in Eile und oft unzufrieden. Durch die Krankheit ist mein Leben reicher und schöner geworden."

Exkurs: Anti-Stress-Programm für Grundschulkinder

Hampel und Petermann (2003, S. 29 ff.) entwickelten ein Anti-Stress-Programm für Grundschulkinder, in dem ebenfalls günstige und ungünstige *Bewältigungsstrategien* besprochen werden. Als günstige Strategien („Stresskiller") nennen sie u. a.:

- Bagatellisierung („Alles halb so schlimm.")
- Ablenkung („Ich denke an etwas anderes.")
- Positive Selbstinstruktion („Ich mache mir Mut.")
- Entspannung („Ich entspanne erst mal.")
- Suche nach sozialer Unterstützung („Ich bitte jemanden um Hilfe.")
- Erholung („Nach einer Pause geht alles besser.")

Ungünstige Strategien sind z. B.:

- Vermeidung („Ich gehe dem Stress lieber aus dem Weg.")
- Flucht („Nichts wie weg.")
- Soziale Abkapselung („Ich igele mich ein.")
- Resignation („Ich schaffe das nie.") ◄

5.1.3 Wann sind Bewältigungsstrategien hilfreich, wann nicht?

Lazarus und Folkman (1984) bezeichnen einzelne Strategien wie die Informationssuche, die direkte Aktion, aber auch das Unterlassen von Handlung und die Suche nach sozialer Unterstützung sowie intrapsychische Bewältigungsformen wie etwa eine emotionale Distanzierung als nützlich, weil sie Stress reduzieren oder vermeiden. Als ungünstig bewerten die beiden Forscher Verleugnungs- und Vermeidungsstrategien, Gewaltanwendung oder den Gebrauch von Suchtmitteln.

▶ **Merke!** Bewältigungsstrategien sind hilfreich, wenn durch sie eine problematische Situation und/oder eine negative emotionale Befindlichkeit erfolgreich verändert wird.

- Wenn Situationen verändert werden können, ist problemorientierte Bewältigung am effektivsten: Handle!
- Wenn Situationen nicht verändert werden können, ist eine kognitive Neubewertung der Situation sinnvoll: Denke und bewerte positiv!
- Wenn Menschen sich langanhaltend auf ihre negativen Emotionen konzentrieren, statt problemorientiert oder bewertungsorientiert zu reagieren, kann als Folge eine Depression eintreten: Ärgere dich nicht. Shit happens!

Insgesamt ist Lazarus jedoch zurückhaltend bei der Bewertung von Bewältigungsstrategien nach ihrem Grad der Nützlichkeit. Der Erfolg einer Strategie ist nämlich vom Ereignis und den jeweiligen Ressourcen der einzelnen Person abhängig, des Weiteren ist er hochgradig situationsabhängig. Ist z. B. eine Situation durch Handeln nicht veränderbar wie etwa die Diagnose einer zum Tode führenden Krankheit oder der Verbleib im Rollstuhl nach einem Unfall, bewährt sich eine kognitive Neubewertung der Situation im Sinne des Hervorhebens positiver Aspekte der verbleibenden Lebenszeit. Ein solches Verhalten trägt zu einer positiven Stimmung und größerer Lebenszufriedenheit bei und ist deshalb eine günstige Strategie (siehe Beispiel oben).

Bei der Mitteilung einer schweren Krankheit kann auch die vollständige Verleugnung der Diagnose zunächst günstig sein, nämlich dann, wenn sowohl eigene Ressourcen zur Bewältigung als auch soziale Unterstützung fehlen und beides erst aktiviert werden muss. Verdrängen kann aber auch verhängnisvoll sein, wenn jemand z. B. Beschwerden lange Zeit verdrängt und keine ärztliche Hilfe aufsucht.

Fallbeispiel: Situationsabhängige Bewältigungsstrategie „Verdrängen"

Die Krankenhausmitarbeiterin sucht einen Patienten auf, dem soeben mitgeteilt wurde, dass seine Krebserkrankung inoperabel und unheilbar ist und er nach Hause zum Sterben entlassen werde. Auf ihr vorsichtiges Nachfragen antwortet er in guter Stimmung, dass man bei ihm im Bauchraum zum Glück nichts gefunden habe, er also keiner Behandlung bedürfe, weshalb er baldmöglichst entlassen werde. Die Mitarbeiterin akzeptiert die Erklärung und geht. Einige Stunden später schaut sie noch mal bei dem Patienten vorbei. Seine Frau sitzt am Bett, sie halten sich an den Händen und weinen.

Erst die Unterstützung durch die Anwesenheit seiner Frau erlaubte es dem Patienten, seine Verdrängung aufzugeben und seine Trauer zuzulassen. ◄

Berufsbezug

Menschen in Krisensituationen sind häufig zunächst überfordert und wenden deshalb Bewältigungsstrategien an, die nicht erfolgreich sind. Ihre Strategien führen dazu, dass sich die Probleme verstärken, statt dass sie gelöst werden. Je unlösbarer eine Situation erscheint, desto mehr wird sie verdrängt und ausgeblendet. Das trifft für alle Lebensbereiche zu. So kann eine scheinbar aussichtslose finanzielle Situation mit hohen Schulden und drohender Insolvenz zu Verdrängung führen: Die eintreffende Post, die aus Rechnungen besteht, bleibt ungeöffnet. Das Problem verschlimmert sich dadurch. Ungünstige Erziehungsstile sind ebenfalls häufig untaugliche Lösungsversuche. Eltern versuchen z. B. den Jugendlichen, der sich von ihnen in eine Clique zurückzieht und in der Schule absackt, mit Druck und Strafen von der Clique fernzuhalten und zu mehr schulischen Fleiß zu bringen. Der Jugendliche reagiert mit Widerstand, darauf reagieren die Eltern mit mehr Druck, es beginnt eine Konfliktspirale, die in der Eskalation mündet. Das Gegenteil einer Lösung ist erreicht, die Eltern suchen schließlich Hilfe bei der Erziehungsberatungsstelle.

Um gemeinsam mit Klient*innen taugliche Lösungsstrategien zu entwickeln, besteht ein erster wesentlicher Schritt darin, die bisherigen Strategien zu erfragen und durchzusprechen. Warum sind sie gescheitert, welche Befürchtungen der Klient*innen sind die Ursache für die Anwendung dieser untauglichen Strategien. Es kann ein Durchspielen neuer Lösungsstrategien folgen: Was passiert schlimmstenfalls, wenn das Problem nicht mehr beiseitegeschoben wird? Im weiteren Verlauf können neue, konstruktive Strategien gemeinsam erarbeitet werden. ◄

Zusammenfassung
Im kognitiven Stress- und Bewältigungskonzept von Lazarus ist die individuelle, subjektive Einschätzung eines Erlebnisses als Stress von zentraler Bedeutung. Dasselbe Ereignis wird von unterschiedlichen Menschen als Herausforderung, als Bedrohung oder als Verlust erlebt. Je nach Bewertung unterscheiden sich die darauffolgenden Bewältigungsstrategien. Eine Bewältigungsstrategie ist erfolgreich, wenn sich durch sie eine problematische Situation zum Guten wendet oder wenn sich eine negative Stimmungslage zum Positiven verändert.

Der folgende Abschnitt beschäftigt sich mit Faktoren, die bei einer erfolgreichen Bewältigung helfen.

Aufgaben

- Überlegen Sie sich eine Stresssituation und eine mögliche Bewältigungsstrategie dazu.
- Fassen Sie in wenigen Sätzen die zentralen Aussagen des kognitiven Stress- und Bewältigungsansatzes von Lazarus zusammen. Begründen Sie, warum es ein kognitiver Ansatz ist.

5.2 Das Resilienzkonzept: Risiko- und Schutzfaktoren

Life is not a matter of holding good cards but of playing a poor hand well. (R. L. Stevenson)

Bei der erfolgreichen Bewältigung von Stress helfen bestimmte Persönlichkeitseigenschaften wie etwa eine hohe Selbstwirksamkeitserwartung und Verhaltensweisen wie etwa das Annehmen von Unterstützung. Das sind Resilienzfaktoren. Sie schützen eine Person in Krisen. Diesen Schutzfaktoren stehen Risikofaktoren gegenüber, die das erfolgreiche Bewältigen einer Krise erschweren. Die psychische Gesundheit einer Person ist von dem Vorhandensein und der Balance der Risiko- und Schutzfaktoren abhängig.

Kenntnisse über Risiko- und Schutzfaktoren sind für die Arbeit im pädagogischen und sozialarbeiterischen Arbeitsfeld wichtig. Das Wissen um Schutzfaktoren ermöglicht Hilfestellungen aus einem ressourcenorientierten und weniger aus einem defizitorientierten Blickwinkel, den die betroffenen Personen selbst häufig haben. Die Einschätzung des individuellen Risiko- und Schutzfaktorenprofils ist von großer Bedeutung etwa für die Prognose einer problematischen Entwicklung und damit auch für die Anwendung notwendiger präventiver Interventionen.

▶ **Definition: Risikofaktor, Schutzfaktor** Ein *Risikofaktor* ist ein Merkmal, das bei dem betroffenen Menschen das Risiko der Entstehung einer Störung erhöht. Damit sind Risikofaktoren eine Gefährdung für eine gesunde Entwicklung.

Ein *Schutzfaktor* ist im Gegensatz dazu ein Faktor, der die Entwicklung einer Störung vermindert.

Beide Begriffe sind eng mit dem Konzept der Resilienz verbunden.

5.2.1 Risikofaktoren

Das Risikofaktorenkonzept erforscht krankheitsbegünstigende und entwicklungshemmende Merkmale, die eine gesunde Entwicklung gefährden. Man unterscheidet angeborene und durch Interaktion mit der Umwelt erworbene Faktoren.

Familiär bedingte Risikofaktoren sind u. a.:

5.2 Das Resilienzkonzept: Risiko- und Schutzfaktoren

- niedriger sozioökonomischer Status
- niedrige Bildung der Eltern
- chronische Disharmonie
- konfliktreiche Trennung/Scheidung
- alleinerziehender Elternteil
- Alkohol-/Drogenmissbrauch der Eltern
- Kriminalität der Eltern
- psychische Krankheit der Eltern
- Erziehungsdefizite der Eltern (körperliche Strafen, inkonsistentes Verhalten)
- soziale Isolation
- chronisch kranke, behinderte Geschwister
- Traumata wie Missbrauch, Gewalterleben, Naturkatastrophen
- unsichere Bindung.

Individuelle Risikofaktoren sind u. a.:

- prä- peri- oder postnatale Faktoren wie Frühgeburt
- genetische Erkrankungen
- „schwieriges" Temperament (Schreibaby, impulsiv, ablenkbar).

Etliche Risikofaktoren sind für sich genommen nicht schädigend, sondern gewinnen erst in Kombination mit weiteren Risikofaktoren eine nachteilige Wirkung auf die Entwicklung. So stellt eine Frühgeburtlichkeit allein nicht unbedingt eine Bedingung für eine spätere Fehlanpassung dar. Erst in Kombination mit einem niedrigen sozioökonomischem Status, einer alleinerziehenden Mutter, niedriger elterlicher Bildung und emotionalen Störungen der Eltern steigt das Entwicklungsrisiko (Petermann et al., 2004, S. 331). Die Kumulation (Anhäufung) von Belastungen kommt aber häufig vor: Das Kind einer Alleinerziehenden ist häufiger von Armut betroffen, und Armut ist wiederum ein Risikofaktor, der zahlreiche weitere Belastungen nach sich zieht. Beim gleichzeitigen Auftreten von 4 Risikofaktoren ist die Wahrscheinlichkeit, eine psychische Störung zu entwickeln, 10-mal höher, als wenn nur einer auftritt (Wustmann, 2020).

> **Beispiel: Armut als kumulativer Risikofaktor**
>
> Armut ist kein singuläres Merkmal, sondern eine Kombination belastender Bedingungen (Petermann et al., 2004, S. 338). Kinder aus sozial benachteiligten Familien haben eher ein geringeres Geburtsgewicht und ein geringeres Größenwachstum bedingt durch schlechtere Ernährung und Alkohol- und Nikotinkonsum der Eltern. Es besteht eine erhöhte Wahrscheinlichkeit weiterer widriger Umstände wie niedriger Bildung und ein größeres Risiko von psychischen Störungen der Eltern. Beengte Wohnverhältnisse und eine schlechte Wohngegend mit hoher Arbeitslosigkeit und hoher Kriminalität gehen mit wenig Freizeitmöglichkeiten für die Kinder und dem Aufwachsen mit negativen

„Vorbildern" einher. Niedrige elterliche Bildung wirkt sich negativ auf die Sprachentwicklung und die weitere kognitive Entwicklung des Kindes aus. Armut und Bildungsferne gehen häufiger mit einem ungünstigen, inkonsistenten Erziehungsverhalten einher. Kinder aus armen Familien werden von Lehrkräften negativer wahrgenommen als andere Kinder. An sie werden geringere Leistungserwartungen gestellt.

Kommentar: Armut ist ein kumulativer und multidimensionaler Risikofaktor für die Entwicklung. ◄

Ob ein Risikofaktor die Entwicklung eines Kindes beeinflusst, hängt nicht nur von der Häufung der Risikofaktoren ab, sondern auch davon, ob ein Kind besonders vulnerabel (verletzlich) ist. Die Verletzlichkeit ist in Übergangsphasen (z. B. der Übergang vom Kindergarten in die Schule oder im Jugendalter der Übergang von einem kindlichen Körper zu einem erwachsenen Körper) besonders hoch. Des Weiteren spielt die Dauer des Einwirkens der Risikofaktoren eine Rolle. Soziale Risiken wie Armut, ungünstiger Erziehungsstil oder Misshandlung sind eher chronisch, d. h. langanhaltend. Biologische Risiken wie etwa durch Frühgeburt ausgelöste Beeinträchtigungen sind eher akut, werden in der Regel früh erkannt und können leichter therapeutisch beeinflusst und geheilt werden.

5.2.2 Schutzfaktoren

Die „Gegenspieler" der Risikofaktoren sind die Schutzfaktoren. Die Gesamtheit der Schutzfaktoren macht die Resilienz eines Menschen aus. Schutzfaktoren vermindern die Entwicklung einer Störung und können ein biologischer (Gesundheit), ein psychischer (gute Kontaktfähigkeit, ausgeglichenes Temperament) oder ein sozialer Faktor (bildungsnahe Familie) sein.

Resilienz meint die generelle psychische Widerstandskraft gegenüber Belastungen, d. h.

- eine positive Entwicklung trotz andauernder belastender und ungünstiger Lebensumstände (Bengel et al., 2009, S. 19; Wustmann, 2020, S. 18)
- die Kompetenz, unter akuten Stressbedingungen angemessen zu reagieren
- die schnelle Erholung von traumatischen Erlebnissen (Wustmann, 2020, S. 19).

Damit hat das Resilienzkonzept nicht Fehlentwicklungen, sondern Ressourcen und Entwicklungspotenziale im Blick.

▶ **Definition: Resilienz** Resilienz (resilire, lat.: abprallen) ist die psychische Widerstandsfähigkeit gegenüber biologischen, psychischen und psychosozialen Entwicklungsrisiken. Resilienz setzt sich aus Merkmalen, die sich im Laufe des Lebens in Interaktion mit der Umwelt entwickeln (u. a. Selbstwert, Selbstwirksamkeit, soziale Kompetenzen), und aus Merkmalen, die weitgehend angeboren oder genetisch bedingt sind (u. a. Talente, Intelligenz, Geschlecht), zusammen. Resilienz ist also ein multidimensionales Konstrukt,

5.2 Das Resilienzkonzept: Risiko- und Schutzfaktoren

welches aus erworbenen und angeborenen Anteilen besteht. Resilienz ist eine dynamische Eigenschaft, die im Laufe des Lebens Veränderungen unterworfen und z. B. in Übergangsphasen schwächer ausgeprägt ist.

Es ist eher selten, dass ein Mensch auf allen Gebieten und in allen Lebenslagen eine hohe Resilienz zeigt, vielmehr ist Resilienz häufig situationsspezifisch: Jemand hat in bestimmten Lebensbereichen außerordentliche Kompetenzen, in anderen Bereichen zeichnet er sich jedoch durch gravierende Probleme und Anpassungsschwierigkeiten aus.

Das Resilienzkonzept beruht im Wesentlichen auf den Forschungsergebnissen von 3 großen Studien: der *Kauai-Längsschnittstudie* (Werner, 2000, 2008), der *Mannheimer Risikokinderstudie* (Laucht et al., 2000) und der *Bielefelder Invulnerabilitätsstudie* (Lösel & Bender, 1999). Im Folgenden werden exemplarisch die zentralen Ergebnisse der Kauai-Studie kurz skizziert: Sie ist nicht nur bahnbrechend, sondern zugleich die erste und umfangreichste Studie zum Thema. Erstmals wurden systematisch Kinder untersucht, die sich trotz ihrer zahlreichen Risikobedingungen zu kompetenten Erwachsenen entwickelten. Die beiden oben genannten Nachfolgestudien konnten die Ergebnisse bestätigen. Die von Werner ermittelten Merkmale sind inzwischen als bedeutsame Schutzfaktoren anerkannt.

Exkurs: Die Kauai-Studie

Die Kauai-Längsschnittstudie wurde von Emmy Werner auf Hawaii durchgeführt. Sie begleitete wissenschaftlich einen kompletten Geburtsjahrgang (insgesamt 603 Personen) von der Geburt bis zum 40. Lebensjahr. In regelmäßigen Abständen wurden die teilnehmenden Personen der Studie interviewt und anhand von psychologischen Fragebögen untersucht. Es fanden auch Verhaltensbeobachtungen und Fremdbefragungen (Lehrkräfte, Ärzt*innen, Sozialarbeiter*innen, Erzieher*innen) statt; außerdem wurden u. a. Informationen von Gerichten, der Polizei und der Gesundheitsbehörde eingeholt.

Die Ergebnisse zeigten, dass zwei Drittel der untersuchten Stichprobe unter durchschnittlichen Bedingungen aufwuchsen und sich unauffällig entwickelten. Ein Drittel der Stichprobe war ab Beginn ihres Lebens vielfältigen Risikobedingungen ausgesetzt. Dazu zählten chronische Armut, Geburtskomplikationen, geringe Bildung der Eltern, psychische Krankheiten der Eltern und chronische familiäre Disharmonie. Zwei Drittel dieser „Hochrisikokinder" zeigten bereits im Alter von 10 Jahren gravierende Verhaltensauffälligkeiten wie mangelnde Aggressionskontrolle, Lernschwierigkeiten und Suchtverhalten. Das restliche Drittel entwickelte sich jedoch trotz der erheblichen Risikobelastung zu zuversichtlichen, selbstsicheren und leistungsfähigen Erwachsenen. Werner interessierte sich besonders für diese Gruppe der „Widerstandsfähigen", d. h. resilienten Kinder und erforschte, durch welche besonderen Merkmale sie sich auszeichneten. ◄

Im Verlauf ihrer Studie konnte Werner bei ihren Versuchspersonen eine Reihe von *protektiven Merkmalen und Faktoren* identifizieren, die später von Wustmann (2020, S. 115 f.) unter Einbeziehung der Ergebnisse weiterer Studien (u. a. Laucht et al., 2000; Lösel & Bender, 1999) zusammengestellt und in folgende Kategorien eingeteilt wurden:

Personale Ressourcen
- positive Temperamentseigenschaften, die soziale Unterstützung und Aufmerksamkeit bei den Betreuungspersonen hervorrufen
- intellektuelle Fähigkeiten
- erstgeborenes Kind
- weibliches Geschlecht (wirkt in der Kindheit)
- Problemlösungsfähigkeiten
- Selbstwirksamkeitsüberzeugungen
- positives Selbstkonzept/Selbstvertrauen/hohes Selbstwertgefühl
- Fähigkeit zur Selbstregulation
- internale Kontrollüberzeugung
- realistischer Attributionsstil
- hohe Sozialkompetenz: Empathie, Kooperations- und Kontaktfähigkeit
- aktives und flexibles Bewältigungsverhalten
- sicheres Bindungsverhalten
- Lernbegeisterung/schulisches Engagement
- optimistische, zuversichtliche Lebenseinstellung
- Talente, Interessen und Hobbys
- Planungskompetenzen/Zielorientierung
- körperliche Gesundheitsressourcen

Soziale Ressourcen
- *innerhalb der Familie:*
  - mindestens eine stabile Bezugsperson, die Vertrauen und Autonomie fördert
  - autoritativer (demokratischer) Erziehungsstil (emotional positives, unterstützendes und strukturierendes Erziehungsverhalten, Feinfühligkeit)
  - Zusammenhalt (Kohäsion), Stabilität und konstruktive Kommunikation in der Familie
  - enge Geschwisterbindungen
  - altersangemessene Verpflichtungen des Kindes im Haushalt
  - hohes Bildungsniveau der Eltern
  - harmonische Paarbeziehung der Eltern
  - unterstützendes familiäres Netzwerk
  - hoher sozioökonomischer Status
- *in den Bildungsinstitutionen:*
  - klare, transparente und konsistente Regeln und Strukturen
  - wertschätzendes Klima (Wärme, Respekt und Akzeptanz)

- hoher, aber angemessener Leistungsstandard
- positive Verstärkung der Leistung und Anstrengungsbereitschaft des Kindes
- positive Peerkontakte/Freundschaftsbeziehungen
- Förderung von Basiskompetenzen (Resilienzfaktoren)
- Zusammenarbeit mit dem Elternhaus und anderen sozialen Institutionen
- *im weiteren sozialen Umfeld:*
  - kompetente und fürsorgliche Erwachsene außerhalb der Familie, die Vertrauen fördern, Sicherheit vermitteln und als positive Rollenmodelle dienen
  - Ressourcen auf kommunaler Ebene (Angebote der Familienbildung, Beratungsstellen etc.)
  - gute Arbeits- und Beschäftigungsmöglichkeiten
  - Vorhandensein prosozialer Rollenmodelle, Normen und Werte in der Gesellschaft

Insbesondere der Bindungsfaktor (vgl. Kap. 1) war nach der Beobachtung von Werner und Smith (1977) von zentraler Bedeutung: Eine einzige stabile, verlässliche und von Vertrauen geprägte Beziehung konnte nämlich die weitgehende Abwesenheit schützender Faktoren kompensieren. Das Vorhandensein einer „guten Beziehung" stellte also einen der wichtigsten Puffer gegen die Wirkung von Risikofaktoren dar. Eine solche Beziehung konnte auch zu einer Person außerhalb der Familie bestehen, z. B. zu einer Lehrperson, einer Person aus der Nachbarschaft oder aus dem Freundeskreis. Eine stabile, unterstützende und zugewandte Beziehung ist sogar der stabilste Prädiktor für eine resiliente Entwicklung (Fröhlich-Gildhoff & Rönnau-Böse, 2020).

Eine solche Beziehung ist lebenslang von großer Bedeutung, um mit Krisen erfolgreich umzugehen.

Berufsbezug

Wenn Sie eine verlässliche und vertrauensvolle Beziehung zu ihren Klient*innen aufbauen, sind Sie ein wichtiger Resilienzfaktor für die Bewältigung ihrer Krankheit. ◀

Der Schutzfaktor „günstiges Bewältigungsverhalten bei Stress" wurde bereits in diesem Kapitel erläutert. Die Schutzfaktoren Kontroll- und Attributionsstile und Selbstwirksamkeit werden im Folgenden unter dem Aspekt psychischer Gesundheit dargestellt. Auf soziale Unterstützung, ein sozial kompetentes Kommunikationsverhalten und einen demokratischen Erziehungsstil als weitere wichtige Resilienzfaktoren wird ebenfalls ausführlicher eingegangen.

Die *Kauai-Studie* zeigte, dass bereits bei Neugeborenen Resilienzfaktoren zum Tragen kommen: Säuglinge, die von ihren Bezugspersonen als pflegeleicht und sozial aufgeschlossen bezeichnet wurden, waren kontaktfreudig, anpassungsfähig, hatten früh einen regelmäßigen Tag-Nacht-Rhythmus und ließen sich leicht beruhigen. Kinder mit einem solchen „einfachen" Temperament lösen bei der Bezugsperson positive Reaktionen aus wie Zuwendung, Aufmerksamkeit und Unterstützung (Fingerle et al., 1999), wodurch ein positiver Person-Umwelt-Kreislauf in Gang kommt. Im Gegensatz dazu werden Säuglinge mit einem

„schwierigen" Temperament als abweisend, leicht irritierbar und schwer zu beruhigen beschrieben (Elsner & Pauen, 2012, S. 170), was weniger positive Rückmeldungen zur Folge hat. Temperamentsfaktoren gelten als relativ stabile Eigenschaften, die in der Entwicklung schon sehr früh sichtbar sind und einen hohen genetischen Anteil haben (Hannover & Greve, 2018, S. 553). Im Sinne des dynamisch-interaktionistischen Modells von Entwicklung (vgl. Kap. 1) muss aber berücksichtigt werden, dass ein schwieriges kindliches Temperament auch eine Reaktion auf eine disharmonische und unruhige Familiensituation sein kann. Ungünstige Anlagefaktoren und ungünstige Umweltfaktoren können miteinander interagieren, sich gegenseitig verstärken und einen Teufelskreis negativer Reaktionen auslösen.

Im Schulalter zeichneten sich die resilienten Kinder durch ein positives Selbstkonzept und besser entwickelte Problem- und Kommunikationsfähigkeiten aus (Werner & Smith, 1982, 1992). Sie waren sozial aufgeschlossener, gewannen leichter Freunde und schafften sich damit eine soziale Ressource. Die Kauai-Studie wie auch zahlreiche Nachfolgestudien fanden eine größere soziale Aufgeschlossenheit bei Mädchen im Vergleich zu Jungen, die zur Folge hatte, dass diese sich in Stresssituationen eher Hilfe bei anderen holten. Des Weiteren unterscheiden sich die Geschlechter in der Kindheit durch ausgeprägtere körperliche Robustheit und eine geringere Anfälligkeit für psychische Störungen zugunsten der Mädchen. Vom Kleinkindalter bis zum Alter von 13 Jahren werden fast durchgehend höhere Gesamtprävalenzraten (Prävalenz: Krankheitshäufigkeit) bei Jungen gefunden (Ihle et al., 2007), wobei im Grundschulalter diese Geschlechtsunterschiede besonders markant sind. Dies sind Gründe dafür, dass weibliches Geschlecht in der Kindheit als ein Resilienzfaktor angesehen wird.

Talente, Hobbys und Interessen fördern das Selbstwertgefühl bei den Geschlechtern, machen eine gute Stimmung und schaffen soziale Beziehungen. Sie schaffen also weitere Resilienz.

Neben den personalen Ressourcen tragen schützende Bedingungen der familiären Umwelt des Kindes entscheidend zur Entwicklung von Resilienz bei. Werner betont die Bedeutung eines emotional warmen, zugewandten Familienklimas und eines demokratischen Erziehungsstils als wichtige Resilienzfaktoren.

Im Jugend- und Erwachsenenalter zeichneten sich die ehemals resilienten Kinder der Kauai Studie durch internale Kontrollüberzeugungen, eine höhere Sozialkompetenz und ein positives Selbstkonzept aus. Sie hatten eine optimistische, zuversichtliche Lebenseinstellung und besaßen wirksame Konfliktlösungsstrategien (Werner & Smith, 1982, 1992, 2001). Diese Merkmale der resilienten Kinder helfen bei der Lebensbewältigung und werden deshalb im Folgenden genauer beschrieben.

5.2.3 Und wie verläuft Resilienz im Lebenslauf?

Resilienz besteht neben weitgehend feststehenden Faktoren (z. B. Kontaktfreude, Intelligenz) aus dynamischen Fähigkeiten, die sich je nach Kontext und Erfahrungen über die

Lebensspanne verändern können. Große Belastungen in einem engen Zeitfenster können die vorhandenen Ressourcen überfordern; die sonst ausreichend vorhandene Resilienz ist erschöpft, der betreffende Mensch erkrankt.

Insgesamt gelten viele der Schutzfaktoren, die sich im Kindes- und Jugendalter als wirksam herausgestellt haben, auch für das Erwachsenenalter. Die in der Kindheit erworbenen Schutzfaktoren sagen die Anwendung dieser Fähigkeiten im Erwachsenenalter voraus. So ist z. B. das in der Kindheit erworbene Selbstwertgefühl eine über den Lebenslauf wirkende recht stabile Größe. Der Aufbau eines sicheren Bindungsmusters, das durch eine vertrauensvolle Beziehung zu einer Person in der Kindheit entstanden ist, sagt ebenfalls stabile soziale Beziehungen im Erwachsenenalter voraus. Auch im hohen Alter, wenn massive Funktionseinschränkungen und Verluste in allen Lebensbereichen verarbeitet werden müssen, trägt ein hoher Resilienzstatus, der im früheren Leben erworben wurde, zum Wohlbefinden und zur Lebenszufriedenheit bei.

5.2.4 Selbstwirksamkeit und wahrgenommene Kontrolle

Hohe Selbstwirksamkeitserwartungen, d. h. die subjektive Überzeugung, schwierige Aufgaben aufgrund eigener Kompetenzen bewältigen zu können und damit selbst etwas bewirken zu können, sind nicht nur Teil eines hohen Selbstwertgefühls, sondern führen auch zu einem aktivem Bewältigungsverhalten (Julius & Goetze, 2000). In der Auseinandersetzung mit Anforderungen stellen Selbstwirksamkeitserwartungen eine wichtige personale Ressource dar und tragen im Verbund mit sozialen Ressourcen zu einer erfolgreichen Bewältigung bei.

▶ **Definition: Selbstwirksamkeit** Selbstwirksamkeit ist die Überzeugung, durch eigene Fähigkeiten und Mittel Ziele zu erreichen und Hindernisse auf dem Weg dahin erfolgreich zu überwinden (Bandura, 1997; Lazarus & Folkman, 1986; Schwarzer, 2000). Diese Überzeugung einer Person bezüglich ihrer eigenen Wirkkraft beeinflusst ihre Wahrnehmung, ihre Motivation und ihre Leistungen. Eine hohe Selbstwirksamkeitserwartung hat positive Auswirkungen auf die eigene Anstrengung, Ausdauer und das Durchhaltevermögen sowie auf ein aktives Bewältigungsverhalten (Schwarzer, 2000). Selbstwirksamkeit und Selbstwert sind Merkmale, die eng miteinander verbunden sind.

> **Übung**
>
> Lesen Sie sich die Aussagen in Tab. 5.1 durch und überlegen Sie, inwieweit diese auf Sie zutreffen. Kreuzen Sie anschließend die auf Sie zutreffende Antwort an. Es handelt sich um die Skala zur Selbstwirksamkeit von Schwarzer und Jerusalem (1999). Alle Aussagen sind Ausdruck einer hohen Selbstwirksamkeit.
>
> Selbstwirksamkeitserwartungen können bis zu einem gewissen Grad erlernt werden. Sie helfen dabei, selbst gesetzte Ziele zu erreichen. Menschen mit hoher Selbstwirksamkeit sind optimistisch und selbstvertrauend. Sie bauen sich eher ein soziales Netz auf, sodass sie in Krisenzeiten Unterstützung bekommen.

Tab. 5.1 Fragebogen zur Selbstwirksamkeit. (Schwarzer & Jerusalem, 1999)

	stimmt nicht	stimmt kaum	stimmt eher	stimmt genau
Wenn sich Widerstände auftun, finde ich Mittel und Wege, mich durchzusetzen.	☐	☐	☐	☐
Die Lösung schwieriger Probleme gelingt mir immer, wenn ich mich darum bemühe.	☐	☐	☐	☐
Es bereitet mir keine Schwierigkeiten, meine Absichten und Ziele zu verwirklichen.	☐	☐	☐	☐
In unerwarteten Situationen weiß ich immer, wie ich mich verhalten soll.	☐	☐	☐	☐
Auch bei überraschenden Ereignissen glaube ich, dass ich gut mit ihnen zurechtkommen kann.	☐	☐	☐	☐
Schwierigkeiten sehe ich gelassen entgegen, weil ich meinen Fähigkeiten immer vertrauen kann.	☐	☐	☐	☐
Was auch immer passiert, ich werde schon klarkommen.	☐	☐	☐	☐
Für jedes Problem kann ich eine Lösung finden.	☐	☐	☐	☐
Wenn eine neue Sache auf mich zukommt, weiß ich, wie ich damit umgehen kann.	☐	☐	☐	☐
Wenn ein Problem auftaucht, kann ich es aus eigener Kraft meistern.	☐	☐	☐	☐

Wie fördert man Selbstwirksamkeit?

Die Förderung von Selbstwirksamkeit kann schon in der frühen Kindheit beginnen. Sie sollte Teil eines Erziehungsstils sein, der die Stärken und Erfolge betont, nicht die Defizite. Eine gute Methode ist z. B. die Verantwortungsübergabe. Man gibt dem Kind altersangemessene Aufgaben etwa im Haushalt und lobt die erfolgreiche Bewältigung. Auch bei Klient*innen kann man die Selbstwirksamkeit fördern, indem man gemeinsam herausfordernde Nahziele bestimmt, die mit gewisser Anstrengung erreichbar sind. Die Erfolge werden der eigenen Anstrengung zugeschrieben. Der Erfolg fördert die Überzeugung, dass sich Anstrengung auszahlt.

> **Übung**
>
> Denken Sie an eine herausfordernde Situation, die Ihnen demnächst bevorsteht. Welche Ressourcen werden Sie zu ihrer Bewältigung nutzen? Welche davon sind personaler Art, welche kommen aus dem sozialen Umfeld?

Kontrollüberzeugung

Eng verbunden mit einem positiven Selbstkonzept und einer hohen Selbstwirksamkeitserwartung ist die wahrgenommene Kontrollierbarkeit einer Situation (vgl. Kap. 4). Eine internale Kontrollüberzeugung (Rotter, 1966) ist die Überzeugung, Einfluss auf wichtige Ereignisse in seinem Leben nehmen zu können und damit „Schmied seines eigenen Glücks" zu sein. Eine solche Einstellung wirkt sich positiv auf die Bewältigung kritischer Lebensereignisse und die psychische und physische Gesundheit aus (Twenge et al., 2004).

5.2 Das Resilienzkonzept: Risiko- und Schutzfaktoren

Exkurs: Alte Menschen im Pflegeheim

In Pflegeheimen und Krankenhäusern haben Menschen häufig das Gefühl, die Kontrolle über ihr Leben verloren zu haben, was zu einer weiteren Verschlechterung ihres Gesundheitszustandes führen kann (Raps et al., 1982a, b). In einer Studie von Langer und Rodin (1976) sollte Insassen eines Pflegeheims ein größeres Kontrollgefühl gegeben werden. Der Heimleiter hielt eine Rede, in der er die Bewohnerschaft zu einer stärkeren Eigenverantwortlichkeit inspirierte und ihnen die Möglichkeit eröffnete, den eigenen Wohnraum umzugestalten sowie überhaupt auf Dinge Einfluss zu nehmen, mit denen sie unzufrieden waren. In einer Kontrollgruppe wies der Heimleiter zwar auch darauf hin, dass alle Insassen glücklich sein sollten, ohne jedoch Aspekte von Kontrolle über ihr Leben zu erwähnen. Es konnte festgestellt werden, dass diejenigen, die Kontrolle ausüben konnten, schon bald glücklicher und aktiver waren als diejenigen in der Kontrollgruppe. Die Intervention wirkte sich sogar auf die Gesundheit der Heimbewohnenden aus und hatte eine Reduktion der Sterbewahrscheinlichkeit für die folgenden anderthalb Jahre zur Folge (Rodin & Langer, 1977). Weitere Studien in diesem Bereich kommen zu ähnlichen Ergebnissen (Schulz, 1976; Aronson et al., 2011). ◄

Optimismus

Eine zuversichtliche und hoffnungsvolle Lebenseinstellung ist ebenfalls ein Schutzfaktor und geht einher mit Selbstwirksamkeit und internaler Kontrollüberzeugung. Optimismus als Persönlichkeitsmerkmal hat einen positiven Einfluss auf das Wohlbefinden. Er hängt eng mit anderen positiven Emotionen und mit einem positiven Selbstwert zusammen. Davon abzugrenzen ist ein unrealistischer Optimismus, der dazu führt, Risiken zu unterschätzen und Gefährdungen nicht ernst zu nehmen.

▶ **Merke!** Die Persönlichkeitsmerkmale

- Selbstwirksamkeit
- Selbstwert
- internale Kontrolle
- optimistische Lebenseinstellung

bilden ein zusammenhängendes Bündel von Schutzfaktoren. Sie sind eine Ressource, weil sie mit aktivem Verhalten und hilfreichen Stressverarbeitungsstrategien einhergehen.

Fallbeispiel: Traumabewältigung mithilfe einer optimistischen Grundeinstellung

Dieses Beispiel zeigt eindrucksvoll, wie eine optimistische Grundhaltung dabei hilft, das Trauma eines andauernden familiären Missbrauchs erfolgreich zu überstehen.

Fabienne Berg beschreibt in der Einleitung ihres Buches „Übungsbuch Resilienz: 50 praktische Übungen, die der Seele helfen, vom Trauma zu heilen" ihre eigene optimistische Grundhaltung trotz eines fortwährenden familiären sexuellen Missbrauchs.

„Als Kind war ich lange Jahre seelischen Belastungen ausgesetzt, und ich war so allein damit, wie man nur allein sein kann. Trotzdem glaubte ich immer an das Gute im Menschen und daran, dass auch in meinem Leben irgendwann alles gut werden würde. Dieser Glaube an ein gutes Ende war zum damaligen Zeitpunkt durch nichts wirklich begründet. Es gab keinen konkreten Hoffnungsschimmer, kein reales Anzeichen dafür, dass all das Schlimme irgendwann zu Ende sein würde. Und trotzdem: Ich blieb dabei. Alles wird gut. Ich war eine neunjährige Optimistin in einer schrecklichen Realität. Heute glaube ich, dass dieser kindliche Gutglaube mir mein Leben gerettet hat." (Berg, 2014, S. 11) ◄

Aufgaben

- Definieren Sie den Begriff Resilienz und führen Sie zwei Schutzfaktoren aus der Umwelt näher aus.
- Überlegen Sie sich eine Maßnahme zur Stärkung der Selbstwirksamkeit bei einem Kindergartenkind und bei einem Jugendlichen.

5.3 Soziale Unterstützung und soziale Kompetenz

Soziale Unterstützung ist eine fundamentale Größe zum Erhalt der physischen und insbesondere psychischen Gesundheit. Allein das Wissen darum, dass andere unsere Bedürfnisse erkennen und sie unterstützen, ist hilfreich – besonders in Stresssituationen. Menschen, die eine Unterstützung durch ihre Mitmenschen erfahren, bewältigen ihre Probleme leichter und sind deutlich gesünder als Menschen ohne soziale Unterstützung (Helgeson & Cohen, 1996; Stroebe & Stroebe, 1996).

Die Umweltressource „Soziale Unterstützung"
Soziale Unterstützung hat verschiedene Facetten. Emotionale Unterstützung zeigt sich in Liebe, Verständnis und Zuspruch. Bei der instrumentellen Unterstützung erfolgt die Unterstützung durch konkrete Maßnahmen, wie z. B. durch finanzielle Zuwendung oder Tätigkeiten wie Nachhilfe oder Babysitting. Man kann des Weiteren jemanden durch Informationen und Ratschläge und durch Entscheidungshilfen unterstützen.

Soziale Unterstützung hängt auch ab vom Grad der sozialen Integration, d. h. wie stark eine Person in ein soziales Netzwerk eingebunden ist. Soziale Integration ist gekennzeichnet durch die Größe des Netzes, den Grad der gegenseitigen Verpflichtung und die Häufigkeit des Kontaktes. Auch das Ausmaß der Gegenseitigkeit und der Ähnlichkeit der Mitglieder des sozialen Netzwerkes ist von Bedeutung. Bei einer fehlenden Integration spricht man von sozialer Isolation.

Eine Studie in den USA konnte zeigen, dass die *soziale Isolation* von Menschen mit einer 2- bis 3-mal so hohen Sterbewahrscheinlichkeit innerhalb der folgenden 12 Jahre

5.3 Soziale Unterstützung und soziale Kompetenz

verbunden war wie bei Menschen mit hoher sozialer Unterstützung (House et al., 1982; Aronson et al., 2011).

Abgesehen von solchen Zuständen der Isolation ist die Wahrnehmung von Unterstützung ein subjektiver Prozess. Die subjektive Überzeugung, dass man im Notfall Beistand bekommt, ist für die eigene Gesundheit bedeutsamer als die tatsächlich erhaltene Unterstützung.

Die wichtigsten Unterstützungssysteme sind Liebesbeziehungen, die Ehe und die Familie, weil hier die emotionalen Bindungen besonders stark sind. Deshalb stellen sie einen starken Resilienzfaktor im Falle von Krisen und Krankheiten dar. Eine hilfreiche Beziehung zeigt sich auch an einem bestimmten Sprachstil, der einen behutsamen emotionalen Ausdruck beinhaltet; er hat – im Gegensatz zu einem eskalierenden emotionalen Ausdruck (vgl. Abschn. 3.2.2, Expressed-Emotion) – unterstützende Auswirkung (Leff & Vaughn, 1985; Brückner, 2011).

Diese Art der familiären Kommunikation ist für das Erleben von Unterstützung entscheidend.

> **Fallbeispiel: Kommunikationsstil als Resilienzfaktor**
>
> In der Familie Maier hat der Ehemann vor Kurzem einen Herzinfarkt erlitten. Die Familie befindet sich im Prozess der Auseinandersetzung und Bewältigung der Krankheit. Neben der Qualität der medizinischen Behandlung und dem Erlernen eines neuen Lebensstils ist auch die Art und Weise der familiären Kommunikation von Bedeutung. Wenn etwa die Ehefrau ihrem Mann Vorwürfe macht, er sei selbst an dem Herzinfarkt schuld, weil er zu viel arbeite und zu wenig Sport treibe, und durch seine Krankheit die Familie im Stich lasse, gilt dies als ein eskalierender emotionaler Ausdruck. Ein solcher Kommunikationsstil kann auch durch übereifriges Engagement oder die Überzeugung, der Kranke sei seiner Krankheit hilflos ausgeliefert, gekennzeichnet sein. Ein konstruktiver Umgang mit der Krankheit wird dadurch behindert. Hingegen fördert ein eindeutiger, verständnisvoller und ressourcenorientierter Kommunikationsstil im Sinne eines behutsamen emotionalen Ausdrucks samt der Überzeugung, dass ein aktiver Umgang mit der Krankheit möglich ist, die Chance, eine Krankheit zu bewältigen. ◄

Die Unterstützung durch Familienmitglieder kann auf vielerlei Weise helfen und damit Stress reduzieren: Trost, Ermutigung, emotionale Zuwendung, Informationssuche, Motivieren können hilfreiche und entlastende Wirkungen entfalten. Soziale Unterstützung kann sogar die Verweildauer im Krankenhaus verkürzen. Männer, die wegen einer Bypassoperation auf der Intensivstation lagen, konnten diese früher verlassen, wenn sie häufig von ihren Partnerinnen besucht und von diesen emotional unterstützt worden waren (Kulik & Mahler, 1993).

Generell sind Männer im Fall von Krisen und Krankheit abhängiger von der Zuwendung ihrer Partnerin, die häufig gleichzeitig die engste Vertraute ist. Frauen haben in der Regel ein enger gestricktes Netz von wichtigen emotionalen Beziehungen, wo sie Entlastung finden (Böger et al., 2017).

Sozial integrierte Menschen, die mit Unterstützung rechnen, sind lebenszufriedener, gesünder und haben eine höhere Lebenserwartung als Menschen ohne Kontakte, die nicht mit Unterstützung rechnen.

Besonders im Krankheitsfall ist soziale Unterstützung wertvoll und kann sogar die Lebenserwartung bei schwerer Krankheit erhöhen, wie folgendes Experiment zeigt.

Exkurs: Wirkung von sozialer Unterstützung

In einer ethisch bedenklichen, für den hiesigen Kontext aber sehr aufschlussreichen Studie von Spiegel, Bloom, Kraemer und Gottheil (1989a, b) wurden Frauen mit fortgeschrittenem Brustkrebs auf zwei Bedingungen aufgeteilt: Eine Gruppe hatte die Möglichkeit, wöchentlich mit anderen Patientinnen und Ärzt*innen über ihre Probleme und Ängste zu sprechen (soziale Unterstützung), die andere Gruppe hatte diese Möglichkeit nicht. Es wurde festgestellt, dass sich die seelische Verfassung in der Gruppe mit sozialer Unterstützung deutlich verbesserte und sich die Lebenserwartung um 18 Monate erhöhte. In einer weiteren Studie konnte gezeigt werden, dass Patient*innen, deren Familienmitglieder in der Anwendung von sozialer Unterstützung geschult worden waren, ebenfalls eine erhöhte Lebenserwartung aufwiesen (Martire et al., 2004; Aronson et al., 2011). ◄

Berufsbezug

Soziale Unterstützung kann nur dann wirken, wenn die Adressaten die Bemühungen akzeptieren. Häufig empfinden Familien in Belastungssituationen (z. B. chronische Krankheit, geistige Behinderung eines Elternteils) die Unterstützung durch die Familienhilfe eher als eine Belastung und einen Eingriff in die Privatsphäre.

Ein*e Familienhelfer*in muss daher das emotionale Klima und die Gedankenwelt der betroffenen Familie erfassen. Emotionale Botschaften an sie sollten erkannt und angesprochen werden. Die Bewältigung belastender Situationen in der Familie wird durch den Abbau von Schuldzuweisungen (vgl. Kap. 3) und emotionaler Spannungen gefördert. Hierzu muss über die Krankheit/Behinderung aufgeklärt werden (Psychoedukation). Dabei gilt es, behutsam vorzugehen, aber auch nichts zu verschweigen, und problematische Kommunikationsmuster in der Familie anzusprechen. Zugleich sollten Methoden der Stressbewältigung besprochen werden. Von zentraler Bedeutung ist es, die in jeder Familie vorhandenen, familieneigenen Ressourcen zu aktivieren und so die Resilienz zu erhöhen. Dies können personenbezogene Ressourcen (kommunikative oder empathische Kompetenzen) sowie in der Umwelt liegende Ressourcen (gut auf die Bedürfnisse abgestimmte Wohnung, nahe gelegenes Krankenhaus mit besonderem Förderangebot o. Ä.) sein. Solche Ressourcen müssen in ihrem Wert und ihrer Funktion verdeutlicht werden, damit sie von den betroffenen Personen als solche erkannt und sinnvoll genutzt werden. ◄

Die personale *Ressource „hohe Sozialkompetenz"* ist ebenfalls eine wichtige Fähigkeit. Die Forschung hat nachgewiesen, dass sie dazu beiträgt, Risikofaktoren auszugleichen. Kinder mit hoher Sozialkompetenz haben gute Beziehungen zu ihren Klassenkamerad*innen (Werner, 1994), sind bei Gleichaltrigen und Erwachsenen beliebt und suchen bei auftretenden Problemen Unterstützung bei anderen (Flores et al., 2005). Die hohe Sozialkompetenz stellt lebenslang eine wichtige Ressource dar, weil sie persönliche und berufliche Beziehungsgestaltung ermöglicht und erleichtert und dabei hilft, Konflikte auf friedlichem und konstruktivem Weg zu lösen. Sie drückt sich in gelungener Kommunikation und Gesprächsführung aus. Da sie eine notwendige Basisfertigkeit in pädagogischen/sozialarbeiterischen Berufsfeldern ist und ein zentrales „Werkzeug" im professionellen Umgang mit Patient*innen darstellt, wird dieser Kompetenz ein eigenes Kapitel gewidmet.

Zusammenfassung
Die Resilienzforschung ist ein wichtiger Forschungszweig der Psychologie. Sie identifiziert personale und soziale Faktoren, die hilfreich bei der Bewältigung kritischer Lebenssituationen sind. Damit liefert sie relevante Informationen für das pädagogische und sozialarbeiterische Arbeitsfeld. Die Resilienzforschung geht davon aus, dass Menschen über Ressourcen verfügen. Es ist wichtig, protektive Faktoren zu kennen, damit man sie durch Präventionsmaßnahmen gezielt unterstützen und fördern kann. Ungünstige Lebensbedingungen werden nicht als Schicksal, sondern als veränderbar angesehen: Menschen können ihr Leben beeinflussen.

5.4 Grundlagen konstruktiver Gesprächsführung: Kommunikation und Konfliktlösung

„Helfende Berufe" sind Beziehungsberufe: Menschen in helfenden Berufen wie der Beratung und Psychotherapie, der Erziehung, der Pflege und Krankenversorgung, der Jugendarbeit – um nur einige Beispiele zu nennen – leisten bedeutsame Emotionsarbeit. Dabei wirken sich sozial-emotionale Fähigkeiten besonders positiv aus (Joseph & Newman, 2010). Diese „interpersonellen (zwischenmenschlichen) Fähigkeiten" oder auch sozialen Kompetenzen der Beraterperson werden in der Literatur übereinstimmend als unabdingbar für erfolgreiche Beratungsprozesse angesehen. Die Basisfertigkeiten stammen aus der klientenzentrierten Gesprächsführung nach Rogers.

5.4.1 Kommunikation und Interaktion

Um Menschen in Konfliktsituationen zu motivieren, ihre Probleme konstruktiv anzugehen und ihnen dabei zu helfen, ihre sie behindernden Ängste zu verstehen, muss man die Gefühle der Klient*innen wahrnehmen, durch Ansprechen verdeutlichen und auch in produktives Handeln umwandeln. Auch die eigenen Gefühle müssen erkannt, benannt und reflektiert werden. Zu interpersonellen Fähigkeiten zählen des Weiteren zuhören zu können, sich für Menschen zu interessieren, sensibel auf zwischenmenschliche Signale zu reagieren, aufrichtig zu sein, die Sprache angemessen einzusetzen und geistig aufmerksam und präsent zu sein. Dies sollte auf der Basis einer wertschätzenden und respektvollen Haltung geschehen. Es ist dabei hilfreich, wenn man leicht Kontakt herstellen kann und Beziehungen gestalten und aufrechterhalten kann. Solche zwischenmenschlichen Fähigkeiten werden in helfenden Berufen als wichtig für den eigenen Erfolg und die berufliche Zufriedenheit angesehen. (Joseph & Newman, 2010). Diese spezielle Beziehungsarbeit, die Menschen in helfenden Berufen leisten, wird auch als *Emotionsarbeit* bezeichnet.

▶ **Definition: Emotionsarbeit** Mit Emotionsarbeit ist der beruflich-professionelle Umgang mit den eigenen und den Emotionen des Gegenübers gemeint.

Berufsbezug

Sozial-emotionale Kompetenzen sind für eine erfolgreiche Tätigkeit speziell in helfenden Berufen eine wichtige Voraussetzung. Eine sozial kompetente Fachkraft im psychosozialen Berufsfeld

- hat keine Angst vor starken Gefühlen des Gegenübers; sie entängstigt ihr Gegenüber dadurch, dass sie seine Gefühle aufgreift
- schafft ein Klima der Wertschätzung
- vermittelt Empathie
- ermöglicht einen konstruktiven Umgang mit Konflikten
- ist hilfreich und entwicklungsfördernd
- ist genauso fürsorglich zu sich selbst wie zu anderen und unterstützt damit auch ihre eigene Gesundheit, weil sie dadurch der emotionalen Erschöpfung, dem Burn-out, vorbeugt (Nizielski et al., 2013). ◀

Da im Umgang mit Menschen ein wesentliches Handwerkszeug die gelungene Kommunikation ist, sind die Kenntnis erfolgreicher Kommunikationsstrategien und das Training eines günstigen Interaktionsverhaltens für Fachkräfte in „helfenden Berufen" unerlässlich. Deshalb werden im folgenden Abschnitt wesentliche Elemente einer erfolgreichen Kommunikation vorgestellt, die gleichzeitig Merkmale des Resilienzfaktors „hohe Sozialkompetenz" sind. Die meisten Elemente stammen aus der klientenzentrierten Gesprächsführung nach Rogers und wurden bereits in Kap. 3 beschrieben. Im Folgenden sollen diese Merkmale erneut betrachtet werden, diesmal unter dem Aspekt der praktischen Anwendung.

Die klientenzentrierte Grundlage eines förderlichen Gesprächs besteht aus genauem Zuhören, Empathie und einem hohen Maß an Selbstbeobachtung (Wahrnehmen eigener

5.4 Grundlagen konstruktiver Gesprächsführung: Kommunikation und Konfliktlösung

Gedanken und Gefühle). Durch Authentizität und Transparenz bringt die psychosoziale Fachkraft sich selbst ein; sie ist damit nicht nur ein gutes Modell für den angstfreien Umgang mit den eigenen Gefühlen, sondern strukturiert und leitet auch das Gespräch. Des Weiteren schafft die klientenzentrierte Gesprächsführung ein Klima des Respekts und der Wertschätzung. Das Gegenüber wird in seiner ureigenen Art und Weise angenommen. Auf dieser Basis können Ziele und Lösungen gesucht, gefunden und umgesetzt werden. Die Merkmale einer solchen hilfreichen Gesprächsführung können gelernt und trainiert werden. Diese Gesprächsmerkmale beinhalten bereits alles, was sozial-emotionale Kompetenz ausmacht.

Bedeutsame Handlungskonzepte auf der Basis der klientenzentrierten Sichtweise sind die gewaltfreie Kommunikation nach Rosenberg (2016) und die Konfliktlösungsmethode nach Gordon. Ein sehr bekanntes Kommunikationsmodell ist das Modell von Schulz von Thun, das nicht nur das sichtbare Kommunikationsverhalten des Menschen beschreibt und analysiert, sondern auch die dahinterstehenden Motive und Persönlichkeitsmerkmale sowie systemische Aspekte integriert. *Im Weiteren erfahren Sie mehr darüber.*

Liebe Leser*innen, ein Lehrbuch stieße an seine Grenzen, wollte es praktische Kompetenzen bzw. Haltungen wie Empathie, Wertschätzung und Selbstreflexion nicht nur erläutern, sondern auch beibringen. Das kann nur „im realen Tun", anhand von Rollenspielen mit anderen Menschen, im Rahmen von Fortbildungen geschehen und ist für Sie als pädagogische und sozialarbeiterische Fachkraft sehr empfehlenswert.

Was meint der Begriff der sozial-emotionalen Kompetenz?
Der Begriff der „emotionalen Intelligenz" ist seit dem Bestseller von Goleman (1996) etabliert und eine Sammelbezeichnung für verschiedene Persönlichkeitsmerkmale und Fertigkeiten, welche die Wahrnehmung und den Umgang mit den eigenen und den Gefühlen anderer steuern. Ihr wird eine große Bedeutung für kompetentes und erfolgreiches Handeln im zwischenmenschlichen Bereich zugesprochen. Goleman (a. a. O.) fasst darunter individuelle Fähigkeiten wie Selbstbewusstheit, Selbstmotivation, Selbststeuerung und Empathie. Zur zwischenmenschlichen Kompetenz gehören sowohl die soziale Komponente als auch die emotionale Komponente; emotionale Kompetenzen wie etwa Empathie kommen erst im Sozialkontakt zum Ausdruck und werden damit relevant. Im Folgenden wird deshalb der Begriff der sozial-emotionalen Kompetenz verwendet.

▶ **Definition: Sozial-emotionale Kompetenz** Sozial-emotionale Kompetenz ist das kognitive und gefühlsmäßige Verstehen der eigenen und der fremden Emotionen und das Regulieren dieser Gefühlszustände bei sich und anderen.

Ein differenziertes Konzept, das insbesondere diesen Interaktionsaspekt berücksichtigt, stammt von Saarni (2002). Sie definiert 8 sozial-emotionale Fertigkeiten:

- Fähigkeit, sich seiner eigenen Emotionen bewusst zu sein: Was fühle ich gerade?
- Fähigkeit, die Emotionen anderer wahrzunehmen und zu verstehen (Empathie mit anderen): Was fühlt mein Gegenüber gerade?

- Fähigkeit, über Emotionen zu kommunizieren: Wie geht es dir gerade?
- Fähigkeit zur Trennung von emotionalem Erleben und emotionalem Ausdruck: Das gezeigte Ausdrucksverhalten meines Gegenübers entspricht nicht unbedingt seinem Gefühlszustand.
- Fähigkeit, mit negativen Emotionen und Stresssituationen umzugehen (Emotionsregulation): Ich lasse meinem Ärger keinen freien Lauf, sondern zähle innerlich bis 20.
- Fähigkeit, sich der emotionalen Kommunikation in sozialen Beziehungen bewusst zu sein: Es geht nicht immer um die Sache, auch wenn es so scheint.
- Fähigkeit zur Selbstwirksamkeit: Ich kann meine Emotionen beeinflussen.

Saarni misst dem Wahrnehmen und Verstehen von Emotionen bei sich selbst und bei anderen eine zentrale Rolle zu. Das nennt man *Empathie* (vgl. Kap. 3). Empathie beinhaltet, die eigenen und die Gefühle anderer zu erkennen, zu unterscheiden und zu benennen. Man versteht nicht nur die Perspektive des anderen, sondern empfindet auch mit ihm. Die Emotionsregulation (vgl. Kap. 1 und 2) umfasst Strategien, positive und negative Emotionen zu bewältigen (vgl. Kap. 1). Sie ist eine wichtige Voraussetzung für psychische Gesundheit. Emotionale Selbstwirksamkeit bezieht sich auf die Akzeptanz des eigenen emotionalen Erlebens. Man vertraut dem eigenen emotionalen Erleben und kann es auch beeinflussen.

▶ **Definition: Empathie** Empathie ist die Einfühlung in die Welt des anderen. Es ist ein Vorgang, bei dem man nicht nur das Gegenüber kognitiv versteht, sondern auch an seiner Emotion teilnimmt, emotional mitschwingt und dadurch versteht, was der andere fühlt (Bischof-Köhler, 2009).

Blättern Sie zurück und vergleichen Sie die Definition der sozial-emotionalen Kompetenz mit der Definition der Empathie. Fällt Ihnen der enge Zusammenhang zwischen beiden Konzepten auf? Gibt es überhaupt einen Unterschied?

Ja, es gibt einen Unterschied: Empathie ist ein Prozess innerhalb einer Person, er ist innerpsychisch. Sozial-emotionale Kompetenz umfasst zusätzlich den Aspekt des Handelns: Es ist empathisches Handeln in sozialen Situationen.

Fallbeispiel: „Wahrnehmen und Verstehen von Emotionen" als Komponente von sozial-emotionaler Kompetenz

Die 13-jährige Sarah empfindet Trauer und Ärger über eine schlechte Note. Sie kann diese Gefühle deutlich spüren und auch benennen. Sie weiß, dass diese Gefühle vorübergehend sind. Sie weiß auch, welche Strategien sie wählen muss, damit die schlechte Stimmung verfliegt: Entweder trifft sie sich mit Freunden, oder sie joggt eine Runde durch den Wald und hört dabei ihre Lieblingsmusik in voller Lautstärke. ◀

Die Komponenten der sozial-emotionalen Kompetenz finden sich im Konzept der klientenzentrierten Gesprächsführung nach Carl Rogers wieder. Ein hilfreiches und professionelles Gespräch zeichnet sich nach ihm durch *Wertschätzung*, *Empathie* und *Echtheit* aus (vgl. Kap. 3).

Eine wertschätzende beratende Person bewertet ihr Gegenüber nicht. Ihre *Wertschätzung* ist bedingungslos, d. h. nicht an die Erfüllung bestimmter Bedingungen gebunden. Sie kommt damit dem Grundbedürfnis eines jeden Menschen entgegen, akzeptiert und anerkannt zu werden, insbesondere, wenn er verunsichert und ängstlich ist. Die entgegengebrachte Wertschätzung ermöglicht es ihm, die eigenen Gefühle und Gedanken kennenzulernen und zu äußern.

Beispiel: Wertschätzung

Die Patientin erzählt der Krankenhausmitarbeiterin: Die Ärzte wollten mich unbedingt zu einem Eingriff überreden. Sie waren verärgert, als ich ablehnte, und machten mir Vorwürfe. Erst als die Schwester kam und meine Hand nahm, konnte ich sagen, dass ich große Angst hatte vor dem Eingriff, auch weil meine Mutter damals, als ich noch ein Kind war, an einem Eingriff gestorben ist. Sie hörte mir zu und konnte meine Bedenken verstehen. Es war für sie völlig in Ordnung. Später habe ich mich doch noch für den Eingriff entschieden. Im Nachhinein denke ich, dass ich einfach jemanden brauchte, der meine Ängste verstand und mich deshalb nicht verurteilte. So konnte ich das einfach mal loswerden. ◄

Tipps zum wertschätzenden Verhalten

- Durch aufmerksames Zuhören das – echte – Interesse zeigen
- Zugewandte Körperhaltung und Blickkontakt
- Gespräch auf Augenhöhe führen, kein Schreibtisch zwischen beiden, beide sitzen
- Sorge, Anteilnahme bekunden
- Anerkennung bekunden. ◄

Empathie meint, sich in die Welt des anderen hineinzuversetzen und zu verstehen, wie der andere sich selbst und seine Umwelt wahrnimmt. Die beratende Fachkraft greift nichtbewertend die Gefühle des Gegenübers auf. Die Gefühle werden von Klient*innen vielleicht gar nicht ausgesprochen, sondern müssen von der Fachkraft erspürt werden. Wenn man sich einfühlsam auf den anderen einlässt, erspürt man auch widersprüchliche Aussagen oder Gefühle.

Beispiel: Empathie

„Sie sagen, es geht Ihnen gut, aber Ihre Stimme klingt für mich traurig." ◄

Übung

Denken Sie an Ihre eigene Kindheit. Reflektieren Sie Situationen, in denen Sie unglücklich oder frustriert waren. Wie reagierten Ihre Eltern, wenn Sie Ihre Stimmung mitteilten? Gab es Situationen, in denen Sie sich verstanden fühlten, weil die Reaktion empathisch war? Gab es auch Situationen, in denen Ihre Gefühle bewertet und abgeblockt wurden?

Diese Art des konzentrierten und engagierten Zuhörens wird auch als „*aktives Zuhören*" bezeichnet, weil es ein hohes Maß an Aufmerksamkeit, Mitdenken und Mitfühlen verlangt.

Die Methode des aktiven Zuhörens soll es dem Gegenüber erleichtern, sich mit sich selbst auseinanderzusetzen. Sie ist ein „Türöffner", der zur Reflexion ermutigt. Das aktive Zuhören ist angewandte Empathie: Es stellt eine Wechselwirkung dar, bei welcher die zuhörende Person eigene Hypothesen und Erklärungen zurückstellt und sich bemüht, den anderen wirklich zu verstehen; sie gibt ihm Rückmeldung und bietet keine vorschnellen Lösungen an. Es ist eine Anregung zur Entdeckung der eigenen Empfindungen.

Diese Art des Zuhörens erleichtert es einem verängstigten Menschen, über das zu sprechen, was ihn belastet. Sie hat heilende Wirkung, weil sie von bedrückenden Gefühlen befreit. Sie zeigt die Bereitwilligkeit zu helfen und teilt mit, angenommen zu sein. Dadurch wird ein Prozess in Gang gesetzt, bei dem man sich selbst von einer übergeordneten Warte, einer Metaebene, betrachtet. Dieser Prozess wird Reflexion genannt.

Exkurs: Richtiges Zuhören

Besonders in helfenden Berufen ist die Annahme weit verbreitet, dass das Gegenüber hilflos ist. Man selbst als Helfer*in kennt die richtige Lösung. Man möchte den anderen gerne zur Lösung „bringen".

Lesen Sie sorgfältig das folgende „Gedicht" von Thomas Gordon durch. Welches Menschenbild erkennen Sie dahinter? Blättern Sie zurück zu Kap. 3: Das humanistische Erklärungsmodell.

Zuhören
Wenn ich dich bitte,
mir zuzuhören,
und du fängst an, mir Ratschläge zu geben,
dann tust du nicht, worum ich dich bitte.
Wenn ich dich bitte,
mir zuzuhören,
und du fängst an, mir zu erzählen,
warum ich so und nicht anders fühlen muss,
trampelst du auf meinen Gefühlen herum.
Wenn ich dich bitte,
mir zuzuhören,
und du denkst, du musst etwas tun,
um mein Problem zu lösen,
hast du mich nicht verstanden,
so merkwürdig das klingen mag.
Hör zu!

Alles, worum ich dich gebeten habe,
war zuzuhören,
nicht zu sprechen oder etwas zu tun …
nur, mir zuzuhören.
Ich kann selbst für mich sorgen.
Ich bin nicht hilflos.
Vielleicht mutlos und unsicher,
aber nicht hilflos.
Wenn du etwas für mich tust,
was ich selbst für mich tun kann,
verschlimmerst du meine Angst
und mein Gefühl der Unzulänglichkeit.
Doch wenn du als simple Tatsache akzeptierst,
dass ich fühle, was ich fühle,
wie unvernünftig es auch immer sein mag,
brauche ich nicht mehr zu versuchen,
dich zu überzeugen,
und kann mich endlich wieder
der Frage zuwenden,
was sich hinter diesem irrationalen Gefühl verbirgt.
Wenn das klar ist,
liegen die Antworten auf der Hand,
und ich brauche keinen Rat.
Irrationale Gefühle offenbaren ihren Sinn, wenn wir
verstehen, was sich hinter ihnen verbirgt.
Vielleicht ist das der Grund,
warum Gebete wirken – manchmal für manche Menschen …
weil Gott stumm ist,
und keine Ratschläge erteilt oder versucht,
die Dinge in Ordnung zu bringen.
Er (oder sie) hört einfach zu
und lässt es uns selber machen.
Also hör mir bitte zu,
hör mich einfach an,
und wenn du sprechen möchtest,
warte eine Minute,
bis du dran bist …
dann hör ich dir zu.

(Gordon, 2013, S. 78 f.) ◂

▶ **Definition: Reflexion** Reflexion ist ein Prozess der Selbstbeobachtung, ein kritisches und vergleichendes Nachdenken über das eigene Innenleben: die Gefühle, Motive und Gedanken. Das aktive Zuhören will diesen Prozess anstoßen und vertiefen – und zwar auf beiden Seiten: Die psychosoziale Fachkraft und die Klient*innen sind gefordert, ihr eigenes Verhalten kritisch zu reflektieren.

Exurs: Wie höre ich empathisch und aktiv zu?
- Stellen Sie offene Fragen („Wie fühlen Sie sich?"). Sie bieten dem anderen die Möglichkeit zu erzählen. Geschlossene Fragen können nur mit ja oder nein beantwortet werden.
- Konzentrieren Sie sich auf die Stimmungslage des Gegenübers. Sachliche Fragen sollten zwar geklärt werden, wichtiger ist aber die Besprechung der Gefühle.
- Teilen Sie dem Gegenüber mit, was Sie von seiner Gefühlslage verstanden haben. Damit teilen Sie Ihr Bemühen mit, ihn zu verstehen – ohne Bewertungen oder Verurteilungen.
- Drängen Sie dem Gegenüber kein Thema auf, sondern greifen Sie seine Äußerungen auf.
- Stellen Sie eigene Überlegungen oder Fragen zunächst beiseite.
- Halten Sie Pausen aus. Manchmal benötigt es Zeit, sich zu überwinden und etwas Persönliches auszusprechen. Lösen Sie sich von dem Gedanken, dass Pausen peinlich sind und möglichst schnell überbrückt werden müssen. Es gibt verschiedene Arten von Pausen: schöpferische, bedrückende, nachdenkliche. Bei vielen und langen Pausen hilft ein Nachfragen, was gerade im anderen Menschen vorgeht.

Vielleicht werden Sie jetzt einwenden, dass der anstrengende und oftmals hektische Berufsalltag keinen Raum für aktives Zuhören zulassen wird und die dafür verwendete Zeit später bei anderen Tätigkeiten fehlt.
Durch aktives Zuhören wird jedoch Zeit gewonnen, denn

- aktives Zuhören hilft der anderen Person, mit heftigen Gefühlen fertig zu werden und sich davon zu befreien. Sie kann sich entspannt und ohne Angst wieder auf andere Dinge konzentrieren, denn heftige Gefühle lenken ab.
- Aktives Zuhören hilft bei der Problemlösung, da es ein lautes Durchdenken ermöglicht.
- Aktives Zuhören hilft zu verstehen, dass man vor Emotionen keine Angst haben muss. Vielmehr erkennt man, dass Selbstreflexion sehr hilfreich ist.
- Aktives Zuhören belässt die Verantwortung für die Problemlösung beim anderen.
- Menschen, denen aktiv zugehört wird, öffnen sich leichter für neue Ideen und Vorschläge, sie sind kompromissbereiter.
- Aktives Zuhören führt zu einer besseren Beziehung, weil sich das Gegenüber wertgeschätzt fühlt.

Fallbeispiel: Wie aktives Zuhören entängstigt und der Pflegeperson Zeit erspart

Der Patient auf der chirurgischen Station „nervt" das Pflegepersonal durch permanentes, offenbar grundloses Klingeln. Jede Minute schellt er ausdauernd, klagt dann unkonkret über Schmerzen oder hat diffuse Wünsche, die nicht nachvollziehbar erscheinen. Das Pflegepersonal wird zunehmend verärgert, es fühlt sich tyrannisiert und will mit dem Patienten nichts mehr zu tun haben. Schließlich stellt es die Klingel ab. Die Krankenhaussozialarbeiterin findet einen Patienten vor, der vor Angst und Erregung völlig außer sich ist. Nach sehr kurzer Zeit, in der sie die Gefühle des Patienten empathisch aufgreift und widerspiegelt, erfährt sie, dass der Patient bei der Visite verstanden hat, dass seine Blutuntersuchung einen Aids-Befund ergeben habe. Er bekam Todesangst, die sich „kodiert" (verschlüsselt) äußerte, nämlich in ständigem Herbeischellen des Pflegepersonals, das ihm Trost spenden sollte, denn Alleinsein war ihm in dieser Situation unerträglich. Das Pflegepersonal konnte sein Verhalten nicht dekodieren (entschlüsseln). Das Missverständnis eines Aids-Befundes konnte daraufhin schnell aufgelöst werden. Der Patient beruhigte sich augenblicklich und „nervte" nicht länger.

Am Beispiel zeigt sich, wie aktives Zuhören Zeit und Nerven schont. Es verbessert darüber hinaus Beziehungen, weil die Kommunikation ehrlicher ist. Dadurch hilft es, nicht nur Konflikte erfolgreicher zu lösen, sondern auch das Arbeitsklima zu verbessern. ◄

Häufig werden Gespräche aber nicht wertschätzend und empathisch geführt. Man traut dem Gegenüber nicht zu, dass es selbst in der Lage ist, eine Lösung zu finden, und bietet ihm Lösungen an (vgl. Exkurs Richtiges Zuhören). Das geschieht in guter Absicht, blockiert jedoch Lösungen, weil es den anderen nicht ernst nimmt und ihm etwas aufzwingt. Gordon nennt folgende Kommunikationstechniken, die verhindern, dass das Gegenüber sich äußert, weil es sich beurteilt, kritisiert oder ausgefragt fühlt. Damit stellen sie *Kommunikationssperren* dar, die ein konstruktives Gespräch verhindern:.

- befehlen, bestimmen
- warnen, drohen
- moralisieren, predigen
- Ratschläge erteilen, Lösungen geben
- argumentieren, mit Logik überzeugen
- urteilen, kritisieren
- in Schubladen stecken, lächerlich machen
- interpretieren, analysieren
- beruhigen, trösten, bagatellisieren
- ausfragen, verhören
- ablenken.

(vgl. Gordon, 2013, S. 60 f.)

Diese „Straßensperren" enthalten Herabsetzungen und Bewertungen. Sie nehmen den anderen nicht ernst, verharmlosen („So schlimm ist das doch gar nicht") und signalisieren dadurch, dass kein Interesse besteht, sich mit dem Problem wirklich auseinanderzusetzen, sondern es viel besser ist, das Problem zu leugnen. Damit verhindern sie, dass Gefühle offen ausgesprochen werden; sie blockieren Entwicklung und konstruktive Veränderung. Sie sind das Gegenteil einer konstruktiven, professionellen Gesprächsführung.

Das dritte Merkmal einer hilfreichen Haltung, die *Echtheit* oder Authentizität, zeigt sich in einer Haltung ohne Fassade; sie ist transparent, d. h. sie lässt die eigenen Gefühle durchscheinen.

Die psychosoziale Fachkraft täuscht z. B. kein Verständnis vor, wenn sie keines aufbringen kann. Sie überspielt keine Unsicherheiten, sie gibt nicht vor, etwas zu verstehen.

Beispiel: Echtheit

Die Beraterin zur Klientin: „Was Sie erzählen, finde ich schlimm. Ich bin sehr erschrocken." ◄

Durch Echtheit bringt man sich selbst ein. Man thematisiert seine eigenen Gefühle und konfrontiert andere damit. Es ist Empathie mit sich selbst. Authentisch sein bedeutet auch das Eintreten für seine eigenen Wünsche und das Durchsetzen der eigenen Interessen. Diese Selbstempathie ist genauso wichtig für gelungene Kommunikation und eine konstruktive Konfliktlösung wie die Empathie mit anderen.

Exkurs: Nähe-Distanz-Skala

Betrachten Sie die Nähe-Distanz-Skala (in Anlehnung an von Kanitz, 2021, S. 226). Das Ausmaß an Nähe bzw. Distanz ist ein bedeutsames und auch konfliktbehaftetes Merkmal einer Beziehung. Die Skala beschreibt am Nähe-Pol Verbundenheit und das Eingehen auf andere, Empathie und Kooperation: Man befindet sich gefühlsmäßig beim Gegenüber. Am Pol der Distanz finden sich Autonomie, Individualität und Abstand. Die eigenen Gefühle sind bedeutsamer als die des anderen: Man ist gefühlsmäßig bei sich selbst und setzt dem anderen Grenzen. In einem erfolgreichen professionellen Kontakt sollte die helfende Person in der Lage sein, sich möglichst flexibel zwischen diesen beiden gegensätzlichen Polen zu bewegen. Diese Balance gehört zur sozial-emotionalen Kompetenz und ist für ein gelingendes soziales Miteinander wichtig (Döring-Seipel & Seip, 2016). Das gilt auch für andere Beziehungsformen wie Liebesbeziehungen und Eltern-Kind-Beziehungen.

Nähe	Distanz
Verbundenheit	Autonomie
Empathie	Individualität
Kooperation	Abstand ◄

> **Übung**
>
> Verorten Sie sich selbst auf der Nähe-Distanz-Dimension. Finden Sie sich eher in der Harmonie und Nähe zu anderen Menschen wieder, oder fühlen Sie sich am wohlsten, wenn sie frei und unabhängig Ihren eigenen Interessen nachgehen können? Wenn Sie mehr über Ihre „Gefühlsheimat" erfahren möchten, lesen Sie den Klassiker „Grundformen der Angst" von Fritz Riemann (2019). Sie gehen damit einen wichtigen Schritt in Richtung Selbstreflexion.

5.4.2 Konstruktive Konfliktlösung nach Gordon

Gordon hat dieses Modell der zwischenmenschlichen Beziehungsgestaltung mithilfe von Wertschätzung, Empathie und Echtheit zu einem sehr praxisorientierten Modell der konstruktiven Konfliktlösung ausgebaut. Er entwickelte ein erlernbares Trainingsprogramm zur Konfliktlösung und zur Streitschlichtung für unterschiedliche Lebensbereiche wie Familie, Liebesbeziehungen, Schule und Beruf (Gordon, 2012a, b, c, 2013).

Sein Konfliktlösungsmodell sieht ein „niederlageloses" Ergebnis vor, eine Win-Win-Lösung, die keine Verlierer*innen, sondern nur Gewinner*innen kennt. Eine solche Konfliktlösung, die beide Konfliktparteien zufriedenstellt, erreicht man durch die bereits beschriebenen Komponenten:

- empathisches Eingehen auf das Gegenüber durch aktives Zuhören
- sich selbst klar und deutlich ausdrücken durch Ich-Botschaften
- eine Kompromisslösung ohne Niederlage und Gesichtsverlust.

Empathie bedeutet in diesem Fall, die Perspektive der anderen Konfliktpartei zu übernehmen und dadurch Verständnis für ihre Position zu entwickeln. Ihr Verhalten wird nachvollziehbar.

Eine Ergänzung zum aktiven Zuhören ist die *Ich-Botschaft*. Während aktives Zuhören empathisches Verhalten mit dem Gegenüber bedeutet, ist die Ich-Botschaft Ausdruck der Empathie mit dem eigenen Erleben und Ausdruck von Echtheit und Transparenz. Voraussetzung für diese Strategie ist eine geschärfte Selbstwahrnehmung. Sie führt zu Offenheit gegenüber dem eigenen Erleben und stellt einen Schlüssel zur Durchsetzungsfähigkeit dar: Ich-Botschaften sind konfrontativ. Es wird eindeutig eine Position bezogen und damit Verantwortung für das eigene Gefühl übernommen: „Das möchte, brauche, will ich."

In Konfliktsituationen beinhalten Ich-Botschaften den eigenen Ärger; er wird jedoch niemals abwertend und etikettierend („Ihr seid rücksichtslos!") ausgedrückt. Solche Botschaften werden als *Du-Botschaften* bezeichnet. Rosenberg, der das Konzept der gewaltfreien Kommunikation entwickelte, nennt sie „Wolfssprache" (Baller & Schaller, 2017, S. 66 ff.), weil sie den anderen bekämpfen. Sie üben Druck aus, der wiederum Gegendruck erzeugt und die Beziehung verschlechtert. Du-Botschaften sind deshalb unwirksame Maßnahmen zur Konfliktlösung. Sie entwerten das Gegenüber und lösen deshalb eine Verteidigungsposition oder eine Trotzreaktion aus. In jedem Fall verhindern sie jedoch die Bereitschaft zu einer konstruktiven Konfliktlösung. Sie entsprechen nicht dem geforderten respektvollen Umgang miteinander.

Demgegenüber bewertet eine gute Ich-Botschaft nicht, sondern beschreibt das Verhalten des Gegenübers, ihre Konsequenz und die Auswirkung auf das eigene Erleben. Diese Methode wendet jemand an, der sich durch das Verhalten anderer beeinträchtigt, irritiert oder gestört fühlt.

Bei der Ich-Botschaft besteht das Ziel darin, eigenes Verhalten zu reflektieren und dazugehörende Gefühle zu verbalisieren: Wie fühle ich im Moment? Das teile ich als eine ehrliche Botschaft mit und bleibe authentisch. Rosenberg legt des Weiteren Wert auf das Mitteilen des eigenen Bedürfnisses und die Äußerung einer Bitte. Bedürfnisse sind die Ursache für Gefühle, und das Erkennen der Bedürfnisse hilft beim Verstehen der eigenen Gefühle. Auch das Gegenüber wird eher die Ich-Botschaft nachempfinden und erfüllen, wenn sie diese nicht als Forderung erlebt, sondern das Bedürfnis dahinter erkennt. Das Erkennen der eigenen Bedürfnisse erfordert Reflexionsfähigkeit, das Äußern erfordert Selbstbewusstsein.

> **Beispiel: Ich-Botschaft: Beschreibung der Situation, des Gefühls, des Bedürfnisses, der Bitte.**
>
> Falsch: „Ich fühle mich vernachlässigt." Das ist eine verkappte Du-Botschaft. Sie ist ein Vorwurf und heißt: „Du vernachlässigst mich."
>
> Richtig: „Diese Woche habe ich jeden Abend allein verbracht (Situation). Ich fühlte mich einsam und traurig (Gefühl). Denn ich habe ein Bedürfnis nach Nähe, Gemeinschaft, Kontakt (Bedürfnis). Ich bitte dich, nächste Woche zwei bis drei Abende mit mir gemeinsam zu verbringen (Bitte)." ◄

Ich-Botschaften sind ein Baustein sozial-emotional kompetenten Verhaltens, weil sie

- bei der Empfangsperson die Bereitschaft fördern, sich zu ändern
- nicht verletzen
- im Gegensatz zu Du-Botschaften keine Bewertungen enthalten und daher auch die Beziehung nicht gefährden.

Die Methode der Konfliktlösung „ohne Niederlage"
Konflikte sind in zwischenmenschlichen Beziehungen unvermeidlich. Es sind Situationen, in denen Verhaltensweisen oder Bedürfnisse zweier oder mehrerer Personen in einen Gegensatz geraten. Ihre konstruktive Lösung führt zu einer Verbesserung der Beziehung.

Meist laufen Konfliktlösungen nach einem Konzept von Sieg oder Niederlage ab: Es ist ein Machtkampf, den der oder die Stärkere gewinnt. Im Arbeitsbereich wird die vorgesetzte Person meistens gewinnen. Das gewaltfreie Modell nach Gordon und Rosenberg lehnt solche Lösungen ab, da sie weder einen respektvollen, partnerschaftlichen Umgang miteinander noch eine grundsätzliche Annahme und Akzeptanz der anderen Person oder das Fördern eines gleichberechtigten Dialogs beinhalten.

Die Konfliktbewältigung nach Gordon läuft ohne Niederlage ab. Es handelt sich dabei um einen Prozess, bei dem beide Parteien mögliche Lösungen einbringen und dann gemeinsam entscheiden, welche der Lösungen die beste zur Befriedigung der Bedürfnisse beider Seiten ist. Eine befriedigende Lösung kann erst gefunden werden, nachdem durch Ich-Botschaften und aktives Zuhören das Problem samt Motiven und Bedürfnissen auf beiden Seiten klar umrissen ist.

▶ **Merke!** Die psychosoziale Fachkraft wendet in professionellen Gesprächen Perspektivenübernahme (Empathie) und Selbstreflexion (Echtheit) an. Sie ist dem anderen nahe (Empathie) und wahrt gleichzeitig die nötige Distanz, um den Überblick zu behalten und ihr eigenes Verhalten zu beobachten (Selbstreflexion). Ihr Verhalten und Erleben sind für das Gegenüber transparent und nachvollziehbar. Ein solches Gesprächsverhalten ist ein aktiver Prozess, der erlernt werden kann.

5.4.3 Das Kommunikationsmodell von Schulz von Thun

Beziehungen können durch bestimmte Kommunikationsmuster hergestellt und vertieft werden oder auch zerstört werden (vgl. die Kommunikationssperren nach Gordon). Kommunikation ist ein dynamischer (veränderlicher) Prozess, bei dem man auf die Signale des Gegenübers reagiert. Dabei kann es zu zahlreichen Missverständnissen kommen. Sprache stellt nämlich nur einen kleinen Teil von Kommunikation dar. Wichtiger ist, wie jemand etwas sagt: Tonfall, Gesichtsausdruck und Körperhaltung sagen oft mehr über das innere Erleben aus als Worte. Auch ein Schweigen kann vielsagend sein.

Weil zwischenmenschliche Kommunikation häufig uneindeutig ist, ist genaues Hinhören notwendig: Verbale und nonverbale Mitteilungen stimmen oft nicht überein, sondern widersprechen sich sogar. Das nach außen gezeigte Ausdrucksverhalten einer Person entspricht also nicht unbedingt ihrem emotionalen Zustand.

Das empathische Erkennen und Widerspiegeln dieser nicht geäußerten, verschlüsselten Botschaft, die häufig ein Gefühl oder ein Bedürfnis beinhaltet, ist wichtig, da es dem Gegenüber bei der Klärung seines Problems weiterhilft, und zwar durch die Wahrnehmung seines Gefühls und seines Bedürfnisses. Erst dann kann das Bedürfnis eventuell erfüllt werden. Eine empathische Haltung vermeidet vorschnelle Ratschläge, vielmehr hilft es dem Gegenüber dabei, an sein eigentliches Problem zu gelangen. Sie enthält keine Kommunikationssperren. Diese Art der Gesprächsführung wird durch das aktive Zuhören verwirklicht. Man erleichtert dem anderen die Akzeptanz des eigenen Erlebens und ermöglicht ihm dadurch das, was Saarni (2002) als „emotionale Selbstwirksamkeit" bezeichnet.

Schulz von Thun hat ein umfassendes Kommunikationsmodell aufgestellt (2010a, b), das Missverständnisse und Widersprüche in der Kommunikation analysiert und Auswege vorschlägt. Sein Modell ist integrativ, weil es Postulate der humanistischen Psychologie (aktives Zuhören, Ich-Botschaften) mit Aspekten der Psychoanalyse (unbewusstes Verhal-

Abb. 5.2 4 Seiten einer Nachricht. (Schulz von Thun, 2010a, S. 30)

ten, Bedeutung der Biografie) und systemische Sichtweisen (Kommunikationsverhalten) verbindet.

Nach dem Vier-Seiten-Modell der Kommunikation (Schulz von Thun, 2010a) findet ein Austausch zwischen zwei Menschen auf 4 Kommunikationsebenen – der Inhaltsebene, der Beziehungsebene, der Selbstoffenbarung und des Appells – statt. Die Kommunikationsparteien bezeichnet er als Sender und Empfänger. Der Sender sendet eine Botschaft, der Empfänger nimmt sie auf und interpretiert sie auf seine eigene Weise.

Sendende können Empfangenden etwas Sachliches mitteilen, Wissen übermitteln. Häufig äußert sich dabei auch die Art der Beziehung zwischen beiden. Nach Schulz von Thun geht mit jeder Mitteilung auch eine Selbstoffenbarung einher: Freiwillig oder unfreiwillig teilen Sendende etwas von der eigenen Persönlichkeit mit. Fast immer soll auch mit einer Mitteilung etwas bewirkt werden, man möchte auf den/die Empfänger*in Einfluss nehmen:. Der/die Sendende sendet einen Appell. Diese 4 Seiten einer Nachricht werden in Abb. 5.2 verdeutlicht. Wie die Abbildung zeigt, enthält ein und dieselbe Nachricht viele unterschiedliche Botschaften.

Die ankommende Nachricht
Die 4-seitige Nachricht enthält neben den expliziten (ausgesprochenen) Botschaften auch implizite (indirekte, nicht ausgesprochene) Botschaften: Motive und Gefühle. Dieses Paket an Nachrichten kommt nun bei der Empfangsperson an, die auch 4 Kanäle hat, an. Sie muss die Nachricht entschlüsseln und kann dabei ihre 4 Ohren unterschiedlich stark einschalten (vgl. Abb. 5.3).

Bei einer erfolgreich verlaufenden Kommunikation stimmen die gesendete und die empfangene Nachricht überein. Sender und Empfänger können die Verständigung überprüfen, indem der Empfänger zurückmeldet, wie er die Nachricht entschlüsselt hat, er gibt

5.4 Grundlagen konstruktiver Gesprächsführung: Kommunikation und Konfliktlösung

Selbstoffenbarungs-Ohr
Was ist das für einer?
Wie geht es ihm?
Was ist mit ihm los?

Sach-Ohr
Wie ist der Sachverhalt zu verstehen?
Um welche Information handelt es sich?

Beziehungs-Ohr
Wie steht er zu mir?
Wie findet er mich?
Was denkt er über mich?

Appell-Ohr
Was soll ich tun, denken und fühlen?
Was wird von mir erwartet?

Abb. 5.3 Die 4 Empfangsohren einer Botschaft. (Schulz von Thun, 2010a, S. 45)

ein Feedback. Eine solche Rückmeldung an den anderen ist sozial-kompetentes Verhalten, weil es Missverständnissen vorbeugt.

▶ **Definition: Feedback** Ein Feedback ist eine Rückmeldung der Empfangsperson an die Senderperson, wie sie die Botschaft verstanden und erlebt hat. Gutes Feedback ist konkret, reflektiert und wertschätzend. Es ist beschreibend, nicht wertend und beruht auf Gegenseitigkeit (von Kanitz, 2015).

> **Beispiel: Feedback – Eine Rückmeldung über das, was ich wahrnehme**
>
> Die Erziehungsberaterin macht ihrer Klientin, einer Mutter, einen Vorschlag zur Beziehungsgestaltung mit ihrem Sohn. Die Mutter runzelt die Stirn. Die Erziehungsberaterin ärgert sich und denkt: Meine Vorschläge stoßen auf Widerwillen. Sie wird davon wieder nichts umsetzen. Sie holt sich Feedback und fragt: „Sie runzeln die Stirn. Was ist los?" Die Klientin antwortet: „Ich habe furchtbare Kopfschmerzen und das Gespräch strengt mich an."
> Die Interpretation des Empfangsvorgangs war falsch:
> Wahrnehmung: Stirnrunzeln.
> Interpretation: Das Gegenüber ist widerwillig.
> Gefühl: Ärger.
> Die Feedback-Frage konnte die Interpretation korrigieren.
> *Kommentar:* Feedback einholen ist sozial-kompetentes Verhalten. Es beugt Missverständnissen in der Kommunikation vor oder korrigiert diese. ◀

Es zeugt von Sozialkompetenz, als Empfangsperson die unterschiedlichen Ohren flexibel zu benutzen. Je nachdem, auf welchem Ohr ich antworte, nimmt die Kommunikation einen unterschiedlichen Verlauf.

Kommunikationsprobleme können des Weiteren auftreten, wenn die empfangende Person vorwiegend mit einem einzigen Empfangsohr hört. Sie nimmt dann die an sie gerichteten Nachrichten einseitig wahr. Sachbotschaften hört sie etwa immer mit dem Beziehungsohr (sie fühlt sich sofort persönlich angegriffen), oder Selbstoffenbarungen (Weinen) werden einseitig als Appell (sie will mich manipulieren und mir Schuldgefühle machen) interpretiert. Ein großes Appellohr kann sich auch in der ständigen Erfüllung der Wünsche anderer zeigen, die eigenen Bedürfnisse stehen im Hintergrund. Ein großes Selbstoffenbarungsohr der beratenden Fachkraft (was teilt mir mein Gegenüber mit seiner Bemerkung über seine momentane Befindlichkeit mit) ist hilfreich. Wenn es jedoch nur noch angewendet wird und jede Bemerkung des anderen auch im Privatbereich psychologisiert wird („,,das sagst du doch jetzt nur, weil du …"), wird es zum Problem.

Kommunikationsforscher wie u. a. Schulz von Thun und Watzlawick gehen davon aus, dass vermeintlich sachliche Mitteilungen oft eine Aussage über die Beziehung der beiden Kommunikationsteilnehmenden machen.

> **Beispiel: Informationsfrage zu Sachinhalt enthält Hinweis über die Beziehung**
>
> Die Mutter einer Multiproblemfamilie fragt die Familienberaterin zum wiederholten Mal:
> „Und wann genau sind Sie in Urlaub?"
> Sachebene: Die Klientin will es wissen, um z. B. ihre Termine mit den Lehrkräften ihrer Kinder zu verschieben, bis die Familienberaterin wieder da ist und sie dabei unterstützen kann.
> Beziehungsebene: „Ohne dich bin ich hilflos, du bist unersetzbar für mich."
> Selbstoffenbarung: „Ich schaffe es einfach nicht allein."
> Appell: „Fahr nicht so lang weg!"
> *Kommentar:* Die Bedeutung kann nur durch die Sprache erfragt werden. Die nonverbalen Signale (Gestik, Mimik) und der Tonfall geben Hinweise, wie die Botschaft gemeint ist. Wird die Botschaft falsch dekodiert, d. h. übersetzt, kann ein Beziehungskonflikt entstehen. ◄

▶ **Merke!** Im Beziehungskontext muss das Nonverbale, das Zwischen-den-Zeilen-Mitgeteilte, entschlüsselt und korrekt übersetzt werden. Nur so kann man auf die Gefühlslage der anderen Person eingehen und ihr weiterhelfen.

Wie kommt es zu Empfangsfehlern? Eine Ursache für die negative Interpretation harmloser Botschaften kann ein schwaches Selbstwertgefühl sein. Es reagiert auf sachliche Kritik mit Kränkung.

> **Beispiel: Empfangsfehler**
>
> Sachebene: Aktenordner
> Sender*in auf der Sachebene: „Du hast die Akten gestern alle unsortiert in den Schrank zurückgestellt. Wenn sie alphabetisch angeordnet sind, finden wir das Notwendige schneller."
> Empfänger*in auf der Beziehungsebene: „Wenn du es besser kannst, mach es doch selbst." ◄

5.4 Grundlagen konstruktiver Gesprächsführung: Kommunikation und Konfliktlösung

Abb. 5.4 Metakommunikation: Von einem Balkon den Konflikt betrachten. (Angefertigt von Sabrina Hilz)

Hilfreiche Auswege sind nach Schulz von Thun Empathie im Sinne des „aktiven Zuhörens" und die Kenntnis von Abwehrmechanismen (vgl. Kap. 3). Oft hilft auch die Metakommunikation. Sie ist das Sprechen über die Art des Umgangs miteinander. Man begibt sich aus der Situation und betrachtet sie von einer übergeordneten Warte. Schulz von Thun nennt diesen Ort der distanzierten Betrachtung „Feldherrenhügel" (Schulz von Thun, 2010a, S. 92). Manchmal findet man in der Literatur auch das Bild des Balkons, von dem man auf den Streit herunterschaut und auf diese Weise (inneren) Abstand schafft (Abb. 5.4).

▶ **Definition: Metakommunikation** Metakommunikation ist die Kommunikation über die Kommunikation, also eine Auseinandersetzung über die Art des Umgangs miteinander. Man tritt aus der Situation heraus und betrachtet sie von außen. Neben der Thematisierung des Kommunikationsverhaltens ist auch das Thematisieren von Beziehungsaspekten zwischen zwei Personen eine Metakommunikation. Für beides ist Selbstreflexion notwendig.

Beispiel: „Immer, wenn ich das Thema Aufräumen anspreche, gehst du aus dem Raum. Ich würde das Problem gern gemeinsam mit dir lösen."

> **Zusammenfassung und Berufsbezug**
>
> Wer im psychosozialen Bereich tätig ist, benötigt interpersonelle Kompetenzen für den professionellen Umgang mit Menschen. Dabei geht es nicht in erster Linie um die Anwendung einfacher Techniken. Denn selbst die bloße Weitergabe von Informationen ist eine komplexe Interaktion, die schieflaufen kann. Bei jeder Interaktion spielen die Persönlichkeit der Beraterperson, ihr Wertesystem und ihre Identität eine wichtige Rolle. Es handelt sich um einen persönlichen Kontakt, bei dem die Beraterperson sich als Person einbringt. Sie selbst ist das „Werkzeug". Als hilfreich wurde eine Einstellung beschrieben, die erlernbar ist und sich auszeichnet durch Wertschätzung, Empathie und eine authentische Haltung. Ausdruck findet eine solche Haltung z. B. in Selbstreflexion, um Feedback bitten, aktivem Zuhören, Ich-Botschaften und anderen wichtigen Hilfsmitteln. Das reichhaltigste Rüstzeug zum Erlernen von Sozialkompetenz liefert die klientenzentrierte Gesprächsführung.

Aufgaben

- Definieren Sie sozial-emotionale Kompetenz. Aus welchen Komponenten besteht sie?
- Nennen Sie 5 Kommunikationssperren und jeweils ein Beispiel dafür.
- Denken Sie an einen Konflikt, den Sie vor Kurzem mit jemandem hatten, und formulieren Sie Ihre Position als Ich-Botschaft.
- Wenden Sie das Vier-Ohren-Modell von Schulz von Thun auf die Aussage „Du hast mich lange nicht mehr angerufen!" an. Was könnte der Satz jeweils auf dem entsprechenden Ohr bedeuten?
- Welche Merkmale kennzeichnen ein Feedback, und welche Bedeutung hat es im Rahmen einer Interaktion?

5.5 Die Umweltressource Erziehungsstil: Was Kinder brauchen

Wir gehen mit anderen so um, wie andere mit uns umgegangen sind. (Selma Fraiberg, 1980)

Die Familie stellt eine bedeutende soziale Ressource dar. Das trifft besonders bei einem liebevollen, unterstützenden und strukturierenden Elternverhalten, einem hohen Zusammenhalt, einer konstruktiven Kommunikation und einer harmonischen Elternbeziehung zu. Im Falle aber von chronischer Disharmonie, psychischer Krankheit der Eltern, Gewalt und Missbrauch ist die Familie kein Schutzfaktor, sondern ein Risikofaktor für eine gelungene Entwicklung. Auf beide Aspekte wird im Folgenden eingegangen.

5.5 Die Umweltressource Erziehungsstil: Was Kinder brauchen

Erziehung geschieht zuerst durch die Eltern. Elternschaft beginnt in dem Moment, in dem die Eltern von der Schwangerschaft erfahren. Der Übergang zur Elternschaft ist ein bedeutsamer Statuswechsel, der in der Entwicklung einer Elternidentität (einer Mutter- bzw. einer Vateridentität) besteht: Die Tochter wird selbst Mutter und nimmt damit den Status der eigenen Mutter ein. Das Gleiche gilt für den Sohn, der Vater wird. Das beinhaltet eine Auseinandersetzung mit der mütterlichen/väterlichen Rolle und damit eine Auseinandersetzung mit den eigenen Eltern: eine Identifikation mit der eigenen Mutter (Vater) als Prototyp der elterlichen Figur, aber auch eine innere Trennung von den eigenen Eltern. Der Erwerb dieser Elternidentität ist die wichtigste Aufgabe beim Übergang zur Elternschaft (Schneewind, 2010; Gloger-Tippelt, 1991).

Elternschaft beinhaltet eine hohe soziale Verantwortung. Es ist deshalb besonders erstaunlich, dass sie keine besondere Ausbildung, keinen Fähigkeitsnachweis, wie ihn etwa der Führerschein darstellt, erfordert. Elternpflichten sind eine privatisierte Aufgabe, und Kindererziehung ist nicht als professionelle Arbeit anerkannt. Eltern sind also denkbar schlecht gerüstet für diese herausfordernde Aufgabe.

▶ **Definition: Elternidentität** Mutter- oder Vateridentität ist die innere, subjektive Sicht der Person von sich selbst als Mutter bzw. Vater; ihre Entwicklung besteht in dem wachsenden Bewusstsein, Vater/Mutter zu werden und dessen emotionalem Erleben. Damit sollte einhergehen, dass die Eltern ihr Kind von Geburt an als eine eigene Persönlichkeit anerkennen, die zu respektieren ist.

Exkurs: Elterntraining 1

Das SAFE-Präventionsprogramm (Brisch, 2011) setzt bereits in der Schwangerschaft an. Es ist ein primäres Präventionsprogramm, weil es eine sichere Bindungsentwicklung zwischen Eltern und Kind fördert und damit eine Bindungsstörung verhindern will. Werdende Eltern können sich im Elternprogramm SAFE mit praktischen Fragen auseinandersetzen (Wie beruhige ich mein Baby, wenn es stundenlang schreit? Kann man ein Baby verwöhnen? Wie kann ich eine gute Beziehung zu ihm aufbauen und seine Entwicklung fördern?). Besonders relevant ist die Auseinandersetzung mit der Frage: Wie kann ich verhindern, dass ich unbewusst eigene belastende Kindheitserlebnisse an mein Kind weitergebe? Die Teilnehmenden haben die Möglichkeit, sich mit ihren unbewussten Projektionen (Ängsten, Wünschen, Phantasien) auf ihr ungeborenes Kind zu beschäftigen, diese bewusst werden zu lassen und sie in der Folge möglichst zu verändern (vgl. Kap. 3, Rollenzuschreibungen). ◀

Erziehung findet vornehmlich in der Familie statt. Außerfamiliäre Institutionen wie die Kita bzw. der Kindergarten, die Schule und Freizeiteinrichtungen werden jedoch zunehmend immer früher zu Orten der Sozialisation durch Erziehung.

Berufsbezug

Außerfamiliäre Institutionen wie die Kita bzw. der Kindergarten, die Schule, Kinderheime und Freizeiteinrichtungen sind wesentliche berufliche Handlungsfelder für Pädagog*innen und Sozialarbeiter*innen. Weitere wichtige Aufgaben sind die Erziehungsberatung und die Durchführung von Erziehungsprogrammen. Die Kenntnis über konstruktive Erziehungsstile, die Selbstreflexion über eigene Kindheitserfahrungen in Bezug auf Erziehung und die eigene Einstellung zum erzieherischen Umgang mit Menschen sind deshalb bedeutsame Themen für diese Berufsgruppen. ◄

Die Vorstellungen über eine „richtige" Erziehung sind kulturabhängig; außerdem ändern sie sich über die Zeit. In Deutschland war Erziehung in der Nachkriegszeit bis in die späten 70er-Jahre geprägt von den preußischen Tugenden des Gehorsams, der Pflichterfüllung und der Selbstdisziplin. Nicht mündige Personen, sondern autoritätshörige Personen waren das Ziel der Erziehung. Das änderte sich im Zuge der 68er-Bewegung, die unter anderem auch die antiautoritäre Erziehung als Protest gegen die bis dahin vorherrschende „schwarze Pädagogik" hervorbrachte. Unter „schwarzer Pädagogik" soll hier eine erzieherische Haltung verstanden werden, die von Gewalt, Einschüchterung und Erniedrigung geprägt ist. Die Demokratisierung einer Gesellschaft hat Einfluss auf die Demokratisierung der Erziehungsstile, gleichzeitig ist die Familie der innerste Kern der Gesellschaft, aus der sich die Gesellschaft entwickelt.

▶ **Definition: Familie** Eine Gruppe von Menschen, die sich nahestehen und durch dauerhafte Beziehungen miteinander verbunden sind. Sie besteht aus mindestens zwei Generationen und stellt einen erzieherischen und sozialisatorischen Kontext für die Entwicklung der Mitglieder bereit (nach Hofer, 2002, S. 6).

Die Familie in den westlichen Industrienationen hat sich im Laufe der letzten Jahre bezüglich ihrer Struktur (Berufstätigkeit der Mutter, väterliche Elternzeit, Patchworkfamilien, Alleinerziehende usw.) und bezüglich ihrer Erziehungsziele gewaltig verändert. Familien haben sich immer weiter in Richtung eines demokratischen Umgangs entwickelt. Sprachen sich Anfang der 1950er-Jahre noch über die Hälfte der Deutschen in Umfragen für eine autoritäre Erziehung mit körperlicher Bestrafung und den Zielen Gehorsam und Unterordnung aus, standen 1995 die Werte Selbstständigkeit und freier Wille im Vordergrund der elterlichen Erziehungsziele (vgl. Abb. 5.5).

In noch späteren repräsentativen Umfragen gab die Hälfte der Befragten an, ihren Kindern mehr demokratische Entscheidungsfreiheit zu geben, als sie es selbst erlebt hatten, und Selbstvertrauen und Autonomie wichtiger zu finden als Pflichterfüllung, Fleiß und Unterordnung (BMFSFJ, 2010). Eine Studie der Konrad-Adenauer-Stiftung (KAS, 2018) stellte fest, dass gegenwärtig der „Verhandlungshaushalt" den „Befehlshaushalt" als Familienmodell endgültig abgelöst hat.

Diese Entwicklung schlug sich in der Reform des § 1631 Abs. 2 BGB im Jahr 2000 nieder, der Gewalt in der Erziehung unter Strafe stellt: Es heißt:

5.5 Die Umweltressource Erziehungsstil: Was Kinder brauchen

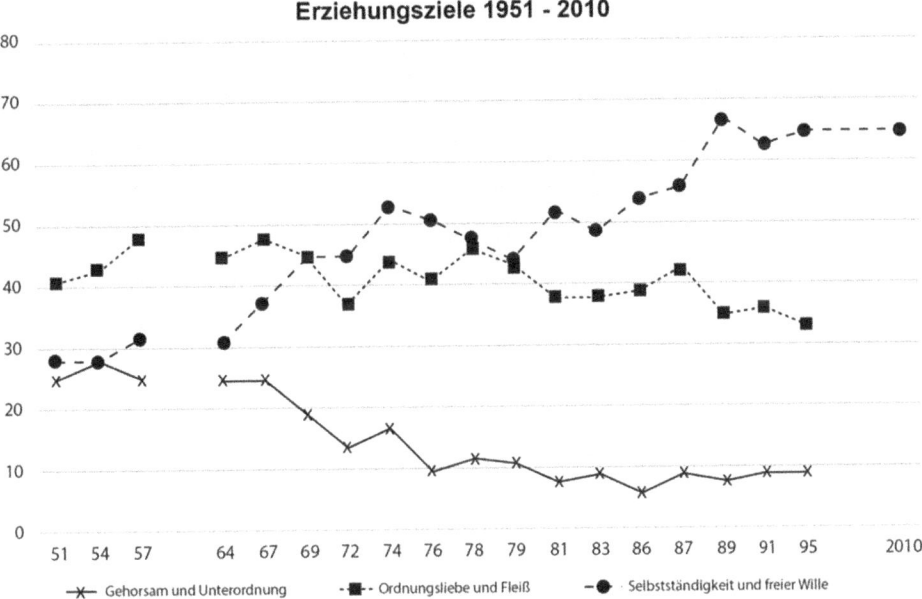

Abb. 5.5 Wandel der Erziehungsstile. (Gensicke, 1996; BMFSFJ, 2010)

„Kinder haben ein Recht auf gewaltfreie Erziehung. Körperliche Bestrafungen, seelische Verletzungen und andere entwürdigende Maßnahmen sind unzulässig."

Dieser Wertewandel lässt sich als zunehmende Wertschätzung der kindlichen Persönlichkeit beschreiben (Stein, 2013). Welche Formen der elterlichen Einflussnahme tragen am ehesten dazu bei, Kinder zu kompetenten, empathischen und lebensbejahenden Menschen zu machen?

Auf der Basis umfangreicher Studien machte Baumrind (1966) zwei elterliche Einstellungen aus, die zentral für Erziehungsprozesse sind:

1. *Dimension: elterliche Wärme, Unterstützung und Akzeptanz*
2. *Dimension: elterliche Kontrolle, Anforderungen und Grenzsetzung.*

Anhand der unterschiedlichen Ausprägung dieser beiden Dimensionen unterteilt man elterliches Verhalten in 4 Erziehungsstile:

- den autoritären Stil
- den demokratischen (autoritativen) Stil
- den permissiven Stil (Laissez-faire-Stil)
- den vernachlässigenden Stil.

(vgl. Abb. 5.6)

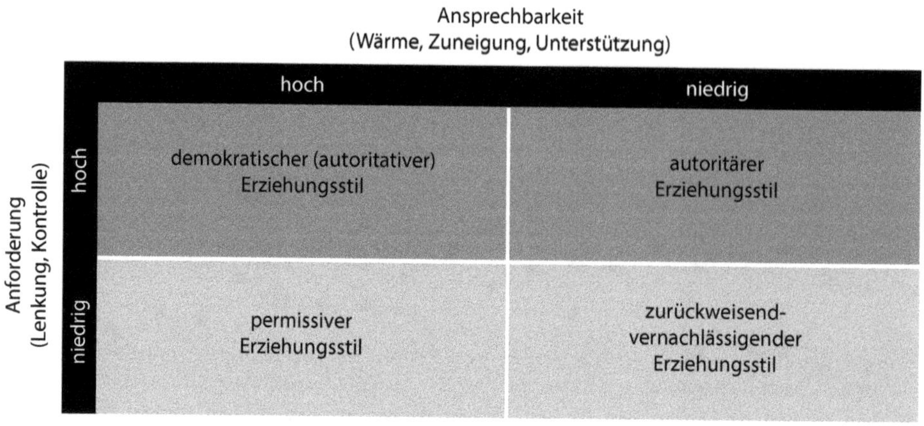

	Ansprechbarkeit (Wärme, Zuneigung, Unterstützung)	
	hoch	**niedrig**
Anforderung (Lenkung, Kontrolle) — hoch	demokratischer (autoritativer) Erziehungsstil	autoritärer Erziehungsstil
niedrig	permissiver Erziehungsstil	zurückweisend-vernachlässigender Erziehungsstil

Abb. 5.6 Die 4 Erziehungsstile nach Baumrind (1966)

Inzwischen ist durch zahlreiche Untersuchungen nachgewiesen, dass der *demokratische Erziehungsstil* die besten Voraussetzungen für eine günstige Entwicklung schafft (z. B. Kracke & Noack, 2008; Grolnick & Farkas, 2002). Eltern mit einem demokratischen Stil haben eine emotional warmherzige, liebevolle und unterstützende Beziehung zu ihren Kindern. Auf dieser Basis stellen sie jedoch auch altersangemessene Anforderungen an ihre Kinder, kontrollieren sie und setzen klare Grenzen. Innerhalb dieser Grenzen gewähren sie Freiräume und fördern Selbstständigkeit. Die Eltern sind grundsätzlich gesprächsbereit, diskutieren und erklären Regeln; sie wertschätzen die Meinung ihrer Kinder.

Kinder, die mit einem demokratischen Erziehungsstil aufgewachsen sind, entwickeln eine Reihe von wünschenswerten Eigenschaften. Dazu gehören schulische und soziale Kompetenz, Selbstvertrauen, Eigenständigkeit, Selbstkontrolle sowie psychosoziale Reife (vgl. Fuhrer, 2009).

Der demokratische Erziehungsstil ist anspruchsvoll und verlangt engagierte Eltern; er fordert ständigen Einsatz, Bereitschaft zu Auseinandersetzung, emotionale Stabilität und Handlungssicherheit. Eltern stehen ihren Kindern als Interaktionspartner*innen zur Verfügung, bieten Lernerfahrungen und regen vielseitig ihre Entwicklung an; ebenso wirken sie aber auch erzieherisch auf ihre Kinder ein. Schneewind (2010) fasst das Resultat einer solchen Erziehung folgendermaßen zusammen: „Kompetente Eltern haben kompetente Kinder."

Autoritäre Eltern stellen ebenfalls hohe Anforderungen an ihre Kinder, sind dabei aber nicht liebevoll und wertschätzend. Sie unterbinden Autonomiebestrebungen und achten die Bedürfnisse der Kinder nicht. Sie diskutieren nicht die Regeln, sondern verlangen Gehorsam. Ein wesentliches Erziehungsmittel sind Strafen, die den Willen des Kindes beeinflussen oder sogar brechen sollen. Es ist ein machtorientierter Erziehungsstil, häufig mit körperlichen Strafen verbunden.

Kinder, die in dieser Weise erzogen werden, sind oft konform und gehorsam, können aber auch mit Trotz und Widerstand reagieren. Sie sind wenig selbstbewusst, wenig wissbegierig und wenig sozial kompetent. Kinder, die körperlich bestraft werden, zeigen Problemverhalten. Unter anderem reproduzieren sie die erlebte Gewalt dann gegen Gleichaltrige.

Permissive Eltern zeigen hohe emotionale Wärme, stellen aber keine Anforderungen. Sie sind nachgiebig und nehmen ihren Kindern Pflichten ab. Sie wollen ihre Kinder von Zwängen befreien, indem sie entweder verwöhnen und behüten oder indem sie Freiräume bieten, um selbst von Erziehungsverantwortung entlastet zu sein.

Diese Kinder sind oft wenig verantwortungsbewusst, wenig selbstbewusst und wenig leistungsbezogen. Sie sind impulsiv und unbeherrscht.

Exkurs: Verwöhnung

Eine verwöhnende Erziehungshaltung ist dem permissiven Erziehungsstil zuzuordnen. Es ist eine übertrieben beschützende Haltung, die zu viel an Hilfsbereitschaft, Besorgnis, Entlastung und Geschenken anbietet. Gleichzeitig mangelt es an

- Zutrauen
- Ermutigung
- Zuversicht
- Forderung
- Autonomieförderung
- Grenzsetzung

dem Kind gegenüber (Frick et al., 2018). Dieser Erziehungsstil hindert Kinder an wichtigen Erfahrungen. Sie lernen weder Anstrengung noch Ausdauer und werden auch um das Glücksgefühl nach einer erfolgreichen eigenen Leistung gebracht. So kann sich weder ihr Selbstwert- noch ihr Selbstwirksamkeitsgefühl entwickeln. Sie bleiben abhängig, hilflos und passiv. ◀

Vernachlässigende Eltern haben kein Interesse an ihrem Kind. Sie sind emotional gleichgültig und stellen keine Forderungen. Sie minimieren Zeit und Aufwand für ihr Kind. Häufig leben sie sozial randständig, sind psychisch krank oder drogenabhängig. Es gibt aber auch den Fall der „Wohlstandsverwahrlosung": Das Kind bekommt alles, was es materiell will, aber weder Zuwendung noch Struktur durch Regeln und Anforderungen. Die Kinder haben oft Bindungsprobleme, sind impulsiv und delinquent (z. B. Liebenwein & Weiß, 2012).

Inkonsistente Eltern verhalten sich unbeständig und ohne Regeln. Ein inkonsistentes Erziehungsverhalten ist kein eigenständiger Erziehungsstil, sondern kann sich mit anderen ungünstigen Stilen vermischen. Mit „inkonsistent" ist ein Erziehungsverhalten ohne klare Normen gemeint. Es gibt keine festen Regeln. Heute darf das Kind fernsehen, morgen nicht, übermorgen bekommt es sogar Prügel, wenn es fernsehen will. Für Kinder ist nicht erkennbar, was richtig und was falsch ist, da die Eltern jedes Mal anders reagieren.

▶ **Merke!** Plädoyer für eine demokratische Beziehung! Erziehung ist Beziehung!
Liebe Leser*innen,
Erinnern Sie sich noch an die Konfliktlösungsvorschläge von Gordon?
Gordon schlägt einen Umgang des gegenseitigen Respekts vor, bei dem man sich zuhört (aktives Zuhören), seine eigenen Bedürfnisse klar und ohne Vorwürfe äußert (durch Ich-Botschaften) und schließlich – im Falle eines Konfliktes – kompromissbereit nach einer gemeinsamen Lösung sucht. Gordon hat diesen Interaktionsstil ausführlich in *Familienkonferenz* (2012b) beschrieben. Er nennt diesen Umgang der Wertschätzung, Empathie und Authentizität, bei dem weder der Erwachsene dominiert (autoritärer Stil), noch das Kind den Ton angibt (permissiver Stil), sondern man sich offen austauscht und auf die gegenseitigen Bedürfnisse eingeht, den *demokratischen Umgangsstil*. Nach Gordon ist das die Basis eines zwischenmenschlichen Umgangs. Erziehung besteht demnach aus einer guten Beziehung und ist ohne diese gar nicht möglich. Die Beziehung muss auf Gegenseitigkeit beruhen, auch wenn sie nicht gleichberechtigt sein kann.

Die Erziehung zu verantwortungsvollen Bürger*innen ist eine wichtige Aufgabe unserer Gesellschaft. Nimmt man diese Aufgabe ernst, darf man die eigenen pädagogischen Maßnahmen nicht auf Macht stützen, da man auf diese Weise keine verantwortungsvollen Menschen erzieht: Disziplinierung mittels Machtanwendung hält in Abhängigkeit und Unreife und bereitet allenfalls auf das Leben in einer Diktatur vor.

Eine positive elterliche oder pädagogische Autorität dagegen wird respektiert. Sie ist nach Hurrelmann (1994) geprägt von einer authentischen Haltung, die sie als Person erkennbar macht. Sie ist ein gutes Vorbild, hat ein offenes Ohr für Kinder und unterstützt sie bei ihrer Selbstentwicklung.

Achtung fördert Selbstachtung, die wiederum Voraussetzung für den Aufbau eines Selbstwertgefühls ist. Dieses schützt vor schlechten Bewältigungsmechanismen wie Aggressionen, Selbstaggressivität und Depressionen.

Eine so verstandene Erziehung ist ein anspruchsvoller, aber lohnender Prozess!

Der Familienpsychologe Schneewind vertritt ebenfalls ein humanistisch-demokratisches Verständnis von individueller Entwicklung, bei dem sowohl Gemeinsinn als auch Eigenständigkeit wichtig sind. Er unterteilt die elterlichen Kompetenzen in Beziehungs- und Erziehungskompetenzen. Schneewind hat einen interaktiven Elternführer (*Freiheit in Grenzen* 2018) für die Erziehung von Vorschul-, Grundschulkindern und Jugendlichen entwickelt, in dem er die Kompetenzen von Eltern stärken will. Er macht auch deutlich, was er unter Freiheit in Grenzen, Freiheit ohne Grenzen und Grenzen ohne Freiheit versteht.

Exkurs: Elterntraining 2

In dem interaktiven Elternführer von Schneewind (2018) werden anhand typischer Filmszenen aus dem Familienalltag die unterschiedlichen Erziehungsstile verdeutlicht. Eltern können sich für verschiedene Lösungsmöglichkeiten entscheiden und diese mithilfe von Reflexionsaufgaben diskutieren. Das Trainingsprogramm will elterliche Kompetenzen im Sinne des demokratischen Stils stärken.

Kompetenzen, die Eltern auszeichnen:

- Wissen über die Entwicklung von Kindern
- Wertvorstellungen, Lebensziele, Entwicklungsziele für die Kinder
- die Fähigkeit, eigene Emotionen zu kontrollieren, überlegt zu handeln
- flexibel, veränderungsoffen zu sein
- von dem Einfluss eigenen Handelns überzeugt zu sein
- eigene Fehler eingestehen zu können.

Elterliche Kompetenzen, die auf das Kind gerichtet sind:

- psychisch und physisch Zuneigung zeigen zu können
- Empathiefähigkeit: offene und verdeckte kindliche Bedürfnisse zu erkennen
- kindliche Eigenständigkeit anzuerkennen und Freiräume zu gewähren
- kindliche Entwicklungspotenziale zu erkennen und helfen, diese zu verwirklichen
- kindliche Kompetenzentwicklung zu fördern (Grenzen erweitern) und unangemessenes Verhalten zu verhindern (Grenzen setzen).

Das Training unterscheidet 3 verschiedene Formen der Freiheit:

Freiheit ohne Grenzen ist gekennzeichnet von elterlicher Nachgiebigkeit und fehlendem Engagement. Es spiegelt den permissiven Stil wider.

Grenzen ohne Freiheit spiegelt den autoritären Erziehungsstil wider. Hohe Forderungen, harte Sanktionen und ein Beziehungsklima, das durch mangelnde Liebe und Wärme gekennzeichnet ist, können der Nährboden für einen von Gewalt geprägten Umgang mit den Kindern sein.

Freiheit in Grenzen bezeichnet den demokratischen Erziehungsstil mit den Merkmalen Unterstützen und Eingehen auf die kindlichen Bedürfnisse, aber auch Grenzen setzen und Erwartungen an die Kinder stellen. Eigenständigkeit wird gewährt.

Worin zeigt sich elterliche Wertschätzung?

- Die Einmaligkeit und Besonderheit des Kindes werden anerkannt.
- Kinder werden respektvoll behandelt.
- Kinder werden unterstützt und bekommen Hilfe, wenn sie diese brauchen.
- Eltern freuen sich, mit ihren Kindern zusammen zu zu sein und genießen gemeinsame Aktivitäten.

Was heißt „fordern und Grenzen setzen"?

- Eltern trauen ihren Kindern etwas zu und stellen Forderungen.
- Eltern scheuen die Konflikte mit ihren Kindern nicht, tragen diese aber konstruktiv aus.

- Eltern vertreten ihren Kindern gegenüber überzeugend eigene Meinungen.
- Eltern setzen dem Entwicklungsstand der Kinder angemessene Grenzen und bestehen auf Einhaltung.

Was heißt „Gewährung von Eigenständigkeit"?

- Die Bedürfnisse der Kinder werden ernst genommen.
- Die Eltern sind prinzipiell gesprächs- und kompromissbereit.
- Sie ermöglichen ihren Kindern ein Optimum an eigenen Entscheidungen. Dadurch stärken sie Selbstverantwortlichkeit und Entscheidungsfähigkeit.
- Sie geben ihren Kindern die Möglichkeit, eigene Erfahrungen zu sammeln. ◄

Es gibt eine Vielzahl von Elterntrainings. Manche wollen das Verhalten ändern, andere wollen die Beziehungen verändern. Die meisten Konzepte vermitteln eine demokratische Erziehungshaltung. Eine Sammlung der in Deutschland verbreiteten Erziehungsprogramme findet sich bei Tschöpe-Scheffler (2006).

Exkurs: Verbreitete Elterntrainings

Elterntrainings, die sich an werdende Eltern bzw. Eltern mit Babys richten, sind z. B. *SAFE* (Brisch, 2011) und *STEEP* (Erickson & Egeland, 2016). STEEP ist ein Programm für Hochrisikomütter. Es ist für die Zeit von der Schwangerschaft bis zum 2. Lebensjahr des Kindes konzipiert. Ziele sind der Aufbau einer sicheren und positiven Mutter-Kind-Beziehung und eines sozialen Netzes, um Kindeswohlgefährdung zu vermeiden.

Elternkurse für Familien mit Kindern und Jugendlichen sind neben der Familienkonferenz von Gordon (2012b) und dem interaktiven Programm von Schneewind (2018) z. B. das Programm des Deutschen Kinderschutzbundes *Starke Eltern – Starke Kinder* (Honkanen-Schoberth, 2002, 2006). Es ist beziehungsorientiert ausgerichtet und fördert Haltungen und Handlungen wie Fürsorglichkeit, Ermutigung, Annahme, Vertrauen und Gemeinsamkeit. *Triple P* (Sanders, 1999) ist ein stark strukturiertes, verhaltensorientiertes Programm, das sich an den Lerntheorien orientiert. Angemessenes Verhalten soll gefördert, unangemessenes Verhalten abgebaut werden. Es will auch Beziehungen stärken. ◄

Erziehungsstile werden durch sozioökonomische Bedingungen beeinflusst. Viele Befunde belegen, dass Eltern in Armut sich weniger kindorientiert und unterstützend verhalten, sondern eher strafend und inkonsistent sind (vgl. Walper et al., 2015). Zur Kindorientiertheit gehört, dass Mittelschichtkinder mehr Spielzeug in ihrem Zimmer haben und weniger fernsehen als Kinder aus bildungsfernen Schichten. Außerdem verbringen gebildete Eltern mehr Zeit mit ihren Kindern. Das fanden Dotti Sani und Treas heraus (siehe Exkurs).

5.5 Die Umweltressource Erziehungsstil: Was Kinder brauchen

Übung

Lesen Sie im Abschn. 5.2.1 („Resilienzkonzept") das Beispiel: „Armut als kumulativer Risikofaktor". Welche Bedingungen führen dazu, dass Armut mit weniger Kindorientiertheit einhergeht?

Exkurs: Wieviel Zeit verbringen Eltern mit ihren Kindern

Dotti Sani und Treas (2016) verglichen über 100.000 Eltern in 11 westlichen Ländern bezüglich aller elterlichen Tätigkeiten, die in Tagebüchern aufgelistet wurden. Außerdem verglichen sie Aufzeichnungen aus den Jahren 1965 und 2012. Die Tätigkeiten umfassten Essen vorbereiten, die Kinder baden, ins Bett bringen, sie in der Nacht trösten, mit ihnen spielen, vorlesen, bei den Hausaufgaben helfen usw. Die Ergebnisse zeigten, dass Eltern heute erheblich mehr Zeit mit ihren Kindern verbringen als in den 60er-Jahren. Außerdem verbrachten Akademikereltern erheblich mehr Zeit mit ihren Kindern als weniger gebildete Eltern. ◄

Auch das soziale Netzwerk der Familien kann unterstützend oder hemmend auf die Entwicklung positiver Erziehungskompetenz wirken: Soziale Isolation und belastende Familienbeziehungen gelten als Risikofaktoren, ein unterstützendes Umfeld hingegen als förderlich. Ebenso kann das Temperament des Kindes oder Jugendlichen weitreichende und wechselseitige Auswirkungen haben. So nehmen Eltern von Kindern mit sogenanntem „schwierigem" Temperament ihre erzieherischen Kompetenzen als deutlich geringer wahr. Sie erziehen häufiger autoritärer als Eltern mit sogenannten „pflegeleichten" Kindern. Als weitere Risikovariablen für die Entwicklung eines entwicklungshinderlichen Erziehungsstils gelten der Status als alleinerziehendes Elternteil, ein niedriges Alter bei Geburt des Kindes, eine niedrige Intelligenz, ein geringes Selbstwertgefühl, das sich durch die geringen erzieherischen Kompetenzen verstärkt, ein niedriges Einkommen und eine große Kinderzahl (Liebenwein & Weiß, 2012).

5.5.1 Wenn Erziehung scheitert: Gewalt gegen Kinder

Formen der Gewalt gegen Kinder sind *Vernachlässigung, Misshandlung (körperliche und psychische)* und *sexuelle Gewalt*. Auch wenn die verschiedenen Formen in der Literatur getrennt behandelt werden, treten sie in der Praxis selten getrennt auf. Vernachlässigte Kinder erleben häufig auch Gewalt. Körperliche Gewalt geht oft mit psychischer Gewalt einher.

Bender und Lösel (2015) haben die wesentlichen *Risikofaktoren für Kindesmisshandlung* zusammengestellt, die alle auch Ausdruck einer prekären Lebenslage sind:

- junges Alter der Eltern
- geringes Bildungsniveau

- wenig Kontakte bzw. soziale Isolation
- geringes Wissen über Kinder
- psychische Probleme der Eltern (Depression, Alkohol- und Drogenmissbrauch, Persönlichkeitsstörung)
- zu hohe Erwartungen an das Kind
- negative Zuschreibungen an das Kind
- körperliche Bestrafung als Erziehungsmittel
- Gewalt in der Ursprungsfamilie oder bereits stattgefundene Misshandlung von anderen Kindern in der Familie.

Kindesmisshandlung zeigt sich in unterschiedlichen Formen. Deegener (2009) unterteilt sie in

- physische Gewalt (u. a. schlagen schleudern, schütteln, würgen, Brandwunden zufügen)
- psychische Gewalt (u. a. ablehnen, erniedrigen, isolieren, beschimpfen, ängstigen)
- sexuelle Gewalt (das Machtgefälle zur eigenen Befriedigung ausnutzen)
- Vernachlässigung (u. a. Mängel in der Fürsorge, Beaufsichtigung, Ernährung).

Vernachlässigung macht zwei Drittel aller betreuten Misshandlungsfälle von Jugendämtern aus (Fuhrer, 2007) und ist damit die häufigste Form der Gewalt gegen Kinder.

▶ **Definition: Vernachlässigung** Bei *körperlicher Vernachlässigung* werden Kinder von ihren Eltern/Betreuungspersonen unzureichend ernährt, gepflegt, gefördert, gesundheitlich versorgt, beaufsichtigt, vor Gefahren geschützt. *Emotionale Vernachlässigung* zeigt sich in fehlender Zuwendung, Liebe, Geborgenheit und Unterstützung. Eltern sind permissiv beim Schule schwänzen und Drogenmissbrauch der Kinder; sie geben keine Hilfestellung bei der Lebensbewältigung. Sie belehren nicht über Gefahren und verweigern Hilfe.

Materielle Vernachlässigung geht häufig mit emotionaler Vernachlässigung einher. Signale sind Schule schwänzen, unangemessene Kleidung für die Jahreszeit, Alleingelassenwerden in der Wohnung, unzureichendes Essen, verschmutzte Wohnung, exzessive Bestrafungen, körperliche Gewalt (Hardt & Engfer, 2012). Vernachlässigte Kinder leben häufig in Armut und sozialer Randständigkeit, ihre Eltern sind oft psychisch krank oder drogenabhängig. Häufig herrscht ein Klima der Gewalt und Feindseligkeit zwischen den Eltern.

5.5.1.1 Körperliche Gewalt

Körperliche Gewalt unterliegt wie auch die anderen Formen von Gewalt einer hohen Dunkelziffer. Die meisten schwerwiegenden familiären Körperstrafen tauchen in Polizeistatistiken nicht auf. (Hardt & Engfer, 2012). Ärzt*innen haben keine Meldepflicht, wenn sie angesichts von Verletzungen des Kindes einen Verdacht auf Misshandlung haben. Kinder selbst verhalten sich ihren Eltern gegenüber loyal. Sie streiten in der Regel Verletzungen durch die Eltern ab.

Zwar hat in den letzten Jahrzehnten die Akzeptanz körperlicher Strafen abgenommen, der Prozentsatz schwer misshandelter Kinder ist aber gleich geblieben. Offensichtlich bleiben Fälle schwerer Misshandlung von dem allgemeinen Liberalisierungstrend unberührt.

▶ **Definition: Körperliche Misshandlung** Körperliche Misshandlungen äußern sich durch Schlagen, Schleudern, Schütteln, Würgen und Verbrennungen zufügen.

Ein Erklärungsmodell für Gewalt durch die Eltern ist der „Teufelskreis der Gewalt". Das Modell geht davon aus, dass misshandelnde Eltern Persönlichkeitsstörungen haben, die aus harten Strafen und Ablehnung in ihrer eigenen Kindheit resultieren. Die erfahrene Gewalt geben sie an ihre Kinder weiter, es entsteht eine Gewaltspirale über Generationen hinweg. Eine solche Wiederholung muss jedoch nicht zwangsläufig stattfinden. Nicht-Wiederholer haben in ihrer Kindheit eine schutzgebende Person in ihrer Umgebung gehabt. Manche arbeiten auch später im Rahmen einer Therapie ihre Kindheit auf (Fuhrer, 2007).

Gewalttätige Eltern leben häufig in einer stressreichen, gewalttätigen Umgebung, in der körperliche Bestrafung als normal gilt (Gilbert et al., 2009). Sie waren häufiger Teenager bei der Geburt des Kindes, stammen eher aus armen Verhältnissen und haben eher psychische Erkrankungen. Kinder mit Verhaltensproblemen (dauerhaftes Schreien, Hyperaktivität, Ungehorsam) werden öfter Opfer, ebenso Jungen. Mädchen werden eher Opfer von sexuellem Missbrauch. All diese Faktoren führen auch zur Ausübung eines ungünstigen Erziehungsstils (siehe weiter oben). So ist Gewalt Ausdruck eines autoritären Erziehungsstils.

Zusätzlich zu diesen im Individuum liegenden Gründen für Gewaltausübung gibt es auch strukturelle Gründe für Gewalt. Solche strukturellen Gründe sind z. B. bei gewaltbelasteten Multiproblemfamilien ihre Schichtzugehörigkeit und ihr Lebensmilieu (Arbeitslosigkeit, soziale Isolation, Kinderreichtum, Armut, schlechte Wohnverhältnisse). Zahlreiche Studien konnten diesen Zusammenhang zwischen Misshandlung und Vernachlässigung auf der einen Seite und diesem Lebensmilieu auf der anderen Seite feststellen (zusammenfassend bei Bender & Lösel, 2015). Diese stark belasteten Eltern, die einen besonderen Unterstützungsbedarf haben, werden mit Kursangeboten wie Elterntrainings nicht erreicht. Kursangebote entsprechen einer „Kommstruktur". Durch Hausbesuchsprogramme und Elterncafés, in denen Eltern-Kind-Interaktionen unterstützt werden, erreicht man diese Klientel leichter. Beide Maßnahmen sollen Eltern unterstützen, indem sie soziale Isolation reduzieren. Solche Unterstützungsangebote entsprechen einer „Gehstruktur". Sie sind aufsuchend, niedrigschwellig und einzelfallorientiert.

5.5.1.2 Psychische Gewalt
Psychische Gewalt ist immer auch in körperlicher Gewalt und sexueller Gewalt enthalten. Sie besteht aus (Mertes, 2018):

- aktiver Zurückweisung (Hilfe verweigern)
- herabsetzen (kränken, demütigen)
- terrorisieren (das Kind in Angst versetzen)
- isolieren (einsperren)
- korrumpieren (zur Kriminalität verleiten)
- ausbeuten (als Arbeitskraft ausnutzen)
- verweigern emotionaler Zuwendung.

Subtile Formen psychischer Gewalt werden von den ausübenden Eltern selbst oft gar nicht als Gewalt eingestuft (Tschöpe-Scheffler, 2020, S. 96). Machtmittel wie Zwang, Drohungen und Manipulationen wie z. B. tagelang zur Strafe das Kind anschweigen oder Schuldgefühle auslösen („Du hast Mama ganz traurig gemacht") sind in jedem Fall untaugliche Maßnahmen und Ausdruck von Hilflosigkeit. Sie zerstören genauso das Selbstwertgefühl des Kindes wie Formen körperlicher Gewalt.

5.5.1.3 Sexueller Missbrauch

▶ **Definition: Sexueller Missbrauch** Sexueller Missbrauch ist jede Einbeziehung eines Kindes in eine sexuelle Handlung, für die es entwicklungsmäßig noch nicht reif ist, die es deshalb nicht überschauen kann und für die es keine Einwilligung geben kann. Man unterscheidet schweren sexuellen Missbrauch von sexuellem Missbrauch mit und ohne Berührung.

Etwa 10 % der Missbrauchsfälle werden angezeigt. Mädchen werden 3-mal so häufig Opfer wie Jungen. Sie werden öfters innerhalb der Familie missbraucht als Jungen. Besonders häufig sind Mädchen zwischen 9 und 13 Jahren betroffen. Geistig und körperlich behinderte Kinder sowie Kinder aus Stieffamilien und Alkoholikerfamilien unterliegen ebenfalls einem besonderen Risiko. Nur in 20 % der Fälle sind die Täter Fremde (Joraschky & Petrowski, 2016, S. 151).

> **Berufsbezug**
>
> Kinder und Jugendliche mit Gewalt- und Missbrauchserfahrung haben in der Regel große Angst vor einer Wiederholung von Gewalt und Missbrauch. Gleichzeitig haben sie aber auch ein Bindungsbedürfnis, einen starken Wunsch an Pädagog*innen, Erzieher*innen, Sozialarbeiter*innen, erstmals im Leben eine sichere Bindung zu erleben. Die zentrale Aufgabe der Fachkraft ist es, eine solche sichere Basis mit dem Kind herzustellen; dazu gehört, dass sie feinfühlig mit Nähe- und Distanzwünschen umgeht und Trennungswünsche und -ängste thematisiert. Eine Beziehung zu misshandelten Kindern und Jugendlichen herzustellen, bedeutet, ihnen zu helfen, ein neues inneres Arbeitsmodell von Bindung zu entwickeln (Brisch, 2014; vgl. auch Kap. 1). Dazu zählt auch Fürsorgeverhalten, d. h. räumlich und emotional zur Verfügung zu stehen. Eine sichere Bindungsbasis im erzieherischen bzw. im beraterischen/begleitenden Kontext

ermöglicht eine korrigierende emotionale Erfahrung und damit eine Veränderung der negativen bisherigen Beziehungserfahrungen der kindlichen und auch der erwachsenen Klient*innen. Man kann nämlich davon ausgehen, dass ein Großteil der erwachsenen Klient*innen im psychosozialen/pädagogischen Arbeitsfeld ebenfalls Gewalterfahrungen in der Kindheit erlitten hat. Für sie gelten dieselben Beziehungsangebote einer bindungsbasierten Beratung. ◀

Zusammenfassung

Der Ort der primären Sozialisation ist die Familie. Sie gilt als bedeutende Ressource, aber ebenso als bedeutender Risikofaktor für die Entwicklung. Ein demokratischer Erziehungsstil, der unterstützend, liebevoll und strukturgebend ist, stellt einen Schutzfaktor dar. Eine Familie, in der Gewalt herrscht (körperliche, psychische, sexuelle Gewalt oder Vernachlässigung), ist ein Risikofaktor für die Entwicklung. Zahlreiche Elternprogramme wollen präventiv, teilweise schon vor der Geburt des Kindes, Eltern stärken. Später stattfindende Programme wollen das familiäre Verhalten verändern und die Beziehungen positiv beeinflussen.

Aufgaben

- Beschreiben Sie die wesentlichen Merkmale der 4 Erziehungsstile.
- Warum ist der demokratische Stil der förderlichste Erziehungsstil?
- Stellen Sie wesentliche Ziele eines der beiden vorgestellten Präventionsprogramme dar.
- Welcher Zusammenhang besteht zwischen Erziehung und Beziehung?
- Nennen Sie einige Beispiel psychischer Gewalt.

Für einen guten Überblick

Wustmann, C. (2018). *Resilienz: Widerstandsfähigkeit von Kindern in Tageseinrichtungen fördern: Beiträge zur Bildungsqualität* (W. E. Fthenakis, Hrsg.; 7. Auflage). Cornelsen.
Schulz von Thun, F. (2010/2013). *Miteinander reden* (Band 1–3). Hamburg: Rowohlt.
Fuhrer, U. (2009). *Erziehungskompetenz: Was Eltern und Familien stark macht.* Bern: Huber

Literatur

Abramson, L. Y., Seligman, M. E. P., & Teasdale, J. D. (1978). Learned helplessness in humans: Critique and reformulation. *Journal of Abnormal Psychology, 87*, 49–74.

Ader, R., & Cohen, N. (1975). Behaviorally conditioned immunosuppression. *Psychosomatic Medicine, 37*, 333–340.

Ahnert, L. (2015). *Wieviel Mutter braucht ein Kind?* Springer.

Ahnert, L., & Rickert, H. (2000). Belastungsreaktionen bei beginnender Tagesbetreuung aus der Sicht früher Mutter-Kind-Bindung. *Psychologie in Erziehung und Unterricht, 47*, 187–200.

Ahnert, L., & Spangler, G. (2014). Die Bindungstheorie. In L. Ahnert (Hrsg.), *Theorien der Entwicklungspsychologie* (S. 404–435). Springer.

Ainsworth, M. (2004). Ein ethologischer Zugang zur Persönlichkeitsentwicklung. In K. Grossmann & K. Grossmann (Hrsg.), *Bindungen – das Gefüge psychischer Sicherheit* (S. 112–145). Klett-Cotta.

Amelang, M., & Zielinski, W. (2002). *Psychologische Diagnostik und Intervention*. Springer.

Anderson, C. A. (1995). Implicit personality theories and empirical data: Biased assimilation, belief perseverance and change; and covariation detection sensitivity. *Social Cognition, 13*, 25–48.

Anderson, J. R. (2013). *Kognitive Psychologie*. Springer.

Anderson, N. H. (1965). Primacy effects in personality impression formation using a generalized order effect paradigm. *Journal of Personality and Social Psychology, 2*, 1–9.

Anderson, N. H. (1968). A simple model for information integration. In R. P. M. Abelson, E. Aronson, W. J. McGuire, T. M. Newcomb, M. J. Rosenberg, & P. H. Tannenbaum (Hrsg.), *Theories of cognitive consistency* (S. 731–743). Rand McNally College Publishing Company.

Aristoteles. (1995). *Metaphysik*. Meiner.

Arkes, H. R. (1991). Costs and benefits of judgement errors. Implications for debiasing. *Psychological Bulletin, 110*, 486–498.

Aronson, E., Wilson, T. D., & Akert, R. M. (2008). *Sozialpsychologie*. Pearson Studium.

Aronson, E., Wilson, T., & Akert, R. (2011). *Sozialpsychologie*. Pearson Studium.

Asch, S. E. (1946). Forming impressions of personality. *Journal of Applied Social Psychology, 4*, 258–290.

Asendorpf, J., & Kandler, C. (2018). Verhaltens- und molekulargenetische Grundlagen. In W. Schneider & U. Lindenberger (Hrsg.), *Entwicklungspsychologie* (S. 81–97). Beltz.

Aspinwall, L. G., & Taylor, S. E. (1993). Effects of social comparison direction, threat and self-esteem on affect, evaluation and expected success. *Journal of Personality and Social Psychology, 64*, 708–722.

Auckenthaler, A. (2012). *Kurzlehrbuch Klinische Psychologie und Psychotherapie*. Thieme.

Averill, J. R. (1973). Personal control over aversive stimuli and its relationship to stress. *Psychological Bulletin, 80*, 286–303.
Backes, M., & Clemens, W. (2013). *Lebensphase Alter. Eine Einführung in die sozialwissenschaftliche Alternsforschung*. Beltz.
Backman, C. W., & Secord, P. F. (1959). The effect of perceived liking on interpersonal attraction. *Human Relations, 12*, 379–384.
Baller, G., & Schaller, G. (2017). *Kommunikation im Krankenhaus*. Springer.
Baltes, P. (1990). Entwicklungspsychologie der Lebensspanne: Theoretische Leitsätze. *Psychologische Rundschau, 41*, 1–24.
Baltes, P. (1997). Die unvollendete Architektur der menschlichen Ontogenese: Implikationen für die Zukunft des vierten Lebensalters. *Psychologische Rundschau, 48*(4), 191–210.
Baltes, P., & Baltes, M. (1989). Optimierung durch Selektion und Kompensation. Ein psychologisches Modell erfolgreichen Alterns. *Zeitschrift für Pädagogik, 35*(1), 85–105.
Baltes, P., & Baltes, M. (1990). Psychological perspectives on successful aging: The model of selective optimization with compensation. In P. B. Baltes & M. M. Baltes (Hrsg.), *Successful aging: Perspectives from the behavioral sciences* (S. 1–34). Cambridge University Press.
Baltes, P., & Baltes, M. (1992). Gerontologie: Begriff, Herausforderung und Brennpunkte. In P. B. Baltes & J. Mittelstraß (Hrsg.), *Zukunft des Alterns und gesellschaftliche Entwicklung* (S. 1–34). De Gruyter.
Baltes, P., Lindenberger, U., & Staudinger, U. (2006). Life span theory in developmental psychology. In R. Lerner (Hrsg.), *Handbook of child psychology, Vol. 1 Theoretical models of human development* (S. 569–664). Wiley.
Bandelow, B. (2006). *Angst- und Panikerkrankungen: Ätiologie, Diagnostik, Therapie*. UNI-MED.
Bandura, A. (1976). *Lernen am Modell*. Klett-Cotta.
Bandura, A. (1997). *Self-efficacy: The exercise of control*. W. H. Freeman.
Bandura, A. (2001). Social cognitive theory: An agentic perspective. *Annual Review of Psychology, 52*(1), 1–26.
Bandura, A., Ross, D., & Ross, S. A. (1961). Transmission of aggression through imitation of aggressive models. *Journal of Abnormal and Social Psychology, 63*, 575–582.
Bargh, J. A., Chen, M., & Burrows, L. (1996). Automaticity of social behavior: Direct effects of trait construct and stereotype activation on action. *Journal of Personality and Social Psychology, 71*, 230–244.
Barker, E. T., & Galambos, N. L. (2003). Body dissatisfaction of adolescent girls and boys: Risk and resources factors. *The Journal of Early Adolescence, 23*(2), 141–165.
Baron, R. M., & Misovich, S. J. (1993). Dispositional knowing from an ecological perspective. *Personality and Social Psychology Bulletin, 19*, 541–552.
Batson, C. D., Duncan, B. D., Ackerman, P., Buckley, T., & Birch, K. (1991). Is empathic emotion a source of altruistic motivation? *Journal of Personality and Social Psychology, 40*, 290–302.
Baumann, U., & Perrez, A. (2005). *Lehrbuch Klinische Psychologie, Psychotherapie*. Huber.
Baumeister, R. F. (1982). A self-presentational view of social phenomena. *Psychological Bulletin, 91*, 3–26.
Baumeister, R. F., Campbell, J. D., Krueger, J. I., & Vohs, K. E. (2003). Does high self-esteem cause better performance, interpersonal success, happiness, or healthier lifestyles? *Psychological Science in the Public Interest, 4*, 1–44.
Baumrind, D. (1966). Effects of authoritative parental control on child behavior. *Child Development, 37*(4), 887.
Beck, A. (2005). The current state of cognitive therapy: A fifty year retrospective. *Archives of General Psychiatry, 62*(9), 953–959.
Becker, E., & Margraf, J. (2007). *Generalisierte Angststörung. Ein Therapieprogramm*. Beltz.

Becker, N., & Wahrendorf, J. (1998). *Krebsatlas der Bundesrepublik Deutschland 1981–1990.* Springer.

Beesdo-Baum, K., & Wittchen, H.-U. (2011). Depressive Störungen: Major Depression und Dysthymie. In H.-U. Wittchen & J. Hoyer (Hrsg.), *Klinische Psychologie und Psychotherapie* (S. 879–914). Springer.

Beesdo-Baum, K., Zaudig, M., & Wittchen, H.-U. (2019). *SCID-5-CV. Strukturiertes Klinisches Interview für DSM-5-Störungen – Klinische Version.* Hogrefe.

Bender, D., & Lösel, F. (2015). Risikofaktoren, Schutzfaktoren und Resilienz bei Misshandlung und Vernachlässigung. In U. T. Egle, P. Joraschky, A. Lampe, I. Seiffge-Krenke, & M. Cierpka (Hrsg.), *Sexueller Missbrauch, Misshandlung, Vernachlässigung: Erkennung, Therapie und Prävention der Folgen früher Stresserfahrungen* (S. 77–103). Schattauer.

Benecke, C. (2014). *Klinische Psychologie und Psychotherapie.* Kohlhammer.

Bengel, J., Meinders-Lücking, F., & Rottmann, N. (2009). *Schutzfaktoren bei Kindern und Jugendlichen: Stand der Forschung zu psychosozialen Schutzfaktoren für Gesundheit.* Bundeszentrale für Gesundheitliche Aufklärung, BZgA.

Berg, F. (2014). *Übungsbuch Resilienz: 50 praktische Übungen, die der Seele helfen, vom Trauma zu heilen.* Junfermann.

Berk, L. E. (2011). *Entwicklungspsychologie.* Pearson Studium.

Berk, L. E. (2020). *Entwicklungspsychologie.* Pearson Studium.

Bermejo, I., Klärs, G., Böhm, K., et al. (2009). Evaluation des nationalen Gesundheitsziels „Depressive Erkrankungen: verhindern, früh erkennen, nachhaltig behandeln". *Bundesgesundheitsblatt – Gesundheitsforschung – Gesundheitsschutz, 52*(10), 897–904.

Bielefeld, J., & Baumann, S. (1991). *Körpererfahrung: Grundlage Menschlichen Bewegungsverhaltens.* Hogrefe.

Bierhoff, H.-W. (2002). Just world, social responsibility, and helping behavior. In M. Ross & D. T. Miller (Hrsg.), *The justice motive in everyday life* (S. 189–203). Cambridge University Press.

Bierhoff, H.-W. (2006). *Sozialpsychologie.* Kohlhammer.

Bierhoff, H.-W. (2007). Prosoziales Verhalten. In K. Jonas, W. Stroebe, & M. Hewstone (Hrsg.), *Sozialpsychologie. Eine Einführung* (S. 295–327). Springer.

Bierhoff, H.-W., & Bierhoff-Alfermann, D. (1977). Attribution impliziter Persönlichkeitstheorien in einer Interaktionssituation durch Beurteiler. *Zeitschrift für Sozialpsychologie, 8*, 50–66.

Bischof-Köhler, D. (2009). Empathie. In E. Bohlken & C. Thies (Hrsg.), *Handbuch Anthropologie. Der Mensch zwischen Natur, Kultur und Technik* (S. 312–336). Metzler.

Blair, C. (2002). School readiness: Integrating cognition and emotion in a neurobiological conceptualization of children's functioning at school entry. *American Psychologist, 57*, 111–127.

Blanton, H., Buunk, B. P., Gibbons, F. X., & Kuyper, H. (1999). When better-than-others compare upward: Choice of comparison and comparative evaluation as independent predictors of academic performance. *Journal of Personality and Social Psychology, 76*, 420–430.

BMFSFJ. (2009). *Familienreport 2009 – Leistungen, Wirkungen, Trends.* Bundesministerium für Familie, Senioren, Frauen und Jugend. https://www.bmfsfj.de/bmfsfj/service/publikationen/familienreport-2009/95770. Zugegriffen am 09.03.2019.

BMFSFJ. (2010). *Familienreport 2010 – Leistungen, Wirkungen, Trends.* Bundesministerium für Familie, Senioren, Frauen und Jugend. https://www.bmfsfj.de/bmfsfj/service/publikationen/familienreport-2010/74518. Zugegriffen am 09.03.2018.

Bobak, M., Jha, P., Nguyen, S., & Jamjoum, L. (2000). Poverty and smoking. In P. Jha & F. J. Chaloupka (Hrsg.), *Tobacco control in developing countries.* Oxford University Press.

Bodenhausen, G. V. (1988). Stereotypic biases in social cecision making and memory: Testing process models of stereotype use. *Journal of Personality and Social Psychology, 55*, 726–737.

Böger, A., Huxhold, O., & Wolff, J. K. (2017). Wahlverwandtschaften: Sind Freundschaften für die soziale Integration wichtiger geworden? In K. Mahne, J. K. Wolff, J. Simonson, & C. Tesch-Römer (Hrsg.), *Altern im Wandel* (S. 257–271). Springer VS.

Bohnert, A. M., Crnic, K. A., & Lim, K. G. (2003). Emotional competence and aggressive behavior in school-age children. *Journal of Abnormal Child Psychology, 31*, 79–91.

Bohnert, M. (2008). *Zum Umgang mit belasteter Vergangenheit im postgenuzidalen Ruanda*. S. Roderer.

Bonann, G. A. (2004). Loss, trauma, and human resilience: Have we underestimated the human capacity to thrive after extremely aversive events. *American Psychologist, 59*, 20–28.

Borg-Laufs, M. (2006). Möglichkeiten und Grenzen der Arbeit mit misshandelnden Eltern. *Kindesmisshandlung und -vernachlässigung, 9*(2), 43–54.

Bosshard, M., Ebert, U., & Lazarus, H. (2013). *Soziale Arbeit in der Psychiatrie*. Psychiatrie.

Bowlby, J. (1984). *Bindung*. Ernst Reinhardt.

Brem-Gräser, L. (2011). *Familie in Tieren – die Familiensituation im Spiegel der Kinderzeichnung*. Reinhardt.

Brisch, K. (2005). Das Wechselspiel von Genetik, Verhalten und Psychodynamik. In L. Thun-Hohenstein (Hrsg.), *Übergänge. Wendepunkte und Zäsuren in der kindlichen Entwicklung* (S. 15–37). Vandenhoeck & Ruprecht.

Brisch, K. (2011). SAFE – primäre Gewaltprävention. *Sozialpädagogische Impulse, 1*, 19–21.

Brisch, K. H. (2014). Die Bedeutung von Bindung in der Sozialen Arbeit, Pädagogik und Beratung. In A. Trost (Hrsg.), *Bindungsorientierung in der Sozialen Arbeit. Grundlagen – Forschungsergebnisse – Anwendungsbereiche* (S. 15–42). SolArgent Media AG, Division of Borgmann Holding AG.

Broadbent, D. E. (1958). *Perception and communication*. Pergamon.

Brown, J. D., & Lawton, M. (1986). Stress and well-being in adolescence: The moderating role of physical exercise. *Journal of Human Stress, 12*(3), 125–131.

Brückner, B. (2011). Der Mensch im sozialen Kontext – Sozialpsychologie. In D. Wälte, M. Borg-Laufs, & B. Brückner (Hrsg.), *Psychologische Grundlagen der Sozialen Arbeit* (S. 69–124). Kohlhammer.

Bruner, J. S. (1957). Going beyond the information given. In J. S. Bruner et al. (Hrsg.), *Contemporary approaches to cognition* (S. 41–69). Harvard University Press.

Brunnhuber, S., Frauenknecht, S., & Lieb, K. (2005). *Intensivkurs Psychiatrie und Psychotherapie*. Urban & Fischer.

Bryan, J. H., & Test, M. A. (1967). Models and helping: Naturalistic studies in aiding behavior. *Journal of Personality and Social Psychology, 6*, 400–407.

Buchkremer, G., & Batra, A. (2009). Tabakabhängigkeit und -entwöhnung. In J. Margraf & S. Schneider (Hrsg.), *Lehrbuch der Verhaltenstherapie. Band 2: Störungen im Erwachsenenalter* (S. 371–382). Springer.

Buckley, M., Storino, M., & Saarni, C. (2003). Promoting emotional competence in children and adolescents: Implications for school psychologists. *School Psychology Quarterly, 18*, 177–191.

Bundesministerium für Verkehr und digitale Infrastruktur. (2017). *Neue „Runter vom Gas"-Autokampagne: Jeder Unfalltod betrifft das Leben von 113 Menschen*. https://www.runtervomgas.de/presse/pressemitteilungen/artikel/neue-runter-vom-gas-autobahnkampagne-jeder-unfalltod-betrifft-das-leben-von-113-menschen.html. Zugegriffen am 30.10.2017.

Bundeszentrale für gesundheitliche Aufklärung – BZgA. (2006). *Jugendsexualität. Repräsentative Wiederholungsbefragung von 14- bis 17-Jährigen und ihren Eltern*.

Burleson, B. R., & Samter, W. (1996). Similarity in the communication skills of young adults: Foundations of attraction, friendship, and relationship satisfaction. *Communication Reports, 9*, 127–139.

Burnstein, E., Crandall, C., & Kitayama, S. (1994). Some neo-Darwinian decision rules for altruism: Weighing cues for inclusive fitness as a function of the biological importance of the decision. *Journal of Personality and Social Psychology, 67*, 773–789.

Bushman, B. J. (2002). Does venting anger feed or extinguish the flame? Catharsis, rumination, distraction, anger, and aggressive responding. *Personality and Social Psychology Bulletin, 28*, 724–731.

Buss, D. M. (2005). *The handbook of evolutionary psychology*. Wiley.

Butcher, J., Mineka, S., & Hooley, J. (2009). *Klinische Psychologie*. Pearson.

Campbell, J. D. (1990). Self-esteem and clarity of the self-concept. *Journal of Personality and Social Psychology, 78*, 538–549.

Carver, C. S., & Scheier, M. F. (1981). *Attention and self-regulation: A control theory approach of human behavior*. Springer.

Carver, C. S., & Scheier, M. F. (1991). Self-regulation and the self. In J. Strauss & G. R. Goethals (Hrsg.), *The self: Interdisciplinary approaches*. Springer.

Casper, F. (2017). Biofeedback. In M. A. Wirtz (Hrsg.), *Lexikon der Psychologie* (S. 306–307). Hogrefe.

Castelhano, M., & Henderson, J. (2008). Stable individual differences across images in human saccadic eye movements. *Canadian Journal of Experimental Psychology, 62*, 1–14.

Cattarin, J. A., & Thompson, J. K. (1994). A three-year longitudinal study of body image, eating disturbance, and general psychological functioning in adolescent females. *Eating Disorders: The Journal of Treatment & Prevention, 2*(2), 114–125.

Chapman, L. J. (1967). Illusory correlation in observational report. *Journal of Verbal Learning and Verbal Behavior, 6*, 151–155.

Chapman, L. J., & Chapman, J. P. (1969). Illusory correlation as an obstacle to the use of valid psychodiagnostic signs. *Journal of Abnormal Psychology, 74*, 271–280.

Charles, R., & Ritz, D. (2005). *Ray: Die Autobiographie*. Heyne.

Chassin, L., Presson, C. C., & Sherman, S. J. (1990). Social psychological contributions to the understanding and prevention of adolescent cigarette smoking. *Personality and Social Psychology Bulletin, 16*, 133–151.

Chekroun, P., & Brauer, M. (2002). The bystander effect and social control behavior: The effect of the presence of others on people's reactions to norm violations. *European Journal of Social Psychology, 32*, 853–866.

Chiu, C., Morris, M. W., Hong, Y., & Menon, T. (2000). Motivated cultural cognition: The impact of implicit cultural theories on dispositional attribution varies as a function of need for closure. *Journal of Personality and Social Psychology, 78*, 247–259.

Cialdini, R. B., & Trost, M. R. (1998). Social influence: Social norms, conformity and compliance. In D. T. Gilbert, S. T. Fiske, & G. Lindzey (Hrsg.), *The handbook of social psychology* (S. 151–192). McGraw-Hill.

Ciccotti, S. (2011). *150 psychologische Aha-Experimente. Beobachtungen zu unserem eigenen Erleben und Verhalten*. Spektrum.

Clark, R., Anderson, N. B., Clark, V. R., & Williams, D. R. (1999). Racism as a stressor for African Americans: A biopsychosocial model. *American Psychologist, 54*(10), 805–816.

Clark, R. D., & Word, L. E. (1972). Why don't bystanders help? Because of ambiguity? *Journal of Personality and Social Psychology, 24*, 392–400.

Cohen, C. (1981). Person categories and social perception: Testing the boundaries of the processing effects or prior knowledge. *Journal of Personality and Social Psychology, 40*, 441–452.

Collins, M. E. (1991). Body figure perceptions and preferences among preadolescent children. *International Journal of Eating Disorders, 10*, 199–208.

Comer, R. (2008). *Klinische Psychologie*. Spektrum.

Covey, L. A., & Feltz, D. L. (1991). Physical activity and adolescent female psychological development. *Journal of Youth and Adolescence, 20*(4), 463–474.

Crockett, L. J., & Petersen, A. C. (1987). Pubertal status and psychosocial development: Findings from the early adolescence study. In R. M. Lerner & T. T. Foch (Hrsg.), *Biological-psychosocial interactions in early adolescence* (S. 173–188). Erlbaum.

Cronbach, L. (1955). Process affecting scores on "understanding of others" and "assumed similarity". *Psychological Bulletin, 52*, 177–193.

Csikszentmihalyi, M. (1985). *Das Flow-Erlebnis*. Klett-Cotta.

Csikszentmihalyi, M., & Schiefele, U. (1993). Die Qualität des Erlebens und der Prozess des Lernens. *Zeitschrift für Pädagogik, 39*, 207–221.

Cumming, E., & Henry, W. (1961). *The process of disengagement*. Basic Books.

Curtiss, S. (1977). *Genie. Psycholinguistic study of a modern-day "wild child"*. Academic Press Inc.

Darley, J. M., & Batson, C. D. (1973). "From Jerusalem to Jericho": A study of situational and dispositional variables in helping behavior. *Journal of Personality and Social Psychology, 27*, 100–108.

Darley, J. M., & Gross, P. H. (1983). A hypothesis-confirming bias in labeling effects. *Journal of Personality and Social Psychology, 44*, 20–33.

Darwin, C. R. (1859). *The origin of species*. Muray.

Daudert, E. (2001). *Selbstreflexivität, Bindung und Psychopathologie*. Verlag Dr. Kovac.

Davies, E., & Furnham, A. (1986a). The dieting and body shape concers of adolescent females. *The Journal of Chiild Psychology and Psychiatry, 27*, 417–428.

Davies, E., & Furnham, A. (1986b). Body satisfaction in adolescent girls. *The British Journal of Medical Psychology, 59*, 279–287.

Dawkins, R. (1976). *The selfish gene*. Oxford University Press.

DeBruine, M. (2002). Facial resemblance enhances trust. *Proceedings of the Royal Society Ser. B: Biological Sciences, 269*(1498), 1307–1312.

Deci, E. L., & Ryan, R. M. (1985). *Intrinsic motivation and self-determination in human behavior*. Plenum Press.

Deci, E. L., & Ryan, R. M. (2000). The "what" and "why" of goal pursuits: Human needs and the self-determination of behavior. *Psychological Inquiry, 11*, 227–268.

Deci, E. L., & Ryan, R. M. (2008). Self-determination theory: A macrotheory of human motivation, development, and health. *Canadian Psychology, 49*, 182–185.

Deegener, G. (2009). Kindesmisshandlung und Vernachlässigung. In A. Maercker (Hrsg.), *Posttraumatische Belastungsstörungen* (S. 345–363). Springer.

Denham, S. A. (2006). Social-emotional competence as support for school readiness: What is it and how do we assess it? *Early Education and Development, 17*, 57–89.

Denham, S. A., Blair, K. A., DeMulder, E., Levitas, J., Sawyer, K., Auerbach-Major, S., & Queenan, P. (2003). Preschool emotional competence: Pathway to social competence? *Child Development, 74*, 238–256.

DePaulo, B. M., & Friedman, H. S. (1998). Nonverbal communication. In D. T. Gilbert, S. T. Fiske, & G. Lindsey (Hrsg.), *The handbook of social psychology* (S. 3–40). McGraw-Hill.

Deutsch, M., & Gerad, H. B. (1955). A study of normative and informational influence upon individual judgement. *Journal of Abnormal and Social Psychology, 51*, 629–636.

Deutsche Krebsgesellschaft. (2018). *Rauchen – Zahlen und Fakten*. https://www.krebsgesellschaft.de/onko-internetportal/basis-informationen-krebs/bewusst-leben/rauchen-zahlen-und-fakten.html. Zugegriffen am 09.03.2018.

Deutsches Krebsforschungszentrum. (Hrsg.) (2004). *Rauchen und soziale Ungleichheit – Konsequenzen für die Tabakkontrollpolitik*.

Devine, P. G., & Monteith, M. J. (1999). Automaticity and control in stereotyping. In S. Chaiken & Y. Trope (Hrsg.), *Dual process theories in social psychology* (S. 339–360). Guilford Press.

Dijksterhuis, A. (2004). I like myself but I don't know why: Enhancing implicit self-esteem by subliminal evaluative conditioning. *Journal of Personality and Social Psychology, 86,* 345–355.

Dijksterhuis, A., & Bargh, J. A. (2001). The perception-bevavior express-way: Automatic effects of social perception on social behavior. In M. P. Zanna (Hrsg.), *Advances in experimental social psychology* (S. 1–40). Academic Press.

Dijksterhuis, A., & van Knippenberg, A. (1998). The relation between perception and behavior or how to win a game of trivial pursuit. *Journal of Personality and Social Psychology, 74,* 865–877.

Dilling, H., Mombauer, W., & Schmidt, M. (2015). *Internationale Klassifikation psychischer Störungen: ICD-10.* Hogrefe.

Dion, K. K., Berscheid, E., & Walster, E. (1972). What is beautiful is good. *Journal of Personality and Social Psychology, 24,* 285–290.

Dipboye, R. L. (1977). Alternative approaches to deindividuation. *Psychological Bulletin, 85,* 1057–1075.

Döring-Seipel, E., & Seip, M. (2016). Projekt „Psychosoziale Basiskompetenzen": Standortbestimmung und Selbstprofessionalisierung. In A. Boeger (Hrsg.), *Eignung für den Lehrerberuf* (S. 275–301). Springer Fachmedien.

Dörner, D., Lutz, W., & Meurer, K. (1967). Informationsverarbeitung beim Konzepterwerb. *Zeitschrift für Psychologie, 174,* 194–230.

Dörner, K., Plog, U., Teller, C., & Wendt, F. (2002). *Irren ist menschlich.* Psychiatrie Verlag.

Dornes, M. (2006). *Die Seele des Kindes: Entstehung und Entwicklung.* Fischer Taschenbuch.

Dotti Sani, G. M., & Treas, J. (2016). Educational gradients in parents' child-care time. *Journal of Marriage and Family, 78*(4), 1083–1096.

Dovidio, J. F., Piliavin, J. A., Gaertner, S. L., Schroeder, D. A., & Clark, R. D. (1991). The arousal: Cost-reward model and the process of intervention: A review of the evidence. In M. S. Clark (Hrsg.), *Prosocial behavior* (S. 86–118). Sage.

Dreher, M., & Dreher, E. (1985). Entwicklungsaufgaben im Jugendalter. Bedeutsamkeit und Bewältigungskonzepte. In D. Liepmann & A. Sticksrud (Hrsg.), *Entwicklungsaufgaben und Bewältigungsprobleme in der Adoleszenz* (S. 56–70). Hogrefe.

Dunning, D., & Hayes, A. F. (1996). Evidence for egocentric comparison in social judgement. *Journal of Personality and Social Psychology, 71,* 213–229.

Dweck, C. S., Hong, Y., & Chiu, C. (1993). Implicit theories: Individual differences in the likelihood and meaning of dispositional inference. *Personality and Social Psychology Bulletin, 19,* 644–665.

Eagly, A. H., Ashmore, R. D., Makhijani, M. G., & Longo, L. C. (1991). What is beautiful is good, but …: A meta-analytic review of research on the physical attractiveness stereotype. *Psychological Bulletin, 110,* 109–128.

Ebbesen, E. B., Duncan, B., & Konecni, V. J. (1975). Effects of content of verbal aggression on future verbal aggression: A field experiment. *Journal of Experimental Social Psychology, 11,* 192–204.

Eckhardt-Henn, A., Hoffmann, S., Heuft, G., & Hochapfel, G. (2018). *Neurotische Störungen und Psychosomatische Medizin. Mit einer Einführung in Psychodiagnostik und Psychotherapie.* Schattauer.

Egger, J. W. (2005). Das biopsychosoziale Krankheitsmodell. Grundzüge eines wissenschaftlich begründeten ganzheitlichen Verständnisses von Krankheit. *Psychologische Medizin, 16,* 3–12.

Eisenberg, N., & Fabes, R. A. (1999). Emotion, emotion-related regulation, and quality of socioemotional functioning. In L. Balter & T. S. Tamis-LeMonda (Hrsg.), *Child psychology* (S. 318–335). Psychology Press.

Eisenberg, N., Murphy, B., & Shepard, S. (1997). The development of empathic accuracy. In W. Ickes (Hrsg.), *Empathic accuracy* (S. 73–116). Guilford Press.

Eisenberg, N., Fabes, R. A., Murphy, B., Karbon, M., Smith, M., & Maszk, P. (1996). The relations of children's dispositional empathy-related responding to their emotionality, regulation, and social functioning. *Developmental Psychology, 32*(2), 195–209.

Ellis, A. (1995). *Praxis der rational-emotiven Therapie*. Beltz.

Elsner, B., & Pauen, S. (2012). Vorgeburtliche Entwicklung und früheste Kindheit. In W. Schneider & U. Lindenberger (Hrsg.), *Entwicklungspsychologie* (S. 159–186). Beltz PVU.

Engel, F., Nestmann, F., & Sickendiek, U. (2004). „Beratung" – Ein Selbstverständnis in Bewegung. In F. Nestmann, F. Engel, & U. Sickendiek (Hrsg.), *Das Handbuch der Beratung* (Bd. 1, S. 33–44). Dgvt.

Eppel, H. (2007). *Stress als Risiko und Chance. Grundlagen von Belastung, Bewältigung und Ressourcen*. Kohlhammer.

Erickson, M., & Egeland, B. (2016). *Die Stärkung der Eltern-Kind-Bindung: Frühe Hilfen für die Arbeit mit Eltern von der Schwangerschaft bis zum zweiten Lebensjahr des Kindes durch das STEEP-Programm*. Klett-Cotta.

Erikson, E. H. (1988). *Der vollständige Lebenszyklus*. Suhrkamp.

Erikson, E. H. (2003). *Jugend und Krise: Die Psychodynamik Im Sozialen Wandel* (5. Aufl.). Klett-Cotta.

Erikson, E. H. (2011). *Identität und Lebenszyklus*. Suhrkamp.

Fahrenberg, J., Hampel, R., & Selg, H. (2010). *FPI-R: Freiburger Persönlichkeitsinventar*. Hogrefe.

Falkai, P., Wittchen, H., & Doepfner, M. (2015). *Diagnostisches und statistisches Manual psychischer Störungen, DSM-5*. Hogrefe.

Faltermaier, T., Mayring, P., Saup, W., & Strehmel, P. (2014). *Entwicklungspsychologie des Erwachsenenalters*. Kohlhammer.

Fechner, G. T. (1806). *Elemente der Psychophysik*. Breitkopf und Härtel.

Feingold, A. (1992). Good-looking people are not what we think. *Psychological Bulletin, 111*, 304–341.

Felsman, J. K., & Vaillant, G. E. (1987). Resilient children as adults: A 40-year study. In E. J. Anthony & B. J. Cohler (Hrsg.), *The Guilford psychiatry series. The invulnerable child* (S. 289–314). Guilford Press.

Fend, H. (2005). *Entwicklungspsychologie des Jugendalters*. Leske & Budrich.

Festinger, L. (1957). *A theory of cognitive dissonance*. Stanford University Press.

Festinger, L., Schachter, S., & Back, K. (1950). *Social pressure in informal groups: A study of human factors in housing*. Stanford University Press.

Feurstein, C. (2008). *(Ein)geprägt: Täter, Opfer, Menschen; 10 Porträts*. Ueberreuter.

Fiedler, P. (2011). Persönlichkeitsstörungen. In H.-U. Wittchen & J. Hoyer (Hrsg.), *Klinische Psychologie und Psychotherapie* (S. 1101–1119). Springer.

Fingerle, M., Freytag, A., & Julius, H. (1999). Ergebnisse der Resilienzforschung und ihre Implikationen für die (heil-)pädagogische Gestaltung von schulischen Lern- und Lebensumwelten. *Zeitschrift für Heilpädagogik, 50*, 302–309.

Finke, J. (2004). *Empathie und Interaktion*. Thieme.

Fischer, L., & Wiswede, G. (2009). *Grundlagen der Sozialpsychologie*. Oldenbourg Wissenschaftsverlag.

Fischer, P., Greitemeyer, T., Pollozek, F., & Frey, D. (2006). The unresponsive bystander: Are bystanders more responsive in dangerous emergencies? *European Journal of Social Psychology, 36*, 267–278.

Fiske, S. T. (2004). *Social beings: A core motives approach to social psychology*. Wiley.

Fiske, S. T., & Neubergs, S. L. (1990). A continuum of impression formation from category-based to individuating processing: Influences of information and motivation on attention and interpretation. In P. M. Zanna (Hrsg.), *Advances in experimental social psychology* (S. 1–74). Academic Press.
Fiske, S. T., & Taylor, S. E. (1991). *Social cognition*. McGraw-Hill.
Fisseni, H.-J. (2004). *Lehrbuch der psychologischen Diagnostik*. Hogrefe.
Flaake, K. (2014). *Neue Mütter – Neue Väter*. Psychosozial-Verlag.
Flores, E., Cicchetti, D., & Rogosch, F. A. (2005). Predictors of resilience in maltreated and non-maltreated latino children. *Developmental Psychology, 41*(2), 338–351.
Folkman, S., & Moskovitz, T. J. (2000). The context matters. *Personality and Social Psychology Bulletin, 26*, 150–151.
Forster, S., & Lavie, N. (2008). Failures to ignore entirely irrelevant distractors: The role of load. *Journal of Experimental Psychology: Applied, 14*, 73–83.
Fraiberg, S. (1980). *Clinical studies in infant mental health: The first year of life*. Routledge.
Frick, J., Petermann, F., & Rüedi, J. (2018). *Die Droge Verwöhnung. Beispiele, Folgen, Alternativen*. Hogrefe.
Fröhlich-Gildhoff, K., & Rönnau-Böse, M. (2020). *Resilienz und Resilienzförderung über die Lebensspanne*. Kohlhammer.
Fuhrer, U. (2007). *Erziehungskompetenz: Was Eltern und Familien stark macht*. Huber.
Fuhrer, U. (2009). *Lehrbuch Erziehungspsychologie* (2. Aufl.). Huber.
Furukawa, E., Tangney, J., & Higashibara, F. (2012). Cross-cultural continuities and discontinuities in shame, guilt, and pride: A study of children residing in Japan, Korea and the USA. *Self and Identity, 11*, 90–113.
Galanter, E. (1962). Contemporary psychophysics. In E. Brown, E. Galanter, H. Hess, & G. Mandler (Hrsg.), *New directions in psychology* (S. 87–156). Holt, Rinehart and Winston.
Gawronski, B. (2003). Implicational schemata and the correspondence bias: On the diagnostic value of situationally constrained behavior. *Journal of Personality and Social Psychology, 84*, 1154–1171.
Gaymann, P. (2015). *Demensch. Texte und Zeichnungen.: Für einen menschenfreundlichen Umgang mit Demenz*. Medhochzwei.
Geen, R. G., & Quanty, M. B. (1977). The catharsis of aggression: An evaluation of a hypothesis. *Advances in Experimental Social Psychology, 10*, 1–37.
Gegenfurthner, K. (2015). *Ein Kleid spaltet die Welt. Die große Schwarz-Blau-Gold-Verwirrung*. http://www.spiegel.de/wissenschaft/mensch/erklaerung-fuer-unterschiedliche-farben-auf-kleid-a-1020891.html. Zugegriffen am 14.10.2017.
Gensicke, T. (1996). Sozialer Wandel durch Modernisierung, Individualisierung und Wertewandel. *Aus Politik und Zeitgeschichte – Bundeszentrale für Politische Bildung, 46*(42), 3–17.
Gershon, M. (2001). *Der kluge Bauch: die Entdeckung des zweiten Gehirns*. Goldmann.
Gibbons, F. X., Gerrard, M., & Cleveland, M. J. (2004). Perceived discrimination and substance use in African American parents and their children. *Journal of Personality and Social Psychology, 86*, 517–529.
Gigerenzer, G., & Gaissmaier, W. (2011). Heuristic decision making. *Annual Review of Psychology, 62*, 451–482.
Gilbert, D. T., & Malone, P. S. (1995). The correspondence bias. *Psychological Bulletin, 117*, 21–38.
Gilbert, R., Widom, C. S., Browne, K., Fergusson, D., Webb, E., & Janson, S. (2009). Burden and consequences of child maltreatment in high-income countries. *The Lancet, 373*(9657), 68–81.
Gloger-Tippelt, G. (1991). Frühe Familienentwicklung und Kinderwunsch. *Zeit für Kinder!*, 185–191.
Goldstein, E. B. (2015). *Wahrnehmungspsychologie*. Spektrum.

Goleman, D. (1996). *Emotional intelligence.* Bantam Books.
Gordon, T. (2012a). *Lehrer-Schüler-Konferenz.* Hoffmann Campe.
Gordon, T. (2012b). *Familienkonferenz.* Hoffmann Campe.
Gordon, T. (2012c). *Managerkonferenz: Effektives Führungstraining.* Heyne.
Gordon, T. (2013). *Gute Beziehungen.* Klett-Cotta.
Grawe, K. (1999). Gründe und Vorschläge für eine Allgemeine Psychotherapie. *Psychotherapeut, 44,* 350–359.
Grawe, K. (2000). *Psychologische Therapie.* Hogrefe.
Grawe, K. (2007). Allgemeine Psychotherapie. In W. Senf & M. Broda (Hrsg.), *Praxis der Psychotherapie* (S. 120–133). Thieme.
Greitemeyer, T., Rudolph, U., & Weiner, B. (2003). Whom would you rather help: An acquaintance not responsible for her plight or responsible sibling? *Journal of Social Psychology, 143,* 331–340.
Grolnick, W. S., & Farkas, M. S. (2002). Parenting and the development of children's self-regulation. In M. H. Bornstein (Hrsg.), *Handbook of parenting: Practical issues in parenting* (S. 89–110). Lawrence Erlbaum Associates.
Grolnick, W. S., McMenamy, J. M., & Kurowski, C. O. (1999). Emotional self-regulation in infancy and toddlerhood. In L. Balter & C. S. Tamis-LeMonda (Hrsg.), *Child psychology: A handbook of contemporary issues* (S. 3–22). Psychology Press.
Grossmann, K., & Grossmann, K. (2012). *Bindungen – das Gefüge psychischer Sicherheit.* Klett-Cotta.
Grossmann, K., & Grossmann, K. (2017). Bindung und psychische Sicherheit. In P. Zimmermann & G. Spangler (Hrsg.), *Feinfühlige Herausforderung* (S. 243–256). Psychosozial-Verlag.
Großmaß, R. (2004). Psychotherapie und Beratung. In F. Nestmann, F. Engel, & U. Sickendiek (Hrsg.), *Das Handbuch der Beratung* (Bd. 1, S. 89–102). Dgvt.
Haarmeier, T. (2012). Bewegungssehen, Stereopsis und ihre Störungen. In H.-O. Karnath & P. Thier (Hrsg.), *Kognitive Neurowissenschaften* (S. 53–65). Springer.
Haffner, J. (2007). Jugendliche und ihr Körperempfinden. *BZgA Forum, 3,* 12–17.
Hahlweg, K. (1995). Einfluß interpersoneller Faktoren auf Verlauf und Therapie psychischer und somatischer Erkrankungen. *Verhaltenstherapie, 5(1),* 1–8.
Hahlweg, K., Dürr, H., & Schröder, B. (2000). Familienbetreuung als verhaltenstherapeutischer Ansatz zur Rückfallprophylaxe bei schizophrenen Patienten. In M. Krausz & D. Naber (Hrsg.), *Integrative Schizophrenietherapie* (S. 86–112). Karger.
Hall, J. A. Y. (1987). On explaining gender differences: The case of nonverbal communication. In P. Shaver & C. Hendrick (Hrsg.). *Review of Personality and Social Psychology, 7,* 177–200.
Hammelstein, P., & Fiedler, P. (2002). Biographische Narrative und Lebensthemen: Relevanz für Klinische Psychologie und Psychotherapie. *Verhaltenstherapie und Verhaltensmedizin, 23,* 307–328.
Hampel, P., & Petermann, F. (2003). *Anti-Stress-Training für Kinder* (2. Aufl.). Beltz PVU.
Hannover, B., & Greve, W. (2018). Selbst und Persönlichkeit. In W. Schneider & U. Lindenberger (Hrsg.), *Entwicklungspsychologie* (S. 559–578). Beltz PVU.
Hansen, W. B., Graham, J. W., Sobel, J. L., Shelton, D. R., Flay, B. R., & Johnson, C. A. (1987). The consistency of peer and parental influences on tobacco, alcohol, and marijuana use among young adolescents. *Journal of Behavioral Medicine, 10,* 559–579.
Hardt, J., & Engfer, A. (2012). Vernachlässigung, Misshandlung und Missbrauch von Kindern. In W. Schneider & U. Lindenberger (Hrsg.), *Entwicklungspsychologie* (7. Aufl., S. 677–690). Beltz.
Harlow, H. F. (1958). The nature of love. *American Psychologist, 13*(12), 673–685.
Hatfield, E., Cacioppo, J., & Rapson, R. (1992). Primitive emotional contagion. *Review of Personality and Social Psychology, 14,* 151–177.

Hautzinger, M. (1977). Affektive Störungen. In K. Hahlweg & A. Ehlers (Hrsg.), *Psychische Störungen und ihre Behandlungen Enzyklopädie der Psychologie* (Bd. D.II.2, S. 155–239). Hogrefe.

Hautzinger, M. (2012). *Kognitive Therapie mit älteren Patienten. KVT update. Neue Entwicklungen und Behandlungsansätze in der Kognitiven Verhaltenstherapie*. Beltz.

Hautzinger, M., & Eckert, J. (2007). Wirkfaktoren und allgemeine Merkmale der Psychotherapie. In C. Reimer, E. Eckert, M. Hautzinger, & E. Wilke (Hrsg.), *Psychotherapie: Ein Lehrbuch für Ärzte und Psychologen* (S. 17–31). Springer.

Hautzinger, M., & Thies, E. (2009). *Klinische Psychologie*. Beltz.

Havighurst, R. (1976). *Developmental tasks and education*. Mc Kay.

HBSC-Studienverbund Deutschland. (2015). *Health Behaviour in School-aged Children – Faktenblatt „Körperbild und Diätverhalten von Kindern und Jugendlichen"*.

Heider, F. (1958). *The psychology of interpersonal relations*. Wiley.

Helgeson, V. S., & Cohen, S. (1996). Social support and adjustment to cancer: Reconciling descriptive, correlational, and intervention research. *Health Psychology, 15*(2), 135–148.

Hewstone, M. (1994). Revision and change of stereotypic beliefs: In search of the elusive subtyping model. *European Review of Social Psychology, 5*(1), 69–109.

Higgins, E. T. (1987). Self-discrepancy: A theory relating self and effect. *Psychological Review, 94*, 319–340.

Hiroto, D., & Seligman, M. (1975). Generality of learned helpnessness in man. *Journal of Personality and Social Psychology, 31*, 311–327.

Hoch, E., & Lieb, R. (2009). Substanzmissbrauch und -abhängigkeit. In S. Schneider & J. Margraf (Hrsg.), *Lehrbuch der Verhaltenstherapie. Band 3: Störungen im Kindes- und Jugendalter* (S. 763–783). Springer.

Hochschild, A. R. (1990). *Das gekaufte Herz. Zur Kommerzialisierung der Gefühle*. Campus.

Hofer, M. (2002). Familienbeziehungen in der Entwicklung. In M. Hofer, E. Wild, & P. Noack (Hrsg.), *Lehrbuch Familienbeziehungen* (S. 4–27). Huber.

Hoffman, C., Lau, I., & Johnson, D. R. (1986). The linguistic relativity of person cognition: An English-Chinese comparision. *Journal of Personality and Social Psychology, 51*, 1097–1105.

Hoffman, M. L. (1981). Is altruism a part of human nature? *Journal of Personality and Social Psychology, 40*, 121–137.

Hoffman, M. L. (2000). *Empathy and moral development: Implications for caring and justice*. Cambridge University Press.

Hogrefe Testzentrale. (2021). *Dimensionale Diagnostik der Persönlichkeitsstörungen in ICD-11 und DSM-5*. https://www.testzentrale.ch/thema/dimensionale-diagnostik-der-persönlichkeit. Zugegriffen am 16.01.2022.

Honkanen-Schoberth, P. (2002). *Starke Kinder brauchen starke Eltern: Der Elternkurs des Deutschen Kinderschutzbunds*. Urania-Ravensburger.

Honkanen-Schoberth, P. (2006). „Starke Eltern – Starke Kinder" Elternkurse des Deutschen Kinderschutzbundes – Mehr Freude, weniger Stress mit den Kindern. In S. Tschöpe-Scheffler (Hrsg.), *Konzepte der Elternbildung – Eine kritische Übersicht* (S. 41–50). Barbara Budrich.

House, J. S., Robbins, C., & Metzner, H. L. (1982). The association of social relationships and activities with mortality: Prospective evidence from the Tecumseh community health study. *American Journal of Epidemiology, 116*(1), 123–140.

Hurrelmann, K. (1994). Mut zur demokratischen Erziehung. *Pädagogik, 46*(7–8), 13–17.

Hurrelmann, K. (2006). *Einführung in die Sozialisationstheorie*. Beltz.

Hurrelmann, K., & Bauer, U. (2019). *Einführung in die Sozialisationstheorie: das Modell der produktiven Realitätsverarbeitung*. Beltz.

Hurrelmann, K., & Quenzel, G. (2013). *Lebensphase Jugend: Eine Einführung in die sozialwissenschaftliche Jugendforschung*. Juventa.

Ihle, W., Laucht, M., Schmidt, M. H., & Esser, G. (2007). Geschlechtsunterschiede in der Entwicklung psychischer Störungen. In S. Lautenbacher, O. Güntürkün, & M. Hausmann (Hrsg.), *Gehirn und Geschlecht* (S. 211–222). Springer.

In-Albon, T., & Margraf, J. (2011). Panik und Agoraphobie. In H.-U. Wittchen & J. Hoyer (Hrsg.), *Klinische Psychologie und Psychotherapie* (S. 915–935). Springer.

Isensee, B., Wittchen, H.-U., Stein, M. B., Höfler, M., & Lieb, R. (2003). Smoking increases the risk of panic. Findings from a prospective community study. *Archives of General Psychiatry, 60*, 692–700.

Izard, C. E. (2002). Translating emotion theory and research into preventive interventions. *Psychological Bulletin, 128*, 796–824.

Jacobi, F., Höfler, M., Strehle, J., Mack, S., et al. (2014). Psychische Störungen in der Allgemeinbevölkerung. *Nervenarzt, 85(1)*, 77–87.

James, W. (1890). The perception of reality. *Principles of Psychology, 2*, 283–324.

Jamieson, D., Lydon, J., Stewart, G., & Zanna, M. P. (1987). Pygmalion revisited: New evidence for student expectancy effects in the classroom. *Journal of Educational Psychology, 79*, 461–466.

Jason, L. A., Rose, T., Ferrari, J. R., & Barrone, R. (1984). Personal versus impersonal methods for recruiting blood donations. *Journal of Social Psychology, 123*, 139–140.

Johnson, T. J., Feigenbaum, R., & Weiby, M. (1964). Some determinants and consequences of teacher's perception of causation. *Journal of Educational Psychology, 55*, 237–246.

Jonas, K., Stroebe, W., & Hewstone, M. (2007). *Sozialpsychologie*. Springer.

Jones, E. E. (1979). The rocky road from acts to dispositions. *American Scientist, 34*, 107–117.

Jones, E. E., & Berglas, S. (1976). A recency effect in attitude attribution. *Journal of Personality, 44*, 433–448.

Jones, E. E., & Goethals, G. (1972). Order effects in impression formation: Attribution context and the nature of the entity. In E. E. Jones et al. (Hrsg.), *Attribution: Perceiving the causes of behavior* (S. 27–46). General Learning press.

Jones, E. E., & Nisbett, R. (1972). The actor and the observer: Divergent perceptions of the causes of behavior. In E. E. Jones, D. E. Kanouse, H. H. Kelley, R. E. Nisbett, S. Valins, & B. Weiner (Hrsg.), *Attribution: Perceiving the causes of behavior* (S. 79–94). General Learning Press.

Jopp, D. (2003). *Determinanten erfolgreichen Alterns: Personale Ressourcen und adaptive Strategien des Lebensmanagements* (Dissertation). Freie Universität Berlin.

Joraschky, P., & Petrowski, K. (2016). Sexueller Missbrauch und Vernachlässigung in Familien. In U. T. Egle, P. Joraschky, A. Lampe, I. Seiffge-Krenke, & M. Cierpka (Hrsg.), *Sexueller Missbrauch, Misshandlung, Vernachlässigung – Erkennung, Therapie und Prävention der Folgen früher Stresserfahrungen* (S. 138–154). Schattauer.

Joseph, D. L., & Newman, D. A. (2010). Emotional intelligence: An integrative meta-analysis and cascading model. *Journal of Applied Psychology, 95(1)*, 54–78.

Julius, H., Beetz, A., Kotrschal, K., Turner, D., & Uvnäs-Möberg, K. (2014). *Bindung zu Tieren: psychologische und neurobiologische Grundlagen tiergestützter Interventionen*. Hogrefe.

Jungnitsch, G. (1999). *Klinische Psychologie*. Kohlhammer.

Jussim, L. (1990). Social perception and social reality: A reflection-construction model. *Psychological Review, 98*, 54–73.

Kahneman, D. (2003). Maps of bounded reality: A perspective on intuitive judgement and choice. *American Economic Review, 93*, 1449–1475.

Kahneman, D., & Tversky, A. (1973). Availability: A heuristic for judging frequency and probability. *Cognitive Psychology, 42*, 207–232.

Kahneman, D., Slovic, P., & Tversky, A. (1982). *Judgement under uncertainty. Heuristics and biases*. Cambridge University Press.

Kandel, E. R. (1996). Die Konstruktion des visuellen Bildes. In E. R. Kandel, J. H. Schwartz, & T. M. Jessell (Hrsg.), *Neurowissenschaften* (S. 393–411). Spektrum.

Kanfer, F. H., Reinecker, H., & Schmelzer, D. (2006). *Selbstmanagement-Therapie: Ein Lehrbuch für die Klinische Praxis*. Springer.

von Kanitz, A. (2015). *Feedbackgespräche*. Haufe.

von Kanitz, A. (2021). *Emotionale Intelligenz*. Haufe.

Kant, I. (1998) [1787]. *Kritik der reinen Vernunft*. Meiner.

Kelley, H. H. (1967). *Attribution theory in social psychology*. University of Nebraska Press.

Kelley, H. H. (1972). Causal schemata and the attribuation process. In E. E. Jones, D. E. Kanouse, H. H. Kelley, R. E. Nisbett, S. Valins, & B. Weiner (Hrsg.), *Attribution: Perceiving the causes of behavior* (S. 151–174). General Learning Press.

Kenrick, D. T., & Gutierres, S. E. (1980). Contrast effects and judgements of physical attractivness: When beauty becomes a social problem. *Journal of Personality and Social Psychology, 38*, 131–140.

Killen, J., Hayward, C., & Litt, I. (1992). Is puberty a risk factor for eating disorders? *American Journal of Diseases in Children, 146*, 323–325.

Klin, A., Jones, W., Schultz, R., & Volkmar, F. (2003). The enactive mind, or from actions to cognition: Lessons form autism. *Philosophical Transactions of the Royal Society of London Ser B, 358*, 345–360.

Knapp, M. L., & Hall, J. A. (1997). *Nonverbal communication in human interaction*. Harcourt Brace.

Knoll, N., Scholz, U., & Rieckmann, U. (2005). *Einführung in die Gesundheitspsychologie*. Reinhardt.

Kocalevent, R., & Hegerl, U. (2010). Depression und Suizidalität. *Public Health Forum, 18(1)*, 13–14.

Koff, E., Rierdan, J., & Stubbs, M. (1990). Gender, body image, and self-concept in early adolescence. *Journal of Early Adolescence, 10(1)*, 56–68.

Köhler, T. (2012). *Psychische Störungen: Symptomatologie, Erklärungsansätze, Therapie*. Kohlhammmer.

Kolland, F. (1996). Sinnarmut und Sinnerfüllung im Alter. In L. Rosenmayr, G. Majce, & F. Kolland (Hrsg.), *Jahresringe. Altern gestalten* (S. 73–110). Verlag Adolfs Holzhausen.

Konrad-Adenauer-Stiftung. (2018). *Jahresbericht – Einblicke in das Jahr 2018* [Jahresbericht]. Konrad-Adenauer-Stiftung e. V. https://www.kas.de/documents/252038/4521287/Deutschland.+Das+nächste+Kapitel+-+Jahresbericht+2018.pdf/7c0d0886-163e-65a5-4a2d-9d0a9f9edb61. Zugegriffen am 09.06.2018.

Korte, C. (1971). Effects of individual responsibility and group communication on help-giving in an emergency. *Human Relations, 24*, 149–159.

Kracke, B., & Noack, P. (2008). Konflikte in Familien: Möglichkeiten der Prävention und Bewältigung. In *Enzyklopädie der Psychologie. Themenbereich C, Angewandte Entwicklungspsychologie* (Bd. 7, S. 547–570). Hogrefe.

Kreikebaum, S. (1999). *Körperbild, Körperzufriedenheit, Diätverhalten und Selbstwert bei Mädchen und Jungen im Alter von sieben bis dreizehn Jahren: Eine interkulturelle Vergleichsstudie (USA – D) und Längsschnittuntersuchung (D)*. Dissertation am Psychologischen Institut der Universität zu Köln, Lehrstuhl IV: Entwicklungs- und Erziehungspsychologie.

Kruse, A. (2006). Altern, Kultur und gesellschaftliche Entwicklung. *Report, 29*(3), 9–17.

Kruse, A. (2011). Menschenbilder und Altersbilder – Differenzierte Repräsentationen des Alters in ihrer Bedeutung für personale Entwicklungsprozesse. In M. Hilgert & M. Wink (Hrsg.), *Menschen-Bilder. Darstellungen des Humanen in der Wissenschaft* (S. 215–227). Springer.

Kruse, A. (2015). Im Alter entsteht etwas Neues. Interview. *Frankfurter Allgemeine, 5*(12), 2015.

Kruse, A., & Sittler, L. (2015). Zusammenfassende Darstellung der Generali Hochaltrigenstudie. In G. Geiger, E. Gurk, M. Juch, B. Kohn, A. Eng, & K. Klinzing (Hrsg.), *Menschenrechte und Alter* (S. 77–92). Barbara Buderich.

Kubitschek, W. N., & Hallinan, M. T. (1998). Tracking and students' friendships. *Social Psychology Quarterly, 61*, 1–15.

Kühner, C. (2007). Warum leiden mehr Frauen an Depressionen? In S. Lautenbacher, O. Güntürkün, & M. Hausmann (Hrsg.), *Gehirn und Geschlecht* (S. 331–350). Springer.

Kulik, J. A., & Mahler, H. I. M. (1993). Emotional support as a moderator of adjustment and compliance after coronary artery bypass surgery: A longitudinal study. *Journal of Behavioral Medicine, 16*(1), 45–63.

LaBerge, D. (1983). Spatial extent of attention to letters and words. *Journal of Experimental Psychology: Human Perception and Performance, 9*, 371–379.

Lalljee, M., Lamb, R., Furnham, A., & Jaspars, J. (1984). Explanations and information search: Inductive and hypothesis-testing approaches to arriving at an explanation. *British Journal of Social Psychology, 11*, 201–212.

Lamb, M. (2010). How do fathers influence child's development. In M. Lamb (Hrsg.), *The role of the father in child development* (S. 1–26). Wiley and Sons.

Lancaster, T., Stead, L. F., Silagy, C. A., & Sowdon, A. (2000). Effectiveness of interventions to help people to stop smoking: findings from the Cochrane Library. *British Medical Journal, 321*, 355–358.

Langer, E. J. (1975). The illusion of control. *Journal of Personality and Social Psychology, 32*, 311–328.

Langer, E. J., & Rodin, J. (1976). The effects of choice and enhanced personal responsibility for the aged: A field experiment in an institutional setting. *Journal of Personality and Social Psychology, 34*(2), 191–198.

Langlois, J. H., Ritter, J. M., Roggmann, L. A., & Vaughn, L. S. (1991). Facial diversity and infant preferences for attractive faces. *Developmental Psychology, 27*, 79–84.

Latané, B. (1981). The psychology of social impact. *American Psychologist, 36*, 343–356.

Latané, B., & Darley, J. O. (1970). *The unresponsive bystander: Why doesn't he help?* Appleton – Century Crofts.

Latané, B., & Nida, S. (1981). Ten years of research on group size and helping. *Psychological Bulletin, 89*(2), 308.

Laucht, M., Esser, G., & Schmidt, M. (2000). Längsschnittforschung zur Entwicklungsepidemiologie psychischer Störungen: Zielsetzung, Konzeption und zentrale Befunde der Mannheimer Risikokinderstudie. *Zeitschrift für Klinische Psychologie und Psychotherapie, 29*(4), 246–262.

Lavie, N. (2006). Distracted and confused? Selective attention under load. *Trends in Cognitive Science, 9*, 75–82.

Lavie, N. (2010). Attention, distraction, and cognitive control under load. *Current Directions in Psychological Science, 19*, 143–148.

Lazarus, A. (1996). Multimodale Therapieplanung (BASIC-IC). In M. Linden & M. Hauzinger (Hrsg.), *Verhaltenstherapie* (S. 47–51). Springer.

Lazarus, R. S. (1991). Cognition and Motivation in Emotion. *American Psychologist, 46*, 352–367.

Lazarus, R. S. (1998). *Fifty years of the research and theory of R. S. Lazarus: An analysis of historical and perennial issues*. Lawrence Erlbaum.

Lazarus, R. S. (1999). *Stress and emotion: A new synthesis*. Free Assoc. Books.

Lazarus, R. S., & Folkman, S. (1984). *Stress, appraisal, and coping* (11. Aufl.). Springer.

Lazarus, R. S., & Folkman, S. (1986). Cognitive theories of stress and the issue of circularity. In M. H. Appley & R. Trumbull (Hrsg.), *Dynamics of stress: Physiological, psychological and social perspectives* (S. 63–80). Plenum Press.

Leff, J. P., & Vaughn, C. (1985). *Expressed emotion in families: Its significance for mental illness.* Guilford Press.

Lehmkuhl, G., Döpfner, M., Plück, J., Berner, W., Fegert, J. M., & Huss, M. (1998). Häufigkeit psychischer Auffälligkeiten und somatischer Beschwerden bei vier- bis zehnjährigen Kindern in Deutschland im Urteil der Eltern. Ein Vergleich normorientierter und kriterienorientierter Modelle. *Zeitschrift für Kinder und Jugendpsychiatrie und Psychotherapie, 26,* 83–96.

Lehr, U. (2007). *Psychologie des Alterns.* Quelle & Meyer.

Lehr, U., & Thomae, H. (1987). *Formen seelischen Alterns. Ergebnisse der Bonner Gerontologischen Längsschnittstudie (BOLSA).* Ferdinand Enke.

Leibniz, G. W. (1915) [1704]. *Neue Abhandlung über den menschlichen Verstand* (3. Aufl.). Meiner.

Lelord, F., & André, C. (2009). *Der ganz normale Wahnsinn: Vom Umgang mit schwierigen Menschen.* Aufbau Taschenbuch.

Lenz, A. (2014). *Kinder psychisch kranker Eltern.* Hogrefe.

Leor, J., Poole, W. K., & Kloner, R. A. (1996). Sudden cardiac death triggered by an earthquake. *New England Journal of Medicine, 334*(7), 413–419.

Lerner, M. J. (1980). *The belief in a just world: A fundamental delusion.* Plenum Press.

Lerner, R. (2006). Developmental science, developmental systems, and contemporary theories of human development. In R. Lerner (Hrsg.), *Handbook of child psychology: Volume 1: Theoretical models of human development* (6. Aufl., S. 1–17). Wiley.

Lerner, R., & Spanier, G. (1980). *Adolescent development.* McGraw.

Leventhal, H., & Cleary, P. D. (1980). The smoking problem: A review of research and theory in behavioral risk modification. *Psychological Bulletin, 88,* 370–405.

Levine, M., & Smolak, L. (2004). Body image development in adolescence. In T. Cash & T. Pruzinsky (Hrsg.), *Body image: A handbook of theory, research and clinical practice* (S. 74–82). Guilford Press.

Levy, B., & Langer, E. (1994). Aging free from negative stereotypes: Successful memory in China among the American deaf. *Journal of Personality and Social Psychology, 66,* 989–997.

Levy, B., Slade, M., Kunkel, S., & Kasl, S. (2002). Longevity increased by positive self-perceptions of aging. *Journal of Personality and Social Psychology, 83,* 261–270.

Lewis, M. (1992). *Shame: The exposed self.* Free Press.

Lichtenstein, S., Slovic, P., Fischhoff, B., Layman, M., & Combs, B. (1978). Judged frequency of lethal events. *Journal of Experimental Psychology, Human Learning and Memory, 4*(6), 551–578.

Lichtenthaler, P. W., & Fischbach, A. (2010). Belastungsfaktor oder Ressource? Fluch und Segen von Emotionsarbeit. *Zeitschrift für innovative Arbeitsgestaltung und Prävention, 8–9* (Praeview, Nr. 3), 12–13.

Liebenwein, S., & Weiß, S. (2012). Erziehungsstile. In U. Sandfuchs, W. Melzer, B. Dühlmeier, & A. Rausch (Hrsg.), *Handbuch Erziehung* (S. 160–168). Julius Klinkhardt.

Lilli, W. (1994). Hypothesentheorie der Wahrnehmung. In D. Frey & S. Greif (Hrsg.), *Sozialpsychologie* (S. 192–195). Beltz.

Lindenberger, U., Smith, J., Mayer, K., & Baltes, P. (2010). *Die Berliner Altersstudie* (3., erw. Aufl.). Akademie.

Linster, H., & Wetzel, H. (1988). *Veränderung und Entwicklung der Person.* Hoffmann Campe.

Lloyd, C., King, R., & Chenoweth, L. (2002). Social work, stress and burnout: A review. *Journal of Mental Health, 11,* 255–265.

Locke, E. A., & Latham, G. P. (2002). Building a practically useful theory of goal setting and task motivation: A 35-year odyssey. *American Psychologist, 57,* 705–717.

Lockwood, P., & Kunda, Z. (1997). Superstars and me: Predicting the impact of role models on the self. *Journal of Personality and Social Psychology, 73,* 91–103.

Lohaus, A., & Vierhaus, M. (2015). *Entwicklungspsychologie des Kindes- und Jugendalters*. Springer.

Lorenz, K. (1943). Die angeborenen Formen möglicher Erfahrung. *Zeitschrift für Tierpsychologie, 5*, 235–409.

Lösel, F., & Bender, D. (1999). Von generellen Schutzfaktoren zu differentiellen protektiven Prozessen: Ergebnisse und Probleme der Resilienzforschung. In G. Opp, M. Fingerle, & A. Freytag (Hrsg.), *Was Kinder stärkt. Erziehung zwischen Risiko und Resilienz* (S. 37–58). Reinhardt.

Lüdmann, M. (2015). *Die Architektur des Psychischen. Eine begrifflich-konzeptuelle Grundlegung der Psychologie und ihres Gegenstandes*. Bamberg University Press.

Ludwig, P. H. (1991). *Sich selbst erfüllende Prophezeihungen im Alltagsleben*. Verlag für angewandte Psychologie.

Luthar, S. (2015). Resilience in development: A synthesis of research across five decades. In D. Cicchetti & D. Cohen (Hrsg.), *Developmental psychopathology: Risk, disorder and adaptation* (S. 739–795). Wiley.

Macrae, C. N., Bodenhausen, G. V., Milne, A. B., & Jetten, J. (1994). Out of mind but back in sight: Stereotypes on the rebound. *Journal of Personality and Social Psychology, 67*, 808–817.

Main, K., & Solomon, J. (1990). Procedures for identifying infants as disorganized/disoriented during the Ainsworth Strange Situation. In M. Greenberg, D. Cicchetti, & E. Cummmings (Hrsg.), *Attachment in the preschool year* (S. 121–160). University of Chicago Press.

Malle, B. F., & Knobe, J. (1997). Which behaviors do people explain? A basic actor-observer asymmetry. *Journal of Personality and Social Psychology, 72*, 288–304.

Markus, H. R., & Kitayama, S. (1991). Culture and the self: Implications for cognition, emotion, and motivation. *Psychological Review, 98*, 224–253.

Martin, J., & Jessell, T. M. (1996). Die sensorischen Systeme. In E. R. Kandel, J. H. Schwartz, & T. M. Jessell (Hrsg.), *Neurowissenschaften* (S. 375–392). Spektrum.

Martire, L. M., Lustig, A. P., Schulz, R., Miller, G. E., & Helgeson, V. S. (2004). Is it beneficial to involve a family member? A meta-analysis of psychosocial interventions for chronic illness. *Health Psychology, 23*(6), 599–611.

Mascolo, M. F., Fischer, K. W., & Li, J. (2003). Dynamic development of component systems of emotions: Pride, shame, and guilt in China and the United States. In R. J. Davidson, K. R. Scherer, & H. H. Goldsmith (Hrsg.), *Handbook of affective sciences* (S. 375–408). Oxford University Press.

Maslow, A. H. (1970). *Motivation and personality*. Harper & Row.

Mausfeld, R. (2006). *... in jedem Moment ein Schauplatz geistiger Möglichkeiten. Multiperspektivität als funktionales Designprinzip des menschlichen Geistes*. Vortragsmanuskript der Ringvorlesung „Das neue Bild vom Menschen" im Rahmen des Forschungsverbundes „Interdisziplinäre Anthropologie". Friedrich-Schiller-Universität, Jena.

Mayer, J. D., & Salovey, P. (1997). What is emotional intelligence? In P. Salovey & D. J. Sluyter (Hrsg.), *Emotional development and emotional intelligence: Educational implications* (S. 3–34). Harper Collins.

McCabe, M., & Ricciardelli, L. (2001a). Parent, peer, and media influences on body image and strategies to both increase and decrease body size among adolescent boys and girls. *Adolescence, 36*, 225–240.

McCabe, M., & Ricciardelli, L. (2001b). The structure of the sociocultural influences on body image and body change questionnaire. *International Journal of Behavioral Medicine, 8*, 20–41.

McCabe, M., & Ricciardelli, L. (2003). Sociocultural influences on body image and body changes among adolescent boys and girls. *The Journal of Social Psychology, 143*, 55–71.

McKenna, F. P. (1993). It won't happen to me: Unrealistic optimism or illusion of control? *British Journal of Psychology, 84*, 39–50.

Mees, U. (1992). *Psychologie des Ärgers*. Hogrefe.

Meichenbaum, D., & Turk, D. C. (1994). *Therapiemotivation des Patienten: ihre Förderung in Medizin und Psychotherapie. Ein Handbuch*. Huber.

Mertes, L. (2018). *Psychische Gewalt in der Eltern-Kind-Beziehung*. Diplomica.

Merton, R. (1957). *Social theory and social structure*. The Free Press.

Metzger, W. (1953). *Gesetze des Sehens*. Kramer.

Meyer, C., Rumpf, H. J., Hapke, U., Dilling, H., & John, U. (2000). Lebenszeitprävalenz psychischer Störungen in der erwachsenen Allgemeinbevölkerung: Ergebnisse der TACOS Studie. *Nervenarzt, 71*, 535–542.

Meyer, T., & Bauer, M. (2011). Bipolare Störungen. In H.-U. Wittchen, J. Hoyer, & J. (Hrsg.), *Klinische Psychologie und Psychotherapie* (S. 857–878). Springer.

Mietzel, G. (2007). *Pädagogische Psychologie des Lernens und Lehrens*. Hogrefe.

Mikulineer, M., & Shaver, P. (2005). Attachment security, compassion, and altruism. *Current Directions in Psychological Science, 14*, 34–38.

Milgram, S. (1970). The experience of living in cities. *Science, 167*, 1461–1468.

Miller, D. T. (1977). Personal deserving versus justice for others: An exploration of the justice motive. *Journal of Experimental Social Psychology, 13*, 1–13.

Miller, D. T., & Ross, M. (1975). Self-serving biases in the attribution of causality: Fact or fiction? *Psychological Bulletin, 82*, 213–225.

Miller, J. G. (1984). Culture and development of everyday social explanation. *Journal of Personality and Social Psychology, 46*, 961–978.

Mitchell, B., & Lovegreen, L. (2009). The empty nest syndrome in midlife families. *Journal of Familiy Issues, 30*, 1651–1670.

Montada, L., Lindenberger, U., & Schneider, W. (2012). Fragen, Konzepte, Perspektiven. In W. Schneider & U. Lindenberger (Hrsg.), *Entwicklungspsychologie* (S. 1–83). Beltz.

Montada, L., Lindenberger, U., & Schneider, W. (2018). Fragen, Konzepte, Perspektiven. In W. Schneider & U. Lindenberger (Hrsg.), *Entwicklungspsychologie* (S. 27–60). Beltz.

Moreland, R. L., & Beach, S. R. (1992). Exposure effects in the classroom: The development of affinity among students. *Journal of Experimental Social Psychology, 28*, 255–276.

Morris, M. W., & Peng, K. (1994). Culture and cause: American and Chinese attributions for social and physical events. *Journal of Personality and Social Psychology, 67*, 949–971.

Morse, D. R., Martin, J., & Moshonov, J. (1991). Psychosomatically induced death: Relative to stress, hypnosis, mind control, and voodoo: Review and possible mechanisms. *Stress Medicine, 7*(4), 213–232.

Morse, S., & Gergen, K. J. (1970). Social comparison, self-consistency, and the concept of self. *Journal of Personality and Social Psychology, 40*, 624–634.

Mrazek, J. (1987). Struktur und Entwicklung des Körperkonzepts im Jugendalter. *Zeitschrift für Entwicklungspsychologie und Pädagogische Psychologie, 1*, 1–13.

Müller, M. M. (1993). *Psychophysiologische Risikofaktoren bei Herz-/Kreislauferkrankungen. Grundlagen und Therapie*. Hogrefe.

Münsterberg, H. (1897). Die verschobene Schachbrettfigur. *Zeitschrift für Psychologie und Physiologie der Sinnesorgane, 15*, 184–188.

Myers, D. G. (2014). *Psychologie*. Springer.

Nestmann, F., Sickendiek, U., & Engel, F. (2004). Statt einer „Einführung": Offene Fragen „guter Beratung". In F. Nestmann, F. Engel, & U. Sickendiek (Hrsg.), *Das Handbuch der Beratung* (Bd. 2, S. 599–608). Dgvt.

Neuy-Bartmann, A. (2005). *ADS – erfolgreiche Strategien für Erwachsene und Kinder*. Klett-Cotta.

Newcomb, T. M. (1961). *The acquaintance process*. Holt/Rinehart and Winston.

Newell, A., & Simon, H. A. (1976). Computer science as empirical enquiring. In J. Haugeland (Hrsg.), *Mind design* (S. 35–66). MIT-Press.

NICHD (National Institute of Child Health and Human Development) Early Child Care Research Network. (2006). Child-care effect sizes for the NICHD study of early child care and youth development. *American Psychologist, 61*, 99–116.

Nizielski, S., Hallum, S., Schütz, A., & Lopes, P. N. (2013). A note on emotion appraisal and burn-out: The mediating role of antecedent-focused coping strategies. *Journal of Occupational Health Psychology, 18*(3), 363–369.

Norcross, J., & Lambert, M. (2011). Psychotherapy relationships that work II. *Psychotherapy, 48*(1), 4–8.

Nuechterlein, K. H. (1987). Vulnerability models for schizophrenia. State of the art. In H. Häfner, W. Gattaz, & W. Janzarik (Hrsg.), *Search for the causes of schizophrenia* (S. 297–316). Springer.

Nußbeck, S. (2019). *Einführung in die Beratungspsychologie*. Ernst Reinhardt.

Obrock, M. (2008). *Körperwahrnehmung: Einstellungen zum Körper bei Mädchen mit Anorexia Nervosa in der Adoleszenz*. Psychiatrie-Verlag.

Ohring, R., Graber, J., & Brooks-Gunn, J. (2002). Girls' recurrent und concurrent body dissatisfaction. *International Journal of Eating Disorders, 31*, 404–415.

Palmore, E. B. (1988). *Springer series on adulthood and aging, Vol. 21. The facts on aging quiz: A handbook of uses and results*. Springer.

Papousek, H., & Papousek, M. (2013). Symbolbildung, Emotionsregulation und soziale Interaktion. In M. Holodynski & W. Friedlmeier (Hrsg.), *Emotionale Entwicklung. Funktion, Regulation und soziokultureller Kontext von Emotionen* (S. 135–155). Spektrum.

Parkinson, B. (2007). Soziale Wahrnehmung und Attribution. In K. Jonas, W. Stroebe, & M. Hewstone (Hrsg.), *Sozialpsychologie. Eine Einführung* (S. 69–110). Springer.

Pelham, B. W. (1991). On confidence and consequence: The certainty and importance of self-knowledge. *Journal of Personality and Social Psychology, 60*, 518–530.

Pendry, L. (2007). Soziale Kognition. In K. Jonas, W. Stroebe, & M. Hewstone (Hrsg.), *Sozialpsychologie. Eine Einführung* (S. 111–145). Springer.

Penner, L. A., Dovidio, J. F., Piliavin, J. A., & Schroeder, D. A. (2005). Prosocial behavior: Multilevel perspectives. *Annual Review of Psychology, 56*, 365–392.

Petermann, F., & Wiedebusch, S. (2008). *Emotionale Kompetenz bei Kindern*. Hogrefe.

Petermann, F., Niebank, K., & Scheithauer, H. (2004). *Entwicklungswissenschaft: Entwicklungspsychologie – Genetik – Neuropsychologie*. Springer.

Petersen, A., & Crockett, L. (1985). Pubertal timing and grade effects on adjustment. *Journal of Youth and Adolescence, 14*, 191–206.

Pfammatter, M., & Tschacher, W. (2012). Wirkfaktoren der Psychotherapie – eine Übersicht und Standortbestimmung. *Zeitschrift für Psychiatrie, Psychologie und Psychotherapie, 60*(1), 67–76.

Pfiffner, L. J., & Haack, L. M. (2014). Behavior management for school-aged children with ADHD. *Child and Adolescent Psychiatric Clinics of North America, 23*, 731–746.

Piliavin, I. M., Piliavin, J. A., & Rodin, J. (1975). Costs, diffusion, and the stigmatized victim. *Journal of Personality and Social Psychology, 32*, 429–438.

Piliavin, J. A., Dovidio, J. F., Gaertner, S. L., & Clark, R. D. (1981). *Emergency Intervention*. Academic Press.

Pinker, S. (2002). *The blank slate: The modern denial of human nature*. Viking.

Pinquart, M., Schwarzer, G., & Zimmermann, P. (2019). *Entwicklungspsychologie des Kindes- und Jugendalters*. Hogrefe.

Pintrich, P. R., & Schunk, D. H. (2002). *Motivation in education: Theory, research, and applications*. Merrill/Prentice-Hall.

Pollak, S., & Kistler, D. (2002). Early experience is associated with the development of categorical representations for facial expressions of emotion. *Proceedings of the National Academy of Sciences of the United States of America., 99*, 9072–9076.

Pollatsek, A., Fisher, D. L., & Pradhan, A. (2006). Identifying and remedying failures of selective attention in young drivers. *Current Directions in Psychological Science, 15*, 255–259.

Popper, K. (1934). *Die Logik der Forschung*. Mohr.

Postman, L. (1963). Perception and learning. In S. Koch (Hrsg.), *Psychology: A study of science*. McGraw-Hill.

Pyszczynski, T., & Greenberg, J. (1987). Self-regulatory perseveration and the depressive self-focusing style: A self-awareness theory of reactive depression. *Psychological Bulletin, 102*, 122–138.

Raps, C. S., Peterson, C., Jonas, M., & Seligman, M. E. P. (1982a). Patient behavior in hospitals: Helplessness, reactance, or both? *Journal of Personality and Social Psychology, 42*, 1036–1041.

Raps, C. S., Peterson, C., Reinhard, K. E., Abramson, L. Y., & Seligman, M. E. P. (1982b). Attributional style among depressed patients. *Journal of Abnormal Psychology, 91*(2), 102–108.

Rauchfleisch, U. (2001). *Kinderpsychologische tests*. Thieme.

Raver, C. C. (2002). Emotions matter: Making the case for the role of young children's emotional development for early school readiness. *Social Policy Report, 16*, 3–18.

Rey, E. (2011). Psychotische Störungen und Schizophrenie. In H.-U. Wittchen & J. Hoyer (Hrsg.), *Klinische Psychologie und Psychotherapie* (S. 797–856). Springer.

Rheinberg, F. (2004). *Motivation* (5. Aufl.). Kohlhammer.

Richards, M., Boxer, A., Petersen, A., & Albrecht, R. (1990). Relation of weight to body image in pubertal girls and boys from two communities. *Developmental Psychology, 26*, 313–321.

Richter, D., & Berger, K. (2013). Nehmen psychische Störungen zu? *Psychiatrische Praxis, 40*, 176–182.

Richter, H. (2007). *Eltern, Kind, Neurose*. Rowohlt.

Richter, H. (2012). *Patient Familie: Entstehung, Struktur und Therapie von Konflikten in Ehe und Familie*. Psychosozial-Verlag.

Riemann, F. (2019). *Grundformen der Angst: Eine tiefenpsychologische Studie* (44. Aufl.). Ernst Reinhardt.

Rierdan, J., Koff, E., & Stubbs, M. (1987). Depressive symptomatology and body image in adolescent girls. *Journal of Early Adolescence, 7*, 205–216.

Rodin, J., & Langer, E. J. (1977). Long-term effects of a control-relevant intervention with the institutionalized aged. *Journal of Personality and Social Psychology, 35*(12), 897–902.

Roeser, R. W., Wolf, K., & Strobel, K. R. (2001). On the relation between social-emotional and school functioning during early adolescence. Preliminary findings from Dutch and American samples. *Journal of School Psychology, 39*, 111–139.

Roesler, C. (2016). Paarbeziehung als Bindung und Emotionsfokussierte Paartherapie. *Psychotherapeut, 2016*(61), 43–48.

Rogers, C. (1959). A theory of therapy, personality, and interpersonal relationship as developed in the client-centered framework. In S. Koch (Hrsg.), *A study of a science, 3, Formulations of the person and the social context* (S. 184–256). McGraw Hill.

Rogers, C. (1975). Entwicklung und gegenwärtiger Stand meiner Ansichten über zwischenmenschliche Beziehungen. In GWG – Gesellschaft für wissenschaftliche Gesprächspsychotherapie (Hrsg.), *Die klientenzentrierte Gesprächspsychotherapie* (S. 11–14). GWG Eigenverlag.

Rogers, C. (1976). Eine neue Definition von Einfühlung. In P. Jankowski, D. Tscheulin, H. Fietkau, & F. Mann (Hrsg.), *Klientenzentrierte Psychotherapie heute* (S. 33–51). Hogrefe.

Rogers, C. (1991). *Eine Theorie der Psychotherapie, der Persönlichkeit und der zwischenmenschlichen Beziehungen*. GWG.

Rogers, C. (2004). *Therapeut und Klient*. Fischer.
Rogers, C. (2014). *Entwicklung der Persönlichkeit*. Klett Cotta.
Rosenberg, M. (2016). *Gewaltfreie Kommunikation*. Junferman.
Rosenberg, S., Nelson, C., & Vivekananthan, P. S. (1968). A multidimensional approach to the structure of personality impressions. *Journal of Personality and Social Psychology, 9*, 283–294.
Ross, L. (1979). The intuitive psychologist and his short-comings: Distortions in the attribution process. In L. Berkowitz (Hrsg.), *Advances in experimental social psychology* (S. 173–220). Academic Press.
Ross, L., Greene, D., & House, P. (1977a). The "false consensus effect": An egocentric bias in social perception and attribution processes. *Journal of Experimental Social Psychologym, 13*(3), 279–301.
Ross, L., Amabile, T. M., & Steinmetz, J. L. (1977b). Social roles, social control, and biases in social-perception processes. *Journal of Personality and Social Psychology, 35*, 483–494.
Rotter, J. B. (1966). Generalized expectancies for internal versus external control of reinforcement. *Psychological Monographs: General and Applied, 80*(1), 1–28.
Rudolph, U. (2013). *Motivationspsychologie*. PVU Beltz.
Rule, B. G., & Ferguson, T. J. (1986). The effects of media violence on attitudes emotions, and cognitions. *Journal of Social Issues, 42*(3), 29–50.
Rushton, J. P., & Campbell, A. C. (1979). Modeling, vicarious reinforcement and extraversion on blood donating in adults: Immediate and long-term effects. *European Journal of Social Psychology, 7*, 297–306.
Rutkowski, G. K., Gruder, C. L., & Romer, D. (1983). Group cohesiveness, social norms, and bystander intervention. *Journal of Personality and Social Psychology, 44*, 545–552.
Ryan, R. M., & Deci, E. L. (2000). Self-determination theory and the facilitation of intrinsic motivation, social development, and well-being. *American Psychologist, 55*, 68–78.
Ryff, C. D., & Davidson, R. J. (2009). *Midlife in the United States (MIDUS 2): Neuroscience project 2004–2009: Version 4*. Inter-University Consortium for Political and Social Research.
Saarni, C. (2002). Die Entwicklung von emotionaler Kompetenz in Beziehungen. In M. von Salisch (Hrsg.), *Emotionale Kompetenz entwickeln. Grundlagen in der Kindheit und Jugend* (S. 3–30). Kohlhammer.
Salovey, P., Mayer, J. D., & Rosenhan, D. L. (1991). Mood and helping: Mood as motivator of helping and helping as regulator of mood. In M. S. Clark (Hrsg.), *Prosocial behavior* (S. 215–237). Sage.
Sanders, M. R. (1999). Triple P – Positive parenting program: Towards an empirically validated multilevel parenting and family support strategy for the prevention of behavior and emotional problems in children. *Clinical Child and Family Psychology Review, 2*(2), 71–90.
Schachter, S., & Singer, J.-E. (1962). Cognitive, social, and physiological determinants of emotional state. *Psychological Review, 69*, 379–399.
Schedlowski, M., & Thews, U. (1996). *Psychoneuroimmunologie*. Spektrum.
Schemmel, H., & Schaller, J. (2003). *Ressourcen: Ein Hand- und Lesebuch zur therapeutischen Arbeit*. DGVT.
Schiefele, U., & Streblow, L. (2005). Intrinsische Motivation – Theorien und Befunde. In R. Vollmeyer & J. Brunstein (Hrsg.), *Motivationspsychologie und ihre Anwendung* (S. 39–58). Kohlhammer.
Schlenger, W. E., Caddell, J. M., Ebert, L., Jordan, B. K., Rourke, K. M., & Wilson, D. (2002). Psychological reactions to terrorist attacks: Findings from the National Study of Americans' Reactions to September 11. *Journal of the American Medical Association, 288*, 581–588.
von Schlippe, A., & Schweitzer, J. (2012). *Lehrbuch der systemischen Therapie und Beratung*. Vandenhoeck & Ruprecht.
Schmid, M. (2007). *Psychische Gesundheit von Heimkindern. Erste Studie zur Prävalenz psychischer Störungen in der stationären Jugendhilfe*. Juventa.

Schmidt-Denter, U., & Spangler, G. (2005). Entwicklung von Beziehungen und Bindungen. In *Enzyklopädie der Psychologie. Themenbereich C, Soziale, emotionale und Persönlichkeitsentwicklung* (Bd. 3, S. 425–523). Hogrefe.
Schneewind, K. (2010). *Familienpsychologie*. Kohlhammer.
Schneewind, K. (2018). *Freiheit in Grenzen: Praktische Erziehungstipps für Eltern von Kindern im Vorschulalter*. Bayerisches Staatsministerium für Arbeit und Soziales, Familie und Integration.
Schneider, D. J. (1973). Implicit personality theory: A review. *Psychological Bulletin, 79*, 294–309.
Schneider, W., & Lindenberger, U. (2012). *Entwicklungspsychologie*. Beltz.
Schneider, W., & Shifrin, R. M. (1977). Controlled and automatic human information processing: 1. Detection, search, and attention. *Psychological Review, 84*, 1–66.
Schubert, C. (2016). *Was uns krank macht – Was uns heilt: Aufbruch in eine Neue Medizin. Das Zusammenspiel von Körper, Geist und Seele besser verstehen*. Fischer & Gann.
Schubert, F.-C. (1988). Primacy-Recency-Effekt. In W. Arnold, H. J. Eysenck, & R. Meili (Hrsg.), *Lexikon der Psychologie* (S. 1678). Herder.
Schulz, R. (1976). Effects of control and predictability on the physical and psychological well-being of the institutionalized aged. *Journal of Personality and Social Psychology, 33*(5), 563–573.
Schulz von Thun, F. (2010a). *Miteinander reden: Störungen und Klärungen: Psychologie der zwischenmenschlichen Kommunikation* (48. Aufl.). Rowohlt.
Schulz von Thun, F. (2010b). *Stile, Werte und Persönlichkeitsentwicklung: Differentielle Psychologie der Kommunikation* (32. Aufl.). Rowohlt.
Schulz von Thun, F. (2010c). *Miteinander reden* (Bd. 3). Rowohlt.
Schwartz, S. H., & David, A. B. (1976). Responsibility and helping in an emergency: Effects of blame, ability and denial of responsibility. *Sociometry, 39*, 406–415.
Schwartz, S. H., & Gottlieb, A. (1976). Bystander reactions to a violent theft. Crime in Jerusalem. *Journal of Personality and Social Psychology, 34*, 1188–1199.
Schwarz, N. (1985). Theorien konzeptgesteuerter Informationsverarbeitung in der Sozialpsychologie. In D. Frey & M. Irle (Hrsg.), *Theorien der Sozialpsychologie* (Bd. 3, S. 269–291). Huber.
Schwarzer, G. (2015). Wahrnehmung. In G. Schwarzer & B. Jovanovic (Hrsg.), *Entwicklungspsychologie der Kindheit* (S. 138–164). Kohlhammer.
Schwarzer, R. (2000). *Streß, Angst und Handlungsregulation* (4. Aufl.). Kohlhammer.
Schwarzer, R., & Jerusalem, M. (Hrsg.). (1999). *Skalen zur Erfassung von Lehrer- und Schülermerkmalen: Dokumentation der psychometrischen Verfahren im Rahmen der wissenschaftlichen Begleitung des Modellversuchs Selbstwirksame Schulen*. R. Schwarzer.
Sears, G. J., & Rowe, P. M. (2003). A personality-based similar-to-me effect in the employment interview: Conscientiousness, affect-versus competence-mediated interpretations, and the role of job relevance. *Canadian Journal of Behavioral Science, 35*, 13–24.
Seaver, W. B. (1973). Effects of naturally induced teacher expectancies. *Journal of Personality and Social Psychology, 28*, 333–342.
Segal, M. W. (1974). Alphabet and attraction: An unobtrusive measure of the effect of propinquity in a field setting. *Journal of Personality and Social Psychology, 30*, 654–657.
Seiffge-Krenke, I. (2009). *Psychotherapie und Entwicklungspsychologie*. Springer.
Seligman, M. E. P. (1975). *Helplessness: On depression, development, and death*. Freeman.
Seligman, M. E. P., Abramson, L., Semmel, A., & von Bayer, C. (1979). Depressive attributional style. *Journal of Abnormal Psychology, 54*(5), 242–247.
Selye, H. (1936). A syndrome produced by diverse nocuous agents. *Nature, 138*, 32.
Selye, H. (1956). *The stress of life*. McGraw-Hill.
Selye, H. (1976). *The stress of life* (Rev. Aufl.). McGraw-Hill.

Sherman, S. J., Presson, C., Chassin, L., Corty, E., & Olshavsky, R. (1983). The false consensus effect in estimates of smoking prevalence: Underlying mechanisms. *Personality and Social Psychology Bulletin, 9*, 197–207.

Shotland, R. L., & Heinold, W. D. (1985). Bystander response to atrial bleeding: Helping skills, the decision-making process, and differentiating the helping response. *Journal of Personality and Social Psychology, 49*, 347–356.

Shroff, H., & Thompson, K. (2006). Peer influences, body-image, dissatisfaction, eating dysfunction and self-esteem in adolescent girls. *The Journal of Health Psychology, 11*, 533–551.

Shulman, K. I., Pushkar Gold, D., Cohen, C. A., & Zucchero, C. A. (1993). Clock drawing and dementia in the community: A longitudinal study. *International Journal of Geriatric Psychiatry, 8*, 487–490.

Siegler, R., De Loache, J., & Eisenberg, N. (2011). *Entwicklungspsychologie im Kindes- und Jugendalter*. Spektrum.

Silagy, C. A., Mant, D. C., Fowler, G. H., & Lodge, M. (1994). Meta-analysis on efficacy of nicotine replacement therapies in smoking cessation. *Lancet, 343*, 139–142.

Simon, H. A. (1990). A mechanism for social selection and successful altruism. *Science, 250*, 1665–1668.

Simons, D. J., & Chabris, C. F. (1999). Gorillas in our midst. Sustained inattentional blindness for dynamic events. *Perception, 28*, 1059–1074.

Singh, J. (1961). *Die „Wolfskinder" von Midnapore*. Meyer.

Smith, J., & Baltes, P. (2010). Altern aus psychologischer Perspektive: Trends und Profile im hohen Alter. In U. Lindenberger, J. Smith, K. U. Mayer, & P. B. Baltes (Hrsg.), *Die Berliner Altersstudie* (S. 245–274). Akademie.

Smith, J., Fleeson, W., Geiselmann, R., Settersten, J., & Kunzmann, U. (2010). Wohlbefinden im Alter. Vorhersagen aufgrund objektiver Lebensbedingungen und subjektiver Bewertung. In U. Lindenberger, J. Smith, K. Mayer, & P. Baltes (Hrsg.), *Die Berliner Altersstudie* (3. Aufl., S. 521–548). Akademie.

Snyder, M., & Swann, W. B. (1978). Hypothesis-testing processes in social interaction. *Journal of Personality and Social Psychology, 36*, 1202–1212.

Solomon, L. Z., Solomon, H., & Stone, R. (1978). Helping as a function of number of bystanders and ambiguity of emergency. *Personality and Social Psychology Bulletin, 4*, 318–321.

Solomon, L. Z., Solomon, H., Aronone, M. M., Maur, B. J., Reda, R. M., & Roth, E. O. (1981). Anonymity and helping. *Journal of Social Psychology, 113*, 37–43.

Sonnenmoser, M. (2012). Berufsunfähigkeitsgutachten bei psychischen Erkrankungen: Mehr Orientierung geboten. *Deutsches Ärzteblatt 2012, 11*(2), 71–72.

Spangler, G., & Zimmermann, P. (2015). *Die Bindungstheorie: Grundlagen, Forschung und Anwendung*. Guilford.

Spiegel, D., Bloom, J. R., Kraemer, H. C., & Gottheil, E. (1989a). Psychological support for cancer patients. *Lancet, 2*, 1447.

Spiegel, D., Kraemer, H. C., Bloom, J. R., & Gottheil, E. (1989b). Effect of psychosocial treatment on survival of patients with metastatic breast cancer. *The Lancet, 334*(8668), 888–891.

Spitz, R. A. (1965). *The first year of life: A psychoanalytic study of normal and deiant development of object relations*. International Universities Press.

Spitz, R. A. (1980). *Vom Säugling Zum Kleinkind: Naturgeschichte Der Mutter-Kind-Beziehungen Im Ersten Lebensjahr*. Klett-Cotta.

Stanford, J., & McCabe, M. (2005). Sociocultural influences on adolescent boys' body image and body change strategies. *Body Image, 2*, 105–113.

Stangier, U., Heidenreich, T., & Peitz, M. (2009). *Soziale Phobien. Ein kognitiv-verhaltenstherapeutisches Behandlungsmanual*. Beltz.

Statistisches Bundesamt. (2020). *Entwicklung der Lebenserwartung bei Geburt in Deutschland nach Geschlecht in den Jahren 1950 bis 2060*. https://de.statista.com/statistik/daten/studie/273406/umfrage/entwicklungder-ebenserwartung-bei-geburt%2D%2Din-deutschland-nach-geschlecht/. Zugegriffen am 03.12.2020.

Staub, E. (1974). Helping in distressed person: Social, personality, and stimulus determinants. In L. Berkowitz (Hrsg.), *Advances in experimental social psychology* (S. 293–341). Academic Press.

Staudinger, U. M. (2000). Viele Gründe sprechen dagegen, und trotzdem geht es vielen Menschen gut: Das Paradox des subjektiven Wohlbefindens. *Psychologische Rundschau, 51*, 185–197.

Staudinger, U. M., & Freund, A. M. (1998). Krank und „arm" im hohen Alter und trotzdem guten Mutes? *Zeitschrift für Klinische Psychologie, 27*, 78–85.

Steblay, N. M. (1987). Helping behavior in rural and urban environments: A meta-analysis. *Psychological Bulletin, 102*, 346–356.

Stein, M. (2013). Wertetransmission als Aufgabe der Familie. In A. Erbes, C. Giese, H. Rollik, & Deutsches Rotes Kreuz (Hrsg.), *Werte und Wertebildung in Familien, Bildungsinstitutionen, Kooperationen. Beiträge aus Theorie und Praxis* (S. 11–24). Deutsches Rotes Kreuz e.V.

Steinhausen, H.-C. (2019). *Psychische Störungen Bei Kindern Und Jugendlichen: Lehrbuch der Kinder- und Jugendpsychiatrie und -psychotherapie*. Elsevier.

Steins, G., & Wicklund, R. A. (1993). Zum Konzept der Perspektivenübernahme: Ein kritischer Überblick. *Psychologische Rundschau, 44*, 226–239.

Stemmer-Lück, M. (2004). *Beziehungsräume in der Sozialen Arbeit. Psychoanalytische Theorien und ihre Anwendung in der Praxis*. Kohlhammer.

Stemmer-Lück, M. (2009). *Verstehen und Behandeln von psychischen Störungen. Psychodynamische Konzepte in der psychosozialen Praxis*. Kohlhammer.

Stevenson, R. (2019). *An inland voyage*. Blurb.

Stierlin, H. (1978). *Delegation und Familie. Beiträge zum Heidelberger familiendynamischen Konzept*. Suhrkamp.

Stierlin, H. (1980). *Eltern und Kinder: Das Drama von Trennung und Versöhnung*. Suhrkamp.

Stierlin, H. (1989). *Individuation und Familie: Studien zur Theorie und therapeutischen Praxis*. Suhrkamp.

Stipek, D. J. (2002). *Motivation to learn: Integrating theory and practice*. Allyn and Bacon.

Stompe, T., Brandstätter, N., Ebner, N., & Fischer-Danzinger, D. (2010). Psychiatrische Störungen bei Haftinsassen. *Journal für Neurologie, Neurochirurgie und Psychiatrie, 11*(2), 20–23.

Strayer, D. L., & Drews, F. A. (2007). Cell-phone-induced driver distraction. *Current Directions in Psychological Science, 16*, 128–131.

Strayer, D. L., & Johnston, W. A. (2001). Driven to distraction: Dual-task studies of simulated driving and conversing on a cellular telephone. *Psychological Science, 12*, 462–466.

Striegel-Moore, R., McMahon, R., Biro, F., Crawford, P., & Voorhees, C. (2001). Exploring the relationship between timing of menarche and eating disorder symptoms in black and white adolescent girls. *The International Journal of Eating Disorders, 30*, 421–433.

Stroebe, W., & Stroebe, M. (1996). The social psychology of social support. In E. Higgins & A. Kruglanski (Hrsg.), *Social psychology: Handbook of basic principles* (S. 597–621). Guilford Press.

von Sydow, K. (2007). Systemische Psychotherapie mit Familien, Paaren und Einzelnen. In C. Reimer, E. Eckert, M. Hautzinger, & E. Wilke (Hrsg.), *Psychotherapie: Ein Lehrbuch für Ärzte und Psychologen* (S. 289–315). Springer.

von Sydow, K. (2012). Bindung und Partnerschaft: Forschungsergebnisse und Implikationen für die Paar- und die Einzeltherapie. In K. H. Brisch (Hrsg.), *Bindungen – Paare, Sexualität und Kinder* (S. 61–79). Klett-Cotta.

Symons, C. S., & Johnson, B. T. (1997). The self-reference effect in memory: A meta-analysis. *Psychological Bulletin, 121*, 371–394.

Tangney, J. P., Stuewig, J., & Mashek, D. J. (2007). Moral emotions and moral behavior. *Annual Review of Psychology, 58*, 345–372.

Tanner, E. (1972). Sequence, tempo, and individual variation in growth and development of boys and girls aged twelve to sixteen. In J. Kagan & R. Coles (Hrsg.), *Twelve to sixteen: Early adolescence* (S. 1–24). Norton.

Tartler, R. (1961). *Das Alter in der modernen Gesellschaft.* Enke.

Taylor, S. E., & Fiske, S. T. (1978). Salience, attention and attribution: Top of the phenomenon. *Advances in Experimental Social Psychology, 11*, 249–288.

Taylor, S. E., & Lobel, M. (1989). Social comparison activity under threat: Downward evaluation and upward contacts. *Psychological Review, 96*, 569–575.

Taylor, S. E., Lichtman, R. R., & Wood, J. V. (1978). Salience, attention, and attribution: Top of the head phenomena. *Advances in Experimental Social Psychology, 11*, 249–288.

Taylor, S. E., Lichtman, R. R., & Wood, J. V. (1984). Attributions, beliefs about control, and adjustment to breast cancer. *Journal of Personality and Social Psychology, 46*, 489–502.

Tesch-Römer, C., & Albert, I. (2018). Kultur und Sozialisation. In W. Schneider & U. Lindenberger (Hrsg.), *Entwicklungspsychologie* (S. 139–159). Beltz.

Tesser, A. (1988). Toward a self-evaluation maintenance model of social behavior. In L. Berkowitz (Hrsg.), *Advances in experimental social psychology* (S. 181–227). Academic Press.

Thomae, H. (1980). Personality and adjustment to aging. In P. B. Baltes & O. G. Brim (Hrsg.), *Life-span development and behavior* (Bd. 3, S. 285–309). Academic Press.

Thomae, H. (1983). *Alternsstile und Alternsschicksale – Ein Beitrag zur Differentiellen Gerontologie.* Huber.

Thompson, K., Cattarin, J., Fowler, B., & Fisher, E. (1995). The Perception of Teasing Scale (POTS): A revision and extension of the Physical Appearance Related Teasing Scale (PARTS). *Journal of Personality Assessment, 65*, 146–157.

Tiggemann, M. (2005). Body dissatisfaction and adolescent self-esteem. *Body Image, 2*, 129–135.

Trautner, M. (2007). Prägung. In W. Hasselhorn (Hrsg.), *Handbuch der Entwicklungspsychologie* (S. 107–118). Hogrefe.

Tschöpe-Scheffler, S. (Hrsg.). (2006). *Konzepte der Elternbildung: Eine kritische Übersicht.* Barbara Budrich.

Tschöpe-Scheffler, S. (2020). *Fünf Säulen der Erziehung: Wege zu einem entwicklungsfördernden Miteinander von Erwachsenen und Kindern.* Patmos.

Tversky, A., & Kahneman, D. (1974). Judgment under uncertainty: Heuristics and biases. *Science, 185*, 1124–1131.

Twenge, J. M., Zhang, L., & Im, C. (2004). It's beyond my control: A cross-temporal meta-analysis of increasing externality in locus of control 1960–2002. *Personality and Social Psychology Review, 8*(3), 308–319.

Uexküll, T. V., & Wesicak, W. (2003). *Integrierte Medizin als Gesamtkonzept der Heilkunde: ein biopsychosoziales Modell.* Urban & Fischer.

Valentine, M. E. (1980). The attenuating influence of gaze upon the bystander intervention effect. *Journal of Social Psychology, 111*, 197–203.

Van den Berg, P., Wertheim, E., Thompson, J., & Paxton, S. (2002). Development of body image, eating disturbance, and general psychological functioning in adolescent females. *The International Journal of Eating Disorders, 32*, 46–51.

Vonk, R. (1995). Effects of inconsistent behaviors on person perception: A multidimensional study. *Personality and Social Psychology Bulletin, 21*, 674–685.

Vonk, R. (1999). Effects of outcome dependency on correspondence bias. *Personality and Social Psychology Bulletin, 25*, 382–389.
Wahl, H.-W., & Schilling, O. (2012). Hohes Alter. In W. Schneider & U. Lindenberger (Hrsg.), *Entwicklungspsychologie* (S. 311–332). Beltz.
Walper, S., Langmeyer-Tornier, A., & Wendt, E.-V. (2015). Erziehungsstile – Was ist das? *Recht der Jugend und des Bildungswesens, 63*, 390–404.
Wälte, D. (2011). Der psychisch gestörte Mensch. In D. Wälte, M. Borg-Laufs, & B. Brückner (Hrsg.), *Psychologische Grundlagen der Sozialen Arbeit* (S. 125–183). Kohlhammer.
Waters, E., & Sroufe, L. (1983). Social competence as a developmental construct. *Developmental Review, 3*(1), 79–97.
Watzlawick, P., Beavin, J., & Jackson, D. (2007). *Menschliche Kommunikation*. Huber.
Weber, G., & Stierlin, H. (2003). *In Liebe entzweit. Ein systemischer Ansatz zum Verständnis und zur Behandlung der Magersuchtfamilie*. Rowohlt.
Weber, R., & Crocker, J. (1983). Cognitive processes in the revision of stereotypic beliefs. *Journal of Personality and Social Psychology, 45*(5), 961.
Wegner, D. M. (1994). Ironic processes of mental control. *Psychological Review, 101*, 34–53.
Weiers-Croissant, K., & Köllner, V. (2005). Raucherentwöhnung. In V. Köllner & K. Bernady (Hrsg.), *Praktische Verhaltensmedizin* (S. 89–96). Thieme.
Weiner, B. (1979). A theory of motivation for some classroom experiences. *Journal of Educational Psychology, 71*, 1–29.
Weiner, B. (1985). An attributional theory of achievement motivation and emotion. *Psychological Review, 92*, 548–573.
Werner, E. (1994). Overcoming the odds. *Journal of Developmental & Behavioral Pediatrics, 15*(2), 131–136.
Werner, E. (2000). Protective factors and individual resilience. In J. P. Shonkoff & S. J. Meisels (Hrsg.), *Handbook of early childhood intervention* (S. 115–132). Cambridge University Press.
Werner, E. (2008). Resilienz: Ein Überblick über internationale Längsschnittstudien. In G. Opp & D. Bender (Hrsg.), *Was Kinder stärkt: Erziehung zwischen Risiko und Resilienz* (S. 20–31). Reinhardt.
Werner, E., & Smith, R. S. (1977). *Kauai's children come of age*. University Press of Hawaii.
Werner, E., & Smith, R. S. (1982). *Vulnerable, but invincible: A longitudinal study of resilient children and youth*. McGraw-Hill.
Werner, E., & Smith, R. S. (1992). *Overcoming the odds: High risk children from birth to adulthood*. Cornell University Press.
Werner, E., & Smith, R. S. (2001). *Journeys from childhood to midlife: Risk, resilience, and recovery*. Cornell University Press.
Werth, L., & Mayer, J. (2008). *Sozialpsychologie*. Springer.
Werth, L., Denzler, M., & Mayer, J. (2020a). *Sozialpsychologie – Das Individuum im sozialen Kontext* (2., vollst. überarb. Aufl.). Springer.
Werth, L., Seibt, B., & Mayer, J. (2020b). *Sozialpsychologie – Der Mensch in sozialen Beziehungen* (2., vollst. überarb. Aufl.). Springer.
Wethington, E. (2000). Expecting stress: Americans and the "midlife crisis". *Motivation and Emotion, 24*(2), 85–103.
Wheeler, L., & Kunitate, M. (1992). Social comparison in everyday life. *Journal of Personality and Social Psychology, 62*, 760–773.
WHO. (2008). *WHO Report on the global tobacco epidemic*. http://www.who.int/tobacco/global_report/2017/en/. Zugegriffen am 09.03.2018.
WHO. (2019). *International Classification of Diseases 11th Revision (ICD-11)*. http://icd.who.int/browse11/l-m/en. Zugegriffen am 16.01.2022.

Wiedebusch, S. (2007). Förderung sozial-emotionaler Kompetenzen. In F. Petermann & W. Schneider (Hrsg.), *Enzyklopädie der Psychologie, Bd. 7, Angewandte Entwicklungspsychologie* (S. 135–161). Hogrefe.

Williams, J., & Currie, C. (2000). Self-esteem and physical development in early adolescence. *Journal of Early Adolescence, 20*, 129–149.

Wilson, A. E., & Ross, M. (2000). The frequency of temporal-self and social comparisons in people's personal appraisals. *Journal of Personality and Social Psychology, 78*, 928–942.

Wilson, G. D. (1988). Einstellung. In W. Arnold, H. J. Eysenck, & R. Meili (Hrsg.), *Lexikon der Psychologie* (S. 928–942). Herder.

Wiseman, C., Gray, D., Mosimann, P., & Ahrens, A. (1992). Cultural expectations of thinness in women: An update. *The International Journal of Eating Disorders, 11*, 85–89.

Wishner, J. (1960). Reanalysis of "impression of personality". *Psychological Review, 67*, 96–112.

Wittchen, H.-U., & Hoyer, J. (2011a). Was ist Klinische Psychologie? Definitionen, Konzepte und Modelle. In H.-U. Wittchen & J. Hoyer (Hrsg.), *Klinische Psychologie und Psychotherapie* (S. 3–25). Springer.

Wittchen, H.-U., & Hoyer, J. (2011b). Diagnostische Prozesse in der Klinischen Psychologie und Psychotherapie. In H.-U. Wittchen & J. Hoyer (Hrsg.), *Klinische Psychologie und Psychotherapie* (S. 383–416). Springer.

Wittchen, H.-U., & Jacobi, F. (2011). Epidemiologische Beiträge zur Klinischen Psychologie. In H.-U. Wittchen & J. Hoyer (Hrsg.), *Klinische Psychologie und Psychotherapie* (S. 57–90). Springer.

Wöller, W. (2005). Traumawiederholung und Reviktimisierung nach körperlicher und sexueller Traumatisierung. *Fortschritte der Neurologischen Psychiatrie, 73*(2), 83–90.

Wood, J. V., Taylor, S. E., & Lichtman, R. R. (1985). Social comparison in adjustment to breast cancer. *Journal of Personality and Social Psychology, 49*, 1169–1183.

Woolfolk, A. (2008). *Pädagogische Psychologie*. Pearson.

Wortman, C. B., & Silver, R. C. (1989). The myths of coping with loss. *Journal of Consulting and Clinical Psychology, 57*, 349–357.

Wustmann, C. (2020). *Resilienz. Widerstandsfähigkeit von Kindern in Tageseinrichtungen fördern*. Beltz.

Young, J. E. (2019). *Kognitive Therapie für Persönlichkeitsstörungen: Ein schemafokussierter Ansatz*. Dgvt.

Zajonc, R. B. (1968). Attitudinal effects of mere exposure. *Journal of Personality and Social Psychology, 9*, 1–27.

Zapf, D., Seifert, C., Mertini, H., Voigt, C., Holz, M., Vondran, E., Isic, A., & Schmutte, B. (2002). Emotionsarbeit in Organisationen und psychische Gesundheit. In H.-P. Musahl & T. Eisenhauer (Hrsg.), *Psychologie der Arbeitssicherheit* (S. 99–106). Asanger.

Zubin, J., & Spring, B. (1977). Vulnerability – A new view of schizophrenia. *Journal of Abnormal Psychology, 86*(2), 103–124.

Zuckerman, M. (1975). Belief in a just world and altruistic behavior. *Journal of Personality and Social Psychology, 16*, 699–680.

Zuckerman, M., Kolin, E., Price, L., & Zoob, I. (1964). Development of a sensation-seeking scale. *Journal of Consulting Psychology, 28*, 477–482.

Stichwortverzeichnis

A
Aggression 120
Agoraphobie 159
Akteur-Beobachter-Divergenz 237
Alter 56
    Erwartungen 65
    Feminisierung 65
    funktionales 59
    kalendarisches 59
    Stufen 58
Altersarmut 65
Altersbedingte Defizite 64
Altruismus 243, 248
Angst 110, 117
    Definition 118
    psychische Störung 158
Ängstlichkeit 118
Angststörung 158, 159
    generalisierte 160
Ärger 119
Armut 267, 304
Attribution 230
    kulturelle 237
Attributionstheorie 226, 231
Attributionsverzerrung 234, 237
    selbstwertdienliche 239
Aufmerksamkeitsdefizit 108
Aufmerksamkeitsdefizit-/
    Hyperaktivitätsstörung
    (ADHS) 109
Aufmerksamkeitslenkung 107
Aufmerksamkeitsprozess 102
    Automatisierung 105
    Cocktailparty-Effekt 103
    Filtertheorie 103
    selektive Aufmerksamkeit 106
Authentizität 175
Autonomieentwicklung 37

B
Bedürfnishierarchie nach Maslow 130
Behaviorismus 69, 182
Beobachtungslernen 74
Beratung
    klientenzentrierte 173
    verhaltensorientierte 184
Beziehung, therapeutische 192
Beziehungsstruktur, destruktive 180
Bezugsrahmen, innerer 174
Bias, konfirmatorischer 96
Bielefelder Invulnerabilitätsstudie 269
Bindungsaufbau
    Schutzfaktor gegen Stress 271
Bindungsstörung
    Prävention 297
Biofeedback 80
biopsychosoziales Modell 162
Bystander-Effekt 253

C
Cocktailparty-Effekt 103

D
Defizite, altersbedingte 64
Demenztest 143
Denken, linear-kausales 177
Denken, stereotypes 213
Depression 48, 151
Depressionstheorie, kognitive 187

Desensibilisierung, systematische 184
Diagnostik
　klinisch-psychologische 141
　nonverbale 146
Diathese
　biologische 163
　ökologische 163
　psychologische 163
　soziale 163
Diathese-Stress-Modell 163
Disengagement-Theorie 60
Disstress 260
Dysthymia 153

E
Echtheit 175
Einordnung
　dimensional 139
　kategorial 138
Elektroschock-Studie 246
Eltern (Rollenvorbild) 49
Elternhaus 270
Elternidentität 297
Elterntraining 304
Emotionen 111
　emotionale Perspektivenübernahme 115, 116
　kultureller Kontext 123
Emotionsarbeit 113, 280
Emotionsregulation 113
Emotionsverständnis 115
Empathie 116, 174, 282
Empathie-Altruismus-Hypothese 246
endokrines System 83
Entscheidungssystem 95
Entspannungstraining 160
Entstehungsmodell, multifaktoriell 165
Entwicklung 6
Entwicklungsaufgabe
　Akzeptanz des eigenen Körpers 51
　Alter 62, 64
Epidemiologie 146, 147
Erhebungsverfahren, biologische 143
Erklärungsansatz, systemischer 176
Erziehung 297
　Erziehungsstile 300
Eustress 260
Evolutionspsychologie 243
Expressed Emotion 157

F
Falscher Konsensus 100
Familiensitzung 181
Familientherapie, Techniken 179
Figurkritik 49
Flow-Erleben 126
Fragen, zirkuläres 180
Freiburger Persönlichkeitsinventar von Fahrenberg 145
Frühreife 46
Furcht 118

G
Gedächtnis 76
Gefühle 112
Gegenkonditionierung 71
Gegenübertragung 169
Gehirn
　Plastizität 82
　Wahrnehmungstäuschung 87
Generali Hochaltrigenstudie 65
Geschlechtsreifung 43
Gesprächsführung,
　konstruktive 176
Gestaltpsychologie 89
Gewalt gegen Kinder 305
　körperliche 306
　psychische 307
　sexuelle 308
　Teufelskreis der Gewalt 307

H
Halluzinationen 156
Heuristik 97
　Repräsentativitätsheuristik 100
　Verfügbarkeitsheuristik 98
Hilfeverhalten 243
　Bystander-Effekt 253
　Helferkompetenz 254
　Scheitern 251
　Verantwortungsdiffusion 253
　Voraussetzungen 251
Hilflosigkeit, gelernte 187, 232
Homunkulus 82
Hormonsystem 83
Humanistische Psychologie 130
Humanistisches Krankheitsbild 172

Stichwortverzeichnis

I
ICD-10-Klassifikationssystem 138
Immunsystem 83
Implizite Persönlichkeitstheorie 200
Informationsverarbeitung 95
Intelligenz, emotionale 116
Inzidenz 147

K
Kategorisierung 211
Kategorisierung, soziale 208
Kauai-Längsschnittstudie 269, 271
Kinder
  sicher gebunden 38
  unsicher gebunden 39
Kindesmisshandlung 305
KKD-Information (Konsistenz-, Konsensus- und Distinktheitsinformation) 228
Klärung, motivationale 192
Klientenzentrierte Gesprächsführung nach Rogers 280–282
Klientenzentrierter Ansatz 176
Klinische Psychologie 135
Kognition
  automatisches Denken 210
  Definition 186
  soziale 208, 215
  stereotypes Denken 213
Kognitive Therapie 154, 157
Kognitives Stress- und Bewältigungskonzept nach Lazarus 261, 265
Kommunikation 279
  aktives Zuhören 175, 284
  Authentizität 288
  Du-Botschaft 289
  Empfangsfehler 294
  Feedback 293
  Gesprächsführung, klientenzentrierte 296
  Ich-Botschaft 289, 290
  klientenzentrierte Gesprächsführung 280–282
  Kommunikationsmodell von Schulz von Thun 291
  Kommunikationssperren nach Gordon 287
  konstruktive Gesprächsführung 176
  Konzept der gewaltfreien Kommunikation 289
  Metakommunikation 295
  nonverbale 198, 291
  Vier-Seiten-Modell 292
  zirkuläres Fragen 180
Komorbidität 149
Kompensation 64
Konditionierung
  klassische 70
  operante 71, 182
Konfirmatorischer Bias 96
Konfliktlösungsstrategie 281, 289
Konfrontationstherapie 160
Konsensus, falscher 100
Kontinuumsmodell der Eindrucksbildung 222
Kontrollillusion 233
Kontrollüberzeugung 274
Körperunzufriedenheit 49
Körperzufriedenheit, geschlechtsspezifische 46
Korrespondenzverzerrung 234, 236
Kovariationstheorie 227, 228
Krankheitsbild, humanistisches 172
Krankheitsgewinn 169
Kultureller Kontext 123

L
Lazarus, Kognitives Stress- und Bewältigungskonzept nach 261, 265
Lebensspannenkonzept 56
Leistungszielorientierung 129
Lernen am Modell 74
Lerntheorie, soziale 184
Lernzielorientierung 129

M
Manie 151
Mannheimer Risikokinderstudie 269
Metakommunikation 295
Missbrauch, sexueller (Kinder) 308
Misshandlung (Kinder) 305
Motivation
  extrinsische 127
  intrinsische 126
  Korrumpierungseffekt 132
Motivationale Klärung 192
Motivationspsychologie 125

N
Nervensystem 78
  autonomes 80
  peripheres 78
  Plastizität, neuronale 81
  zentrales 78
Neurose 158
Norm
  funktionale 137
  subjektive 137

O
Optimierung 64
Optimismus 275

P
Panikstörung 160
Parasympathikus 80
Parentifizierung 178
Personenwahrnehmung 196
Persönlichkeit 160
Persönlichkeitsfragebogen 145
Persönlichkeitsstörung 160
Phobie 159
  soziale 159
  spezifische 159
Pluralistische Ignoranz 252
Pollarche 46
Prävalenz 147
Prävention 42
Primacy-Effekt 202
Priming-Effekt 99, 218, 222
Problemaktualisierung 191
Problembewältigung,
  aktive Hilfe 192
Prosoziales Verhalten 242
Psychoanalytisches Modell 165
Psychoedukation 154, 157
Psychologie
  Aufgaben 137
  Diagnostik psychischer
    Störungen 137
  humanistische 130
  klinische 136
Psychoneuroimmunologie 84
Psychose 155
Pubertätsentwicklung 47
Pubertätswachstumsschub 43

R
Recency-Effekt 203
Reflexion 286
Regulation
  interpsychische 38
  intrapsychische 38
Reifekriterien, körperliche 46
Reinszenierung 168
  von Traumata 171
Reiz, aufgabenirrelevanter 109
Reizverarbeitung 93
Repräsentativitätsheuristik 100
Resilienz 266, 268, 272
Ressourcen 268
  Aktivierung 191
  des dritten Alters 66
  personale 270
  soziale 270
Reviktimisierung 168
Reziprozitätsnorm 245
Risikofaktor 266
  Risikofaktorenkonzept 266
Rollenzuweisungen 179

S
Scham 122
Schema
  Veränderung 223
Schemadenken 210
Schizophrenie 155
  Behandlung 156
  Diathese-Stress-Modell 164
  Symptome 155
Schubladen-Denken 92
Schuldgefühle 122
Schutzfaktor 266, 269, 270
SCID-5-CV (strukturiertes klinisches
  Interview für DSM-5 142
Selbstaufmerksamkeit 238
Selbsterfüllende Prophezeiung 205
Selbstkonzept 172, 238, 272
Selbstvalidierung 240
Selbstwertschutz 239
Selbstwirksamkeitserwartung 273
Selbstwirksamkeitsüberzeugung 232, 273
Selektion 64
Selektionsprozess 102
Sorgenexposition 160

Soziale Unterstützung 276
Sozial-emotionale Kompetenz 281
sozialen Isolation 41
Sozialkompetenz 279
Sport 51
Stereotyp 214
    Akrtivierung 222
    Aktivierung 219
    Überwindung stereotypen Denkens 220
Stigma 140
Störung, psychische 135, 137–139
    Abwehrmechanismen 166
    affektive Störungen 151
    Angststörung 158
    bipolare 151, 153
    Chronifizierung 162
    Einteilung 137
    Erklärungskonzepte 162
    Intervention 141
    Komorbidität 149
    Multikausalität 139
    Persönlichkeitsstörung 160
    Schizophrenie 155
Strafreiz 72
Stress
    Definition 260
    Entstehung 262
    positiver/negativer 260
    Resilienzfaktoren 266
    Risikofaktoren 266
Stressbewältigung 259, 262
    Hampel und Petermann 263
    Lazarus 262
    Lazarus, Kognitives Stress- und
        Bewältigungskonzept nach 261
    Resilienzfaktoren 266
Supervision 169
Sympathie 196
Sympathikus 80
Syndrom 137

T
Tannersche Kriterien 46
Temperament 271
Test, projektiver 145
Therapie, kognitive 157
Trotzverhalten 24

U
Uhrentest 143
Unterstützung, soziale 276

V
Verfügbarkeitsheuristik 98
Verhaltensbeobachtung 146
Verhaltensmodell, kognitives 186
Vernachlässigung (Kinder) 305, 306
Verstärkerprogramme 185
Verstärkung 72
Verzerrung, kognitive 96
Vorurteil 213

W
Wahn 154
Wahrnehmung 86, 101
    Ablenkung 108
    Akteur-Beobachter-Divergenz 237
    Attributionstheorie 226, 231
    Attributionsverzerrung 234
    Aufmerksamkeitsdefizit 108
    Aufmerksamkeitslenkung 107
    datengesteuerte 92
    Kategorisierung 208, 211
    Klassifikation 92
    Kontrasteffekt 204
    konzeptgesteuerte 93
    Lernerfahrungen 91
    Personenwahrnehmung 196
    pluralistische Ignoranz 252
    Reihenfolgeneffekt 202
    soziale 196
    Stereotyp 214
Wertschätzung 174
Widerstand 170
Wiederholungszwang 168
Wut 120

Z
Zirkularität 177
Zufriedenheitsparadox 63
Zuhören, aktives 175, 284
Zwei-Faktoren-Theorie der Emotion 112
Zyklothymia 153

GPSR Compliance

The European Union's (EU) General Product Safety Regulation (GPSR) is a set of rules that requires consumer products to be safe and our obligations to ensure this.

If you have any concerns about our products, you can contact us on

ProductSafety@springernature.com

In case Publisher is established outside the EU, the EU authorized representative is:

Springer Nature Customer Service Center GmbH
Europaplatz 3
69115 Heidelberg, Germany

www.ingramcontent.com/pod-product-compliance
Ingram Content Group UK Ltd.
Pitfield, Milton Keynes, MK11 3LW, UK
UKHW051351180426
11947UKWH00014B/872